红学外史

上卷

Redology Scholars

vol. I

修订本

李 彤 著

Overseas Edition

文字编辑：杨　柳
　　　　　杨克惠
装帧设计：翁　涌
英文审校：张蕴爽

书名字体：黄庭坚（集字）

红学外史（上卷）／李彤著
出版者：Tong Li
联系邮箱：tongli52@hotmail.com
2023年3月第1版，5月第2版，10月第3版
出版于加拿大多伦多
版权所有，未经出版者书面同意，请勿翻印、转载。
ISBN 978-1-7388488-0-5

Redology Scholars（Vol I）
Author: Tong Li
Publisher: Tong Li
Contact email: fangchong988@gmail.com
Toronto. First Printing 2023/03, Third Printing 2023/10
　　Text included in this book is the sole and exclusive right of Tong Li. No part may be reproduced in any form, or by any means without the written permission of the publisher.
Copyright ©2023 by Tong Li
ISBN 978-1-7388488-0-5

友情推介

好看！当年在北大同宿一舍的李彤，既有浪子班头的潇洒，又有青灯黄卷的痴迷。去国三十年，谋生不易；痴"红"四十载，春心何泯？疫情囧困，竟唤醒旧情恣肆——将红学外史娓娓道来：爬梳红学源流，尽显学问中人之严谨；演义学界江湖，挥洒街谈巷说之神采。有我无我，进退裕如；不臧不否，诸君自断。从容不迫中又不乏人生感喟、时世沧桑、学问之道、君子德风，出语似无惊人处，入目便有丘壑生。著述人若不倾情于斯，何至我侪倾倒至此？人皆言《红楼梦》乃奇书，而今我谓《红学外史》亦奇书，可乎？

陈建功（小说家，中国作家协会原副主席）

现代中国学术史上，最旁枝逸出、雅俗共赏、波澜壮阔且富有戏剧性的，非"红学"莫属。比起文学课堂的条分缕析，庙堂之上的翻云覆雨以及闾巷之中的天马行空，无疑更有创造力，也更具惊悚意味与娱乐色彩。此书之所以不想或没能写成正儿八经的学术史，既因作者两脚踩圈内与圈外，更因此话题折射百年中国以及现当代知识分子的某一侧面。在这个意义上，"外史"比"内史"更曲折幽深，也更值得探究。

陈平原（北京大学中文系教授）

内容提要

本书不是一部庄重全面的红学史，也不是理论或学术性著作，而是一部具有学术底色的长篇纪实文学。本书以过去一百年的《红楼梦》研究史即红学史为线索，主旨在描绘红学儒林人物群像，展示这些现当代中国知识分子的人生历程，并透视红学与时代风云的关系，随机融入红学知识。作者力图达到视野宏阔，史料真实，结构严整，细节生动，人物丰满，评价客观，语言上希望不落俗套。

全书分为十二篇，仿"金陵十二钗"之数。书中展现了众多人物，仿"警幻情榜"之例，呈梯级分布。以胡适、鲁迅开篇，"正册"是俞平伯、周汝昌、李希凡、蓝翎、冯其庸五人，贯穿始终，其中周汝昌先生似为第一男主角；"副册"有顾颉刚、吴恩裕、吴世昌、何其芳等；"又副册"则是孙楷第、冯雪峰、聂绀弩、舒芜、钱锺书、袁水拍、袁鹰、张伯驹、王佩璋、梅节等……直到偶尔提及的配角人物，形成一个数代相传的人物队列。全书在结构布局上，亦有意形成所谓"首击尾应"，"云断山连"，"草蛇灰线，伏脉千里"的效果。

作者关注红学超过五十年，早年为中国红学会会员。曾是红学中人，与书中的多位主角前辈皆有个人接触；却又独立于外，长期定居北美，得以远距离冷静观察。作者在书中融入了自己的个人经历，具有独特视角，对于红学界内部复杂的派系之争和人际矛盾，不避敏感，尽量客观记述，并梳理其源流脉络。本书还特别注重当代红学与时代背景的联系，不是在象牙塔里细品杯水风波，而是在大风浪中展现人生沉浮和学术兴衰，发掘出一些前人未曾道出的历史隐情。

本书全文约七十万字，并附有照片插图二百余幅，分为上下两卷。

ABSTRACT

Redology (Hongxue 红学) is the field of study devoted to one of the best-known classic Chinese novels, *Dream of the Red Chamber* (*Honglou Meng* 红楼梦). As a documentary literary work, this book describes the history of the development of Redology in the past 100 years. Academic as it is, the Redology has been profoundly influenced by China's political and social changes. The book shows the life course of major Redology scholars, reflecting the fluctuating fate of these intellectuals in modern China.

The two-volume book is divided into twelve chapters. It begins from Hu Shih and his two students who initiated the study of "New Redology" in 1921 using Western scientific methods. Around 1949, Zhou Ruchang pushed the idea that the novel was the author's autobiography to an extreme through textual research. In 1954, Mao Zedong identified Yu Pingbo as a "bourgeois intellectual" and personally launched a criticism of the thoughts of Yu Pingbo and Hu Shih. Following this, two young men Li Xifan and Lan Ling represented the rise of Marxist literary criticism, but Lan Ling was falling into a "right-wing" in 1957. Then it tells about the experiences of the Redology scholars during the "Cultural Revolution". After 1980, Feng Qiyong became a leading figure in the academic field of the new era. These above scholars became the main characters in this book, and also involved dozens of other figures. The book introduces the knowledge of the Redology, involves the true and false secrets of various versions and cultural relics, and discusses the contradictions and disputes between different factions, units and figures. The author tries to achieve a broad vision, true historical data, strict structure, vivid details, full characters, and objective evaluation.

The author has paid attention to the Redology for more than 50 years and was a member of the Chinese Redology Society in his early years. He used to be an insider scholar and had personal contact with many of the protagonists in this book. However, He is independent of the Redology circle and has settled in North America for more than 30 years. Thus, he is able to observe calmly from a long distance. The author integrates his own personal experience into the book and has a unique perspective. Facing the complex contradictions within the Redology circle or the political background, this book is not shy of being sensitive. It intends to objectively record and sort out those origins, and excavates historical mysteries that have not been revealed by the predecessors.

作者简介

李彤,1950年生于北京。曾经下乡插队,做过工人。1977年考入北京大学中文系文学专业,1982年到《人民日报》工作,任文艺部编辑、记者。1981年加入中国红楼梦学会,后淡出。1989年起旅居加拿大至今,曾从事商业和房地产。2009年开始网络写作,曾为文学城网站知名博主,网名房崇。近年在中国出版作品《北美寻家记》(江苏凤凰文艺出版社2018年)、《红高粱西行》(大象出版社2020年)等。

谨以此书，
　　献于老同学、研红合作者
梁左、马欣来灵前，
　　以代心香一瓣。

尚记四十年前
　　燕园剧谈《红楼》乎？
而今回首，
　　仅剩朽物一枚，
　　宁不痛杀！

　　　　　　　　——作者

梁左（1957–2001），相声、电视剧作家，与本书作者为北京大学中文系文学专业1977级同班同学，曾合作联名发表红学文章。马欣来（1962–2017），学者、编辑，为同校同专业1980级同学。我们（还有1978级吴德安）曾组成北大中文系《红楼梦》研究小组，并一起参加了1981年济南红学研讨会，同时加入中国红楼梦学会。事见本书第九篇。

目 录

上卷

序　图绘红学内外的历史群像　黄子平

引子（1963）　　　　　　　　　　　　　3
  1　故宫文华殿　　　　　　　　　　　4

一　开局篇（1916—1947）　　　　　　7
  2　新旧红学之交　　　　　　　　　　8
  3　新红学三人组　　　　　　　　　　22
  4　圣贤无悔　　　　　　　　　　　　35
  5　脂本现世及其他　　　　　　　　　43

二　翻覆篇（1947—1953）　　　　　　62
  6　燕园·东厂·甲戌本　　　　　　　63
  7　沧桑之变　　　　　　　　　　　　90
  8　燕园离愁　　　　　　　　　　　　109
  9　旧曲新拍　　　　　　　　　　　　124

三　批判篇（1949—1955）　　　　　　139
  10　齐鲁二重奏　　　　　　　　　　　140
  11　三方进京　　　　　　　　　　　　146
  12　"小人物"上青云　　　　　　　　153
  13　那个多事之秋　　　　　　　　　　172

四　整队篇（1954–1958）　　　　　　　213

14　校本二水分流　　　　　　214
15　成果双峰并峙　　　　　　226
16　短暂的早春　　　　　　　238
17　翼折风暴中　　　　　　　246

五　集合篇（1954–1963）　　　　　　　258

18　避入红楼　　　　　　　　259
19　海归追梦　　　　　　　　266
20　去留之间　　　　　　　　273
21　二百年纪念　　　　　　　291

六　斗争篇（1964–1971）　　　　　　　328

22　云松巢风满楼　　　　　　329
23　作客丰泽园　　　　　　　344
24　乱世蒙太奇　　　　　　　355
25　干校并非"稻香村"　　　　383

下卷

七　热度篇（1970–1976）　　　　　　　403

26　"假作真时真亦假"之一　　404
27　非常评红热　　　　　　　432
28　校注组沉浮　　　　　　　464

八　团结篇（1976–1980）　　　　　　　479

29　乍暖还寒时节　　　　　　480
30　"假作真时真亦假"之二　　501
31　联合盛宴　　　　　　　　541

九　交流篇（1980–1987）　559
    32　相逢"陌地生"　560
    33　青春作伴　571
    34　冰封彼得堡　582
    35　从报纸到荧屏　598

十　分化篇（1979–1995）　621
    36　功罪谁说　622
    37　"假作真时真亦假"之三　653
    38　殊途不归　671

十一　围城篇（1995–2019）　707
    39　"龙门"乱弹　708
    40　"假作真时真亦假"之四　721
    41　传薪换代　733

十二　谢幕篇（2005–2018）　767
    42　夕阳绝唱　768

尾声（2019–2020）　806
    43　国家博物馆　807

后记　814

主要参考文献　821

序

图绘红学内外的历史群像

黄子平

四十年前，北大中文系的文学七七级，班上有两位"小红学家"或曰"红学新秀"，梁左和李彤。他们俩以本科大学生的身份，联名在报刊发表了好几篇红学文章，锋芒初露，都是跟当时的红学大家商榷这商榷那的。宿舍里同学都笑，说他们重演了"两个小人物挑战权威"的路数，从此要发迹变泰了也。他们组成了"北大青年红学小组"（成员有著名戏剧家马少波的女公子马欣来等），被邀请去参加红学研讨会，势头很好。自然，他俩的毕业论文做的也是《红楼梦》研究（李彤的导师觉得他引宗白华的美学评红不妥，评语里建议他"多读马列"），毕业以后却不再以此为业。梁左朝着相声和情景喜剧方向发展，成为当代不可多得的喜剧创作名家（全班同学无不痛惋他的英年早逝）。李彤当了大报文艺记者，正好在蓝翎、李希凡的手下干活，报道的却是电影《红高粱》在柏林获奖之类的消息。

移民加国多年以后，李彤整理自己以及跟梁左合作的评红文稿，想出一本书纪念亡友，因忆起一桩旧事：当年他们见红学大师们为一首"佚诗"忙乎，煞是好玩，就起意写一部长篇小说，以恭王府为背景，将大师们的你来我往虚虚实实安排进去，岂不精彩？这小说没写成，而初心仍在。李彤说而今大师们均已仙逝，回忆录、自传、传记和访谈，各种资料剧增，更重要的是，他跟大师们都有或多或少的接触，此时动笔，就不必绕道"假语村言"，只需径自秉笔直书，发挥资深文艺记者追迹真相的敏锐和捕捉细节的擅长，写成一部非虚构的长篇纪实散文。我想梁左在世，也会拊掌称善的吧。

书成，乃一部六十余万字的大著作。老同学嘱我作序，义不容辞（想起梁左当年的口头禅：咱哥们儿谁跟谁呀），临到真的键盘敲字，却不免犹豫起来。犹豫的原因有二：一者，作为当代学术的一大聚焦缩影，一大"话语装置",我对所谓"红学"一向留意,却也深知"一入红门深似海",还不是俞平伯所说的"越研究越糊涂"的"红楼梦魇",而是红学界的派系林立,恩怨情仇难分难解。《红楼梦》可以读,"红学界"不可碰。非虚构而且纪实,不免有所褒贬,直担心李彤如何下笔。二者,坊间此前早有上百万字的"红学百年"或"红学通史"的专书多部,资料多而且全(譬如说包涵了此书割舍的"海外红学"部分),百年红学的学术脉络与社会因缘,条分缕析。李彤的新作,恐怕难有新意。——我细读多遍,始觉这些犹豫完全多余。

书名原拟《红学鸿雪记》,有"句内押韵"之妙,雪泥鸿爪的轻灵却与书中所叙历史的沉重不称。现在这个书名《红学外史》,同时向两部伟大的古典说部致意,挺妙,而且也点出了著者的主体位置,——身处域外,身处红学界外,来描叙红学中人的"儒林群像",谁曰不宜?但李彤对红学群儒有充分"同情的理解",下笔庄重持平,又与"外史"一词带来的"讽刺小说"的联想不符,这是读者阅读时需要特别留意的。

"满纸荒唐言,一把辛酸泪,都云作者痴,谁解其中味?"——文本("荒唐言"),作者(叙述者、批阅者、增删者),创作意图("痴"和"其中味"),以及对那个能够理解作者苦衷("辛酸泪")和意图的理想读者("谁")的殷切吁求,仿佛预设了《红楼梦》成书以来,两百年阅读史评论史的基本路径。《红楼梦》设置的重重叠叠的叙事圈套,固然是引发"无边的阐释"的主要原因,但使人(排他性地)觉得自己才是解得"其中味"的那个"谁",乃至将此变成毕生的名山事业,或许也是一个使多少人深陷其中的致命的蛊惑吧。

这样一个延续百年的竞猜游戏,鲁迅说:"一部《红楼梦》,经学家看见《易》,道学家看见淫,才子看见缠绵,革命家看见排满,流言家看见宫闱秘事。"吾人若把鲁迅的接受美学,"看"和"被看"的结构颠倒一下,即可从诸多不同的"看见"里,反观出"经学家、道学家、才子、革命家和流言家"各色人等。如是,《红楼梦》就真是一面"风月宝鉴"了,当然吾人从镜中看到的不再是风月,而是一时代的风云乃至风雷。

从"宝鉴"中"抄"出一部《红学外史》,李彤叙写的重点,不在红学内部和外部的学术脉络,而在红学群儒的时代际遇,辛苦遭逢,知识人的节操和人格,在知识与权力与利益之间的辗转人生。于是你读到蔡元培读了胡适击溃"旧红学"的"新红学"大文,一边写文章郑重答辩,一边却帮胡适寻得他遍寻不获的《四松堂集》。你读到胡适将某珍本《红楼梦》慷慨借给素不相识初次见面的青年周汝昌。你读到观点立场完全不同的吴组缃和何其芳,在上世纪五十年代的北大课堂,同时开讲《红楼梦》。你读到民国时可以在重庆大讲《资本论》的政治学教授吴恩裕，易帜后却只能"躲进红楼成一统"，而且一辈子坚持不肯批判他的英国导师拉斯基。你读到孙楷第为他红羊劫中流失的万册藏书，郁郁而终。你读到"两个小人物"多年真诚的友谊和令人痛惋的分道扬镳。你读到俞平伯晚年出访香港谈红，超水平的精彩发挥。你读到同为当代的小说名家，王蒙从自己的创作实践出发，烦透了那个在每一页上哭天抹泪干扰阅读的"脂砚斋"，刘心武却发展出了一个想象多于实证的"秦学"，周汝昌还因此点赞了他的"悟性"。至于"假作真时真亦假"的诸般"曹学文物"的出土和发现，读来恰似推理小说，煞是好看……

虽说是"外"史，我却读到《红楼梦》诗学幽灵般地内在于李彤的叙写，直接左右了本书的结构和文字。十二篇的章节（"金陵十二钗"？），均以《红楼梦》的对话或诗句来提纲挈领；又以主册、副册、又副册的方式来安排红学群儒的出场次序；草蛇灰线、伏脉千里、首尾呼应等叙事技巧的纯熟运用，则犹其余事，优而为之。当不同来源的史料有所出入的时候，李彤又发挥了当年评红的考证功夫，略作辩证，尽显学问功底。仗着对北京的历史地理的熟悉，书中常常点出一些毫不相干的事件的空间巧合，令人惊喜。然而本书最可贵的，是李彤将自己出入红学界、亲炙红学泰斗的点滴经历，适当穿插在章节之间，不仅加强了"纪实散文"应有的"实感"，更证明了这不是一部冷冰冰的史料连缀，而是有温度的生命书写。

是为序，并以此纪念老同学梁左，就在这个月，他去世二十周年。

2021年5月4日于珠海唐家湾

红楼梦外一支

血泪书

周策纵

  字字鲜红血泪潮，把十年生命都消磨了。毕竟有几度青春年少，怎禁得尽拼换这风情月债，魄荡又魂销。桃红柳绿妖娆，风流人物痴还俏，一个个话来嘴舌不轻饶，眉梢眼角争啼笑，刻画出腐心利欲，迫人权势鬼嚎啕。只落得个荒唐梦幻，红楼白雪路迢迢。尽叫人从头细味把金樽倒，好一似大观园重访了几千遭，想一想悲欢离合，炎凉世态，便古往今来也只共一朝。回头看红学轰轰烈烈，更只是千言万语盾和矛，无穷无尽的笔墨官司总打不消。没奈何，且拍案狂歌当哭，呼朋引类尽牢骚，岂道是召一次国际擂台趁热闹，实为了文章美丽，学术崇高。还应叫那全世界的苍生惊晓，一道儿来品赏其中妙。

——为首届国际红楼梦研讨会作，1980 年

周策纵（1916—2007），美国威斯康辛大学教授，首届国际红楼梦研讨会发起人。

故宫文华殿，摄于2020年苏轼主题书画特展。

引子 (1963)

1 故宫文华殿

我初读《红楼梦》很迟，是1973年，我二十三岁，在工厂里刚进入了工人理论队伍。已经大乱了好几年，完全没有书读，忽然掀起了"评红热"。

可是我正经接触"红学"却很早，要早十年，是在小学五年级之后的暑假，在北京故宫文华殿。那是1963年的初秋，纪念曹雪芹逝世二百周年，这展览让我记了一辈子。

在一个孩子的眼里，文华殿高大宽敞，展览的内容丰富，真吸引人。是父亲带我和妹妹一起去的，妹妹看不懂，只知道在殿堂里跑来跑去，而我循着路线，逐个展版展柜，看得津津有味。开始是裱在展板上的大幅国画，除了显然是想象出来的曹雪芹肖像，继之以大概可考的生平事迹图，记得有幼年江宁织造府繁华、少年遭变故被抄家、青年在右翼宗学秉烛夜谈、中年贫居西山黄叶村著书等，大约一共八幅。我至今记得画家的名字，有刘旦宅、贺友直、林锴等。那时我家住在西单附近，从此我知道了西单北大街东侧石虎胡同那一片古建筑，当时的民族学院附中，就是曹雪芹曾经工作过的右翼宗学。

实物展品更为丰富，我看见了一排古旧的版本，看见了很多精巧富丽的古物，既是工艺品，也是古人的实用物件，那是《红楼梦》小说中写到过的家什，在故宫康、雍、乾年代的藏品中，找到了近似之物。小到一方可能是脂砚斋之名来源的"脂砚"（据说原属明代一个名妓的），大到一座设想出来的大观园立体模型。记得最清楚的，是一件白绸小褂，全衣写满小字，不能称蝇头小楷，该说是蚊头小字吧。看说明，它上面抄的是四书五经，在科举考试中供考生穿在身上，作弊用的。

一个以语文为优长的小学生，在求知欲旺盛的年纪，遇到了这样的展览，见到这些直观的实物，便先入为主，使我对《红楼梦》兴趣大增，念念不忘。

故宫文华殿旧影

这一定是一本极有趣的书,这一定是一门极吸引人的学问。未读其书,先已陷入其周边知识。就像是后来读到的林黛玉进府王熙凤出场,未见其人,已先闻其声。

爸爸虽然带我去看展览,却是不许我看《红楼梦》原著的。岂不闻"少不看《水浒》,老不看《三国》;男不读《红楼》,女不读《西厢》"?更何况,那是个反修防修,做无产阶级革命事业接班人的年代,岂容你青春期少年读《红楼》?

后来我渐渐长大。三年以后,忽然没有学上了,也不能读书了。乱哄哄过了十年,又忽然网开一面,官方提倡读《红楼梦》,还掀起了全民评红热。我就是在那时初读《红楼梦》。有关旧著又出版了,我对一切有关的材料倍感兴趣,如饥似渴。又过四年,我二十七岁了,才第一次可以考大学,居然一试而捷,进入燕园读中文系,获得名师指点。我便与同学一起合写红学文章,组成了学生《红楼梦》小组,还参加了全国红学会。再过四年大学毕业,我进入那家报社当编辑,著名的两位"小人物"成为我的直接领导,也有条件与红学界的头面人物有了亲身接触。在工作中我也不忘红学,主动包揽了本报的涉红文章,对八七版的《红楼梦》电视剧放胆评论。就这样一步一步地,我积累着知识,扩大着视野,提高着眼光,逐渐深入到红学、红学界的内部。

我读到了挨过批的老红学家俞平伯的名言:

> 我尝谓这书在中国文坛上是个"梦魇",你越研究便越觉糊涂。别的小说底研究,不发生什么学,而谈《红楼梦》的便有个诨名叫"红学"。虽文人游戏之谈却也非全出偶然……[1]

好像真是这样,你研究任何有关《红楼梦》的问题,都会遇到相反的意见和证据，仿佛没有谜底；你看似解决了一个问题，又会发现连环套接着新的更大的问题，好像漫无际涯。例如曹雪芹的卒年问题就是这样，壬午、癸未争论未休，又出来了第三个甲申说。

再回过头来看1963年的纪念展览，也可以发现新的问题，而且在不同的年代，能提出不同的问题。在第一个十年里，我疑惑的是：1963年是什么时代背景？国际上反对苏联修正主义，国内的阶级斗争风声日紧。为什么在那时，能够那么大张旗鼓地纪念曹雪芹，宣扬《红楼梦》？为什么它不是"封、资、修"毒草呢？1973年重燃评红热时，看到有文章说那展览上曾展出过的"脂砚"已经迷失无踪，只留下两张黑白照片，徒劳牵挂。后来知道丢了的展品并不只此，还有多件。这又不是老百姓家里的物件，丢了不算稀奇，博物馆里的藏品，怎么能说丢就丢了呢？难道曹雪芹又遭了一次抄家？

再后来，我读的书和文章多了，并有了亲身人际交往，知道了红学界内部，红学家之间，存在着很多芥蒂，纠葛着复杂矛盾，而且愈演愈烈，层出不穷。这些矛盾是学术观点不同，还是性格人品差异？是一时误会还是积怨深仇？它们是从何而来，又将怎样发展？是该归因于时代大背景，还是个人小脾气？或者是综合作用，兼而有之？

后来我才意识到，十三岁是一个紧关节要的年龄。在英文里，是 teenager 的开始。按照多数红学家的看法，曹雪芹就是在这年龄上，遭遇家变，由南北返，后来感怀身世，追忆繁华，才写出了《红楼梦》。

而我在十三岁上参观文华殿展览，便成为红学启蒙，深印脑海，刻骨铭心，贯注终身。我的红学入门虽无师承，却绝对正宗。我先迷红学后读原著这个顺序，看似实在违反常理，仔细想一想，其实是时代的巨轨所规定。在那十几年里发生的事，有多少是不违反常理的呢？

因为经常回想起这一次展览，而在我心中产生了以上问题，久久不散。这成为我探索红学以及红学界人物的动因。因其学，想见其为人。

讲红学和红学史的书已经汗牛充栋，记红学界人物个人的自传、评传也不乏其书。我给本书定下的任务，是把人物和红学史结合起来，沿着红学的线索表现真实人物，梳理他们之间的关系，并且透过台前的这些知识分子代表人物，去理解时代的风云变幻。这个任务也许太大，我将尽力而为。

注释：

[1]俞平伯《红楼梦研究·自序》，人民文学出版社1973年。

一 开局篇（1916-1947）

开辟鸿蒙，谁为情种？都只为风月情浓。
——《红楼梦》第五回《红楼梦曲·引子》

2 新旧红学之交

曹雪芹当年在黄叶村中"茅椽蓬牖，瓦灶绳床"，写他的《红楼梦》。"我这一段故事，也不愿世人称奇道妙，也不定要世人喜悦检读，只愿他们当那醉余饱卧之时，或避世去愁之际，把此一玩，岂不省了些寿命筋力？"他哪里想得到，因他著此一书，天下从兹多事，在他身后，竟冒出一个红学来？

红学一词之始，在清末民初之际。李放在《八旗画录》中说："光绪初，京朝士大夫尤喜读之，自相矜为红学云。"孙雄在《道咸同光四朝诗史》中写道："都人士喜谈《石头记》，谓之'红学'。新政风行，谈红学者改谈经济；康梁事败，谈经济者又改谈红学。戊戌报章述之，以为笑噱。"那时的人们认为，如果谈政治有风险，就可以改谈《红楼梦》，这是一门十分安全的学问，就像是鲁迅说的"准风月谈"。

民国初年，均耀的《慈竹居零墨》记载了这样一件轶事：

> 华亭朱子美先生昌鼎，喜读小说，自言生平所见说部有八百余种，而尤以《红楼梦》最为笃嗜。精理名言，所谭极有心得。时风尚好讲经学，为欺饰世俗计，或问："先生现治何经？"先生曰："吾之经学，系少（一横）三曲者。"或不解所谓，先生曰："无他，吾所专攻者，盖红学也。"[1]

朱先生是给朋友猜了一个字谜，开了一个雅谑。可见在一开始，"红学"一词就是个戏谑和玩笑。可是发展下来，竟真建立起一门学问。1921年，胡适开创了"新红学"，那么相对来说，从乾隆年间到民国初年之谈红，就是旧红学了。1954年以后的三十年内，"红学"成为贬义词，学人避谈，无论"评红热"怎样红火，皆只能称《红楼梦》研究，不能简称为"红学"。到上世纪八九十年代以后，这研究才逐渐褪去革命和意识形态色彩，"红学"才恢复其正面意义,且不再是玩笑谑称,被承认为正经学问,更成为一门显学。

本来我只打算写当代红学——大约是从1948年开始的近七十年,其中的风云变幻,人物纠葛。但一写起来才发现,不得不回溯到百年前,从新红学登场建立,旧红学过气动摇开始。因为这前因后果之间,有着太多联系,如源到流,如根及梢,如长携幼,如影随形。

"经学家看见《易》,道学家看见淫,才子看见缠绵,革命家看见排满,流言家看见宫闱秘事……"(《〈绛洞花主〉小引》)这是鲁迅对旧红学派各种命意的概括,简洁而精辟。那句"革命家看见排满",说的是蔡元培先生。

蔡先生认为《石头记》(即《红楼梦》)是政治小说,那么,我们的故事也须从政治背景讲起。

1912年元旦,孙中山在南京组成中华民国临时政府,浙江绍兴人蔡元培就任教育总长,时年四十四岁。他所以能胜任此职,其雄厚背景是:在前清先后考中秀才、举人,经殿试中进士,任翰林院编修。甲午年始接触西学,同情维新;戊戌年始返乡办学,从事教育。三十多岁时,在上海组织中国教育会和光复会等,加入反清革命。1907年已经四十岁的他,赴德国留学四年,修习心理学、美学、哲学。如此学贯中西,辛亥革命后的教育总长非他莫属。

仅仅三个月后,总统归于袁世凯,政府迁到北京。1912年7月,蔡元培拒绝与袁世凯合作,辞教育总长职。1913年再次游学法国,旅居欧洲三年。

中年留学时的蔡元培

在异国他乡的寂寞中,他潜心著作,写成《石头记索隐》,文末署时间是"民国四年(1915)十一月"。此稿寄回上海,在《小说月报》第七卷上连载六期(1916年)。同年在法国组织华法教育会,蔡元培任会长,李石曾为书记,吴玉章为会计,这就是后来大批中国青年(包括周恩来、邓小平等)赴法勤工俭学的缘起。就在这个夏天里,传来了黎元洪政府明令恢复《临时约法》,孙中山等海外流亡人士纷纷相约回国的消息。又是11月,也就是写完《石头记索隐》一年后,蔡元培结束了欧洲漂流,与吴玉章等人一起,乘船回到上海。12月26日,他接受了大总统黎元洪颁发的北京大学校长任命。而招生赴法的工作,就主要交给李石曾、吴玉章等人去张罗了。

无论下野出洋还是回国复出,都出于宏观的政治背景,难怪蔡元培的学术研究,也必须要染上浓烈的政治色彩。

1917年1月9日,蔡元培在北大发表就职演说,再过两天他就要过五十大寿了(实为四十九周岁)。上任后立即着手延揽各方人才,首先聘陈独秀为文科学长。

陈独秀在主持《新青年》杂志时,得到在美留学生胡适的投稿,两人志趣相投,共同倡导文学革命。也就是说,胡适尚未归国,便已先声夺人。此时要组织教学班底,舍胡其谁?陈独秀在一月里便写信给胡适,竭诚相邀:

> 蔡子民先生已接北京总长(应为北大校长——笔者)之任,力约弟为文科学长,弟荐足下以代,此时无人,弟暂充之。子民先生盼足下早日回国,即不愿任学长,校中哲学、文学教授俱乏上选,足下来此亦可担任。……他处有约者倘无深交,可不必应之。中国社会可与共事之人,实不易得。恃在神交颇契,故敢直率陈之。[2]

胡适是安徽绩溪人,1910年十九岁时,考取庚子赔款官费生,赴美留学。初在康奈尔大学学习农科,1915年转入哥伦比亚大学读哲学,师从名师约翰·杜威。胡适于1917年4月作成博士论文《中国古代哲学方法之进化史》,5月22日答辩会进行了两个半小时,似乎并不顺利。六位考官中只有一位夏德教授懂中文,他还不赞成胡适的反孔立场;大牌教授杜威博士既不懂中国哲学,也不在乎谁通过不通过,没有照顾自己的弟子;还有规定论文必须出版,交上一百本书方能授予学位。结果大概是需要大改才能通过,这不是一时半会儿就能完成的。于是胡适还没等正式拿到博士学位,就匆匆登船回国了。

1917年7月,胡适在留美七年之后回国。9月10日第一次进入北大,就任文科教授,这一年他二十六岁。在北大教员宿舍中免费暂住了约一个月,10月搬到朝阳门内南竹竿胡同,与安徽同乡高一涵合租。胡适给母亲写信汇报说:"适之薪金已定每月二百六十元","饭钱每月九元","彼处房钱每月不

胡适1914年6月在美国

过六元,每人仅出三元耳。合他种开销算起来,也不过每月四五十元之谱。"可见刚刚海归,尚为单身的胡适,经济状况十分宽裕。对比次年毛泽东到北大图书馆任职员,月薪仅八元耳。胡适在1917年12月,返回故里与江冬秀完婚,还没度完蜜月,便只身返回北京,未在家乡过年。旧历除夕夜,他为高君钱行,变为一人租住。元宵节前,又遭到一次入室盗窃,胡适"很觉得寂寞冷清",便于1918年3月底,搬家去了南池子缎库胡同后身八号,房租每月二十元。6月里,迎来新妇进京团聚。

　　胡适在北大的哲学门担任中国哲学史和西洋哲学史,同时在英国文学门担任英文学、英文修辞学等课。跨系授课,能者多劳。那时候连陈独秀本人的资历都是蔡校长帮他编造的,所以更不需要查胡适的学位证书,都尊称他为博士。胡适把博士论文翻译成中文,再扩充修改,1919年2月在上海商务印书馆出版了《中国哲学史大纲》(卷上),封面上赫然印着"胡适博士著"。蔡元培为之作序,给予高度评价,连出版社也是蔡校长介绍的。此前一年多,1917年9月,蔡先生自己的《石头记索隐》也是在商务印书馆出书,此后又

一　开局篇　11

多次加印。综上所述,蔡元培《索隐》的发表与他出掌北大并招胡适至麾下,几乎是同时发生的。

《石头记索隐》里说:"《石头记》者,清康熙朝政治小说也。作者持民族主义甚挚,书中本事在吊明之亡,揭清之失,而尤于汉族名士仕清者寓痛惜之意。"按蔡元培的索隐,贾宝玉是康熙帝的废太子胤礽,金陵十二钗均影射康熙朝文人名士,貌似女身,实指男士。若问根据何在?他设了三法:"一、品性相类者",如"宝钗之阴柔,妙玉之孤高",与高江村、姜西溟相合。"二、轶事有征者",如"以宝玉曾逢魔魇而推为允礽,以凤姐哭向金陵而推为(余)国柱"。"三、姓名相关者",如黛玉因潇湘馆有竹而影射朱竹垞(朱彝尊),探春即考中探花的徐健庵,宝琴即学过弹琴的冒辟疆。更有甚者,"贾政者,伪朝之吏部也","李纨为礼部(李、礼同音)",人又变成政府机关了。

我一边摘引一边忍不住要插嘴,这不是主题先行预设了谜底吗?再自己设法自寻路径来猜,拆字、谐音、会意、比附等法灵活运用。只要目的定好,找路还不容易吗?试问这也算学术研究吗?

再回头看蔡先生的履历,我感到疑惑:以他的饱读诗书,学贯中西,统领全国教育,执掌最高学府,似乎不该是这个水平。这种猜谜法既与求真务实的乾嘉朴学相距甚远,也与西方特别是德国人的精密思辨无缘,难道是被政治化的"民族主义甚挚"冲昏了理智?

我还要再插一句话:《红楼梦》当然不是政治小说,但是它将与政治,发

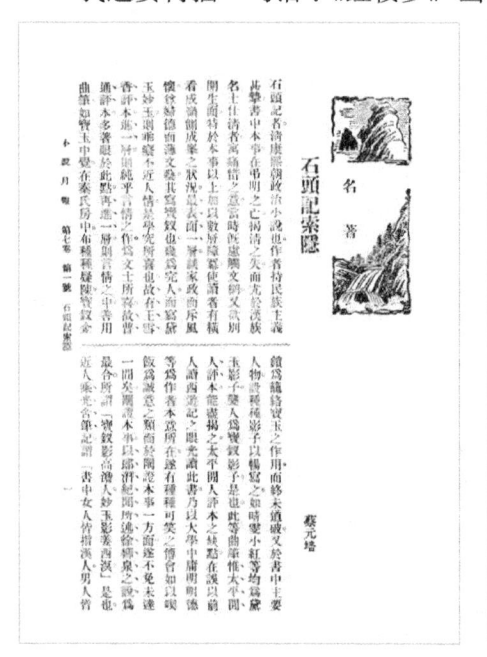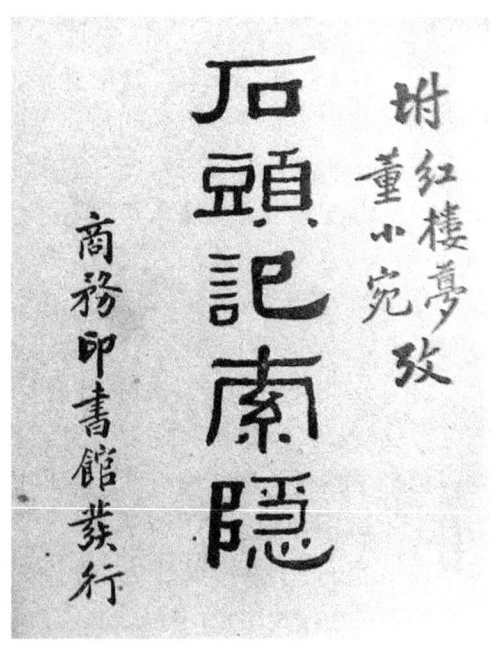

蔡元培《石头记索隐》初发表的《小说月报》杂志和单行本封面

1920年3月14日,蒋梦麟、蔡元培、胡适、李大钊(左起)合影于北京西山卧佛寺。

生千丝万缕、剪不断理还乱的联系,起码在此后的一百年内是如此,在二十世纪的五十至七十年代达到高潮。这可能不该怪蔡校长开了个好头,而是因为中国的历史命运与《红楼梦》的丰富内涵遇合在一起,发生了非文学性的反应吧。

1920年6月,胡适再次搬家到北河沿的钟鼓寺胡同十四号,离北京大学更近,房子也更大了。胡适置办了大写字台,上下班有了自己的包车。连他自己也不会未卜先知,这里,将是新红学的诞生之地。

那是个革故鼎新、英雄造时势的年代,蔡校长、陈学长和胡教授各展其长,名彪青史,不在话下。提倡白话文,是实行文学革命的重要方面。胡适很早就认识到古典的白话小说名著在民间广泛流传,对推广普及白话文作用重大。1919年,胡适与他的学生毛子水、傅斯年一起,提出了用科学精神来整理国故的主张。他"整理国故"的重要实绩例证,就是考证小说。

1920年,在陈独秀、胡适等学者的帮助下,上海亚东图书馆开始陆续整理传统白话小说。这是一个有目的、有计划的系列行动,封面上都印着一把火炬的装饰图案,底色或红或黄,广告上写着"代表一个时代的精神的文学"。所谓"整理",就是新式标点,分段排印,加一篇新写的序,内容最好是考证,明星作序者胡适便是畅销的保证。此事的主持人是亚东老板汪孟邹,校勘整理者是其侄子汪原放,他们都是胡适安徽绩溪的同乡旧友,胡适的文存即由亚东排印。

一 开局篇

先行出版的有《水浒传》、《儒林外史》等，胡适为之写了《水浒传考证》和《吴敬梓传》。《红楼梦》因为篇幅大，成本高，且情况复杂，所以后出。一边排印，一边在等胡适的序文。

1920年12月4日，汪孟邹给胡适写信，促请为《红楼梦》作序之事：

> 红楼梦有一千二百页之多，阴历年内为日无几，拟陆续排完，待开正再行付印，约阴历正底二初即出版发行也。但排版费一项亦非千元不可，甚为不易。现拟发售预约，收些现款，以资补救。不识吾兄是拟代撰一篇考证，或是一篇新叙，请斟酌函知，以便登而告白。兄的北京友人中尚有熟读红楼，可代撰叙者否，祈代接洽告知为荷。仲甫（即陈独秀）仍作一叙，已与他接洽过也。[3]

书商要序，当然出于他的商业目的。但是胡适的反应并不积极，他担心新标点本有误，会不好卖，自己正在生病，考证《红楼梦》的材料不好找，他对预约发售的办法也不赞成，所以没有答应作这篇序。这让汪孟邹很着急，几次写信求胡适帮忙，提出序可以宽限三个月，如果写成考证那就更好了，他还特意把一部有正书局的八十回本寄给胡适作资料。此书是有正书局在1911—1912年据清代精抄本石印出版，前有戚蓼生序。它的价值在当时还没有被揭示，当时人们还不知"脂本"为何物。一边是将本求利的半逼半劝，一边是勉为其难的半推半就。书商和作者都不曾料到，就这样催生出一篇学术名著，开创了一个"新红学派"，造就得一位开山祖师。

1921年3月，北京发生了"国立学校索薪罢课"风潮，抗议北洋政府拖欠教师工资。北大很多老师也参与其事，不去上课。胡适利用这空闲时间，在3月27日草成了约两万字的《红楼梦考证》（初稿）。随即在友朋间传阅，4月17日誊清后寄上海。4月25日，上海亚东版标点本《红楼梦》即已出版（书中版权页写作5月），胡适的《红楼梦考证》冠于书前。书中还载有顾颉刚的《答胡适书》和陈独秀的《红楼梦新叙》。在出版预告中声称："打破从前种种穿凿附会红学，创造科学方法《红楼梦》研究。"

这篇初稿是勉强成篇，很不完善。写作时胡适对作者的家世还知之甚少，只看到与曹雪芹同时的袁枚在《随园诗话》中记载："康熙年间，曹楝亭为江宁织造，其子雪芹撰《红楼梦》一部，备记风月繁华之盛。中有所谓大观园者，即余之随园也。"以为雪芹是曹寅之子。胡适并不满足，这篇应付之作开启了他深入探索红楼奥秘的兴趣之门。

4月间，胡适在助教顾颉刚的帮助下，查得《江南通志》《八旗氏族通谱》《楝亭全集》等许多材料，得知曹家祖孙三代四人，相继任江宁织造长达五十八年，在任上办过四次为康熙南巡接驾的阔差事，正是"天恩祖德，锦衣纨绔"，荣

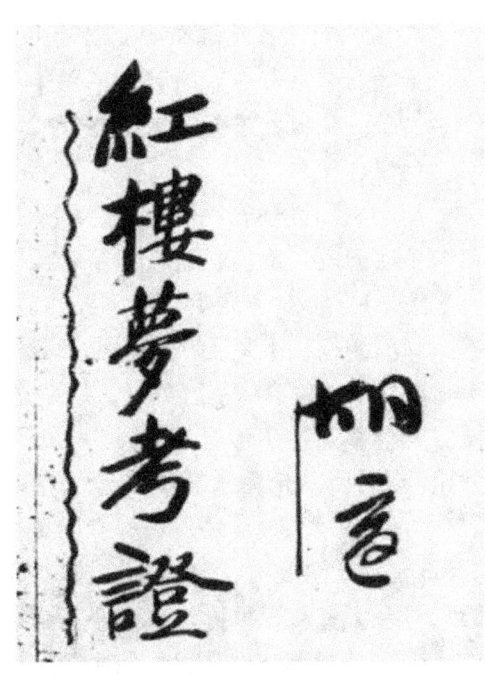

胡适《红楼梦考证》手稿封面

华富贵已极，与《红楼梦》所描写的贾府颇相吻合。由此，他对袁枚的说法开始半信半疑。

5月间，胡适在京师图书馆翻查《楝亭书目》，偶遇一位张中孚先生告诉他，杨钟羲的《雪桥诗话》里有关于曹雪芹的材料。胡适于是向北大国文系同事单不庵先生借得《雪桥诗话》及《续集》，果然查得：

> 敬亭（清宗室敦诚字敬亭）……尝为《琵琶亭（原文如此，应为"行"——笔者）传奇》一折，曹雪芹（霑）题句有云："白傅诗灵应喜甚，定教蛮素鬼排场。"雪芹为楝亭通政孙，平生为诗，大概如此，竟坎坷以终。敬亭挽雪芹诗有"牛鬼遗文悲李贺，鹿车荷锸葬刘伶"之句。[4]

由这条材料，可知曹雪芹名霑，是曹寅（楝亭）的孙子，这就否定了袁枚的误记，也推翻了自己原来的许多假设，胡适为之狂喜不已。后来他又得到《八旗诗钞》（又名《熙朝雅颂集》）和《八旗文经》，从敦诚、敦敏的赠诗中，得知雪芹晚年贫穷潦倒、纵酒狂歌的境况，及其他许多材料。这样，对《红楼梦》的考证就完全面貌一新了。

1921年11月，胡适写成《红楼梦考证》的改订稿，载于1922年5月的亚东二版《红楼梦》，以及再版的《胡适文存》卷三。人们以后看到的都是这一稿。

《红楼梦考证》一开篇，就否定了之前的所有"旧红学"：

一 开局篇

他们不去搜求那些可以考定《红楼梦》的著者，时代，版本等等的材料，却去收罗许多不相干的零碎史事来附会《红楼梦》里的情节。他们并不曾做《红楼梦》的考证，其实只做了许多《红楼梦》的附会！[5]

胡适将旧红学归纳为三派，即影射清世祖与董鄂妃说，清康熙朝政治说和纳兰性德说。蔡校长是其中第二派，胡适对其观点和方法痛加驳斥，称之为"猜笨谜"。对蔡先生，他不顾年高一辈，不顾校长之尊，不顾知遇之恩，不顾同僚的低头不见抬头见，也不顾同一战壕的师友之谊，坦然直陈，把学术观点与个人关系严格区分开，这就是胡适。

然后胡适按照他自己的科学方法，引录了十多种书籍中的材料，并加以排比、综合、分析后，得出了有关作者及其家世、成书过程和主旨的六条结论。

（一）《红楼梦》的著者是曹雪芹。

（二）曹雪芹是汉军正白旗人，曹寅的孙子，曹頫的儿子，生于极富贵之家，身经极繁华绮丽的生活，又带有文学与美术的遗传与环境。他会做诗，也能画，与一班八旗名士往来。但他的生活非常贫苦，他因为不得志，故流为一种纵酒放浪的生活。

（三）曹寅死于康熙五十一年。曹雪芹大概即生于此时，或稍后。

（四）曹家极盛时，曾办过四次以上的接驾的阔差；但后来家

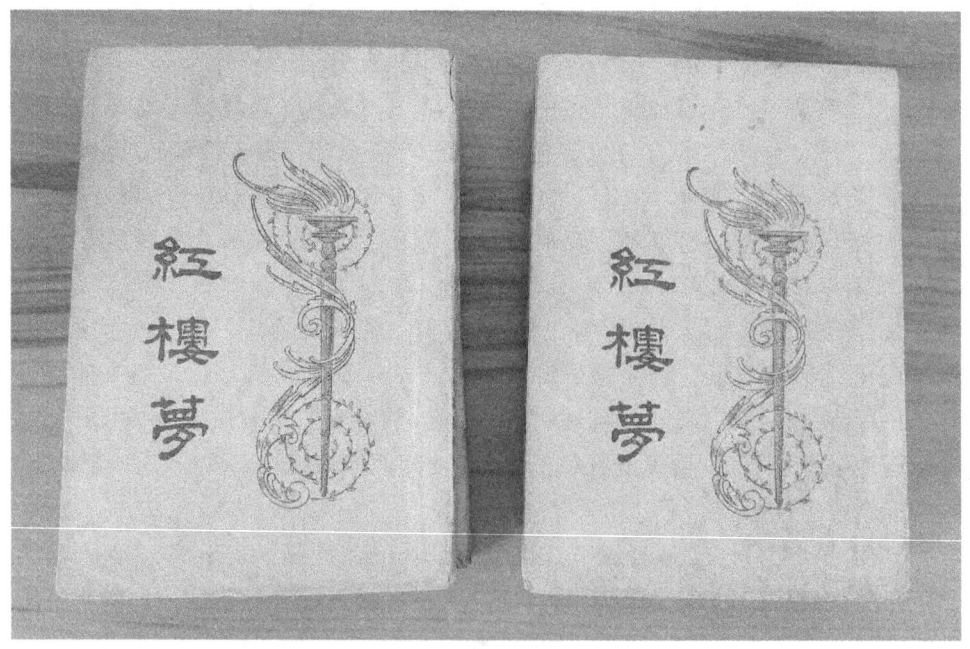

亚东图书馆本《红楼梦》，全六册。

渐衰败，大概因亏空得罪被抄没。

(五)《红楼梦》一书是曹雪芹破产倾家之后，在贫困之中做的。做书的年代大概当乾隆初年到乾隆三十年左右，书未完而曹雪芹死了。

(六)《红楼梦》是一部隐去真事的自叙：里面的甄、贾两宝玉，即是曹雪芹自己的化身；甄贾两府即是当日曹家的影子。[6]

对《红楼梦》作者情况如此明白而系统的描述，是前所未有的。这六条结论，便成为新红学的基石。此外，关于"本子"，胡适也首次明白区分了戚本和程甲、乙本的区别，指出"最初只有八十回"，"后四十回是高鹗补的"。对于续书，胡适认为"虽然比不上前八十回，也确然有不可埋没的好处。""作一个大悲剧的结束，打破中国小说的团圆迷信。这一点悲剧的眼光，不能不令人佩服。"

在百年后观之，胡适当年限于史料的匮乏，对"著者"的六条结论不能称完善，后来大多曾遭到异议。其前五条可说是提供了基础，后人可以补充细化，但不能颠覆取代。值得一议的在于第六条"自叙传说"，它既是一篇大文的结论，也是新红学派的代表性特征，到1954年以后，受到最多的非议。

对此本书作者不能回避，我的看法是：第一，与胡适要批驳的清世祖与董鄂妃说、清初政治说和明珠家事说相比，"自叙传说"要合理得多，是一个革命性的进步。有道是"矫枉必须过正，不过正不能矫枉"。第二，它是建立在大量史实的基础上，曹家确实先世繁华，雪芹确实后景凄凉，与小说内容相类似。此说是有实证依据的，这就是考证派胜于索隐派之处。第三，在五四新文化运动中，受欧洲浪漫主义思潮和日本"私小说"的影响，当时在新文学创作中"自叙传"小说正大行其道，其代表作郁达夫的《沉沦》恰于1921年10月出版。故胡适提出"自叙传说"是应和了其时代潮流。第四，过分强调曹家史实与《红楼梦》书中人物的一致性，处处坐实，甚至反推，则违反了文学创作的基本道理，显示出局限性。胡适终归是史家而不是文学家，但他也并没有将"自叙传说"绝对化，绝对化者另有其人。胡适的开创之功不可埋没，不能要求新学说一诞生就尽善尽美。为什么鲁迅会认同胡适的"自叙传说"（后文可见）？亦不妨作如是观。

被批评的还有一条"《红楼梦》的真价值正在这平淡无奇的自然主义的上面"。百年前的文艺理论概念还不成熟，自然主义与现实主义之间，尚未严格地区分定义。平淡无奇要胜过神秘奇诡，这算不上是贬低吧。

可注意的是，胡适对《红楼梦》的兴趣，只集中在"著者"和"本子"两个问题上，"我觉得我们做《红楼梦》的考证，只能在这两个问题上着手"。胡适是从史学家的立场出发，要过"考据癖"的瘾，演练他从杜威那里学来的实证主义科学方法，而并不是一种文学研究，更不涉及审美评价。而日后被视为追随者的俞平伯或周汝昌，在这一点上与恩师实在有很大的不同，我们将来就会看到。

胡适一直对《红楼梦》的文学评价不高，早在美国留学期间，他就在致族叔胡近仁的信中对中西小说作比较，提出以西方小说之长补中国小说之短，列出了认为"可以不朽"的八部中国古典小说：《水浒传》第一，《儒林外史》第二，《石头记》排名第三，以下还有《镜花缘》、《西游记》、《七侠五义》、《儿女英雄传》和《品花宝鉴》。这见解是年少浅薄吗？日后成熟的大学者胡适又将怎样看待《红楼梦》的文学价值？且留待后文再表。

可以提前交代的后续发展是：从1920年到1933年十四年之间，上海亚东图书馆出版了十二部经过整理的传统小说，都有胡适写的序言、导论等，或考证，或传记，共大约三十万字。他把中国传统小说分为两类：第一种是由历史逐渐演变出来的小说，例如《三国演义》、《西游记》、《封神榜》、《水浒传》等。"对这些小说，我们必须用历史演进法去搜集它们早期的各种版本，来找出它们如何由一些朴素的原始故事逐渐演变成为后来的文学名著。"第二类是创造的小说，例如《红楼梦》。"对于这一种小说我们就必须尽量搜寻原作者的身世和传记资料，以及作品本身版本的演变及其他方面有关的资料。"[7]

若孤立地、初始地看，像是在书商的劝诱下，胡适勉强、不自觉地作序文；若整体地、历史地看，它却是有意识、有目的的自觉文化行动。"我就充分地利用这些最流行、最易解的材料，来传播我的从证据出发的治学方法。"[8] 正如在《红楼梦考证》的结尾，胡适所写：

> 我在这篇文章里，处处想撇开一切先人的成见；处处存一个搜求证据的目的；处处尊重证据，让证据做向导，引我到相当的结论上去。……我希望我这一点小贡献，能引起大家研究《红楼梦》的兴趣，能把将来的《红楼梦》研究引上正当的轨道去：打破从前种种穿凿附会的"红学"，创造科学方法的《红楼梦》研究！[9]

这可以看作是新红学派创立的宣言。

1922年1月初，正在住院的蔡元培收到了《胡适文存》赠书，他当然首先翻看与自己有关的《红楼梦考证》改订稿。

适之先生大鉴：

> 承赐大著《胡适文存》四册，拜领，谢谢！虽未遑即全读，亟检《红楼梦考证》读之，材料更增，排比亦更顺矣。弟对于"附会"之辨，须俟出院后始能为之。公所觅而未得之《四松堂集》与《懋斋诗抄》，似可托人向晚晴簃诗社一询。弟如有便，亦当询之。……

青年胡适在北大

专此，并祝新年大吉

弟蔡元培敬启　　一月四日[10]

就是说蔡先生并不服气，他一边准备写文答辩，一边建议胡适怎样找书。他提议的晚晴簃诗社，由时任民国总统徐世昌发起，宗旨是征集和汇编清诗，故搜集清人诗集最全。蔡先生出院后，在一月底为《石头记索隐》即将印行的第六版加写了篇自序，再"与胡适之先生商榷"，为自己辩护。

接下来发生的事很有趣。胡适考证曹雪芹，是根据杨钟羲的《雪桥诗话》，但杨是清末民初人，他转引自敦诚的诗集《四松堂集》。胡适不满足于这"转手的证据"，很想找到《四松堂集》，但在北京上海两处大索都不获，还两次被人搞错，找来一字之差的《四松草堂集》，空欢喜一场。在几乎绝望之际——

今年四月十九日，我从大学回家，看见门房里桌子上摆着一部退了色的蓝布套的书，一张斑剥的旧书笺上题着"四松堂集"四个字！我自己几乎不信我的眼力了，连忙拿来打开一看，原来真是一部《四松堂集》的写本！这部写本确是天地间唯一的孤本。因为这是当日付刻的底本，上有付刻时的校改，删削的记号。最重要的是这本子里有许多不曾收入刻本的诗文，凡是已刻的，题上都印有一个"刻"字的戳子。刻本未收的，题上都帖着一块小红笺。题下注的甲子，都被编书的人用白纸块帖去，也都是不曾刻的。——我这时候的高兴，比我前年寻着吴敬梓的《文木山房集》时的高兴，还要加好几倍了！

隔了两天，蔡孑民先生又送来一部《四松堂集》的刻本，是他托人向晚晴簃诗社里借来的。刻本共五卷……果然凡底本里题上没有"刻"字的，都没有收入刻本里去。这更可以证明我的底本格外可贵了。蔡先生对于此书的热心，是我很感谢的。最有趣的是蔡先生借得刻本之日，差不多正是我得着底本之日。我寻此书近一年多了，忽然三日之内两个本子一齐到我手里！这真是"踏破铁鞋无觅处，得来全不费工夫"了。[11]

这段故事的有趣之处并不仅在于胡适连获两书之巧，而更在于蔡先生的热心助人，纯然无私。他完全能够想到，胡适得到资料，就能增添批驳自己的证据。这不是为对手提供弹药，来"向我开炮"吗？但是蔡先生毫无顾虑，怀着平常心帮助下属和对手。蔡先生的度量真不同于凡人。与此同时他发表公开答辩，仍然独持己见，铁面无私。而在胡适一边，似乎忽略了蔡先生的建议，三个多月没有去找晚晴簃诗社借书。还是蔡先生言而有信，于出院后亲自去把书借了来，再送书上门。蔡先生的观点容或可议，蔡先生的人品委实无双！

故事还有续集。仅仅四天以后，4月25日胡适被推举为北大教务长，等

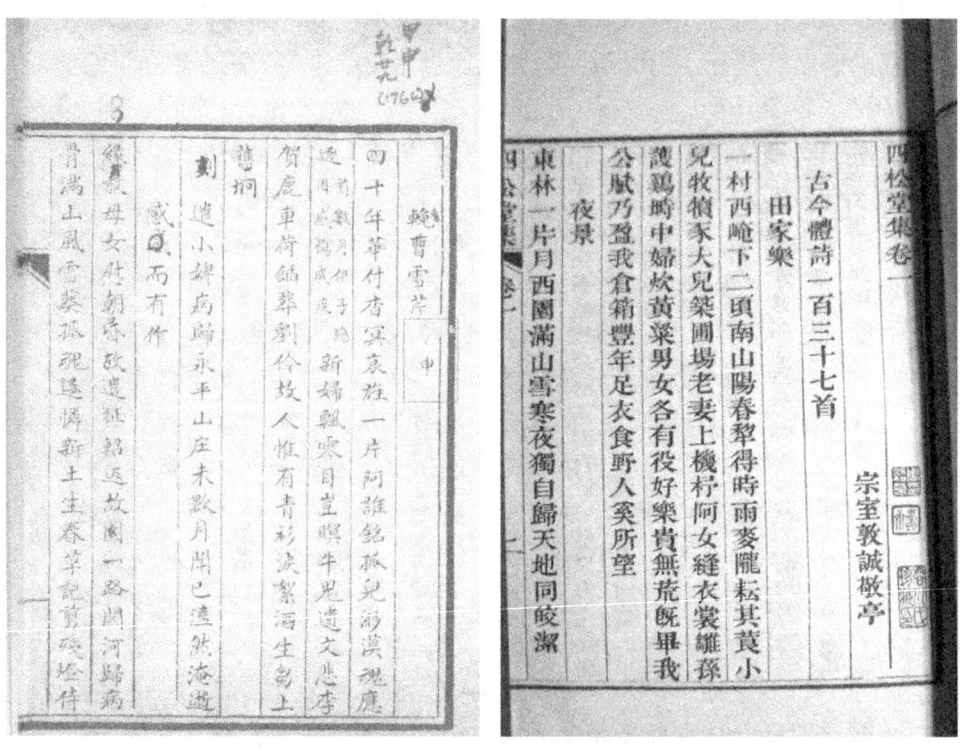

《四松堂集》二种，左为付刻底本，右为刻本。

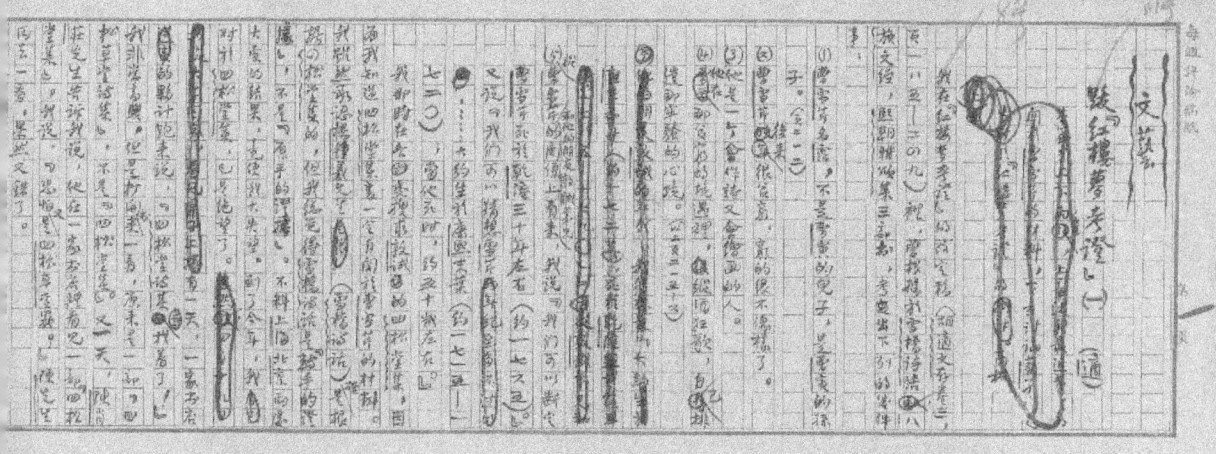

胡适《跋〈红楼梦考证〉(一)》手稿，1922年5月3日。

于是做了蔡元培的副手。接下来在5月3日和10日，胡适连写了两篇《跋〈红楼梦考证〉》，一是用《四松堂集》里的材料补充曹雪芹生平事迹，二是回应反驳蔡先生的商榷，并不因得到送书或升了职位而放校长一马。一码是一码，学术见解与人际关系是两码事，胡先生的认真和执着也难得。"吾爱吾师，吾更爱真理。"两位先生的关系，真不愧为人师表了。

胡适要找的另一本书《懋斋诗钞》，是敦诚之兄敦敏（号懋斋）的诗集。已查到他有《赠曹雪芹》诗云："寻诗人去留僧壁，卖画钱来付酒家。"因此推断《懋斋诗钞》中必有关于曹雪芹的材料。胡适想尽办法苦觅这本诗集，却一无所获。这一等，就是二十多年。

我初次读到蔡胡的红学之争，是在1975年的评红热之中。四十多年前的感觉，自不同于今日。那时的胡适是"反动透顶"的坏人，而蔡元培是正面形象的"民主人士"。从此蔡先生在我的心目中地位下降，而胡适却不觉得那么丑恶了。两年多以后（1977年），我考进了北京大学，蔡先生成为我的老校长（其实胡先生也当过，那时候不能提），更多地听到对蔡校长的称颂，渐升级为崇敬。可是我总因为读过蔡胡的红学之争，先入为主，便在这敬意上打了折扣。随着读书稍多，冰封渐融，对胡适的敌意也渐消。我悄悄地起了个念头，想写一篇文章，谨慎而局部地为胡适先生翻案，那时候只敢说是一分为二。终因为我大一学生的才疏学浅，没有写成。再后来，这题目已成多数人的共识，也不需要我来写了。

3 新红学三人组

胡适（生于1891年12月17日）只比顾颉刚（生于1893年5月8日）年长一岁半，两人却是师生关系。胡适1917年刚进北大讲中国哲学史的第一课，就令听课的顾颉刚大吃一惊。

  他不管以前的课业，重编讲义，劈头一章是"中国哲学结胎的时代"，用《诗经》作时代的说明，丢开唐、虞、夏、商，径从周宣王以后讲起。这一改把我们一般人充满着三皇五帝的脑筋骤然作一个重大的打击，骇得一堂中舌挢而不能下。许多同学都不以为然；只因班中没有激烈分子，还没有闹风潮。[12]

顾颉刚从此服膺了胡师，由此启发了他后来的古史辨伪，愿跟随、实践老师研究历史的方法。顾颉刚在1920年暑假毕业后留校，在图书馆做编目员。1921年1月，北大成立研究所，由胡适介绍，顾颉刚既当助教，又兼任《国学季刊》的编辑。他对先生执弟子礼甚恭，对教授的研究确实助以大力。

胡适写完《红楼梦考证》初稿后，于4月2日送给顾颉刚，请他校读并补充材料：

  到校为适之先生查书，即写复信。……胡先生送《红楼梦考证》来，看一过，把从前附会之说一扫而清，拨云雾而见青天，可喜。[13]

  那时正在无期的罢课之中，我便天天上京师图书馆，从各种志书和清初人诗文集里寻觅曹家的故实。果然，从我的设计之下检得了许多材料，把这许多材料连贯起来，曹家的情形更清楚了。[14]

顾颉刚为此忙了一个多月。除了北大和京师（即后来的北图、国图）两个图书馆，顾颉刚还远赴天津图书馆，并去国子监抄录进士题名碑，找到了高鹗的名字和籍贯。每有所获，立即书面汇报，胡先生也随时回复，指点切磋。

幸亏那时候没有电子通信，留下了手札；或者说，可惜那时候拍照和复印都不可能，必须要手抄。那时代的学者做学问，就是要这么辛苦或者说原始，必须动脚跑路，动手翻书，逐字抄录，很可能是毛笔小楷，还要带墨盒。

顾颉刚帮老师胡适找材料写成了名篇《红楼梦考证》，此事在当时造成的影响，有一个最佳例证。正值胡适的改订稿刚刚写完尚未发表之际，1921年12月，在北京的《晨报副刊》上，发表了鲁迅先生的名篇《阿Q正传》。开头的序中说："阿Q"之名为"桂"或"贵"，只有待于"有'历史癖与考据癖'的胡适之先生的门人们"去考定——这句话就是指顾颉刚。

顾先生到晚年时认为，这是鲁迅"故于小说中下一刺笔"。但我想，可能当时鲁迅只是游戏笔墨而已，用时尚热门话题抓一个哏，就如同相声中的"现挂"。同时这玩笑也是一个警示，勿谓言之不预也。

《国学季刊》同人合影，1924年9月。左起：徐炳昶、沈兼士、马衡、胡适、顾颉刚、朱希祖、陈垣。

这时，鼎立的第三足该出场了。胡适的另一个学生俞平伯，祖籍浙江德清，1900年生于苏州，比顾颉刚年轻七岁，却早一年从北大毕业，因为他年仅十五岁就考进北大。1917年9月末，俞平伯到西斋丙子十二号宿舍访同学傅斯年时，与同住的顾颉刚相遇。两人是苏州同乡，遂结为好友。

那时上大学也真是自由，上学期间，1917年10月31日（农历九月十六），俞平伯与表姐许宝驯借大取灯胡同亲戚家的房子结婚。到两年后毕业时，已有了两个女儿。1919年，父亲俞陛云买下了朝阳门（旧称齐化门）内

青年俞平伯

老君堂胡同七十九号院，从此俞家在此安居五十年。

俞平伯出身于学问世家，真正的家学渊源。曾祖俞樾曲园老人是清代的大学问家，传到其孙俞陛云（即平伯之父），中了戊戌探花，学问著述虽不及乃祖，但在选学、诗学等方面的成就，犹自成家数。而俞平伯本人是早熟的天才，1918年开始在《新青年》上发表新诗和文章，是五四新文化运动的干将。

据俞平伯自己说，幼时并不喜欢《红楼梦》，是在北大提高了文学鉴赏力。他年轻时，曾两次欲放洋留学，两次都有始无终。有意思的是，正因为他留洋无成，方成就了红学上的事业有成。

1920年1月4日，俞平伯告别夫人许宝驯，与傅斯年一起赴英国留学。四十九天的漫长海上旅途，俞平伯带了一本《红楼梦》闲看。没想到，五四运动中敢打敢冲的学生领袖傅斯年是个"红楼迷"，两人一路上"剧谈《红楼梦》，熟读《红楼梦》"，如此启发了俞平伯的研红兴趣。直至2月21日抵达利物浦，第二天乘车到伦敦，受到钱昌照、陈源等人的接待。

谁都没想到，仅仅十二天之后，1920年3月6日，俞平伯又乘日本邮轮佐渡丸打道回国了，而且是不辞而别。傅斯年闻讯大惊，从陆路抄近道赶到法国马赛去截船。佐渡丸用了八天才开到马赛，俞平伯后来在寄给傅斯年的诗中描述得真切：

九年三月十四那一天，／蒙蒙海气蒸着，／也是一个早晨，

/从伦敦来的佐渡丸，/正靠马赛底一个码头。/有两个人站在船尾的甲板上，/絮絮的说着，带哭声的说着。/平伯！你这样——/不但对不起你底朋友，/也对不起你自己！/我虽不完全点着头，/但这话好像铁砧的声浪，/打在耳里丁丁的作响，/我永不忘记！[15]

傅斯年千里追舟，花了半个月时间，可惜徒劳往返，却因旷课过多，一学期的学分作废，他真是为朋友两肋插刀了。傅斯年在给老师胡适的信中汇报："我很怕他是精神病，所以赶到马赛去截他。在马赛见了他，原来是想家，说他下船回英，不听，又没力量强制他下船，只好听他走罢。"继而他对俞平伯的分析评价，颇为中肯：

他到欧洲来，我实鼓吹之，竟成如此结果，说不出如何难受呢！平伯人极诚重，性情最真挚，人又最聪明，偏偏一误于家庭，一成"大少爷"，便不得了了；又误于国文，一成"文人"，便脱离了这个真的世界而入一梦的世界。我自问我受国文的累已经不浅，把性情都变了些。如平伯者更可长叹。但望此后的青年学生，不再有这类现象就好了。[16]

俞平伯在回国的海轮上写的新诗《去来辞》中，有句云："既知有去才来，为什么来了不去？可为他来；何不为她去！"

那么，俞平伯匆匆回国的原因，是思妻想家吗？几十年后，俞平伯的外孙韦奈问过外婆，也就是俞夫人许宝驯。夫人淡淡地一笑："那是因为没有足够的钱，哪里会是为我呢？"[17]《俞平伯年谱》中也采此说：第一次世界大战后的英国经济疲弱，正逢通货膨胀，英镑汇价高企，父亲给他的钱不敷留学所用，所以只好回国。

揆诸俞平伯以后一辈子对妻子的依恋（或依赖），或许是二者综合作用的结果。思妻想家固然，却本在预料之中；而钱不够花是新发情况，阮囊羞涩也不好对朋友讲或写进诗中。后者可能占更大的成分，对此，出了国的笔者有切身体会。

其实，傅斯年与俞平伯虽然同船赴英，却有一个极大的差别，那就是傅留学是山东省的公费，而俞是自费。傅之劝俞留下，可谓站着说话不腰疼；而俞只说想家不提钱，是文人要面子，不能把窗户纸捅破。傅斯年要等五年以后，山东省的军阀断了留学生的公费，他才在德国靠陈寅恪接济，体会到"穷不可言"的滋味。当然，俞平伯的生活自理能力较差，他无论作文或行事总爱感性胜过理性，也都是可能的次要原因。

四十多年后，俞平伯在六十五岁时整理欧行日记，写下了这样的感慨：

> 时余方弱冠，初作欧游，往返程途六万许里，阅时则三月有半，而小住英伦只十二、三日，在当时留学界中传为笑谈。岂所谓"十九年矣尚有童心"者欤，抑亦所谓"乘兴而来，兴尽而返"者耶。老傅追舟马赛，垂涕而道之，执手临歧如在目前，而瞬将半个世纪，故人亦久为黄土矣。夫小己得失固不足言，况乎陈迹。回眸徒增寂寞，其为得失尚可复道哉。[18]

当时不可能想到的是，这一贸然决定会影响他的终生。如果不在此时回国，他就不会深陷于红学，不会成为新红学派的开创者之一。他个人的命运乃至当代中国的一段历史，都会改写了。

4月20日晚上，俞平伯突然出现在杭州岳父（也是舅舅）家，居然他定居北京的父母也在这里。母亲告诉他："宝驯带两个女儿回娘家，我和你爸跟着来，既好会会哥哥一家人，又可帮宝驯带带孩子。"

俞平伯在杭州住了下来，在第一师范学校任国文教员，结识了朱自清。1921年初在上海加入"文学研究会"，与郑振铎、沈雁冰、叶圣陶、周作人等结下了终生的友谊。1921年2月，他又回到阔别一年多的北京，那里有老师胡适和同学兼同乡顾颉刚，或者说，等待他的是新红学的揭幕。

俞平伯到北京一个多月后，胡适写出了《红楼梦考证》的初稿，助教顾颉刚开始帮老师找材料补充。据顾颉刚记载：

> 俞平[伯]向来欢喜读《红楼梦》，这时又正在北京，所以常到我的寓里，探询我们找到的材料，就把这些材料做谈话的材料。我同居的潘介泉先生是熟读《红楼梦》的人，我们有什么不晓得的地方，问了他，他总可以回答出来。我南旋的前几天，平伯、介泉和我到华乐园去看戏。我们到了园中，只管翻看《楝亭诗集》，杂讲《红楼梦》，几乎不曾看戏。坐在我们前面的人觉得讨厌了，屡屡回转头来，对我们瞧上几眼。介泉看见了，劝我们道："不要讲了，还是看戏罢！"[19]

顾颉刚之所以要离京"南旋"，是因为突然收到家信，最爱他的祖母骤然中风偏瘫，他只得返回家乡苏州侍病。"但北京的学问环境也使我割舍不得，这一年中南北远途往返了六七回，每回都携带了许多书，生活不安定极了。"在这样的劳顿奔波中，顾颉刚除了进行其史料辨伪和《诗经》研究，就是与师友讨论《红楼梦》和曹家史实。北京苏州两地之间，书信交驰。

对胡适的《红楼梦考证》初稿里，设想后四十回的回目是原有的主张，俞平伯早已表示反对，理由是：回目中既有了"因麒麟伏白首双星"，就不应当再有"薛宝钗出闺成大礼"。俞平伯4月27日给顾颉刚写了第一封信：

> 我日来翻阅《红楼梦》，愈看愈觉后四十回不但本文是续补，

即回目亦断非固有。前所谈论,固是一证(指那两个回目——笔者);又如末了所谓"重沐天恩"等等,决非作者原意所在。况且雪芹书既未全,决无文字未具而四十回之目已条分缕析如此……

我想,《红楼》作者所要说的,无非始于荣华,终于憔悴,感慨身世,追缅古欢,绮梦既阑,穷愁毕世。宝玉如是,雪芹亦如是。出家一节,中举一节,咸非本旨矣……

顾颉刚把此信转寄给了胡适,由此引发两地三方热烈的书信讨论,一发而不可收。"一个暑假里,我们把通信论《红楼梦》作为正式的功课,兴致高极了。"6月18日,俞平伯致信顾颉刚:

弟感病累日,顷已略瘳;惟烦忧不解,故尚淹滞枕褥间;每厌吾身之赘,嗟咤弥日,不能自已。来信到时,已殆正午,弟犹昏昏然僵卧。发函雒诵,如对良友,快何如之!推衾而起,索笔作答,病殆已霍然矣。吾兄此信真药石也,岂必杜老佳句方愈疟哉!

又说:

京事一切沉闷(新华门军警打伤教职员),更无可道者;不如剧谈《红楼》为消夏神方,因每一执笔必奕奕如有神助也。日来与兄来往函件甚多,但除此以外竟鲜道及余事者,亦趣事也。[20]

尽管有"消夏神方",黑暗的现实还是让俞平伯深感痛苦,他想离开北京甚至想再次出国。在之前6月9日信里就写道:"北京这两天闹得糟极了,糟得我都不愿意讲了。这些糟糕的事情,真不愿意阑入笔端,打断我们清谈底兴致。我想今年如不能去国,至少也要去北京。"

应该特别指出,就在与顾颉刚的通信中,俞平伯最早表现出了对"自传说"的离心倾向。也是在6月9日信中他说:"《红楼梦》虽说是记实事,但究是部小说,穿插的地方必定也很多,所以他自己也说是'荒唐言'。如元妃省亲当然不必有这回事,里面材料大半是从南巡接驾拆下来运用的。我们固然不可把原书看得太缥缈了,也不可过于拘泥了,真当他一部信史看。"6月18日,俞平伯又有一信:"因为我们历史眼光太浓重了,不免拘儒之见。要知雪芹此书虽记实事,却也不全是信史。他明明说'真事隐去'、'假语村言'、'荒唐言',可见添饰点缀处亦是有的。从前人都是凌空猜谜,我们却反其道而行之,或者矫枉竟有些过正也未可知。"[21]

《红楼梦》"究是部小说",他们"矫枉竟有些过正"了——这已经点破了问题的实质。俞平伯作为文学家的过人之处就在于此,从青年直到老年,从起点直到终点。

也是在这最初的通信中,俞平伯提出了关于红学基础建设的两大预想。

一是校勘和重新标点《红楼梦》："将来如有闲暇，重印，重标点，重校《红楼梦》之不可缓，特恐我无此才力与时间耳。兄如有意，大可负荷此任也。"（6月30日）"我们必须先把本书细细校勘一遍，使他可疑误后人的地方尽量减少，然后再可以加上标点便于诵读。"（7月23日）"第一要紧是多集版本校勘。若不办到这一步，以后工夫都像筑室沙上，无有是处，我如今年不出国，拟徐徐着手为之，但大功之成不知何时耳。"（8月7日）顾颉刚则鼓励俞平伯自任此事："把《红楼梦》重新校勘标点的事，非你莫属。因为你对《红楼梦》熟极了。别人熟了没有肯研究的，你又能处处去归纳研究。所以这件事正是你的大任，不用推辞的。"（7月20日）

二是办一个研究《红楼梦》的月刊：俞平伯在信中提出："我有一种计划，想办一研究《红楼梦》的月刊，印刷不求精良，只小册子之类；成本既轻，又便广布。"（8月8日）两年以后，顾颉刚进一步描述了这个计划："内容分论文、通信、遗著丛刊、版本校勘记等；论文与通信又分两类：(1) 把历史的方法做考证的，(2) 用文学的眼光做批评的。"[22]

当事者感叹"大功之成不知何时耳"。作史者当然知道，要等三十多年后的1958年，俞平伯才能终于完成《红楼梦八十回校本》。就在他校书进行中的1954年，那办刊的设想也遭到无情批判。[23] 须待半个多世纪后的1979年，《红楼梦学刊》和《红楼梦研究集刊》方能创刊，那将是下一代人的任务了。

从1921年4月到10月，俞顾两人讨论《红楼梦》的通信共达二十七封（俞十八封，顾九封）。其间，俞平伯与胡适也为同一主题通信十七封。信稿装订为好几本，足够整理成一本书了。

但是暑假过去，谈红的兴致渐消。10月，俞平伯申请了去美国官费留学，辞去杭州第一师范学校之职。到年底，他已经办好赴美官费生的手续。12月31日，好朋友叶圣陶、朱自清和妻舅兼表哥许宝驹齐来欢送他，拥着一身洋装的俞平伯，去西湖边的"二我轩"照相馆合影（即下页图）。

没料到，就在即将动身赴美的1922年1月，香港发生水手罢工风潮，原定19日启程的中国邮船公司"中国号"轮船停开，已经赶到上海候船的俞平伯只能怏怏返回杭州。

这一偶然的行程延期，再一次改变了红学事业的进程。如果没有前一次的旅英速返，就不会有当年夏天的通信谈红；如果没有这一次的赴美延期，就不会有机会整理成书。这接连两次的偶然机遇，造成了俞平伯一生命运的必然结局。

留学未成，工作已辞，妻子宝驯又怀了四个多月的身孕，怎么办？俞平伯只好埋头写作，赚稿费养家。

左起：许若昂（宝驹）、叶圣陶、朱自清、俞平伯。

2月，俞平伯忽然看到蔡元培发表了《〈石头记索隐〉第六版自序》，就是反驳胡适批评的答辩文章。这是送上门来的靶子，他立即主动上阵，声援老师胡适，也是公开地批评蔡校长。这篇《对于〈石头记索隐〉第六版自序的批评》，于3月7日在上海《时事新报》上发表。一篇文章不能尽兴，也不够填饱胃口，好在已有四个月的信稿在，俞平伯又给顾颉刚写信，提议两人"合做《红楼梦》的辨证，就把当时的通信整理成为一部书，使得社会上对于《红楼梦》可以有正当的了解和想象"。4月中，俞平伯专程前往苏州与顾面商。此时的顾颉刚已被迫向北大辞职，没有了工作，但仍要忙他自己的史学研究，志不在此，便鼓励俞平伯独力担当此任。俞平伯回到杭州，埋头著书。

5月27日，俞平伯带着已经完成了一半的《红楼梦辨》书稿，再次专程从杭州赶到苏州。谈稿之后，俞平伯准备乘5月30日下午四点半的车回杭州，这时发生了一件奇事：

> 他（俞平伯）第二次到苏州时，我（顾颉刚）邀了（王）伯祥、（叶）圣陶，和他同游石湖。他急于回杭，下午船到胥门，赶乘马车到车站。这稿件是他一个多月中的精力所寄，所以他不放在手提箱里而

一 开局篇　29

放在身边。马车行过阊门，他向身边摸着，忽然这一份稿子不见了。这一急真急得大家十分慌张。我说："马车倒回去罢！看路上有没有纸包。"伯祥主意好，跳了下去，对准迎面来的人的手里看。一路过去，他忽然远远看见有一个乡下人，手里拿着报纸包着的东西，就上前问道："这是什么？"拿来一看，果然就是平伯的稿子！于是他抢了回来，大声喊道："找到了！找到了！"我们都上了马车，我笑着对平伯道："你的稿子丢了，发急到这样，古人的著作失传的有多少，他们死而有知，在九泉之下不知如何的痛哭呢！"平伯道："倘使我这稿子真的丢了，这件事我一定不做了。"我道："那么你做成这部书真是伯祥的功劳了。你嘱我作序，一定把这件事记了上去，做这部书的历险的纪念。"[24]

顾颉刚真的把这历险记写入了《红楼梦辨》序言的初稿中，生动而可信。可惜他在定稿时删去了这一段，致使此事鲜为人知。

六十二年后的1984年，俞平伯在给学生邓云乡的信中证实了此事："事确有之，早已忘却。如稿不找回来，亦即无可批判也。一笑！"

在此事前一天即5月29日，俞平伯喜获麟儿，为数代单传的俞家之大喜事。福有双至，这时俞平伯"开后门"得到一个公费出国机会：浙江省准备派遣数名教育官员前往美国考察教育，岳丈许引之（字汲侯）得知消息，说服其妹夫、时任省教育厅长夏敬观，让女婿以"浙江省视学"的身份赴美考察。而其时，他的儿子许宝驹却是"一师"正宗教师。许引之舍子而送婿，可见对俞平伯爱盼之切。

出国时间已定，俞平伯必须不顾暑热，倒计时赶写完成书稿。最后三天他过得极其紧张：7月7日上午自杭赴沪，办理出国手续。7月8日下午，俞平伯与顾颉刚、朱自清一起前往一品香，参加文学研究会的"南方会员年会"。出席者还有郑振铎、沈雁冰、沈泽民、胡愈之、刘延陵等。这次会议也是俞平伯的赴美欢送会。同一天俞平伯还忙里偷闲，为书稿写了一篇《引论》。7月9日下午，俞平伯动身上船，送行者都是最亲密的朋友：顾颉刚、叶圣陶、朱自清、郑振铎等。就在与顾颉刚握别之际，俞平伯将《红楼梦辨》的书稿交付给他，拜托校勘一遍并代觅抄手誊清。也就是说，这书稿直到出国前最后一天才完成——可见丢失手稿之事，肯定不是发生于完稿之后。

这时候的顾颉刚已移居上海，因为失去了北大的工作，生活日渐困难，只好再向老师求援。胡适到处托人，把他介绍到上海商务印书馆工作，编写《中学本国史教科书》。这让顾颉刚既有了一份经济收入，又可以继续他的史学研究。所以他才可以来送别俞平伯，并受托书稿。

船刚一开,俞平伯就开始后悔了,看他的日记:

> 夜梦中止赴美,醒后尤怅然。(11 日)
> 美游何如穷居乐也。(17 日)
> 夜不寐,心绪纷如。(21 日)[25]

7 月 31 日,俞平伯抵达美国旧金山,一路游览了芝加哥、华盛顿和巴尔的摩,途中曾给顾颉刚写信讨论《红楼梦》中大观园的地点问题。从 8 月 25 日开始患癣疾,浑身痛痒难忍,多次治疗无效。9 月 18 日至纽约,25 日到哥伦比亚大学注册修习心理学。这时癣疾又复发,竟致卧床旷课,遂使他在 10 月 9 日再次决意退学回国。虽然在等船期的日子里找到高明医生把癣治好了,但开弓没有回头箭,俞平伯还是于 10 月 26 日启程,取道加拿大,于 11 月 2 日在温哥华登俄皇后船回国。

1964 年,俞平伯回首往事,在日记上加跋语:

> 倦途万里,空费车航。殆如所谓"学书不成,学剑又不成"。检点尘蟫,雪窗泚笔,为之颜汗。今日思之,好一似怅惘之情多于惭愧。[26]

这一次出国的时间之短,连那本书的校对还没有做完。11 月 19 日晚,俞平伯回到杭州,24 日再到北京。年底,顾颉刚寄来了请人为他誊清的《红楼梦辨》书稿,俞平伯还是自己修改校对了一遍。最后,请顾颉刚作了一篇序。就这样,《红楼梦辨》于 1923 年 4 月由上海亚东图书馆出版。

《红楼梦辨》分三卷十七篇,共十六万字。其中《作者底态度》和《〈红楼梦〉底风格》两篇提领全书,他批评了历来红学家中的"猜谜派"和"消闲派",而作者的态度即作品的主题是:一,"《红楼梦》是感叹自己身世的";二,"《红楼梦》是情场忏悔而作的";三,"《红楼梦》是为十二钗作本传的",对钗黛"无褒贬"或"两美合一"。在风格方面,作者是"自发牢骚,自感身世,自忏情孽,于是不能自已的发为文章",风格就是"怨而不怒"。"含怒气的文字容易一览而尽,积哀思的可以渐渐引人入胜;所以风格上后者比前者高一点。"总体评价,俞平伯认为"《红楼梦》在世界文学中底位置是不很高的","应列第二等","《红楼梦》性质亦与中国式的闲书相似,不得入于近代文学之林。"这应该与五四时期崇拜西学、鄙薄传统的风气有关,同时也是受老师胡适的影响,后来招致激烈批评。但俞平伯的好处就在于并不固步自封,早早就修正了旧作的观点。

在中卷里,作者讨论了《红楼梦》的时间、地点问题,他列出了曹雪芹的年表,却与小说人物贾宝玉混为一谈,这是过度去坐实胡适的"自传说"。他很快就意识到不妥,后文将陆续交代。而地点是"或南或北,可南可北",难下结论。在《八十回后底〈红楼梦〉》中,他逐项考证了贾氏、宝玉、十二钗、众人的结局，那是在脂砚斋批语还不为人所知时，最早的探佚开端。俞平伯用了四个篇章讨论高鹗的续书，他认为续书不可能成功，原本的回目只有八十。他在前八十回中为高鹗的续书找到了依据，承认其并非杜撰，同时又指出其拙劣之处，是"狗尾续貂"。

《红楼梦辨》从胡适的"历史考证"转向了"文学考证"，是对胡适新红学的补充、完善和发展。由于俞平伯具有高明的文学鉴赏眼光，深入《红楼梦》文本的艺术实际，从小说的情节设计、作家的写作风格入手进行细致分析，所以甫一出道就达到了相当的高度，说服力很强。

在《红楼梦辨》一书杀青前后，郑振铎、王伯祥等人曾与他开玩笑说："平伯这一下可成了红学家了。"俞平伯并不喜欢这个称号，反而有种被嘲笑的感觉。从传统治学的观点看，是从大道滑到了小道，愧对先贤了。他是学问世家出身，怎么能被这一部小说限定了品级呢？那时没有人知道，"红学家"将成为俞平伯的终身定位。

而《红楼梦辨》又是俞、顾两人论辩的结晶，是在胡适《红楼梦考证》基础上的延续和发挥。胡适与顾颉刚之间的红学通信，后来也发表并成书了。

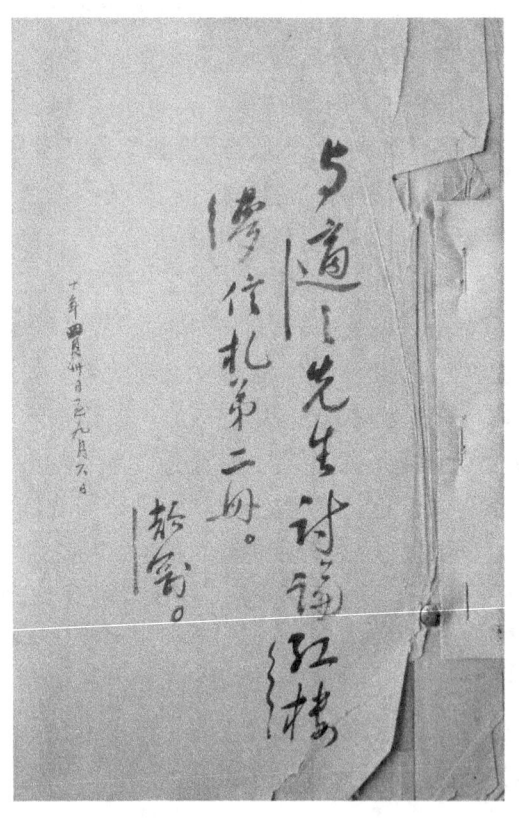

顾颉刚与胡适讨论《红楼梦》信札册

1925年8月，朴社同人合影于清华园，左起：吴维清、朱自清、顾颉刚、俞平伯、陈万里。

有人说，顾颉刚是没有著作的"红学家"。我看这样说比较准确：在大约两年里（1921-1923），他是胡适的助理，俞平伯的陪练。如果缺了他，胡、俞的两部著作都难以单独完成，或者至少更多缺陷。在别人看这是甘当人梯了，在顾颉刚自己，不过是练一练治学方法罢了。所以他这样肯定《红楼梦考证》的意义：

> 适之先生第一个从曹家的事实上断定这书是作者的自述，使人把秘奇的观念变成了平凡；又从版本上考定这书是未完之作而经后人补缀的，使人把向来看作一贯的东西忽地打成了两橛。我读完之后，又深切地领会研究历史的方法。[27]

尽管顾颉刚没有红学著作，却是由他宣布了"新红学的成立"。他在《红楼梦辨·序》中说：

> 我希望大家看着这旧红学的打倒，新红学的成立，从此悟得一个研究学问的方法，知道从前人做学问，所谓方法实不成为方法，所以根基不坚，为之百年而不足者，毁之一旦而有余。现在既有正确的科学方法可以应用了，比了古人真不知便宜了多少；我们正应当善保这一点便宜，赶紧把旧方法丢了，用新方法去驾驭实际的材

一 开局篇　33

料，使得嘘气结成的仙山楼阁换做了砖石砌成的奇伟建筑。[28]

从1921年胡适《红楼梦考证》发表，亚东本新式标点《红楼梦》问世，到1923年俞平伯《红楼梦辨》专著的出版，标志着新红学派的确立。新红学派有注重科学史料的新方法，有作者"自叙传"的新观点，有亚东整理的新版本。无论是从创始人、业绩还是学理上看，新红学派这一杆大旗，都是稳定的三角支撑。

或者还是顾颉刚"奇伟建筑"的比喻更恰当。现在我们可以说，这一建筑真的屹立百年而不移。其后百年间，红学界的新人新说如过江之鲫，来而复去，能经得住淘洗而留存者几稀。剩下来最有说服力、最有生命力的，还是胡适等三人开创的新红学。哪怕1954年的滔天巨浪，也未能将其推翻荡涤。这不是笔者的偏好，这是历史的验证。

顾颉刚1937年3月在禹贡学社

4 圣贤无悔

还是离不开北大。1920年8月6日,北京大学国文系主任马幼渔教授亲赴西城八道湾周宅,给周树人(豫才)先生送来聘书,聘为国文系讲师。因为周先生的本职工作在教育部,任佥事(相当于现正处级),兼任社会教育司第一科科长,主管文化、艺术等方面,故只能做兼职教师。讲题是"小说史大略",每周讲两小时,一年讲完。两年之前,周先生在外面发表文章,就是《新青年》上的《狂人日记》,已经开始用鲁迅这个笔名。

鲁迅于1920年12月开始在北大讲课,效果很好,名声在外,次年1月接着在北京高等师范学校(后改为北京师范大学)开讲。后来又在北京高等女子师范学校(后改为北京女子师范大学)、北京世界语专科学校教授同一门课程,忙的时候,要在四校间轮流赶场。以后每年轮回,直到他1926年离开北京。讲义随写随讲随印,开始是油印线装,内部发行,后经修订增补,定名《中国小说史略》,交给北京大学第一院新潮社,于1923年12月和次年6月分上下册出版。这是中国第一部小说史专著,其中给予《红楼梦》一个专篇的地位,超过任何其他小说,所以它也要载入红学史。

鲁学家比红学家幸运得多,因为鲁迅留下了日记。通过日记我们得知,在《中国小说史略》上下册交稿出版前后,正逢鲁迅个人生活的不幸时期。

1923年7月19日,鲁迅与周作人兄弟失和,从此决裂。8月2日鲁迅携妇(朱安)搬离八道湾胡同,迁居砖塔胡同六十一号,租房居住了九个多月。很快又准备买房,在两个多月里看了二十多处房。这期间气愤加劳累,鲁迅重病一个多月,还要边看病边讲课边写书边看房。就在这当中,10月8日和23日,两次寄《小说史》上册稿件给孙伏园,托其付印。10月30日,鲁迅决定购买阜成门内西三条胡同二十一号,是"旧屋六间,议价八百"(即现在北京鲁迅博物馆所在)。接着就过户立契,联系装修。12月11日,收到孙伏园寄来的《小说史略》印本(上册)二百册。20日"夜草中国小说史下卷毕"。

　　1924年1月2日收房。1月15日开始雇瓦匠李德海翻建旧房,费用一千零二十元(注意装修款多于买房价),此后多次去监督检查装修现场。3月4日校改小说史稿毕,8日寄孙伏园付印。4月里开始校对清样。5月12日李瓦匠完工,漆匠和裱糊匠进入。5月25日星期日迁入西三条新居。6月11日返回八道湾旧居取物,与二弟周作人夫妇发生激烈冲突。20日孙伏园把《中国小说史略》下卷一百册送到新居(以上均据《鲁迅日记》)。鲁迅写作并出版《中国小说史略》的私人背景,竟然是如此扰攘不安。

　　从鲁迅开讲小说史到正式成书,这段时间与蔡胡之争到《红楼梦辨》的起讫,正好重叠。当鲁迅从史前神话开始,一路讲到清代人情小说(他将《红楼梦》归于此类)时,胡适的《考证》初稿和修订稿陆续发表,他及时读到并采纳了胡适的新解,征引颇多。一部专题通史,当然要汲取前人和时人的研究成果,胡适《红楼梦考证》的出世,对鲁迅的讲课和著史来说,恰当其时,如雪中送炭。在后来修改定稿和重复讲课时,鲁迅又参考吸收了俞平伯《红楼梦辨》的部分观点。

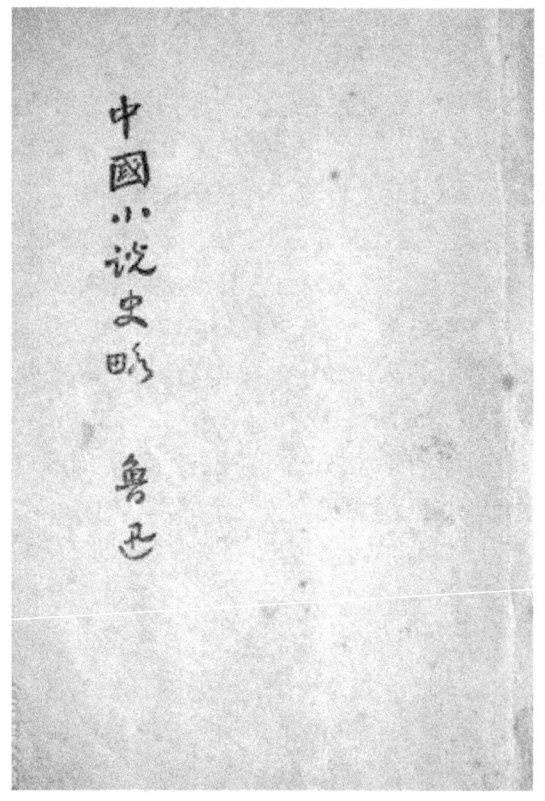

鲁迅《中国小说史略》
初版封面

既然是写史，在贯通千年的对比中，鲁迅对《红楼梦》给予高度评价："全书所写，虽不外悲喜之情，聚散之迹，而人物事故，则摆脱旧套，与在先之人情小说甚不同。""盖叙述皆存本真，闻见悉所亲历，正因写实，转成新鲜。"

对于前人观点，鲁迅列举并否定了所谓"纳兰成德家事"说、"清世祖与董鄂妃故事说"和"康熙朝政治状态说"。后者即蔡元培之说，他虽然"旁征博引，用力甚勤"，然而"胡适既考得作者生平，此说遂不立。最有力者即曹雪芹为汉军，而《石头记》实其自叙也。"

> 然谓《红楼梦》乃作者自叙，与本书开篇契合者，其说之出实最先，而确定反最后。……迨胡适作考证，乃较然彰明，知曹雪芹实生于荣华，终于苓落，半生经历，绝似"石头"，著书西郊，未就而没；晚出全书，乃高鹗续成之者矣。[29]

1924年暑假期间，鲁迅去西安讲学，由记录稿整理成《中国小说的历史的变迁》，可谓是《史略》的精简白话版。其中他再次肯定胡适之说："《红楼梦》一书，说是大部分为作者自叙，实是最为可信的一说。"

这就是说，对于胡适提出的"自传说"和高鹗续后四十回说，鲁迅是全盘接受、明确认同的。这在当时完全正常，毫不足怪。因为是同校的同事，在同一专题上几乎同时发表的著作，借鉴分享学术观点，更何况，他们在《新青年》和新文化运动中，还是并肩战友呢！

我还注意到一个版本问题。鲁迅在小说史中四次引用《红楼梦》原文，悉数采用戚本文字。这在脂砚斋评本尚未现身出世之时，是极高明的慧眼卓识。这一点曾写入我和同学梁左合作的文章，详见后文之第九篇。

那是1980年左右，我正在北大中文系读书，可以算就是鲁迅曾经讲学的那个系，只是晚了六十年。鲁迅不再是讲师，却成了圣贤，要在现代文学的课堂上被崇拜了。我们都知道，1954年以后，胡适被踏翻在地，鲁迅被高捧入云，被划分得泾渭分明，被设置得势同水火。而鲁迅的著作一直公开，每句话都是经典，藏不住的。这就发生了一个问题：怎么理解鲁迅接受胡适的观点，赞同"自传说"呢？老师必须给我们解释这个问题，为什么同样一个意思，胡适讲是错，绝对错；鲁迅讲就对，必须对？这似乎有点难度。

记得当时老师的诀窍，就是给鲁迅分前后期。在鲁迅讲和写《中国小说史略》的1920到1924年，还是他的前期，鲁迅还是进化论者，还没有形成马克思主义文艺观，他的演变转折期在1927年前后。到了后期，鲁迅就不是那个观点了，与胡适分道扬镳了。从鲁迅后期的杂文如《且介亭杂文》等中，可以找到多处提及《红楼梦》的句子，能够说明他改变了观点，才是完全正确的了,才可以视为经典。那名句譬如"贾府上的焦大,也不爱林妹妹的"(《"硬译"与"文学的阶级性"》),或者讽刺"只有特种学者如胡适之先生之流,这才把曹霑和冯执中念念不忘的记在心儿里"(《〈出关〉的关》)。

后来我才知道,这种解释始于1955年初李希凡、蓝翎的文章。针对周汝昌引用鲁迅的话来自我辩护,李、蓝提出:"我们尊敬鲁迅,并不能连他的错误说法也一律奉为'圣经'",鲁迅的前期"有些看法还不完全科学,而他从来也没有把它看作完全正确。"[30]到八十年代出版的有关红学史的著作,也基本上继承如仪。我们当时接受了这样的解释,又心安理得地继续崇拜鲁迅了。

但是这里面似乎隐藏了什么弱点,是经不住爱刨根问底的学生去追问,或愿去故纸堆中爬疏原始资料的学者去探寻的。鲁迅也有"错误说法"吗?鲁迅怎么会自己"从来也没有把它看作完全正确"?只要技术性地罗列一下《中国小说史略》的版本史,就能动摇那个政治性的结论。

原属于北京大学的新潮社在1925年独立出来,成立北新书局,9月出版了《中国小说史略》合订本,是为第二版。1927年遭张作霖当局封禁,从北京迁往上海,变为上海北新书局,一直与鲁迅关系密切。1930年4月至10月,北新老板李小峰四次写信给鲁迅,多次重申一个意思:《小说史》现各校采作教材者仍多,急待加印。不知已修改否?年内如先生无暇修改,亦拟再先印

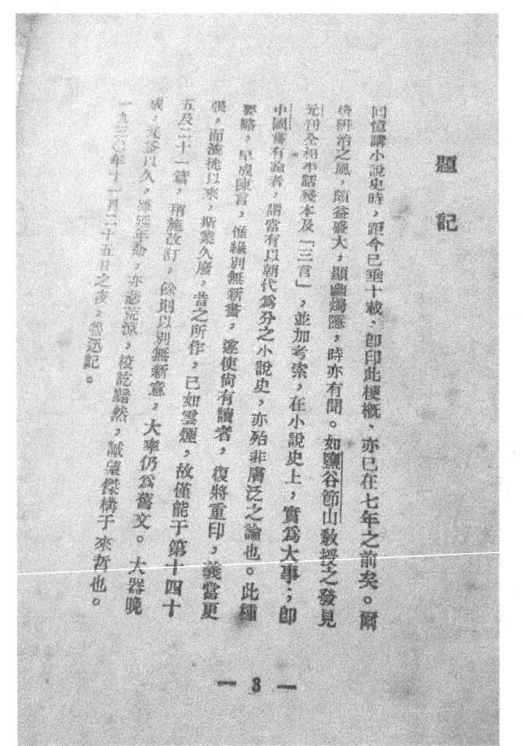

鲁迅《中国小说史略》1931年版题记

二千应售。据《鲁迅日记》1930年11月20日,"夜开始修正《中国小说史略》",阅六天完成。

这是一个大改重排的修订本,费时较多,所以版权页上印的是"二十年七月第八版",实际上是第三版第八次印刷。鲁迅新写的《题记》说得明白:"此种要略,早成陈言,惟缘别无新书,遂使尚有读者,复将重印,义当更张,而流徙以来,斯业久废,昔之所作,已如云烟,故仅能于第十四十五及二十一篇,稍施改订,余则以别无新意,大率仍为旧文。"时在"一九三〇年十一月二十五日之夜,鲁迅记。"1935年6月第十版时又做个别改订,以后各版均与第十版同。

《中国小说史略》中讲到《红楼梦》的,是第二十四篇《清之人情小说》。鲁迅在有机会修改并且大改时,并没有改,以其"别无新意",一仍其旧。也就是说,鲁迅在《中国小说史略》中对《红楼梦》创作来源的认识,是采用胡说,终生未悔,并没有改变。鲁迅自己并没有悔少作(实为中年之作),别人怎么能恨铁不成钢,替他悔,还强作解人呢?那不过是妖魔化胡适而神化鲁迅的结果而已。而"自传说"是否正确,鲁迅应不应该固执不改,都容当再议,是另一个问题。

1923年8月5日,俞平伯写信给老师周作人:

下半年拟在上海大学教中国小说。此项科目材料之搜集颇觉麻烦,不知先生有何意见否?鲁迅先生所编之《中国小说史讲义》,不知能见赐一份否?

俞平伯哪里知道,此时的周氏兄弟刚刚反目成仇,鲁迅三天前搬离八道湾,他的"启明师"怎么可能帮上这个忙? 9月2日他再写一信,告"《小说史讲义》在鲁迅先生处假得一册,觉得条理很好。原书仍交伏园奉返,请您晤他时为我致谢……"[31]看来这个谢是不可能转达到了。

在新潮社的上下册出版后,鲁迅都曾给胡适赠书。胡收到上册后,很快读完,并致信鲁迅,有"论断太少"的评语。此信不存,但鲁迅的回信,保存于胡适1923年12月31日日记中:

《小说史略》(颇有误字,拟于下卷时再订正)竟承通读一遍,惭愧之至。论断太少,诚如所言;玄同说亦如此。我自省太易流于感情之论,所以力避此事,其实正是一个缺点;但于明清小说,则论断似较上卷稍多,此稿已成,极想于阳历二月末印成之。[32]

胡适是私下直言,鲁迅也坦然接受了这个意见。在公开的《白话文学史·自序》(1928年)中,胡适这样评价:"在小说史料方面我自己也颇有一点贡献,但最大的成绩自然是鲁迅先生的《中国小说史略》。这是一部开山的创作，搜集甚勤，取材甚精，析别也甚谨严，可以替我们研究文学史的人节省无数的精力。"后来两人因政治倾向不同而分野，鲁迅对胡适的《白话文学史》未加好评。

1933年2月17日，萧伯纳访问上海时与蔡元培、鲁迅合影。

再说鲁迅与胡适之"门人"顾颉刚的关系，前几年他们在《语丝》和北大国学研究院有过友好合作，本属同一阵营。后来却发展到拔刀相见，视若寇仇，世人皆知。而两人的交恶，正是因鲁迅的《中国小说史略》引起的。

1925年11月，陈源（西滢）先在《现代评论》上，暗讽有"思想界的权威""整大本的剽窃"。1926年1月，又在《晨报副刊》上发文，点名指责鲁迅：

> 他常常挖苦别人抄袭，可是他自己的《中国小说史略》就是根据日本人盐谷温的《支那文学概论讲话》里面的"小说"一部分。其实拿人家的著述做你自己的蓝本，本可以原谅，只要你在书中有那样的声明，可是鲁迅先生就没有那样的声明。[33]

这事关著名作家和导师的名誉，鲁迅起而反击，于1926年2月8日《语丝》周刊发表《不是信》："盐谷氏的书，确是我的参考书之一，我的《小说史略》

二十八篇的第二篇,是根据它的,还有论《红楼梦》的几点和一张'贾氏系图',也是根据它的,但不过是大意,次序和意见就很不同。"在列举了自己与盐谷氏的不同之处后,鲁迅质疑道:"我以为恐怕连陈源教授自己也不知道这些底细,因为不过是听来的'耳食之言'。不知道对不对?"[34] 这是怀疑陈源的言论并非自发原产,而是从别人处听来,但还拿不准。

在所谓"抄袭"一案上,鲁迅是与陈源展开骂战,原本没提到顾颉刚。这一年继续发生的几件事,才把对立面的靶标,渐渐移向顾颉刚身上。一是北京发生"三一八惨案",女师大风潮,鲁迅和许广平先后离开北京。二是5月里顾颉刚出版了《古史辨》第一册,开创"疑古派",否定上古神话,乃至说大禹是一条虫,鲁迅对此不以为然。三是秋冬之间,鲁、顾两人同到厦门大学任教,又因为籍贯派系发生人事纠纷;1927年春夏,矛盾又转移到广州中山大学,鲁迅与顾颉刚闹得势不两立,"鸟来我走"。

鲁迅早已怀疑"抄袭"说与顾颉刚有关,可惜抓不到证据。在1926年9月30日给许广平的信里,鲁迅说"这人(指顾)是陈源,我是早知道的",10月16日信又称顾为"胡适之陈源之流"。鲁迅对顾颉刚的憎恶,甚至超过了对其他仇人如杨荫榆或章士钊或梁实秋。除了在书信中评价顾"阴险"而"浅薄"外,还写成小说虚构人物来含沙射影,《铸剑》中的"红鼻子",《理水》中说"禹是一条虫"的"鸟头先生",都是顾颉刚的化身。

以后的发展是:1927年春夏之间,鲁迅的私信在汉口发表,称顾颉刚"反民党",扣政治帽子。顾颉刚声称要"提起诉讼,听候法律解决",让鲁迅留粤待审。鲁迅带着许广平避居上海,从此再不任教。

此后鲁、顾两人唯一的碰面,是一次不巧的巧遇。1929年5月,鲁迅到北平省亲,25日到孔德学校看旧书,偏偏顾颉刚也来了,两人见面,异常尴尬。鲁迅描述顾颉刚"叩门而入,见我即踯躅不前,目光如鼠,终即退去,状极可笑也"。而顾颉刚的记录是:"今日到孔德,竟与鲁迅撞见,不巧甚。"这真是冤家路窄。

1935年,《中国小说史略》由增田涉译为日文出版,鲁迅作《〈且介亭杂文二集〉后记》,反应异常激烈:

……经十年之久,我竟报复了我个人的私仇。当一九二六年时,陈源即陈西滢教授,曾在北京公开对于我的人身攻击,说我的这一部著作,是窃取盐谷温教授的《支那文学概论讲话》里面的"小说"一部分的……现在盐谷温教授的书早有中译,我的也有了日译,两国的读者有目共见,有谁指出我的"剽窃"来呢?呜呼,"男盗女娼",是人间大可耻事,我负了十年"剽窃"的恶名,现在总算可以卸下,并且将"谎狗"的旗子,回敬自称"正人君子"的陈源教授,倘他无法洗刷,就只好插着生活,一直带进坟墓里去了。[35]

可见鲁迅记恨十年,至死不休。他仍然在明言陈西滢,或许也暗指顾颉刚。

鲁迅去世以后,胡适在致苏雪林信中论及前案,还是那么平和公允,这是对鲁迅的一大支持:

> 鲁迅自有他的长处。如他的早年文学作品,如他的小说史研究,皆是上等工作。通伯先生(陈源)当日误信一个小人张凤举之言,说鲁迅之小说史略是抄袭盐谷温的,就使鲁迅终生不忘此仇恨!现今盐谷温的文学史已由孙俍工译出了,其书是未见我和鲁迅之小说研究以前的作品,其考据部分浅陋可笑。说鲁迅抄盐谷温,真是万分的冤枉。盐谷一案,我们应该为鲁迅洗刷明白。最好是由通伯先生写一篇短文……[36]

胡适以为陈源的消息来源是张凤举,不知何据。

后来,《中国小说史略》是否"抄袭"?鲁迅与顾颉刚的关系为什么交恶?都成为中国现代文学史上的著名悬案,留给后人评说。

话扯远了,暂且打住,让我们回到红学。

5 脂本现世及其他

上海·甲戌本

1925年，胡适因病去上海接受中医治疗。11月写信给北大代理校长蒋梦麟请求辞职，决定以后专事著书译书，不再教书。在胡适不在北京的情况下，朋友丁文江力劝江冬秀迁居，去住刚刚身亡的原北洋政府司法总长林长民（即林徽因之父）的房子。这"总长级"豪宅在北海以东，景山之西的陟山门大街六号。

事实上，胡适本人极少在此居住过，因为很快他就在上海参加了中英庚款顾问委员会，为此访问国内多个城市。从1926年7月开始，他有一次长达十个月的欧美之旅，先经苏联到英国和法国，1927年初又重访美国。胡适回到哥伦比亚大学，补交上在上海印制的一百本博士论文，终于在离校十年之后，获得了真实的博士学位。其实此刻这个学位对他已不那么重要了，因为实力已经证明，地位已经确立，他已成为不可轻视的著名学者。

1927年4月12日胡适离美归国，24日船到日本横滨，收到丁文江由船公司转交的信。信中称国内党争正烈，胡的脾气不好，最好暂时留在日本。于是胡适驻留观望了二十多天，其间又收到顾颉刚的来信："我以十年来追随的资格，挚劝先生一句话：万勿回北京去。……这是我和泪相劝的一件事，请先生听我罢！"因为国民革命军的北伐正在节节推进，上海在4月12日同一天发生了国民党"清党"反共的事变，蔡元培亦参与其中；而北京的奉系军阀张作霖残暴"讨赤"，4月28日杀害了李大钊，与胡适相关的"现代评论派"知识分子南逃上海。国内形势严峻肃杀。

还是莫谈国事，只谈红学。胡适在1927年5月17日乘船回到上海，迎面遇上了《红楼梦》版本史上的一件大事。因为他的行踪和他的研红都是公开信息，所以一旦有《红楼梦》的珍本出现，就会首先向他集中。

且看胡适在 1928 年 2 月的记录：

> 去年（1927）我从海外归来，便接着一封信，说有一部抄本《脂砚斋重评石头记》愿让给我。我以为"重评"的《石头记》大概是没有价值的，所以当时竟没有回信。不久新月书店的广告出来了，藏书的人把此书送到店里来，转交给我看。我看了一遍，深信此本是海内最古的《石头记》抄本，遂出重价把此书买了。[37]

什么叫"新月书店的广告出来了"？时过境迁之后，五十年代一粟（周绍良、朱南铣）编《红楼梦书录》，作这样的理解："（甲戌本）后归上海新月书店，已发出版广告，为胡适收买，致未印行。"胡适认为"这是无意的误解或有心的歪曲"，他在 1961 年 5 月为影印本作跋时，为此进一步说明：

> 这句话是说：当时报纸上登出了胡适之、徐志摩、邵洵美一班文艺朋友开办新月书店的新闻及广告。那位原藏书的朋友（可惜我把他的姓名地址都丢了）就亲自把这部脂砚甲戌本送到新开张的新月书店去，托书店转交给我。那位藏书家曾读过我的《红楼梦考证》，他打定了主意要把这部可宝贵的写本卖给我，所以他亲自寻到新月书店去留下这书给我看。如果报纸上没有登出胡适之的朋友们开书店的消息，如果他没有先送书给我看，我可能就不回他的信，或者回信说我对一切"重评"的《石头记》不感兴趣，——于是这部世间最古的《红楼梦》写本就永远不会到我手里，很可能就永远被埋了！[38]

卖书人是谁？这历史细节似乎永久地被封存了。谁也没有想到，过了六十多年，这封信居然奇迹般地从胡适留在北京的档案里重新现世：

> 兹启者：敝处有旧藏原抄《脂砚斋批红楼》，惟祇存十六回，计四大本。因闻先生最喜《红楼梦》，为此函询，如合尊意，祈示知，当将原书送阅。手此。即请
>
> 适之先生道安
>
> 　　　　　　　　　　　　胡星垣拜启　五月二十二日

连信封也保存完好，"本埠静安寺路投沧州饭店，胡适之先生台启，马霍路德福里三百九十号胡缄"，邮戳为"十六年五月二十三日，上海"。[39]

从 6 月 27 日到 7 月 1 日，新月书店的开张启事在《申报》上连登五天，宣告 7 月 1 日正式开张，地址在华龙路法国公园附近麦赛而蒂罗路一五九号。[40]（据陈林考证，即今淮海中路与重庆南路交界处西南的兴安路。）原来在北京新月社和《现代评论》的一群故交，如徐志摩、闻一多、梁实秋、饶孟侃、

 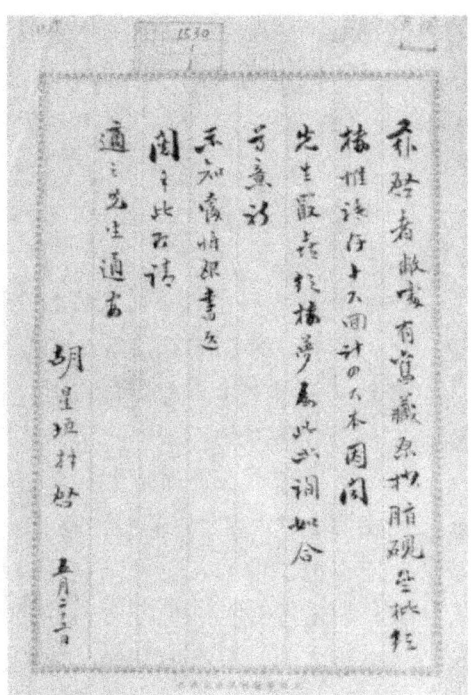

胡星垣致胡适信及信封

余上沅、丁西林、叶公超、潘光旦、邵洵美等人，南逃上海后因胡适归国而重聚。于是招股集资，一起创办了新月书店，以胡适为董事长。

开张后不久，通过书店转交，胡适买到了甲戌本。此书的买价何如？胡适文中有意不公开，只称"重价"。又一个没想到，在发现了胡星垣信后二十年，有青年学人高树伟，在旧报纸中有了新的发现。

1928年3月18日《申报》"自由谈"副刊，刊有无畏庵主《许杨联欢宴中之谈片》一文，记"月十五夕"（即1928年3月15日晚）画家许士骐、杨缦华于上海鸿庆里大宴宾客事，赴宴者有胡适、黄宾虹、周瘦鹃等十余人。胡适显然是聚会的中心人物，谈话颇多，内容涉及饮酒、裹小脚、舞蹈诸事，中有一段专谈《红楼梦》：

> 胡君又言，近得一部曹雪芹生前《红楼梦》之抄本，凡三册（应为四册——笔者），计十六回，内多今本所未见，代价值袁头三十。书中于雪芹殁时之年月日，均历历可稽。现由程万孚君为之誊校，弥可珍也。王君询以生平所藏红楼梦一书之代价，约值几何。胡君言，收入仅费二百余元，以之售出，当可得五百元以上。言下犹醒然有馀味焉。[41]

高树伟考出作者无畏庵主应即民国女子谢吟雪。因此知胡适购买甲戌本

一 开局篇　45

的价格是银元（袁头）三十块。此中透露的"程万孚君为之眷校"，可能曾经存在一个甲戌本的录副本。[42] 六年前胡适买《四松堂集》也花了三十大洋。但1921年的大洋与1927年是不等值的，经过军阀混战后通货膨胀，袁大头的价值上升了。

这里隐藏了一个疑点，或者说叫历史的遗憾。胡适在1961年跋影印本时后悔道：

> 我在民国十六年夏天得到这部世间最古的《红楼梦》写本的时候，我就注意到首页前三行的下面撕去了一块纸：这是有意隐没这部钞本从谁家出来的踪迹，所以毁去了最后收藏人的印章。我当时太疏忽，没有记下卖书人的姓名住址，没有和他通信，所以我完全不知道这部书在最近几十年里的历史。[43]

而实际上，卖书人胡星垣的地址就清楚地写在信封上，躺在他的文案堆中。其实即使忘记了地址，也可以在通过新月书店转交书款时重建联系啊！不知为什么，胡适没有见到也没有再联系胡星垣。据陈林考证，从胡星垣的住处到新月书店之间，只有不到一公里距离，可谓近在咫尺。半年多后胡适发表

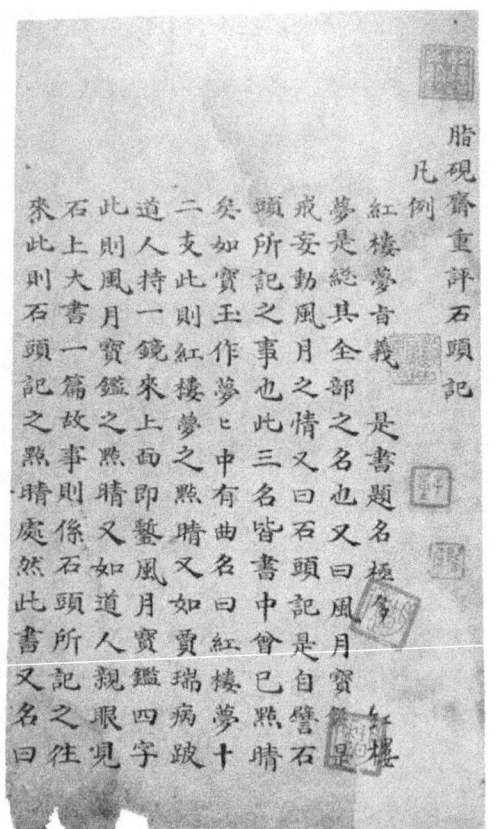

胡适藏甲戌本之首页，右下角原有撕缺，是为掩藏原收藏人印迹。

了《考证〈红楼梦〉的新材料》,他在上海住了三年半时间,却始终没有与胡星垣联系过。就这样,胡适错过了了解这部残本履历的最佳时期。

此本后来被称为甲戌本,它差一点就与胡适失之交臂。不要小看它,仅当作一个抄本的发现,胡适自己说:"甲戌本在四十年来《红楼梦》的版本研究上曾有过划时代的贡献"。后来有学者指出:"《脂砚斋重评石头记》甲戌抄本在上海之发现,是考证派最终代替索隐派成为学术主流的历史转折点。"

胡适购得这一"孤本秘笈"之后,并没有将它深藏暗敛,秘不示人,而是到处昭告。1927年8月11日,他写信给在北京的钱玄同:"近日收到一部乾隆甲戌抄本的脂砚斋重评《石头记》,只剩十六回,却是奇遇!……此外尚有许多可贵的材料,可以证明我与平伯、颉刚的主张。此为近来一大喜事,故远道奉告。"[44] 在进行了初步研究后,胡适写成研究报告《考证〈红楼梦〉的新材料》,1928年3月在他们自办的《新月》杂志创刊号上发表,脂评本始为学界所知。俞平伯读过之后,在4月25日致胡适信中问:"脂本十六回,何日全部重刊?至盼。"

还有一点值得注意,当1928年胡适写文章报告甲戌本时,他对所谓"自叙传说"的坚持,已经较1921年有所退让。针对俞平伯和顾颉刚在《红楼梦辨》中对地点在南在北的讨论,胡适指点道:"我的答案是:雪芹写的是北京,而他心里要写的是金陵:金陵是事实所在,而北京只是文学的背景。至如大观园的问题,我现在认为不成问题。贾妃本无其人,省亲也无其事,大观园也不过是雪芹的'秦淮残梦'的一境而已。"[45] 作为文学的《红楼梦》胜于自传,事实上这是有所前进了。

就在胡适得到书讯,尚未见到甲戌本的当儿,在北平发生了一件大事。那就是6月2日,清华大学国学导师王国维赴颐和园鱼藻轩自沉身亡,遗书中言"五十之年,只欠一死,经此世变,义无再辱"。他的死应与当时的政治背景有关,由此让我想起,顾颉刚曾经"和泪"劝胡适"万勿回北京去"。

王国维也是红学家,他早在1904年就写过《红楼梦评论》,最早引用西方哲学与美学的理论来批评《红楼梦》的艺术价值。他说《红楼梦》是"悲剧中之悲剧"、"吾国美术史上唯一大著述",甚至"宇宙之大著述"。那真是超越时代,空谷足音,远胜于索隐派,亦有考证派所不及处,实开艺术评论派之先声。此后红学的发展,大约就是这样三派分流。请原谅我不再展开详述,但作为开宗立派的代表人物,必须记上他一笔。

当时北京的形势显然不利,胡适便决定留在上海,在沪西极司菲尔路胡适程甲本题记,1929年。

四十九号甲（今万航渡路三二零弄四十九号）租下一栋小洋楼作寓所。

1928年4月，胡适受聘为中国公学校长。他一边当着校长，一边还同一批志同道合的朋友开新月书店，办《新月》杂志。1929年，胡适在杂志上发起了关于"人权问题"的讨论，宣传人权与约法，批评国民党的统治没有言论自由，甚至包括了孙中山。1930年，胡适本人受到国民党中常会和教育部的警告，《新月》杂志被国民党中宣部查禁焚毁。5月，各报纷纷登载要求惩办胡适、通缉胡适的议案和消息。胡适被迫辞去中国公学校长一职，6月间北上一游，联系好了工作也找好了房。在那里，1928年国民政府统一后，北京已经改名为北平。

就在胡适已经辞职，即将从上海移居北平之际，中国公学里一个叫吴春晗的学生，给胡校长写信，交流有关《红楼梦》考证的问题，还说他也准备转学去北平。这信被保存了下来。

适之先生：

《胡适文存》二集卷四P.174《跋红楼梦考证》有这么一条：

"(3) 曹雪芹的儿子先死了，雪芹感伤成病，不久也死了。据此，雪芹死后，似乎没有后人。"

前几个月我做《西王母与昆仑山》的时候，翻了很多书，当中有一部清梁恭辰《北东园杂录》（道光癸卯1843A.D.），内中有一条提及此事，当时把它钞下来，预备你来中公的时候来问你，可是终于没有机会。今天翻读《胡适文存》的时候，又看见了这一条。连忙去找从前钞的来对照，又忘记夹在什么地方去了。现在把梁书提及的大意述之如下：（中略）

按曹死于一七六四，距《北东园杂录》之成书不过七八十年，且此条所记满人谈话亦不必即为成书之年，当较成书为早。所以我想梁氏所说比较可信，且可证明先生所考之正确。惟c、d两项似有问题，先生以为何如？

学生 吴春晗 六，二九（1930年6月29日）

又，我下半年要转学到北平燕大去读历史系去，想请先生写一封介绍书，不知道可以吗？[46]

吴春晗当时没有收到回信，但他随即在7月里真的去了北平，真不愧是胡校长的铁杆"粉丝"，千里追随。二十年后他回忆说："他（胡适）一走，我想在中国公学再念下去也无聊……就糊里糊涂跑到北平。"

胡适在11月底搬家到了北平，二进北大，担任文学院长、中国文学系主任、文科研究所主任等职。

1930年12月，上海亚东图书馆出版了《胡适文选》，胡适自己精选了二十二篇文章，分为五个领域：泛论思想的方法；论人生观；论中西文化；中国文学；整理国故，其中包括名篇《红楼梦考证》。胡适新写了自序《介绍我自己的思想》，他进一步解释了做小说考据的动机——并不是为了教读者去读小说的文字，而是为了推广他"思想学问的方法"：

科学方法只是"大胆的假设，小心的求证"十个字。没有证据，只可悬而不断；证据不够，只可假设，不可武断；必须等到证实之后，方才奉为定论。

少年的朋友们，用这个方法来做学问，可以无大差失；用这种态度来做人处事，可以不至于被人蒙着眼睛牵着鼻子走。

从前禅宗和尚曾说，"菩提达摩东来，只要寻一个不受人惑的人"。我这里千言万语，也只是要教人一个不受人惑的方法。被孔丘、朱熹牵着鼻子走，固然不算高明；被马克思、列宁、斯大林牵着鼻子走，也算不得好汉。我自己决不想牵着谁的鼻子走。我只希望尽我的微薄的能力，教我的少年朋友们学一点防身的本领，努力做一个不受人惑的人。[47]

二十年以后，特别是1954年以后，这段话受到了最猛烈的批判。1958年作口述自传时，胡适认识到：这"就是我的学术研究在政治上所发生的政治性的严肃意义——特别是我用历史方法对[传统]小说名著的研究。"他还补充声明："我从未写过一篇批评马克思主义的文章"。[48]

俞平伯之变

闪回到1923年8月，在《红楼梦辨》出版四个月之后，俞平伯与朱自清同游南京秦淮河，相约各写一篇散文同时发表，这就是同题的两篇《桨声灯影里的秦淮河》，后来成为流传百年的典范名篇。俞平伯也成为现代散文的代表作家，以独抒性灵、闲适而伤感为特色，这与他研究《红楼梦》的重鉴赏、重性情，欣赏"怨而不怒"，是相通的。

在《红楼梦辨》出版两年之后，俞平伯就发生了变化，主动修正自己，告别了"自叙传"说。1925年2月，他在《现代文学》发表文章《〈红楼梦辨〉的修正》：

> 本来说《红楼梦》是自叙传的文学或小说则可，说就是作者的自叙传或小史则不可。我一面虽明知《红楼梦》非信史，而一面偏要当它作信史似的看。这个理由，在今日的我追想，真觉得索解无从。我们说人家猜笨谜；但我们自己做的即非谜，亦类乎谜，不过换个底面罢了。至于谁笨谁不笨，有谁知道呢！[49]

在此文中，他已经在与两位"以考据名癖的"师友做切割了。1930年，有人收辑了胡顾二位"昔年讨论《石头记》的笔札"，并附录《红楼梦辨》选章，编成《红楼梦讨论集》，请俞平伯作序。他再次明确表示自己与二君不同，说的是文学的内行话：

> 索隐而求之过深，惑矣；考证而求之过深，亦未始不惑。《红楼梦》原非纯粹之写实小说，小说纵写实，终与传记文学有别。以小说为名，作传记其实，悬牛头，市马脯，既违文例，事又甚难，且亦无所取也。吾非谓书中无作者之生平寓焉，然不当处处以此求之，处处以此求之必不通，不通而勉强求其通，则凿矣。以之笑索隐，则五十步与百步耳，吾正恐来者之笑吾辈也。[50]

这简直是决裂了，而且预见到未来。胡顾二君，有历史学家的严谨和务实，而俞平伯作为文学家，自有他自己的赏鉴与感悟。所以胡、顾二位偏重于家世史料，而俞更多地着眼于文学分析。至此，红学三角已经解体，可惜知者寥寥，并未引起外人的重视。"来者"们多看到反复再版的名著，难注意一篇过往的文章，太多人不能动态地看到发展，把初期的胚胎凝固化，把胡俞捆为一体嘲笑。

写到这里，忽然想到一个横向对比。俞平伯在1925年就明确修正了"自传说"，回归小说论；而鲁迅直到1935年仍"确定""乃作者自叙"，并不想更改，这二者都是白纸黑字的事实。谁的思想更深刻更光辉，自无须比较；但仅就此对胡适"自传说"的态度，一个择善而改，一个固执不变，究竟何者为高？或者鲁迅后来在杂文中虽有新见，但认为与"自叙"并无矛盾？我有点糊涂了，留待读者明鉴。

当胡适从上海回到北平时，俞平伯正在清华大学中文系任教。师友重逢，胡适就把珍贵的脂砚斋评甲戌本借给俞平伯阅读，此时近1930年底。转过年后的1931年1月3日，俞平伯又将此书转借给同事讲师浦江清。浦江清看了十一天，"与戚蓼生序本比勘，其中问题甚多，苦思不得解决。""觉胡适之的考证确实不容易推翻。我从前对于《红楼梦》一书有很多特别见解，现在读了这部书，自已取消了一大半。脂评本中有一处说及小红狱神庙一回已迷失无稿，有一处说及卫若兰射圃一回已迷失无稿，此最重要。"1月13日浦江清把书还回俞平伯。[51]据俞平伯3月26日日记，"是晚始节抄脂砚斋评在我的《红楼梦》上（第一卷毕）。"

应胡适的要求，俞平伯6月19日在甲戌本第四册的空页上作跋。

> 此余所见《石头记》之第一本也。脂砚斋似与作者同时，故每抚今追昔若不胜情。然此书之价值亦有可商榷者：其非脂评原本，乃由后人过录，有三证焉：自第六回以后，往往于钞写时将墨笔先留一段空白，预备填入朱批，证一；误字甚多，证二；有文字虽不误而钞错位置的，如第二十八回（页三）宝玉滴下泪来无夹评，却于黛玉滴下泪来有夹评曰，"玉兄泪非容易有的"，此误至明，证三。又凡朱笔所录是否均出于一人之手，抑经后人附益，亦属难定。其中有许多极关紧要之评，却也有全没相干的，翻览即可见。例如"可卿淫丧天香楼"，固余之前说，得此益成为定论矣；然第十三回（页三）于宝玉闻秦氏之死，有夹评曰，"宝玉早已看定可继家务事者可卿也，今闻死了，大失所望，急火攻心，焉得不有此血，为玉一叹。"此不但违反上述之观点，且与全书之说宝玉亦属乖谬，岂亦脂斋手笔乎？是不可解。以　适之先生命为跋语，爰志所见之一二焉，析疑辨惑，以俟后之观者。
>
> 二十年六月十九日，俞平伯阅后记。[52]

俞平伯甲戌本跋

俞平伯并没有高度赞扬甲戌本，反而是在"商榷""此书之价值"，强调其"非脂评原本，乃由后人过录"；脂批也许"经后人附益，亦属难定"。如果说胡适是发现并推崇脂本的第一人，俞平伯就是怀疑脂本价值的第一人。我们回顾了俞平伯在"自传说"方面与胡适的分手之后，再看他对脂评本的低估，就不感到十分意外了。后来俞平伯为此挨批，委实有些冤枉。

俞平伯在此后不久把书还给胡适，甲戌本在俞平伯手中停留了半年左右。胡适读到俞平伯贬多于褒的跋语，肯定是出乎意料，大失所望。

北平米粮库胡同·庚辰本

1930年11月30日，胡适率全家从上海抵达北平，当晚入住新租的寓所，地安门以南路西的米粮库胡同四号。新宅环境优雅，主体建筑是一幢三层小洋楼，房间很多，设施完善。洋楼前有一个很大的庭院，栽有树木、花圃。庭院的左侧是汽车房，后面有厨房和锅炉房。北大老友傅斯年是近邻，住在米粮库一号。胡适到京的当晚，傅斯年在家中设宴，为老师接风。

此地明代为米盐库，清代改称米粮库。清末民初的文人、官员陈宗蕃1923年在米粮库胡同东口内路北，置地十余亩，自行设计，建成一座中西合璧的花园式住宅，取名"淑园"。在这里，他用八年时间，著成《燕都丛考》三编，记载北京街巷风物，于三十年代出版。在那时，米粮库胡同的东端是著名文人荟萃之地，淑园之内，傅斯年在1930年至1933年租住其北房，辅仁大学校长陈垣于1932年至1937年住在其南房，与胡适拜访交流极为便利。所谓淑园就是一号，而三号还住着梁思成、林徽因。胡适的四号在一号西邻，二者都在路北，应该皆为"淑园"之一部分。

米粮库四号的三层楼房间很多，除胡适的一家四口外，另有亲戚、佣人的住房，有入室弟子兼家庭教师罗尔纲的房间，还有常备的客房。徐志摩经常往返于京沪两地之间，胡适为他准备了专门客房，以备随时入住，只可惜不到一年，诗人便驾鹤西去。1932年2月，同一房间又由画家徐悲鸿入住了。上海亚东图书馆派人来编辑胡适著作，《独立评论》编辑部开会办公，也都是在这楼里。由于空间宽敞，胡适又交游广阔，门生遍地，他家便成为朋友和文化人的聚集地。"我的朋友胡适之"，是当年著名的流行语。此处多写了几句这座房子，后文自有回应处，伏线远至第十篇方见。

1931年4月28日晚，正在燕京大学图书馆临时工作的吴春晗，在"海甸吉祥胡同五号"住所，给胡适写了第二封谈论《红楼梦》的信：

适之先生：

先生的《红楼梦考证》页三十七，以敦诚兄弟的诗断定曹雪芹的生卒时代——生约1715—1720，死乾隆三十年左右，约1765—这是一个极精确的论断，但是先生的话只是假设，并没有什么强硬的同时代的证据。

近几天在《延芬室稿》找到一些可以证实此问题的材料，特地钞了献给先生。

永忠的《延芬室稿》的一部分——《志学编》（删定本），二月前我曾替他作了一篇跋，最近燕大图书馆又陆续购得永忠手写的《延芬室稿》全部，约二十七册，这手稿是编年的，极有历史价值，……

【以下引永忠《因墨香得观〈红楼梦〉小说吊雪芹三绝句（姓曹）》，即"传神文笔足千秋，不是情人不泪流。可恨同时不相识，几回掩卷哭曹侯"等诗，并加以考证、分析，略。】

以上这些是因为我先做了《延芬室稿》中的《志学编》的跋，

近几天重读先生的考证，见有引永忠的去处，便开始注意这部破稿本，果然找出这么一些来，高兴极了，立刻写信告诉先生。

据这书的内含而论，内中一定还有关于曹雪芹的诗，我明天还要细细地找去。（因为纸已陈旧，只能慢慢地翻）或者再有发现，亦未可知。

敦诚一辈人的生卒事迹，有否再考查的必要？假使先生要，我可以把一切永忠和他们投赠的诗钞奉。生卒也有查出的可能。

明陈文烛的《二酉园文集》有沔阳卢氏《湖北先正遗书》本，已请图书馆购得。附闻，专此谨颂康健。

　　　　学生 吴春晗上　二十八日晚（1931年4月28日）[53]

一星期之后的5月5日，吴春晗再次写信给胡适，怕校长不记得自己，先自我介绍，再讲述自己半年多来的经历：

我是一九二九进中国公学的学生，去年先生离开中公后，我也立刻到北平来转燕京大学，不料到北平后燕京又不许我入学，因为我在中公的英文成绩是C，虽然在转学时他们曾寄入学允许证来。后来顾刚先生介绍我到燕大图书馆中日文编考部作事。现在我又要想下半年到北京大学史学系插班，因为恐蹈去年的覆辙，就辞了燕大的职务，先时预备功课……[54]

第二天5月6日，胡适首次给吴春晗回信说："我记得你，并且知道你的工作。"还邀请他来米粮库胡同的家："这星期有暇请来谈。罗尔纲君住我家中。"（罗尔纲是中国公学的毕业生。）

但是吴春晗试图转学北大又受挫了，因为数学零分，他只好再向胡校长求助。同年8月，胡适专门写信给清华大学负责人，介绍吴春晗学业"根柢很好"，"家境甚贫"，"恳求两兄特别留意此人，给他一个工读的机会"。在胡适鼎力推荐下，吴春晗进入清华历史系学习。

后来，他专以研究明史为业，并改名吴晗。三十五年后的1966年6月3日，吴晗与胡适的陈年旧信被公开发表在《人民日报》上，成为罪证。

在胡适交往的北平官场人物中，有一位王克敏，字叔鲁，1931年时任北平财政整理委员会副委员长。他在从政之外，也藏书甚富。1932年，王克敏向胡适谈及，他的一位亲戚徐星署家里有一部脂砚斋评本《红楼梦》。胡适当然极感兴趣，王克敏就帮他把这八大册书借来，胡适进行了认真的研究。徐星署是俞平伯的"姻丈"（三姐的公公），但俞平伯就不知道徐家有这部书。

这是另一套《脂砚斋重评石头记》抄本，凡八册，存七十八回。胡适将

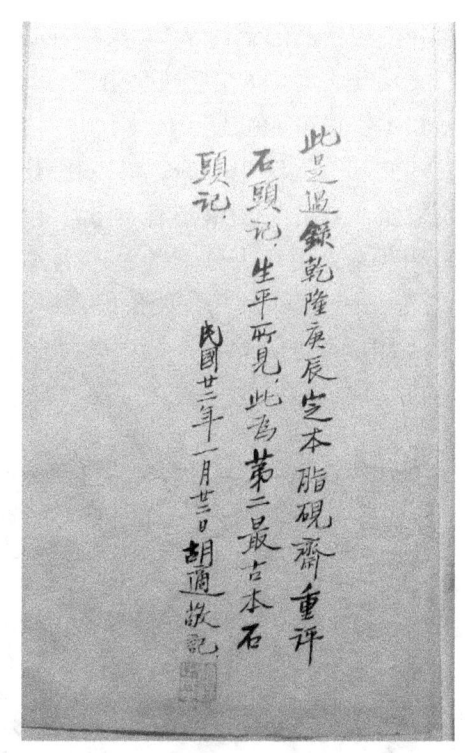

胡适庚辰本题记，1933年

其与自己的甲戌本对照，于1933年1月22日夜，写成长达十一页的《跋乾隆庚辰本〈脂砚斋重评石头记〉钞本》。他判断此本"是乾隆庚辰秋写定本的过录本"，以后便通称为庚辰本了。胡适还得出"我相信脂砚斋即是那位爱吃胭脂的宝玉，即是曹雪芹自己"的结论，却是有点匪夷所思。

书的主人徐星署，为晚清状元、协办大学士徐郙（号颂阁）之子，后有些记载说这书是徐家子承父业的旧藏，其实不确。据徐星署的女儿和女婿（农业科学院陈善铭教授）在1979年夏天当面告诉冯其庸，此书并非家传旧藏，而是徐星署先生1932年初在隆福寺的小摊上买到的。这种小摊是书店摆的，据说是北城的旗人卖出来的，买价八元钱。徐先生对此书极为珍视，他在世时，轻易不让子女翻看。[55]

胡适得甲戌本靠的是明星吸引力，自有人送上门来；而徐星署得庚辰本，靠的是运气好撞上了，当然也要具备识货的眼光。胡适十二年前作《红楼梦考证》时说过，只能在"著者"和"本子"两个问题上着手。现得此两珍本之证，如立身的两足，"新红学"方始确定不移，可算大成。

从《红楼梦》的版本史角度看，这两个脂砚斋评本《石头记》的联翩出现，也具有划时代的意义。此二本与民国初年石印的戚序本鼎足成三，它们还将迎来更多的新成员组成早期抄本阵列，它们还需待有心人做细致的比勘研究。

用《红楼梦》的话说:"玉在椟中求善价,钗于奁内待时飞。"

有记载称,就在米粮库胡宅中,胡适曾要助手罗尔纲手抄过一部《石头记》残稿本,很可能就是甲戌本。此抄本后存放在上海亚东图书馆,1954年尚存,在"文革"运动中抄失。[56]1936年,红学爱好者、书画家陶洙向徐星署借得庚辰本,请北平图书馆善本考订组组长赵万里利用馆内设备,制作了两套摄影晒蓝本,由两人分别各藏一本。在没有影印本的年代,这摄影本也算"下真迹一等"了,其后将发挥很大作用,容当后叙。

胡适一家在米粮库胡同四号住了七年,后来才知道,这是他在北京住过的六个地址中,定居最久、最安定享受的一处。1937年7月7日卢沟桥事变

1936年在北平,胡适全家福合影,题赠给老师杜威博士。左长子胡祖望,右次子胡思杜。

之后，胡适南下参加庐山会议。在国难当头之际，他受命担任外交工作，再也没有回到这里。

再说甲戌本及其他

现在，我想回头再说说胡适与甲戌本。胡适把甲戌本私藏了三十四年，方始付之影印。这个事实和时间之长，受到不少批评。且举有代表性的几例。吴世昌在六十年代初写《红楼梦探源》时，根本拒绝"甲戌本"这个名称，说十六回残本"为胡适买去，被他独占了三十多年没有公开。"又说："我在拙著《红楼梦探源》的英文本中，曾指责胡适把《脂砚斋重评石头记》十六回残本长期占为己有，不予公开印行是独霸材料、阻碍学术研究的行为。"[57]周汝昌则在1976年的《红楼梦新证》增订本中指责胡适："他是收藏甲戌本并且最早得见庚辰本的人，他凭借这种资本作了那点'考证文章'，高踞红学权威的宝座之后，就算了结，绝无半点将此两本公诸世人，使之广布流传的意思（他当时是有这个条件的）",[58]他到1986年仍有类似指责。1962年上海翻印甲戌本时甚至称胡适"窃据"。我们在九十年后平心而论，胡先生是有点冤枉。

首先，从胡适的主观意图来看，垄断资料不符合他一贯的治学态度和为人准则。胡适在1923年12月写信给老友、大学问家刘文典，颇为严厉地提出诤劝，批评他将珍稀材料居为奇货，不愿示人的习气：

> 我怪你的是你有一次信片上说，你有许多材料，非有重价，不肯拿出来。我后来曾婉辞劝过你，但我心里实在有点不好过；我觉得你以"书贾"待人，而以市侩自待，未免教我难堪。校一书而酬千金，在今日不为低价；在历史上则为创举；而你犹要玩一个把戏，留一部分为奇货。我在这种介绍上，只图救人之急，成人之名，丝毫不想及自身，并且还赔工夫写信作序，究竟所为何来？为的是要替国家开一条生路，如是而已。[59]

看到别人"以'书贾'待人，而以市侩自待"，胡适都会感到"难堪"；而他自己"丝毫不想及自身"的表现，在日后对待周汝昌时自有明证。事实上，胡适已经在可能的条件下，把甲戌本无私地借给了最需要的人。

其次，是出版商方面的经济和技术条件。要影印一部古书，不光取决于书主一方面的意愿，更重要的是出版商方面的意愿和条件。在上世纪三四十年代的背景下，需要并愿意买甲戌影印本的有多少人？出版商卖多少本才能盈利？那时对古本《石头记》（还是残缺的！）的需求，与几十年后完全不可同日而语，出版商肯定要将本求利，不能做亏本买卖。另一方面，当时具备制版影印技术的印刷公司，集中于上海。张学良1928年计划影印沈阳的文溯阁《四库全书》，也必须借重上海的技术工人，而且最终也没办成。但1932年一二八战事期间，上海的出版公司如中华、商务等，多遭日寇炮火轰炸，损失惨重，此业遂受重创，其后十余年间，一蹶不振。这样的客观条件不可不察。

再次，是大时代的风云际会，更是不以人的意志为转移。且看胡适那三十多年是怎么过的：1927年以后的三年里，胡适在上海一边做中国公学的校长，一边办《新月》杂志，向国民党政府"争人权"，惹恼了当局，被迫离开上海，他哪有心思印甲戌本？胡适移居北平未久，就爆发了九一八事变，民族危亡，他与朋友办《独立评论》，讨论时局，已经很难全身心地投入学术事业中去。1937年，日军全面侵华，原来的朋友王克敏做了华北的伪政权"委员长"，成为头号汉奸。但人各有志，胡适接受政府征召，先是去欧美开展国民外交，尔后又担任驻美大使。在任大使的四年里，"从没有写过一篇中国文字"。卸任大使后，胡适因心脏病仍居住在美国，先后长达九年之久。此时的胡适，又迷上了《水经注》研究。从1934年到1947年，是胡适《红楼梦》研究生涯的空白期，他的研红情愫，要等待一个青年学生周汝昌来唤醒。我们暂且只看这前半期，胡适他哪里有条件影印流传甲戌本呢？[60]

这一段时间里，俞平伯一直在北平任教，先清华后北大，抗战时期在私立中国大学。北大学生何其芳曾经跑到清华来听他讲诗词，清华学生吴组缃曾听他讲小说史和《红楼梦》。清华的学生季羡林这样记俞先生讲唐宋诗词课：

> 他讲诗词当然很有吸引力。在课堂上他选出一些诗词，自己摇头晃脑而朗诵之。有时闭上了眼睛，仿佛完全沉浸于诗词的境界中，遗世而独立。他蓦地睁大了眼睛，连声说："好！好！好！就是好！"学生正在等他解释好在何处，他却已朗诵起第二首诗词来了。昔者晋人见好山水，便连声唤"奈何！奈何！"仔细想来，这是最好的赞美方式。因为，一落言筌，便失本意，反不如说上几句"奈何！"更具有启发意义。平伯先生的"就是好！"可以与此等量齐观。就是这位平伯先生，有一天忽然剃光了脑袋。这在当时学生和教授中都是从来没有见过的。于是轰动了全校。校刊上立即出现了俞先生出家当和尚的特大新闻。在众目睽睽之下，平伯先生怡然自得，泰然处之。他光着个脑袋，仍然在课堂上高喊："好！好！就是好！"
>
> 大家一致的意见是，俞是真名士，而叶（公超）是假装的名士。

前者直率天成，一任自然；后者则难免有想引起"轰动效应"之嫌。[61]

顾颉刚继续推进他的古史探索工作，从1926年至1941年，出版《古史辨》七巨册。顾颉刚先在燕京大学，后去上海、西北、西南多所大学任教授，还兼营出版公司，印售地图等。除了先秦历史，他还致力于历史地理学和民俗学，但不再过问红学。

这期间经历了日寇入侵，中国陷入了战争的烽烟，摆不下一张平静的书桌。新红学经历了十几年的低潮期。当然无论何种背景下，总有人沉醉于红学，这证明了《红楼梦》的魅力诱人。而论红者中，大俗大雅、大丑大美、大恶大善都可能出现，这又显示了《红楼梦》含义的丰富博大。这一期间，先有索隐派的重出江湖，如阚铎的《红楼梦抉微》（1925，极恶俗）、寿鹏飞的《红楼梦本事辨正》（1927）和景梅九的《石头记真谛》（1934）等。艺术评论派随后继起，超凡脱俗，出现了用不同的文化、文艺理论来研究《红楼梦》，注重思想艺术评论或人物形象分析的专著，如李辰冬的《红楼梦研究》（1942）、张天翼的《贾宝玉的出家》和太愚（即王昆仑）的《红楼梦人物论》（1948），还有吴宓、李长之等。但是，胡适开创的所谓"新红学"，本是以注重史料的"考据派"为主，虽创始二十余年，却渐趋冷落，后继乏力，似乎不再是红学史的主流了。

红学，在等待人才，也在等待机遇。

此前可称序幕，当代红学的主角正戏，即将开场。

注释：

[1] 均耀《慈竹居零墨》，载《文艺杂志》1914年第八期，引自一粟编《红楼梦卷》第二册。

[2][16] 见《胡适来往书信选》上册，第6、103页，中华书局1979年。

[3]《汪孟邹信六十通》，见耿云志主编《胡适遗稿及秘藏书信》第27册，第300—301页，黄山书社1994年。

[4][5][6][9] 胡适《红楼梦考证》，《胡适红楼梦研究论述全编》第94、75、108、118页，上海古籍出版社1988年。

[7][8][47] 胡适口述、唐德刚译注《胡适口述自传》，广西师范大学出版社2015年。

[10]《蔡元培致胡适》，见耿云志主编《胡适遗稿及秘藏书信》第39册，第259页。

[11] 胡适《跋〈红楼梦考证〉一》，《胡适红楼梦研究论述全编》第133、136页。

[12][14][27] 顾颉刚《古史辨自序》，第20、26页，海南出版社2005年。

[13]《顾颉刚日记》第一卷，第110页，中华书局2011年。

[15]《屡梦孟真作此寄之》，《俞平伯全集》第一卷，第73页，花山文艺出版社1997年。

[17] 韦奈《我的外祖父俞平伯》，团结出版社 2006 年。

[18][25][26]《俞平伯全集》第十卷日记，第 171、180-182、206 页，花山文艺出版社 1997 年。

[19][28] 顾颉刚《红楼梦辨·序》，见《俞平伯全集》第五卷，第 62、66-67 页，花山文艺出版社 1997 年。

[20]《俞平伯全集》第五卷"与顾颉刚讨论《红楼梦》的通信"，第 1、30-34 页。

[21] 同上，第 21、31-32 页。

[22] 同上，第 40-55 页。

[23] 见李希凡、蓝翎《走什么样的路？——再评俞平伯先生关于〈红楼梦〉研究的错误观点》(《人民日报》1954 年 10 月 24 日)："'新红学家'曾想办一个研究红楼梦的月刊，号召'人结了伴侣，就我们走到的地方再走过去'，引导读者逃避现实的政治斗争，免受马克思主义的'危险'影响，都很安全地到红楼梦中去'消夏'，'辨得越凶'，离现实越远越好。用这些东西来影响读者，使他们'无形之中，养成了他们的历史观念和科学方法'，都变成了实验主义的信徒。"

[24] 王煦华《顾颉刚与俞平伯二十年代的交谊》，《新文学史料》1990 年第四期。另外，俞平伯的表弟兼内弟许宝骙在 1984 年发表于《团结报》的文章中，记载了另一个回忆版本，谓俞平伯的书稿完成后，在街上丢失，几天后在鼓担上花钱买回。揆诸其他资料，此说在时间上不合，巧合过甚，似程高故事的翻版，抑许非当事人，且为六十多年后的记述，故不可靠。

[29] 鲁迅《中国小说史略》，第 169 页，上海古籍出版社 1998 年。

[30] 李希凡、蓝翎《评〈红楼梦新证〉》，《人民日报》1955 年 1 月 20 日。

[31]《俞平伯全集》第九卷，第 204 页。

[32] 见《胡适全集》第 30 卷日记，安徽教育出版社 2003 年。

[33] 陈源的两篇文章见：西滢《闲话》，《现代评论》1925 年 11 月 21 日第二卷第五十期；西滢《闲话的闲话之闲话引出来的几封信》之九《西滢致志摩》，《晨报副刊》1926 年 1 月 30 日。

[34]《华盖集续编·不是信》，《鲁迅全集》第三卷，第 229 页，人民文学出版社 1981 年。

[35]《鲁迅全集》第六卷，第 450-451 页，人民文学出版社 1981 年。

[36] 胡适《致苏雪林》，1936 年 12 月 14 日，《胡适文集》第七卷第 185 页，人民文学出版社 1998 年。

[37][45] 胡适《考证〈红楼梦〉的新材料》，《胡适红楼梦研究论述全编》第 158、173 页。

[38][43] 胡适《跋乾隆甲戌〈脂砚斋重评石头记〉影印本》，《胡适红楼梦研究论述全编》第 319、338 页。

[39] 见杜春和编选《胡适考证〈红楼梦〉往来书信选》之五，《历史档案》1995 年第二期第 80 页。据陈林考证，信封上胡适所住的静安寺路沧州饭店，即今南京西路 1225 号锦沧文华大酒店原址；发信人地址马霍路德福里 390 号，位于现今延安

东路原 1230 弄。

[40] 参见林建刚《胡适影印〈乾隆甲戌脂砚斋重评石头记〉的心理动因》,"胡适评论"公众号。

[41] 高树伟《无畏庵主记胡适席间谈甲戌本》,《胡适研究通讯》2015 年第一期。

[42] 程万孚(1904—1968)是胡适的安徽绩溪同乡,北京大学毕业,当时在胡适家中帮助做一些文秘工作,后曾留学法国,1949 年后在南京从事文物保护工作。

[44] 胡适与钱玄同书,《胡适全集》第二十三卷,第 456 页,安徽教育出版社 2005 年。

[46][54] 见史绍宾《吴晗投靠胡适的铁证——一九三〇年至一九三二年吴晗和胡适的来往信件》,载《人民日报》1966 年 6 月 3 日。参见拙文《吴晗致胡适谈红二信写于两地两年》,《中华读书报》2021 年 4 月 21 日。

[47] 胡适《介绍我自己的思想》,《胡适文选》中国文史出版社 2013 年。

[49] 俞平伯《〈红楼梦辨〉的修正》,《俞平伯全集》第五卷,第 287 页。

[50] 俞平伯《〈红楼梦讨论集〉序》,《俞平伯全集》第五卷,第 310—311 页。

[51] 浦江清《清华园日记·西行日记》,生活·读书·新知三联书店 1999 年。

[52] 俞平伯此跋 1940 年曾发表于《燕郊集》,1973 年收入《红楼梦研究参考资料选辑》第二辑第 14 页。其文字较甲戌本上的原跋小有增补,此处参照二者略改。

[53] 此信原缺年、月,仅署"二十八日晚",在各种著录中定时不一。此处采马文飞说,见《吴晗致胡适两封谈红信写于 1930 年吗?》,《中华读书报》2021 年 4 月 7 日。参见拙文《吴晗致胡适谈红二信写于两地两年》。

[55] 参见冯其庸《论庚辰本·再版后记》,载《石头记脂本研究》人民文学出版社 2015 年。

[56] 此为汪原放告知魏绍昌,见魏绍昌《谈亚东本》,《〈红楼梦〉版本小考》,第 34 页,中国社会科学出版社 1982 年。笔者认为,这个迷失了的亚东图书馆存抄本不一定是罗尔纲在北京所作,更有可能是前述 1928 年程万孚"誊校"的甲戌本副本,故留在上海。

[57] 吴世昌《红楼梦探源》,北京出版社 2000 年。

[58] 周汝昌"重排后记",《红楼梦新证》(增订本),人民文学出版社 1976 年。

[59] 胡适《致刘文典(稿)》,《胡适来往书信选》(上),第 226 页,中华书局 1979 年。

[60] 此段参照宋广波先生论述,见《胡适与甲戌本〈石头记〉》,《河南教育学院学报》2006 年第一期,谨谢。

[61] 季羡林《也谈叶公超先生二三事》,见王大鹏选编《百年国士(四)千秋付与如椽笔》,第 331 页,商务印书馆 2010 年。

二 翻覆篇（1947-1953）

"但凡家庭之事，不是东风压了西风，就是西风压了东风。"

——《红楼梦》第八十二回林黛玉语

6 燕园·东厂·甲戌本

燕京大学的未名湖畔,湖光塔影,花木扶疏。在它的北面,由西向东,一列排开四座纵向的楼台,中式殿堂为表,西式设施为里,这是燕大的男生宿舍,取其"水北为阳"之意。它们建成于1929年,最初名为斐斋、蔚斋、干斋、复斋,是为纪念捐款的美国人而命名。但在实际使用中,这样的称呼并不方便,逐渐就约定俗成地简称一二三四楼了。到1952年以后,改为更具积极含义的德、才、均、备四斋。1947年,年已二十九岁的周汝昌第二次进入燕大当学生,就住在四楼,也就是后来的备斋中。

三十年后,我也年华老大,考进了同一校园。那时这四座楼不再称斋,改称红一二三四楼。它们被用作团委、工会、校刊、校报的办公场所,我几次进去办事,那是后话,暂且不表。

燕京大学为美国教会主办,1919年由三所学校合并而成,1926年起在司徒雷登主持下建成现校园,以美中合璧的方式教书育人,师资优秀,模式谨严,学生出色,成果斐然。它被称为东方的哈佛,是中国的顶级大学之一。凡入得此门者,必有过人之处;而出得此门者,多成栋梁之材。

周汝昌1918年生于天津郊区海河岸边咸水沽,一个殷实的小商人之家。他自幼聪颖,却因战乱频仍,学业多次被延宕。高中上了南开中学,有两个人与他未来的生活有关。一是后来听说的,仅比他年长六岁的何其芳,曾在南开中学任教,当时已离开去上北大,但周汝昌曾模仿过何其芳的《画梦录》练习写作。另一人是当时的同学容鼎昌,后以黄裳的笔名闻世。周汝昌英文很好,又喜读《红楼梦》,二者相结合,就在与容同学闲聊间,随口创造出Redology(红学)这个英文词。这是1937年或更早的事,谁知几十年后,竟戏言成真。

1937年周汝昌从南开中学毕业，正逢七七事变，遂辍学。1939年考取燕京大学，因遇水灾待次年秋方入学，在西语系读英文。在"仙境"中才享受了一年如"朝暾与晓霞那般美好"的校园生活，1941年冬便遭日寇封校，他回到家乡，蹉跎时光。待战后燕大复校，他也想复学，又因为超期太久，需按插班生重考。碰巧阅卷者就是他的老同学，他们已经当了教师。1947年，他终于重返燕园，本来想转系去读中文，听原来的老师顾随说战后燕大的中文名师已散尽，他就继续修读英文。但兴趣还是在国学文史方面，每天课余钻进图书馆，自己找题目作考证。

　　入校未久，就收到四哥祜昌的信——这封信决定了周汝昌一生的方向。

　　汝昌行五，这位四哥年长他六岁，不善应世，放弃了小职员生涯，在家里赋闲。他偶然看到一本亚东图书馆排印的《红楼梦》，里面附有胡适的《红楼梦考证》，读后大感兴趣，于是致信给五弟："由于胡适先生得到敦诚的《四松堂集》，世人由此方知雪芹其人其事，而敦敏的《懋斋诗钞》却遍寻未得。你在京校，何不一试，查觅此书，未必就已经是绝无希望的事了吧。"

　　周汝昌读过此信，立刻直入图书馆，去查卡片柜，这是他每日必到的"文

原燕京大学男生宿舍四楼（备斋）　　张鸣 摄

青年周汝昌

化乐园"。尽管燕大图书馆藏书极富，检索也便利，还是没想到居然一查即得。他填了一个小借书单，馆员用吊篮传送到楼上书库，不一会儿篮子下来，里面正是这本《懋斋诗钞》！周汝昌将书携回宿舍细读。

这是清缮本，字迹工整。粗读一遍，就发现有六首咏曹雪芹的诗，而二十多年前胡适得到的《四松堂集》中，只不过三首。原借书卡上是空白，说明此前无人借阅此书。

周汝昌将此结果通报给四哥，又草成一篇文章，置于案头纸堆中。恰巧这时，接原来燕京、现在辅仁的老师顾随 10 月 23 日来信，鼓励他作文投稿，愿代为介绍。于是他检出两篇，寄给了老师。一篇是考证欧阳询碑帖的《欧书皇甫碑新跋》，一篇就是《曹雪芹生卒年之新推定——〈懋斋诗钞〉中之曹雪芹》。顾随选了后一篇交给赵万里。赵先生是北京图书馆善本室主任，当时正兼职主编天津《民国日报·图书》副刊，我们已知赵先生自己保存着一套庚辰本的摄影本。他把有关红学的这一篇文章，在 1947 年 12 月 5 日发表了。

此文并不止于简单地介绍新发现的六首涉芹诗，而是引出自己的创见。周汝昌最重视的是《小诗代简寄曹雪芹》一首：

东风吹杏雨，又早落花辰。
好枉故人驾，来看小院春。
诗才忆曹植，酒盏愧陈遵。

二 翻覆篇

上巳前三日，相劳醉碧茵。

周汝昌认为诗集是逐年按时排序，此诗作于癸未年，这就与甲戌本脂批中的"壬午除夕，书未成，芹为泪尽而逝"发生了矛盾。"雪芹如真死于壬午除夕，如何敦敏在癸未还能作诗招他上巳前三日（即二月二十九日——笔者注）来观花饮酒呢？……大概'除夕'是不会错的，雪芹一定是死于癸未（乾隆二十八年）的除夕"。那条眉批作于近十二年后的甲午，很可能记错了一年。周汝昌又据敦诚诗"四十年华付杳冥"，推论曹雪芹活了不超过四十岁。"所以我的结论是：曹雪芹生于雍正二年（甲辰，公元1724年）左右，卒于乾隆二十八年除夕（癸未，公元1764年2月1日）。"[1]这就是后来著名的"癸未说"，比胡适提出的"壬午说"晚一年。这是周汝昌公开发表的第一篇文章，他出手不凡，起点很高。（关于曹雪芹卒年问题，本书第五篇中还要再讨论。）

赵万里将周文推荐给红学前辈胡适，胡适立即欣然回应。但这信过了一个多月才寄给赵万里转交，于转年2月20日先发表了。

汝昌先生：

　　在《民国日报·图书》副刊里得读大作《曹雪芹生卒年》，我很高兴。《懋斋诗钞》的发现，是先生的大贡献。先生推定《东皋集》的编年次序，我很赞同。《红楼梦》的史料添了六首诗，最可庆幸。先生推测雪芹大概死在癸未除夕，我很同意（后胡适又改变回原说——笔者按）。敦诚的甲申挽诗，得敦敏吊诗互证，大概没有大疑问了。

　　关于曹雪芹的年岁，我现在还不愿意改动。第一，请先生不要忘了敦诚、敦敏是宗室，而曹家是八旗包衣，是奴才，故他们称"芹圃"，称"曹君"，已是很客气了。第二，最要紧的是雪芹若生的太晚，就赶不上亲见曹家繁华的时代了。先生说是吗？

　　匆匆问好。　　　　　　　　　　胡适

　　　　　　　　　　　　　　　卅六，十二，七
　　匆匆往南边去了，这信没有邮寄，今天才寄上。
　　　　　　　　　　　　　　　卅七，一，十八[2]

此时的胡适是北京大学校长，正如蔡元培当年的位置。这位校长和文坛领袖主动致函别校学生，礼贤下士如此，七十年后仍令人感动。

周汝昌兴奋之余心中疑惑：胡先生访求此书是明文公开的，燕大图书馆并非偏僻，多少硕学鸿儒抬手可查，为什么这首次发现的殊荣就留给了小生自己呢？他以此问题请教过老师邓之诚，没想到邓先生说："我早知道，胡适早就来问过我。因我不喜欢他——已成'半个洋人'了，我没告诉他。"此事

胡适1947年12月7日致周汝昌第一信

邓之诚也对吴恩裕讲过。

却原来，邓之诚早就是胡适的老对手，当新文学运动方兴时，他也在北大当教授，是与"新派"对立的"老派"之典型。他憎恶白话文，凡学生试卷中有用"的"字处，必一律改成"之"。后来任教燕京，年年都要讲几回："城里面有个姓胡的，他叫胡适，他是专门地胡说。"当胡适通过陆志韦校长向邓询问《懋斋诗钞》时，他明知不告，也就合乎情理，不足为奇了。如此才给周汝昌留下了发现的机会，周汝昌的人生，因此才定位于红学。

此书为《八旗丛书》之一种，属哈佛燕京学社所有。在初见的大约一年之后，周汝昌给胡适的信中说："《懋斋诗钞》，我原想使先生一见，但因系善本，不能借出馆外。现在探知此书被哈佛燕京学社当局转往城里，先生如和他们相识，不妨就机一看，因比在城外燕京要方便多了。"（1948年10月23日）

此后该书下落不明。直到1972年夏，旅美学者赵冈在美国波士顿的哈佛燕京图书馆，无意之间发现原燕京大学本《懋斋诗钞》，"这本书还是'冷冷清清'地呆在善本书库中。而我是周汝昌以后第一个使用它的人。"1976年初冬，余英时再次与之偶遇，感到"意外之喜"。

1948年初的周汝昌，对胡适的来信感到"欣幸无已"，但还是不服气，以回信的方式再投稿于《民国日报》，《再论红楼梦作者曹雪芹的生年——答

二 翻覆篇　67

胡适之先生》，3月18日写成，5月21日发表。反驳的理由是开列年表，把作者与书中人物混合一起，以书中岁月季节、年龄时序与清史、历算配合来看，自认为"若合符契"。他还说，这排列年表的办法是跟俞平伯的《红楼梦辨》学来的。胡适对此并无反应，那是长者与智者有风度的沉默。

6月4日，周汝昌再致信胡适，商请借阅多种书籍，包括代借别家和自藏的珍本，甚至要求将作《考证》"以后续得材料及线索一举而畀余"。在我们后人看来，这既表现了他研红的投入和急切，也显示出冒昧和过分奢求。

赵万里又去信征询另一红学前辈俞平伯的看法。俞平伯在6月5日回信，11日见报，题为《关于"曹雪芹的生年"——致〈图书〉编者书》（注意是致编者，不是致作者，与胡适不同）。这信中说："周汝昌先生于《答胡适之先生》一文中提起我《红楼梦辨》里的附表，那是毫无价值的东西，非常惭愧。我现在这样想，把曹雪芹的事实与书中人贾宝玉对照，恐怕没有什么意思"。他自我检讨《红楼梦辨》"可存的只有一部分，……其他多失之拘泥，讹谬传流，大非好事。"信中肯定周汝昌对曹雪芹卒年的新推定"甚为的确"，"在考证的方面看还是很有价值的"。其余就是客观平实地讨论曹雪芹的生年和寿数，既赞成了周汝昌主张的"四十年华"整数，也说到"曹家的富贵繁华，雪芹便赶不上了"。[3]如果了解俞平伯这些年的变化，就知道这是他的老实话，是诚心的自我批评。但周汝昌却认为是在讽刺他，年轻气盛，当天就撰文反驳。

这就是俞、周关系的开端，当时两人还素不相识，只是纯粹的学术讨论。但是周汝昌对俞的反感从此形成，他当时只对胡适倾诉过，以后又久蓄于心底，发酵滋长。而在俞平伯那一边，很可能浑然不觉。

在这之后，还是蒙赵万里好意居间介绍，胡适先生表示愿与周汝昌见面晤谈，时间订在6月27日下午，地址是北平东城东厂胡同一号。

东厂胡同位于王府井大街的北端路西，其名来源于明代著名的皇家特务机关。到清朝没有了这个机关，成为地名。这个一号在胡同东口路北，是一座规模宏大的复合式四合院群，原是清末两广总督瑞麟的豪宅，后归荣禄所有。荣禄在里面建有亭台楼阁，花园假山，命名为"余园"。荣禄死后，袁世凯花十万银元买下宅院东半部，送给副总统黎元洪居住。1926年，黎家把房宅卖给了日本人办的"东方文化事业委员会"。抗战胜利后，作为敌产为中央研究院历史语言研究所接收，所长傅斯年兼北京大学代校长，便把西院作为北大校长住宅，为胡适留着。

这个大宅门共有四进四路，一部分是北京大学文科研究所，其他一些教授如傅斯年、汤用彤、毛子水、梁思永也在这里居住。西部的校长住宅有三进院，房子很讲究,头进院南面是宽大的客厅,北部五间正房,东西有走廊,院子宽敞,栽植丁香、碧桃。二进是胡适的卧室、办公室和书房,三进有胡适的五间藏书房。东院是花园,内有亭台池榭,西面还有厨房、佣人住房和车库。

可注意的是,胡适虽然在北京住过六处寓所,后三处很豪华,但这些都是租房或职务居所。他一直不差钱,却不曾拥有自己的房产(至少在中国大陆是如此)。他也只研究学问,不收藏古董字画。这是为什么?是因为他乐善好施?是重义轻利,重精神轻物质?还是大丈夫四海为家,不拘于屋舍?或者是兼而有之呢?

此时的胡适,已经不仅仅是学界领袖那么简单了。抗日战争期间,他担任中国驻美大使,1945年任出席旧金山联合国会议的中国代表团成员。1946年7月回国,9月就任北京大学校长,这是他三进北大,回到了青年时叱咤风云的旧地,与当年的蔡校长前后辉映。就在两个多月以前(1948年4月初),在南京的国民大会上,蒋介石多番礼让,请胡适当总统,他犹豫再三,还是决定不干。周汝昌今天拜见的,是这样一位大人物。

那时进城交通不便,只能赶燕大校车一日早晚两班,从海淀成府到北平东城,已是漫漫长途。周汝昌终于来到胡宅门前,且看他自己的记述。

> 看大门,是木栅栏,简陋古旧——可能那正表明本非居民的住处吧?往北行,来到了客厅。一切朴素平实,绝无"富贵气象"。正面靠墙是一个可坐两三个人的长沙发,前设一矮茶几。胡先生迎出来和我握手,让我坐沙发。他自己呢,却走到我的左方墙边的一个较高的桌后坐下。估量那是他的工作书桌。因为我的左前方有一个小小书架,放着不太多的书——如果这是专只待客的客厅,就不会这么布置。往右看,一位中年先生站在那儿听我们交谈——后来方晓是秘书邓广铭先生。

【插入周汝昌的另一次回忆作为补充:

> 书斋兼客厅十分朴素。彼时在场的,只有胡适的秘书邓广铭先生一人。胡先生让我坐正面沙发上,自己却坐在东墙边的高书桌后,离得很远;加上我那时的听力已开始有了毛病,再加上他的安徽口音,所以这次晤谈只是他"单讲",我作为一名在校学生,恭聆而已,几乎没有说几句话。也就是说,此次的见面不太活泼,有点儿拘束。】

胡先生的谈话,大致是可预料的:一、奖赞《懋斋诗抄》的发现,是一大功绩。二、雪芹生卒年问题,不赞成四十岁、生于雍二之新说,那样雪芹就不大可能写出《红楼梦》那样繁华的内容故事了。三、研究学问,要虚心求证,不宜固执己见。四、鼓励我将这项工作进

1940年代，胡适在北平的书房中

行下去。借阅甲戌本一事，慨然允诺。随即下位亲手将书递给了我。

　　我因要按时赶校车回燕园（可能不确——笔者），即不多打扰，深表谢意，起身作辞。临行，胡先生又从那小书架上取下一部洋装硬皮书，接过看时，是商务印书馆出版的《胡适论学近著》。他说：带回去，空时不妨翻看翻看。有什么感想，可以写信告知。这样，就是"平生一面"的值得纪念的一次会晤的经过。[4]

　　这一天是星期日，学校开始放暑假的日子。按我分析，周汝昌没有返校，而是携甲戌珍本直接返回家乡。

　　几乎同时，担任了美国驻华大使的司徒雷登老校长重返燕园，因为他每年6月下旬都要回来过生日，燕京大学就是他的家。没想到，这次迎接他的是"吾爱吾师，吾更爱真理"的标语。学生代表与校长在临湖轩见面，激烈抨击他所代表的美国政府对华政策。司徒雷登被迫取消了6月29日在贝公楼的毕业典礼演讲。当时,国统区内"反饥饿、反内战、反迫害"的运动遍地涌起,解放军正在全国规模上转守为攻。1948年下半年,中国已经处于天地翻覆的前夜。

但是对周汝昌来说,他已开始耳朵重听,那真是两耳不闻窗外事,一心只读(或者抄)《红楼》书。他为得到宝书而惊喜莫名:

> 打开报纸包裹,见一敝旧的小型蓝布书套——即古称之"函"。一函四册,……掀开第一页,我不禁惊呆了!原来真《红楼》是这个样子!……纸是很旧了,微显黄脆,不忍多触动,所以加意掀页,真是小心翼翼,……黑字写得质朴厚重,似乎老练中又带点儿"稚气"。黑字之外,上下左右,还有数不清的红字——朱笔满布于眉上行间。那抄写的楷书朱色小字,工整爽利,一笔不苟——但并不"漂亮"美观,倒有些"拙"气。……这就是脂砚斋的朱批呀!……稍一批览,触处可见句法、字法都与俗本不同,差异甚大。每一差异,令我激动,以致"震惊"![5]

回到老家咸水沽,甲戌本给四兄祜昌带来意外惊喜,他爱不释手,捧读了一昼夜。

周祜昌在天津名校南开中学毕业,当年投考北大。谁知考试那天突降大雨,乡下后生初入故都,人生地不熟,又不知如何雇车,白白误了场。据周汝昌后来推断,如无意外,周祜昌会与张中行同班,那就是1931年入学。投考北大失利后,周祜昌退而求其次,考入了天津南开大学国文系。不知为什么,他在那里精神不振,难入佳境。就在即将毕业,马上取得学历资格的前夕,他忽然坚决退学,考取了一个浙江银行的练习生。如果说前一次误考该怪天公不作美,那这一次退学就完全是自暴自弃了。一着棋错,满盘皆输!加上他个性耿直木讷,不懂得职场上的逢迎之术,再遇挫折,便辞职不干。以后他又在铁路局、新港工作过,可惜都做不长久。

这真是际遇难料,造化弄人。周祜昌在他命运的两大关卡上或被动不幸,或主动失算,使他终生只能做一个业余文史爱好者,做弟弟的支持者和助理员。其实,他对《红楼梦》的痴迷,不在弟弟周汝昌之下。

第二天兄弟两人商议,借得此宝,实属奇缘,只有一个暑假的福分,既要保护珍本还要长期研究,唯一办法是赶快录一副本。做决定的这一天,也是6月29日。

由于汝弟必须整理编纂半年多来积累的涉红资料,实际上就是开始起草日后的《红楼梦新证》,录副只能由祜兄来承担。他曾任职员,也擅长抄写,自称"营缮郎"(《红楼梦》中职称)。他们找来个陈年旧账本,就开工了。

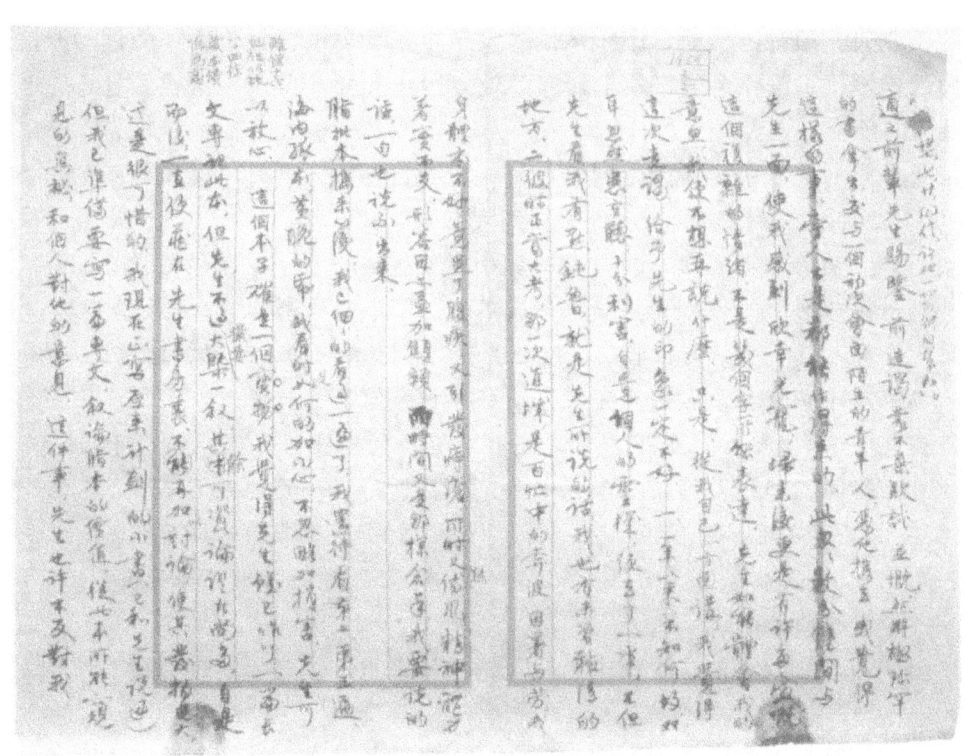

周汝昌致胡适信，1948年7月11日。

7月11日，周汝昌给胡适写信，首先感谢胡适借书的义举："前造谒，蒙不弃款谈，并慨然将极珍罕的书拿出，交与一个初次会面陌生的青年人，凭他携去。我觉得这样的事，旁人不是都能做得来的。"其次，他颇有点担心因自己的重听和病弱，给胡适留下不良印象，惴惴不安地追加解释。信的重点在郑重提出："我觉得集本校勘，这件事太重要了。……我决心要作这件事……"但是，他忽略了汇报抄书之事。

十多天后，胡适的回信直接寄到了这个天津东南郊的古镇。信中有宽慰，有支持，也有开导：

> 那天你要赶车回去，我很明白。你的身体不强健，我一见便知。你千万不要多心，觉得你留下了不好的印象。……
>
> 我对于你最近的提议——"集本校勘"——认为是最重要而应该做的。但这是笨重的工作，故二十多年来无人敢做。你若肯做此事，我可以给你一切可能的便利与援助。

接着就是这援助的具体体现：介绍了两种有正书局戚序本，以及徐星署藏本（即庚辰本）和"程甲""程乙"两本，表示愿意借予戚序大字本。

> 我的"脂砚"本，诚如你所说，只是一个粗粗开采过的宝藏，

还有许多没有提出讨论过的材料。你的继续研究,我当然欢迎。

　　《四松堂集》现已寻出,也等候你来看。

　　最后,我劝你暂时把你的"年表"搁起。专力去做一件事,固然要紧;撇开一切成见,以"虚心"做出发点,也很重要,你说是吗?

　　暑热中当勉力休息,不要太用功。(7月20日)

"年表"那一句很重要,既是在婉转地劝说年轻人不要固执己见,不要钻牛角尖,也说明这位"自传说"发明人,并不是极端化、绝对化的。可惜周先生没有听进去,到老都在坚持他的"年表"和绝对"自传说",一意孤行。至死不渝者,并不只是鲁迅,我们以后还会遇见。

　　胡适想不到,周氏兄弟正在"暑热中勉力"赶工。就在7月20日同一天,祜兄将墨书正文抄竟。他们已向同学求来了朱墨锭,次日开始抄朱笔脂批。祜兄很细心,连首页上刘铨福的三枚图章也描摹得几乎乱真——以致几十年后,引起研究者的困惑。

周祜昌所抄甲戌录副本首页,周汝昌眉批。

7月25日，周汝昌给胡适回信感谢厚意，再次对抄书之事只字未提，却随信附寄了一篇长文《跋胡藏脂砚斋重评石头记》，这是他读甲戌本近一个月的成果，约一万五千字。其中一边高度正面肯定脂本，一边激烈怒斥高鹗"伪续"，还以大段反驳俞平伯的短跋。他直接批评胡适对续书的基本肯定，在指责汪原放印程乙本非当、"不思白话好歹"时，以杂文笔法、讽刺口吻写道：

> 雪芹作书于乾隆初年，只是自抒怀抱，应无预计务入后世"白话文学史"之心，其行文本多文白相标杂。假如余将《红楼梦》全部改译成更纯粹更道地的白话，汪君即又舍程乙本而取吾新改本，排印以行世耶？[6]

此文寄给胡适"请求指正，并希设法介绍他报刊登"。一边批你的观点，讽刺你的著作，一边求你推荐发表，这是对胡适度量和耐心的考验，还是对恩师无意间的冒犯？我只能叹息青年周汝昌的不谙世事、违背人情了。

暑假已近尾声，兄弟二人坐在古藤荫下，各执一本，一人读一人听，抓紧校对，终于完成了副本。

此处我不得不说，甲戌本是海内孤本，胡适借给周汝昌长期看，已属莫大的眼福。未经主人许可而私自抄录一个副本，是非分之举，这就像很多博物馆里不准拍照、图书"翻印必究"的道理一样。暑假两个月里，周两次给胡适写信，对此一字不提，执意隐瞒下去。

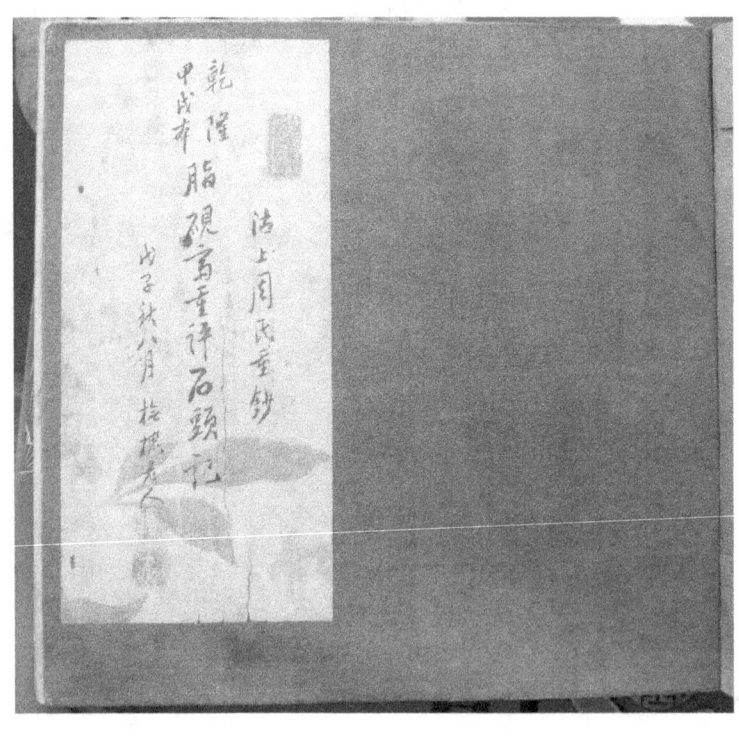

周氏兄弟甲戌录副本封面，其父周景颐题签。

九月初开学返校后，周汝昌在 11 日写信给胡适，这才报告了将甲戌本抄录副本的事，即先斩后奏，把生米煮成熟饭。"我们的冒失是不待言的，苦心也用得不小"，将来要"请求先生审鉴题记"。三天后（14 日）再发一信催促，希望早日看到已经答应借阅的两本书。

在这之后，他在两天里连续收到胡适的三封信，8 月 7 日的信里，对周汝昌的长文有不客气的批评：

  你的长文收到了。你的见解，我大致赞同。但我不劝你发表这样随便的长文。材料是大部分可用的，但作文必须多用一番剪裁之功。今日纸贵，排工贵，无地可印这样长的文字。你的古文功夫太浅，切不可写文言文。你应当努力写白话文，力求洁净，力避拖沓，文章才可以有进步。（此文中如驳俞平伯一段可全删。俞文并未发表，不必驳他。）

  此文且存我家，等你回来再面谈。我的评语，你不必生气，更不可失望。

此信当时未发出，是附在 9 月 12 日信内同时寄达的：

  前信太严刻，故本不愿寄出。请你看了不要生气。

  我今天花了几个钟头，想替你改削这篇长文，但颇感觉不容易。我想，此文若删去四分之三，或五分之四，当可成一篇可读的小品考据文字。（古人说，"做诗容易改诗难"。作文必须痛改痛删，切不可随便写。）

以下还提了具体修改的建议。我们已知周文对胡适有辩驳，有冒犯，但是胡适既没有发怒，也没有敷衍，而是耐心劝说，直言相告，还义务性地做着学校导师或责任编辑的工作。须知这是全国首屈一指的学界领袖，在为一个本无关联的外校本科生修改文章，实在是非同寻常，却也可能是多此一举。而且胡适照顾学生或作者的情绪，压信迟发，谆谆指导，温言抚慰。但是在周汝昌的内心，却不是这样理解的。他还要等一个半月，才能收到《跋胡藏脂砚斋重评石头记》一文的改稿，作出反应。[7]

胡适在 9 月 13 日收到 11 日周汝昌汇报"录副"的信后，再回一信：

  我读你信上说的你们弟兄费了整整两个月的工夫，钞完了这个脂砚甲戌本，使这个天地间仅存的残本有个第二本，我真觉得十分高兴！这是一件大功劳！将来你把这副本给我看时，我一定要写一篇题记。这个副本当然是你们兄弟的藏书。我自己的那一部原本，将来也是要归公家收藏的。

信中还指点了故宫档案及其它资料线索。此时胡适即将飞去南京有中央研究院的公干，请周汝昌待他回来再去取书。

9月19日，周汝昌写回信寄往南京，是对"退稿信"的回应，但尚未见到改稿。他感动地表示："我觉得学者们的学问见识，固然重要，而其襟怀风度，也同样要紧。我既钦先生前者，尤佩先生后者！"他开始缕述自己的成长经历，感谢先生"开明亲切的指导"。对于先生的批评和删改建议，他是笼统地接受，却具体地逐一争辩，显然并不心服。在争辩中继续肆意贬损俞平伯，且拉过来与自己比较：

> 先生平心而论，俞跋见地，比我如何？俞跋文字，比我如何？他的表面篇幅虽小，但也并非简练精采，若再论文字，不但先生的严刻批评下，交代不下去，就是拿到作文班上，教员也不能"文不加点"。请先生恕我放肆，唐突先进。我只是秉公而论，我不因俞先生是社会知名的名士与教授而势利地一眼看高一眼看低他，更不是传统的"文人相轻"的恶习。先生如知我发言为诚于中而形于外，也必不以我为狂诞而同意我。

在我看来，这已经是非常不智的意气用事了。在文坛领袖胡适面前，周汝昌既批驳俞平伯的见地，又贬低俞平伯的文字，将不满和怨气一泄无遗，且强求对方同意。对此胡适默然未做回应。周汝昌对俞平伯的这种积怨一直没有公开，俞平伯很可能终生不知道这一段背后隐情，不知道"个人恩怨"从何而来。

周汝昌在10月23日又复胡适一信，先介绍了家四兄，再汇报《红楼家世》（即《红楼梦新证》初稿）的进展，还讨论了报纸上的索隐派新作和史料问题。因为学业很忙，明年作毕业论文将更忙，毕业后更不知环境如何，他很担心已开始的工作是否能完成。

这两封信都写得很长，数倍长于胡信。在我辈后生看来，真有些被胡适批评的"拖沓"，不够"洁净"，这将在日后形成为他的文风。可以看出，周汝昌已经不再像一开始那样拘谨客套，而是在逐渐熟悉后，拿大师不当外人，开始披肝沥胆，喋喋不休。在其背后，心中也有不满和不敬在滋长。

与此相对应，在甲戌本到手近四个月以后，周汝昌也已经不像一开始那样毕恭毕敬，珍若拱璧了。十月下旬，是这种态度转变的一个节点。其原因，可能一是与珍本长期亲密接触后，敬畏之心渐消；二是随着胡适允许录副、答应题跋、继续借书等大度行为，便得寸进尺；三是对胡适退稿、大删和不同见解的报复心理。

在10月23日的信中，周汝昌表示准备归还甲戌本。所以第二天，他在甲戌本首册第四回末的空白页上写下告别性题记："卅七年六月自适之先生借

周汝昌在甲戌本第一册后的题跋

得,与祜昌兄同看两月,并为录副。周汝昌谨识。卅七、十、廿四。"这就像是在名胜古迹上写"到此一游",此举未经胡适许可。

这时的周汝昌,利用课上和业余的一切机会搜集红学史料。有一次邓之诚轻描淡写地指点:"《永宪录》里有曹家的事,此书流传甚罕,知者不多,图书馆有一部抄本,可去一查。"周汝昌一见而大惊,因为书里记载着曹寅、李煦、曹頫等与康熙、雍正皇帝的关系,在他面前揭开了曹氏家族的秘密。

邓之诚还告诉周汝昌,曹寅幼年曾经伴康熙皇帝做侍读。根据在他近十年前从琉璃厂给燕大买的一本书中,可惜书名忘记了。周汝昌于是遍翻图书馆,再去查购书发票,始终没有找到这本书。但他相信老师"说的话再不会错",将这情节写入了《红楼梦新证》。胡适读到周书后不以为然,批曰:"邓文如的记忆最不可靠。看我的《论学近著》一"——此是后话。

不想与此同时,又有意外的考《红》因缘:小说专家孙楷第(子书)先生开始移帐京西,在燕园设帐授业了。这时我并未选他的课,却慕名前去旁听。真是巧极了,他正讲到《红楼梦》的事,涉及曹

二 翻覆篇　77

雪芹，便讲出一段鲜为人知的雪芹逸事。说《枣窗闲笔》中记载曹雪芹的相貌、性情、口才、风度、饮食等，皆前所未闻。我高兴极了，课后便向孙先生探询他写在黑板上的那部《枣窗闲笔》的所在。他告诉我，书在北平图书馆，而他有录副摘抄本。我不揣冒昧，又向人家借阅。他也慨然惠诺。[8]

周汝昌这一段回忆也有误差，此时《枣窗闲笔》还是孙楷第自己的藏书，书在北图的事不是没有，而是尚未发生。1943 年，史树青在北京隆福寺街青云斋书店发现此书，不久由孙楷第购得。[9] 作者裕瑞是嘉庆、道光年间的满清皇族，宗室文人。尽管他也没见过曹雪芹，却描述得颇为生动：

  曾见抄本，卷额本本有其叔脂砚斋之批语，引其当年事甚确……
闻前辈姻戚有与之交好者：其人身胖头广而色黑，善谈吐，风雅游戏，触景生春，闻其奇谈娓娓然，令人终日不倦，是以其书绝妙尽致。……
又闻其尝作戏语云：若有人欲快睹我书，不难，惟日以南酒烧鸭享我，我即为之作书云。

孙楷第先生字子书，当年五十岁，河北沧州人，1928 年毕业于国立师范大学国文系。先在北平师范大学任教，再到北平图书馆任编辑和写经组组长。1931 年受北图委派东渡日本访书，开创性地编著了小说书目。1941 年日军强行接管北平图书馆后，他弃职家居，清贫自守，拒绝与日本人合作。他致力于中国古典小说、戏曲的研究，所著《中国通俗小说书目》、《日本东京所见

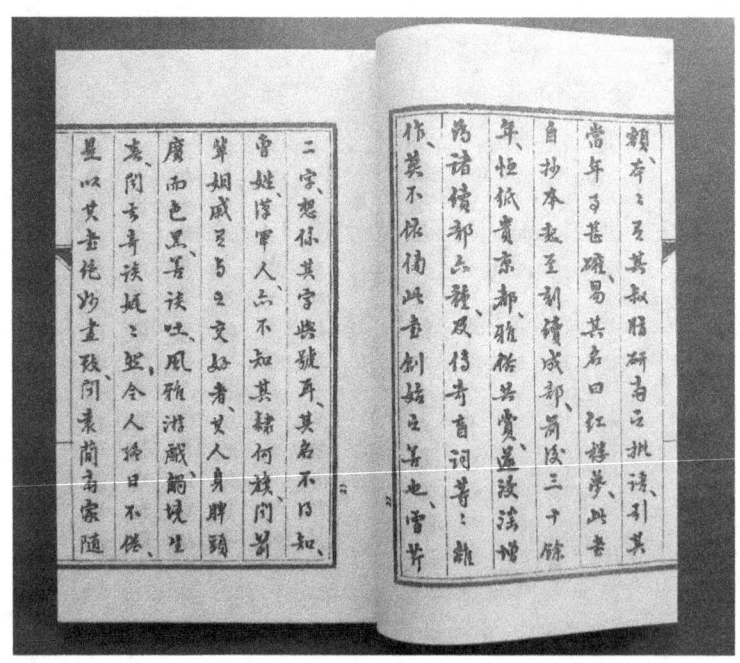

《枣窗闲笔》书影

小说书目》备受学界推崇。1945年光复后,代理北京大学校长的傅斯年筹备北大复校,对曾在"伪北大"任教者拒不聘用,但他赞扬的是:"孙子书、孙蜀丞、俞平伯在北平苦苦守节(三人似可择聘)"[10]。所以孙楷第在胡适校长手下,就任北京大学教授,1948年秋又转任燕京大学教授,来到周汝昌面前。

后人从胡适的来往书信中发现,1948年的孙楷第,正处于他前半生中困顿的低谷。外面是物价飞涨货币贬值,自身是缠绵病榻多日难起,再加上从师范毕业的儿子"毕业即失业",这让孙楷第原本清贫的生活雪上加霜。朋友王重民帮他向胡适求援,为"二少爷孙宝湖"在北大谋"一个小书记事"。胡适想到的解决办法又如十多年前的罗尔纲一样,让孩子做自己的私人秘书,自己付钱给他。孙楷第得知后写信辞谢:

> 先生要他作先生私人的书记,此非先生力量所能办。先生这种义气虽足动人,可是绝然不可。我亦不希望他在北大谋事,有缺即补。因为,我在北大作事,应当避嫌。再说一句老实话,北大方嫌人多,有缺不补才是正办法,何云有缺即补乎?他既然是师范毕业,教小学似乎他还够,或者北大以外机关的小职员亦可。现在是四海困穷、天禄永终的时候,以无能力之人而谋事,然不容易。
>
> 前天看报看到北大中文系学生要为我捐款养病的话,我不觉毛骨悚然,当下写了封较长的信托游泽承(国恩)兄转交北大中文系同学(因为我没有甚熟的学生),大意是说他们富于同情心而昧于理,君子当爱人以德。一个念书人第一要廉。廉者不苟于人,亦不轻取之于人。……千万取销此意;如已捐了,应即退还。……我不才,滥竽北大,尚不至为北大丢脸也。[11]

孙先生此时转校燕京,或许与此有关。对于周汝昌他不仅是老师,还成为与胡适之间联系的纽带,或者叫传书使者。孙先生的出现,为胡、周交流提供了极大的方便,却也改变了周汝昌预定的进程。

正当周汝昌在甲戌本上写题记的同一天,10月24日夜,胡适也在给周汝昌写信,然后挂号寄出。这是带书的通知,也是对孙楷第的推介:

> 《四松堂集》,又你的长文,今早都托孙楷第(子书)教授带给你了。
>
> 子书先生是中国小说史的权威,我很盼望你时常亲近他,他也很留心《红楼梦》的掌故。……
>
> 脂本的原本与过录本,都可以请子书先生看看。他若高兴题一篇跋,一定比平伯先生的跋更有价值。

周汝昌在27日接到信,当天去孙家取回了《四松堂集》和他的长文。第二天,孙先生到访四楼周汝昌宿舍,理应为取甲戌本而来,却空手而归。这里留下一个疑点,孙、周二人连续两天见面,周汝昌却没有遵胡适嘱把甲戌本交给孙先生,其原因不明。

周汝昌在10月29日回信胡适,除表示"感谢不尽"外,还报告说:"孙子书先生昨天特别亲过敝屋,把先生的来信已给他看过了,我预备今明日就把脂本正副都拿给他看。……脂原本本想立即归还,但因先生提议给孙子书先生看,我想等和《四松堂集》一并奉还吧。"周汝昌这样说了,但事后并没有做到。

周汝昌在信里讨论学术之外,最后表示:"家国学校,无一处不使先生忙碌劳神,心境也未必常得宁贴,我时时以不要紧的闲事来琐渎清神,实感不安之至。天道乍寒,诸祈为道自重!"此时的东北战场正在激战,长春已经解放,辽西大战方罢,沈阳危在旦夕(11月3日解放)——周汝昌终于想到"家国"之事了。

周汝昌还在此信中附寄了两首自作的《金缕曲》词,标题是《楝亭图》和《红楼梦》(此二词与张伯驹先生有关,容当后叙)。虽然谦称"以供一粲",但恐怕意在言外。你不是说我"古文功夫太浅"吗?让你刮目相看。

此时此刻,有两件事值得注意。一是周汝昌至此才看到了胡适对他长文的修改,胡适改得很多很细,删去浮词,缩短冗文,还在一整页上打了大"×"。二是周汝昌临时改变了主意,没有立即归还甲戌本,也没有转交给孙楷第。二者之间,或许有一定的因果关联。

同在10月29日,周汝昌刚刚在信中对胡适说过"拙文本太丑,承为手削,光宠莫名!"旋又在《跋脂文》后加附记,私下里对胡适表示不满:

> 胡先生只嫌吾行文芜杂拖沓,而关乎意见是否正确,全无一语评按,冷静过于常人,不似其是是而非非勇于奖人之素性。文中曾提汪原放印"程乙本"之非当与"白话文学史"一词,甚望此二事并未予胡先生以任何不良感觉耳。

两天后(10月31日)再加附记,言辞更为尖刻:

> 若掂播字句,则任何名家文章,亦可吹毛而削改,不第拙文也。如胡先生《跋乾隆庚辰本脂砚斋重评石头记抄本》一文写得最乱,字句尤多未佳,我亦可得而笔削。[12]

这些是他自言自语的心里话,原本未想给人看的。这三天里,周汝昌发生了微妙的心理变化。

多年以后,周汝昌回顾这段与胡适的分歧,有这样的表述:

> 我那时已然感觉分明:这位大学者对中华语文的品格高下优劣是如此缺少审美鉴赏力,这使我十分吃惊,也十分失望。

> 还是年轻之故,我对胡先生的答复不但不服气,出言更欠克制,

确实让胡先生有些不愉快了——我寄给他一篇文稿,论析"白话化"并非雪芹笔墨的向往与"极则",除了人物对话,其叙述文字并不像胡先生想象的那样"白话化";雪芹著书,也没有"提倡白话文"与进入《白话文学史》的愿望!而假如我把这部伟著用今天的"白话"再来"加工"改动一番,胡先生是否还为之作序吹嘘,重排新版?

这实在是说话太不知轻重了,应该自责。胡先生读了这些有意气、带讽刺的话(《白话文学史》是他所著呀),当然不会高兴。他用紫色笔将这些话划了一个通页的大"十叉",并于眉上批注。将文稿寄回来,说这文章无处发表。[13]

11月初的某日,孙楷第先生第二次造访周汝昌宿舍,送来大字戚序本,捎回《四松堂集》。但周汝昌并没有如前信所说,把甲戌本"和《四松堂集》一并奉还"。堂堂教授,俨然做了快递员。

一个长方形而颇有些重量的纸包,纸是旧报纸。正面是很浓的朱笔大字:"燕京大学四楼周汝昌先生"。

打开看时,两大函,共二十册,是大字戚序本(有正书局石印《石头记》)。卷前有藏书印记,一方印文是"胡适的书"。……我一见此本,立即大悟:这个带批语的精抄本,原来就是一部脂评古本,纵使不即等于完全是雪芹原书原笔,也就相当接近真相……我此时益发"得陇望蜀"了:想尽快汇集'三真本'(甲、庚、戚)作一番研究。[14]

在甲戌本尚未归还的情况下,胡适慷慨送来了第四套书。此书后来未及归还,或理解为赠送。十八年后在天津家乡周祜昌的家中,被毁无存。

现存的胡适与周汝昌之间的通信,计有胡信六封,周信九通,到周汝昌10月29日一信戛然而止,似过于突兀。胡适送来戚序本,周汝昌奉还《四松堂集》后,双方至少应还各有一信,现已不存,或未发表。周汝昌承认"在旧信札中缺失了至少一封去信"。而梅节推测,大概在11月初,"胡还写了一封重要信件寄周,对周手上的四部借书做出区处的指示,对周的研红提出最后的忠告。因这封信有些内容周不想别人知道,后来把它作掉了……隐没了最少一通。"[15]

论情论理,此信确实应该有过。试想胡适收到了孙楷第带交的《四松堂集》稿本,却未见甲戌本,又知孙楷第根本无缘得见,再看周汝昌在29日信中曾满口应承,显然是言而无信,这出乎意料之外。那么胡适会作何感想,怎样回信?再大度的谦谦君子也会有情绪的反应吧?如此想来,胡适最后一信的迷失,不一定是无心之失。

此处还须补叙一事，即 1948 年 10 月，周汝昌与大收藏家张伯驹的结识。他抄录给胡适的两首词，原本是和张伯驹原韵的。

《楝亭图》原张伯驹旧藏，现藏国家图书馆。共十幅选二，上恽南田，下禹之鼎。

张伯驹是著名的民国四公子之一，饶有家财万贯，一心喜爱收藏。1938年，他从恭亲王后人溥儒（心畬）手中，收购了中国现存最早的法书名帖晋陆机《平复帖》。1945年日本投降后，溥仪带到东北的书画文物流散于市场，张伯驹极力劝说故宫博物院抢救收购，但故宫理事会成员胡适、陈垣等以价钱昂贵而拒绝。张伯驹只得自己举债购买。他感慨道："盖胡适于此道实无知耳。"

1946年，张伯驹再遇更珍贵的原清宫藏国宝隋展子虔《游春图》，忍痛将自己在西城弓弦胡同的豪华宅院卖给辅仁大学，并搭上夫人潘素的首饰，方凑够二百二十两黄金，得到了这幅中国现存最古的山水画卷。因此而迁居海淀承泽园，并将其改名为"展春园"。承泽园就在燕京大学的西面不远，成为了近邻。

1948年10月，燕京大学中文系主任高名凯邀请张伯驹，在燕大贝公楼二层的中文系门外走廊上，举办一个小型书画展。周汝昌闻讯，在10月2日开幕当天就前往参观。见在玻璃柜中横陈着曹寅《楝亭图》手卷，墙上悬着纳兰性德小照立轴。纳兰小照四周绫边上题满了诗，中间是张伯驹自题《贺新郎》（又称《金缕曲》）。周汝昌依韵和了两首，后又赋诗二首，由同学孙铮（字正刚）送与张伯驹。这就是10月28日，周汝昌致胡适信中附寄二词时所言："十月二日得见《楝亭图》，当时做了一首词给藏主张先生，向他乞录题辞，为辑书材料。"

张伯驹也是词坛大家，周汝昌呈上和词，自是投其所好。张伯驹对周词颇为认可，遂将启功抄录的《楝亭图》四卷题词送给周汝昌。周汝昌将之全部抄录，写进了《红楼梦新证》中的"珍秘材料一斑"。张伯驹本愿将此手抄册见赠，但周汝昌未敢"贪得"，还是奉还了张先生。但此册后来下落不明。

张伯驹年长周汝昌二十岁，一个是收藏富豪，一个还是穷学生，两人因这个展览和诗词酬唱而订交。

11月末，序属初冬，而北平城外，解放大军已形成合围之势。这一天周汝昌的同窗周培章有事要进城，邀他同行。"目下战争形势发展甚快，这个老故都还不知变化如何，我有一同学王家，消息较为灵通，可去听听大局预测，住上两三日，他家好客，没有问题。"

一语提醒了周汝昌，正好趁此机会，去面见胡适，归还甲戌本，战乱之际，别出意外才好。于是把原本和录副本都带上，打点成一个小提包，结伴出发。那时已无车可乘，两个年轻人勉力步行二三十里，在傍晚进了西直门，再投奔东四牌楼七条王宅。周汝昌进城这天，很可能正是平津战役打响之日——1948年11月29日，或第二天。

周汝昌（左）与同学在燕京大学校门前

此时又须重提那个问题：周汝昌为什么不肯把甲戌本交给孙楷第先生，那样岂不是既遵从了书主胡适的指示，又满足了老师孙楷第的愿望，自己也免除了长途跋涉送书之苦，是三全其美的好事吗？他何乐（或者应该说是何苦）而不为呢？笔者对此问题的困惑，持续于写书的整个过程，在苦思冥想了超过一年之后，终于在杀青之际才寻获一个合理的解释。那就是：周汝昌希望保留自己再次面见胡适的理由和机会，当面还书，以求得胡适在自家的录副本上题跋，使其价值大增。如果把甲戌本交给孙楷第，这一希望很可能就落空了。为此周汝昌不惜违背胡适的意愿，不惜牺牲孙楷第得见甲戌本的机会，也不惜自己以劳代逸，步行进城（这是后发的特殊情况）。

周汝昌很可能是在进城的次日就去还书。好在从东四七条到东厂胡同并不远，他夹着书包，走到熟悉的门前。

我叩扉恭候，不见胡先生像上次那样出来接待。过了好一会儿，却见一个中年人前来开门。他问我有什么事，我说蒙胡先生惠借甲戌本《石头记》，今特到府送还，还有一部录副本，胡先生答应给写序跋题记，今一并拜见先生，恳烦践诺。然后自报了姓名。那中年人气质厚重，彬彬有礼，听后抱歉地说：对不起，他有事，不能与您会面了，家父的书请留下，其他以后再说吧。

我便问：您是胡先生的什么人？他躬身回答：那是家严。您把书交给我，不会错的。这样，我递与他甲戌本原本，他收了，并说了客气的词意。他样子匆忙，我就不便多言，告辞转身回"七条"借寓了。[16]

从 6 月底到 11 月底，甲戌珍本在周汝昌手中保存了约五个月，这段奇缘到此结束。周汝昌终于把孤本秘籍还给了原主胡适；胡适终于没有再接见周汝昌，没为他题跋；孙楷第也终于失去了看到甲戌本的眼福。这个结局还不太坏，但显然并不完美。

"平生一面旧城东，劫后私藏札六通"。周汝昌与胡适的遇合，前后仅一年左右，至此可以做个小结。在"新红学"式微之际，年轻的"胡适崇拜者"周汝昌主动上门请缨，要做"大汇校"的具体工作，继往开来，胡适自然备感欣慰。胡适在学术史上，往往是"但开风气"，长于拓荒，先搭起架子，吸引别人来填充一砖一瓦。如他的《红楼梦考证》，就是先有初稿，再补充顾颉刚搜集来的史料而成。再如，他考《西游记》得董作宾、考《水浒传》得李玄伯、考《镜花缘》得孙佳讯之后续工作，对其创始初论有修正、有补充、有引申、有提升，使小说考证继长增高。胡适认为这是"抛砖而引玉"，总会为后继有人而高兴不已。在"新红学"研究方面，周汝昌正是可遇而不可求的青年才俊，可传衣钵。这样，胡适慷慨给予周汝昌"一切可能的帮助"，热情指点，无私借书，就都可以理解了。而对于周汝昌来说，这是他红学事业的开端，也是他一生为人的塑型期。

六十二年以后，梅节、沈治钧认为，在 1948 年"胡周交往中周汝昌欺瞒胡适、扣压甲戌本等"，或曾把书私自转借给他人（陶洙）。笔者认为证据不足，或定性过重，未敢附和。我相信青年周汝昌并无恶意，不过有些小小的私心而已。

后来我们知道，那收书的"中年人"是胡适的小儿子胡思杜，是在美国留学七年后，夏天才回国，那么客气是美国做派。他 8 月 30 日到北平图书馆报到，做一名职员。胡思杜体壮而微胖，周汝昌认为是中年人，是"胡公长公子"，应属误判，其实他比周汝昌年轻。

后来我们知道，胡适在收到还书之后，很快就写了一段跋记（注意时间，这一次他没有写民国纪年）：

> 现存的八十回本《石头记》，共有三本。一为有正书局石印的戚蓼生本，一为徐星署藏八十回钞本（我有长跋），一为我收藏的刘铨福家旧藏残本十六回（我也有长跋）。三本之中，我这个藏本为最早写本，故最近于雪芹原稿，最可宝贵。今年周汝昌君（燕京大学学生）和他的哥哥借我此本去钞了一个副本。我盼望这个残本将来能有影印流传的机会。
>
> 　　　　　胡适　　　　一九四八，十二，一[17]

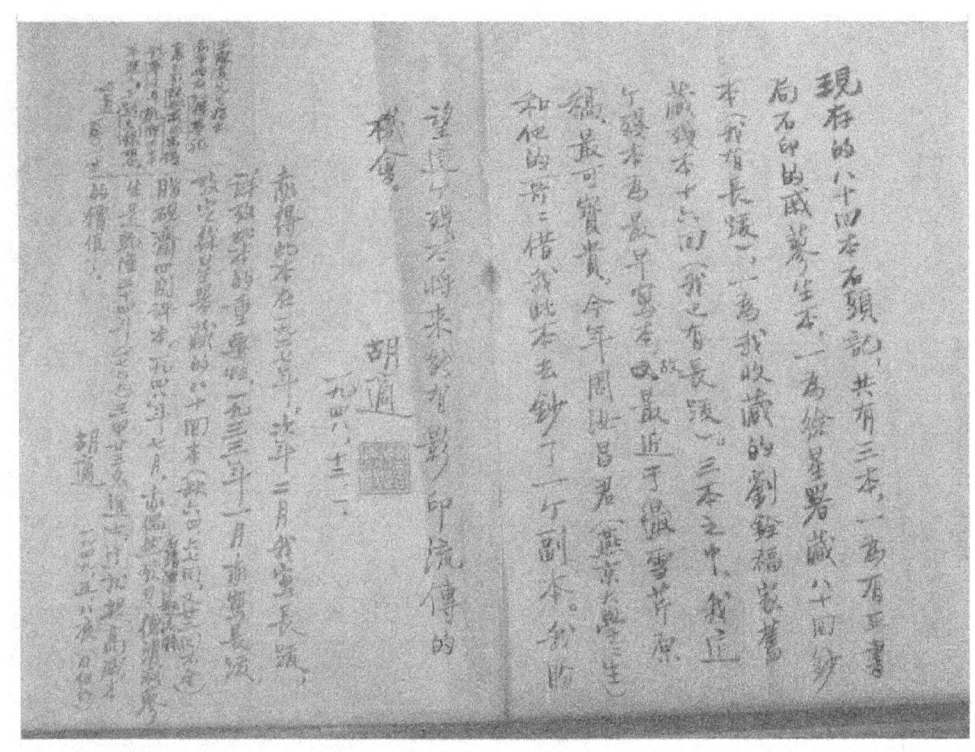

胡适 1948 年 12 月 1 日在甲戌本上的题记

在那样一个动荡的时刻,胡适没有忘记要将甲戌本"影印流传"。

大约与此同时,孙楷第知道分别在即,曾想把自藏的《枣窗闲笔》送给胡适。11 月 3 日,他已把《枣窗闲笔》借给邓之诚看。这时写信给胡适说:"倘先生此时收拾箱箧,即向之索回《闲笔》。"后胡适回忆说:"裕瑞的稿本是孙子书(楷第)送给我,我又还他的。"胡适看过此书,但没有接受馈赠,这就是君子不夺人之美吧。由此可见,应该是在解放后,孙楷第才将《枣窗闲笔》捐给了北京图书馆。[18]

历史的进程出人意料,也令人无奈。只隔了一天,北平就关了城门,不准出入了,周汝昌遂被困于客舍中,只能住下去。里巷百姓中,人心惶惶,交头接耳,打探消息,一会儿说"和了",一会儿又传"还是要打"!一日多变,前途未卜。

现在想来,不禁有些后怕。假如那一天同窗没有提议进城去借宿王家,假如周汝昌晚两天才想起还书之事,那周汝昌与胡适之间,就会先分隔于城墙内外,后阻断于大洋东西,那甲戌本还能物归原主,完璧归赵吗?想至此,不禁感叹历史情节的偶然与必然。

也是后来我们才知道，国民党政府高层要从北平孤城中"抢救"人才，派专机来接胡适等第一流学者。12月14日和15日，是决定命运的两天，事见胡适日记。

【1948年12月14日】早晨还没有出门，得陈雪屏忽从南京来电话，力劝我南行，即有飞机来接我南去，我说，并没有机来。十点到校，见雪屏电："顷经兄（蒋经国）又转达，务请师与师母即日登程，万勿迟疑，当有人来洽机，宜充分利用。"毅生（郑天挺）与枚荪（周炳琳）均劝我走。我指天说："看这样青天无片云，从今早到现在，没有一只飞机的声音，飞机已不能来了！"我十二点到家，又得电报，机仍无消息。到一点半始得剿总电话，要我三点钟到勤政殿聚齐。后来我们（有陈寅恪夫妇及二女）因路阻，不能到机场。[19]

这天中午，胡适派秘书邓广铭找到了避居城内亲戚家的清华大学教授陈寅恪，到东厂胡同会合。下午，胡适只有两个多小时整理行装，最后匆匆给北大同事汤用彤、郑天挺留了一个便条告别，表示"我虽在远，决不忘掉北大"。然后胡、陈两家同车赶到宣武门，城门紧闭，不得出行，胡适在紧急中

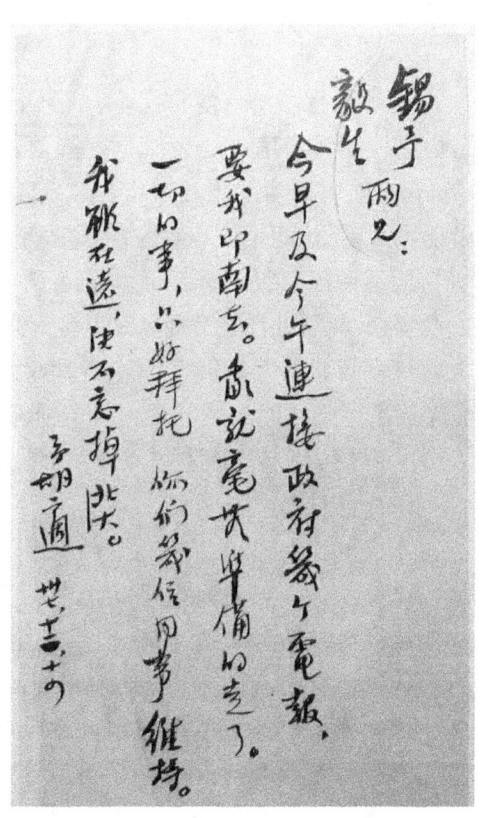

胡适留给北大同事汤用彤（锡予）、郑天挺（毅生）的告别便条

二 翻覆篇

胡适 1948 年 12 月 15 日日记

电话联系不上总司令傅作义，只得回返。实际上此刻南苑机场已经被解放军的炮火控制，南京来的飞机不得降落。第二天《申报》上有报道："下午三时后，有民航飞机两架飞临市空，盘旋良久，疑在市内东单练兵场试行降落未果，仍行飞回。"这两架应该就是接胡适等人的专机。

胡适回家后彻夜未眠，布置处理各种书籍，特别是与《水经注》有关的版本事宜，胡思杜协助作笔录。其间包括将孙楷第带回的那本《四松堂集》稿本，故意留赠给北京大学图书馆，目的是使周汝昌可以利用。[20] 后胡适以为它到了周汝昌手中，而周汝昌误以为是孙楷第没有送达。

【1948 年 12 月 15 日】昨晚十一点多钟，傅宜生将军自己打电话来，说总统有电话，要我南飞，飞机今早八点可到。我在电话上告诉他不能同他留守北平的歉意，他很能谅解。今天上午八点到勤政殿。但总部劝我们等待消息，直到下午两点才起程，三点多到南苑机场，有两机，分载二十五人。我们的飞机直飞南京，晚六点半到，有许多朋友来接。儿子思杜留在北平，没有同行。[21]

这一天，胡适之所以在中南海枯等了六个小时，是因为傅作义派部队强攻南苑机场，不惜代价临时夺回了控制权，南京的两架飞机才得以降落。同行的二十五人中，尚有北大、清华的教授毛子水、钱思亮、英千里、黄金鳌等。幼子胡思杜不愿同行，情急中父亲也来不及说服儿子，只能随他去了。

后来胡适在演讲《找书的快乐》中，这样追述：

> 十一年前我离开北平时，已经有一百箱的书，大约有一、二万册。离开北平以前的几小时，我曾经暗想着：我不是藏书家，但却是用书家。收集了这么多的书，舍弃了太可惜，带吧，因为坐飞机又带不了。结果只带了一些笔记，并且在那一、二万册书中，挑选了一部书，作为对一、二万册书的纪念，这一部书就是残本的《红楼梦》。四本只有十六回，这四本《红楼梦》可以说是世界上最老的抄本。收集了几十年的书，到末了只带了四本，等于当兵缴了械，我也变成一个没有棍子，没有猴子的变把戏的叫化子。[22]

另据其他材料，胡适只捡了他父亲遗稿的清抄本和他自己的部分著作手稿，书只带了一部刚刚归还的甲戌本《石头记》，还有一本《水经注》。[23]万里挑一，可见《红楼梦》对他有多么重要了。

从此后，胡适先生一去不复返，周汝昌则献身红楼一生不思归。师徒俩的距离不再是从海淀到东城，而是遥隔海天，到后来则阴阳两隔。

7 沧桑之变

1949年,中国经历了沧海桑田之变。这不是缓慢持久的地质演变,而是瞬间爆发的势能落差,就像是地震、海啸或火山喷发。每个人对这个变革都只能接受,无法抗拒。有人随波逐流,有人乘势而上,有人逃避远离,有人伤残葬身。每个人都是历史舞台上的演员,扮演着自己被随机分配的角色。不管你是大人物,还是小人物;不管你是达官显贵,还是市井平民;不管你是硕学鸿儒,还是一介书生。

胡适

胡适飞离北平,距当时的北大五十周年校庆日和他自己的生日,只差两天。

抵南京的第三天,即12月17日,在南京中央研究院出席了南京校友的北大校庆纪念会。胡适本来准备在北平主持五十周年校庆的讲稿,只能在这里含泪宣读。他在讲话中自称是一个"不名誉的逃兵","不能与多灾多难的学校同度艰危",他"痛苦失声,会场凄然断绝"。[24] 这一天正巧也是胡适的五十七岁生日,当晚蒋介石召见,为他祝寿并长谈。

1月8日,蒋再请胡适晚餐,席间劝他去美国"出去看看"。

1月17日晚在上海,胡适设宴招待弟子顾颉刚。这时候两人的关系,已经由亲转疏。政治观点上的差异固然有之,学术思想上也发生分歧,胡适已从疑古转为重建,而顾颉刚仍旧在疑古。据《顾颉刚日记》记载,老弟子借着酒劲劝老师借此摆脱国民党政府,不要再回南京,"免入是非之窝"。并谓:"当国民党盛时,未尝得与安乐,今当倒坏,乃欲与同患难,结果,国民党仍无救,而先生之令名隳矣。"半年多以前,顾颉刚曾当选为中央研究院第一届院士,所以此时他也有走的资格。但是他既然有这样的看法，当然就不会离开了。

1949年4月6日，胡适从上海搭威尔逊轮前往美国，顾颉刚送行，内心感伤不已："适之先生来沪两月，对我曾无一亲切之语，知见外矣。北大同学在彼面前破坏我者必多，宜有此结果也。此次赴美，莫卜归期，不知此后尚能相见，使彼改变其印象否。"[25]

4月21日船抵旧金山，胡适一下船就得知，一天多以前，北平和平谈判破裂，中国人民解放军已渡江。胡适此行本是当说客，寻求美国政府介入，和平解决国共内战问题。此时大局已定，说客只能处处碰壁了。胡适只好留在纽约做了寓公，一度生活清贫，要夫人下厨烧饭，自己洗碗擦桌。

陈寅恪与胡适同机抵达南京，一出机场两人就分手了。陈一家在南京只住了一夜，第二天匆匆赶往上海。经过一个月的休整，1月16日率全家乘船前往广州，投奔岭南大学任教。

12月21日，即胡、陈南飞的六天以后，又一架飞机降落在南京明故宫机场。这天，北平的南苑机场已不可用，飞机是从城内东单临时赶修的机场起飞的。从机上下来清华大学校长梅贻琦、教授杨武之（杨振宁的父亲）等五人，这是所谓被"抢救学人"的第二批，此后再没有第三批了。

那一天，胡适飞离北平之前，曾经急匆匆联系辅仁大学校长、历史学家陈垣，没有找到。其实老人已决意不走，故意躲避罢了。燕京大学校长陆志韦也坚定地留校不走，1948年春天，胡适曾去燕园登门劝说，两人不欢而散。

1949年5月11日，老朋友陈垣校长致胡适的公开信在《人民日报》上发表，后在香港报纸上转载。6月里，胡适在纽约先看到英文版，再读中文版，引起了考据的兴趣。他先因其中引用了自己的信，认为"此决非伪作的"；又疑半真半假，是在陈垣原稿的底子上"伪造其余部分"；最后断定百分之百是别人假造，因为陈垣"从来不写白话文"。胡适写了一篇答复的文章，在台北《自由中国》上发表，文中说："可怜我的老朋友陈垣先生，现在已没有不说话的自由了。"[26] 陈垣此信的产生过程到九十年代才公开，是在陈垣授意下，由其女弟子刘乃和执笔，经范文澜修改。

胡适走得如此匆忙，那他留在北平东厂一号那一大摊子，别后下场如何？

胡适的学生和助手邓广铭，就住在校长官邸的南面对门，他是送胡适和陈寅恪上路的见证人。邓广铭在四十多年以后，写下了这样的证词：

> 胡氏的藏书、手稿以及来往的书信等等，一律存放在东厂胡同一号后院的五大间书库内。到1948年底，当时北平和平解放的局势已定，但解放军尚未进城。北京大学派遣图书馆的管理人员郭松

年等人到东厂胡同一号把胡氏书库中所藏的一切手稿、文件、书籍等一律装箱，共装了102箱，全部运往松公府北大图书馆存放。[27]

邓广铭还说，这些木箱乃抗战前运往天津时的旧箱。整个过程他亲眼目睹，书库清理之干净，"连一张纸都没有留下"，甚至把邓广铭放在胡家的书也一并装箱运走了。这次整理、装箱和转移，是由胡思杜主持的，他写信向父亲汇报了这些情况。

周汝昌

北平的城墙抵挡不住炮火，却足够隔离人。周汝昌借宿于东四七条王宅，本打算两三天，却被困住出不了城，一连两个月（1948年11月底至1949年1月底）。与人家素不相识，占了东厢房，连住带吃，厨师和男女两仆人服侍着，怎能安心，如何是了？学校里还有课业，几时能归？天津家乡也属战区，安危如何？而与所有北平人都一样的提心吊胆，就不用说了。

周汝昌不知道恩师胡适何时飞离，也不知道陆校长决心不走。他还不知道，就在胡适飞离的同一天，12月15日，解放军全部占领海淀，包括燕园在内。第二天陆志韦召开全校教职员会议，宣布："我们已经解放了。"

就在这战和未卜、困居愁城之际，周汝昌却遇上了一件奇事，成为《红楼梦》版本史的一个重要关结。那天是1月19日，他正在东四七条四合院里，闲中细品自己的《石头记》甲戌录副本，忽然有仆人来报，有客拜访。他很惊奇，立刻出迎，见垂花门下走来一位身材不高的儒雅老者，身穿礼服呢水獭宽领大衣，似上层体面人士。于是恭迎进屋落座，方知来者是陶洙，字心如，是京城刊印古籍的世家，喜欢《红楼》，故来相会。

周汝昌当时颇觉意外，陶先生怎么会在这个时间点，找到这里来？这个地点连熟人都不知道，何况是素昧平生的他？后来推测，很可能是通过张伯驹先生转告。也没好意思问，两人立刻进入很具体的红学话题。

陶先生说，早年他在上海见过两幅曹雪芹画像，横竖各一。先在一蒋姓人家墙上见竖幅曹雪芹行乐图，几年后回访想再看，主人却否认曾有此画。恰好另一李君听见，说画在他家，待看到时却变成了横幅手卷，是另一幅了。画的形貌他记得很清楚，一边说一边随手用铅笔画出了草图——陶先生本人是画家，这几块小纸片，被周汝昌保留下来。此中变故，殊不可解。关于这画像，我们以后再细说。

之后或许是甲戌录副本就在桌上让陶先生看见了，或许是周汝昌主动提到出示于他（周汝昌两处回忆其说不一），反正陶洙对这个本子"如获至宝，不言不语,急翻一过,首尾不遗。"话题就转向了版本。陶洙说庚辰本仍在徐星署手中,未出售,但未必肯拿出来,他手里有一部照相本。后来更熟悉了才得知,陶先生自己手里还保存着另一部早期脂评抄本——己卯本。

近两个月以后,1949年3月11日,通过张伯驹的转交,陶、周两人交换借阅了甲戌录副本和庚辰照相本,脂评三本,因此而聚齐。此时甲戌原本早已随胡适远离北平,与陶洙无缘。

又是六十二年以后,梅节指责周汝昌曾背着胡适,擅自把甲戌原本转借给陶洙,陶洙还在甲戌本上涂写文字,留下"雪鸿之迹"。[28] 笔者认为此说不实,陶洙始终不曾见过甲戌原本,他只是借阅了周汝昌的录副本。而周汝昌在晚年叙述他与陶洙和甲戌本的关系时,确实前后矛盾,漏洞明显,致启人疑窦。我宁愿相信,是因为年老目盲的记忆失误吧。

陶洙在己卯本上的附条题记。其中云:"甲戌残本……胡适之君藏,周汝昌君钞有副本,曾假互校。"其结尾署年"己丑(1949)人日",周汝昌认为是"庚寅(1950)人日"之误。

那时北平已经和平解放，换了主人。北平变成了北京，天安门升起了五星红旗，燕京大学里，也要开设政治课，教授马列主义了。但是周汝昌对此巨变，似乎并无感觉，或故意避谈。在他的几部回忆录《红楼无限情》、《北斗京华》和《周汝昌与胡适》中，未着一字，难见风流。

他记下的是：七八月放暑假，他带着庚辰照相本回乡，给三兄四兄带去惊喜。暑假里，他将去年被胡先生"枪毙"的那篇长文重加改写，题为《真本石头记之脂砚斋评》，四兄帮他在1949年9月5日抄毕。他返回燕园，第一件事就是将此稿送交到贝公楼上，投稿于哈佛燕京学社的《燕京学报》编辑部。审阅通过后，让他写一个英文提要，12月见到了刊发的学报。

在周汝昌发表的这第一篇学术论文里（如果不算报纸上发过的短文），他已经亮出了自己"绝对写实自传说"的旗帜：

> 《石头记》如果不是百分之百的实写，那只是文学上手法技术的问题，而绝不是材料和立意上的虚伪。譬如大荒山下的顽石，宝玉梦中的警幻，秦钟临死时的鬼卒……等等，我虽至愚，也还不至于连这个真当作历史看。但除了这一类之外，我觉得若说曹雪芹的小说虽非流水账式的日记年表，却是精裁细剪的生活实录，这话并无语病。[29]

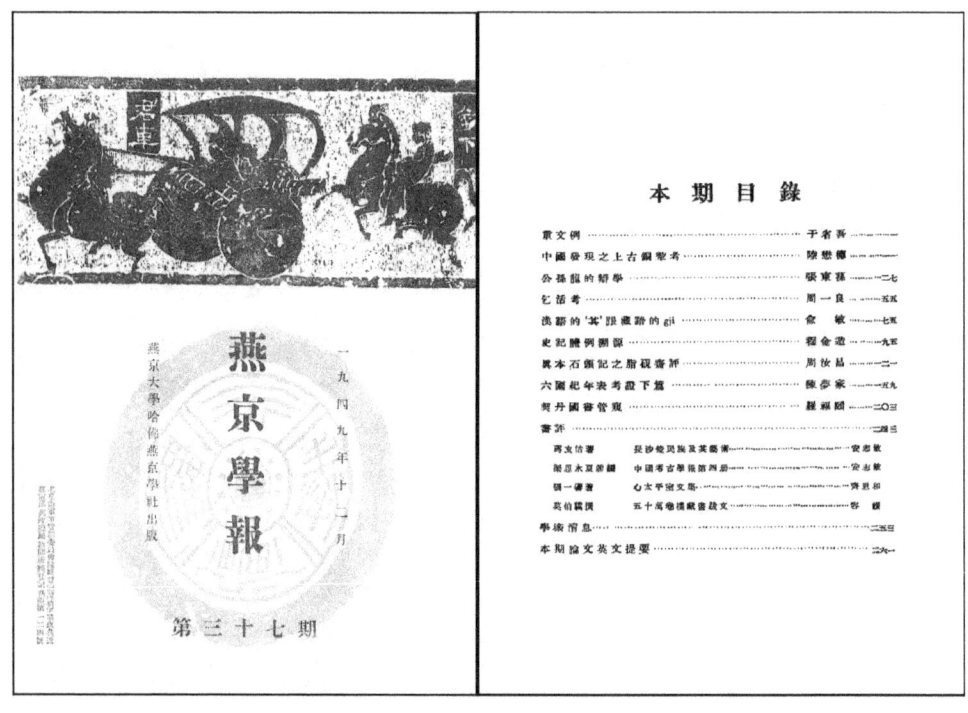

《燕京学报》第37期封面和目录

原燕京大学图书馆（现北京大学档案馆）。　王春茜 摄

　　此文先论证脂砚斋和畸笏叟是一个人，他不是雪芹之叔，而是女性，进而指认为史湘云，脂砚斋就是曹雪芹之妻。这就是他所谓"悟性"的考证。比如脂批"能解者方有心酸之泪，哭成此书。壬午除夕，书未成，芹为泪尽而逝。余尝哭芹，泪亦待尽。"如此深情伤逝，单称一个"芹"字，岂不是"至近最亲"，"还不是个妻子与丈夫的关系又是什么？"

　　当政权在改变归属，社会在改变性质，周汝昌凝神思考的，却是为脂砚斋改变性别。

　　这几个月他是怎么过的？为了准备毕业论文，图书馆提供一个专用的小玻璃柜，可存放书籍。于是"公私兼顾"，每天晚上两个小时，他钻到图书馆西北角楼下，对校庚辰本和戚本，把异文过录到跟胡先生借来的大字戚序本上。

　　从抄录甲戌副本，到在甲戌原本上题记，再到把戚序本当成自己的工作本——在半年时间里，周汝昌的胆子越来越大。他把胡适的戚序大字本当自己的用了，就没打算再还。还记得他在求借书时说过："汝昌爱人书如己书"（1948年6月4日致胡适信）。

　　他就这样沉醉于《红楼梦》乡。窗外，历史正在轰然转轨，周汝昌悄然不觉。

二　翻覆篇

庚辰本

读《真本石头记之脂砚斋评》，周汝昌开头便说："己丑之春，庚辰本石头记归燕大图书馆，深庆秘籍之得所。余于是书尝事检索，爰为草此，用以代跋。"这对周汝昌来说，真是特大喜讯。尽管他不一定马上看到了真本，他依据的是陶洙的照相本。

将近三年以前，邓之诚曾经在徐星署后人家看到过庚辰本。事见他1946年6月21日的日记：

> 午偕献方往大乘巷四号徐丽春处看古董字画，其祖颂阁，其父仁曙，两代收藏以《宋拓淳化阁帖》、《绍兴半帖》为甲观。铜板《唐文类》亦难得，残本《左氏传》一册，活字本《博异志》一册，亦宋本也。分类《夷坚志》残册，似是明刻。别有《红楼梦》钞本八册，云是脂研斋原本，有胡适跋语，又为考一篇，则非吾所知矣。此外字画、砚、梓檀器具甚多。告以不可轻于出手，肆人鬼蜮不可测也。[30]

还是因为邓先生厌恶胡适，故"非吾所知矣"，他对庚辰本并无兴趣。

按照周汝昌的女儿周伦玲记述，两年之后，就在周汝昌与胡适通信往还之际，庚辰本也曾经与他本人失之交臂。

1948年9月暑假结束后，周汝昌携甲戌本及录副本返回燕大，几天后即逢中秋佳节，周汝昌的好友、老同窗孙正刚召集晚饭。席间，有一吴君提起周汝昌发表在天津《民国日报》上的《曹雪芹生卒年之新推定》，颇为称道，以为作者是燕大教授，见面方知仍是学生，不免大噱。吴君提到前时有一稿本《红楼梦》正向张伯驹兜售，据此本之批可以知道曹雪芹身世。胡适就劝张伯驹收之，并说："你买了，我给你作篇跋！"张伯驹说："我花钱，他作跋！"（笔者插话：其实胡跋应该是使书增值的吧？）众人听罢呵呵一笑。吴君又说："此本去年索价一亿，约合一百美金，今不知若干。"他知道周汝昌对《红楼梦》兴趣正浓，就说："你如买，我可去找他商量。"

周汝昌心想，此本一定就是徐家的庚辰本。他确实一直在密切关注此本的去向，就在暑假期间，7月25日的信里，他还在敦促胡适应该设法买下来，"此本亦归先生，不亦正应该吗！"胡适回信说："吴晓铃先生说，徐藏八十回本，听说索价奇高！我们此时不可太捧此本了。"

既然如此，非庚辰本何？周汝昌虽然大喜过望，但又从哪里能变出这笔巨款？无论如何，他还是立刻把这个消息写信通报给在咸水沽老家的四哥周祜昌。他分析了兄弟俩家中的"经济老底"：四哥凭借在浙江兴业银行的工作，拥有

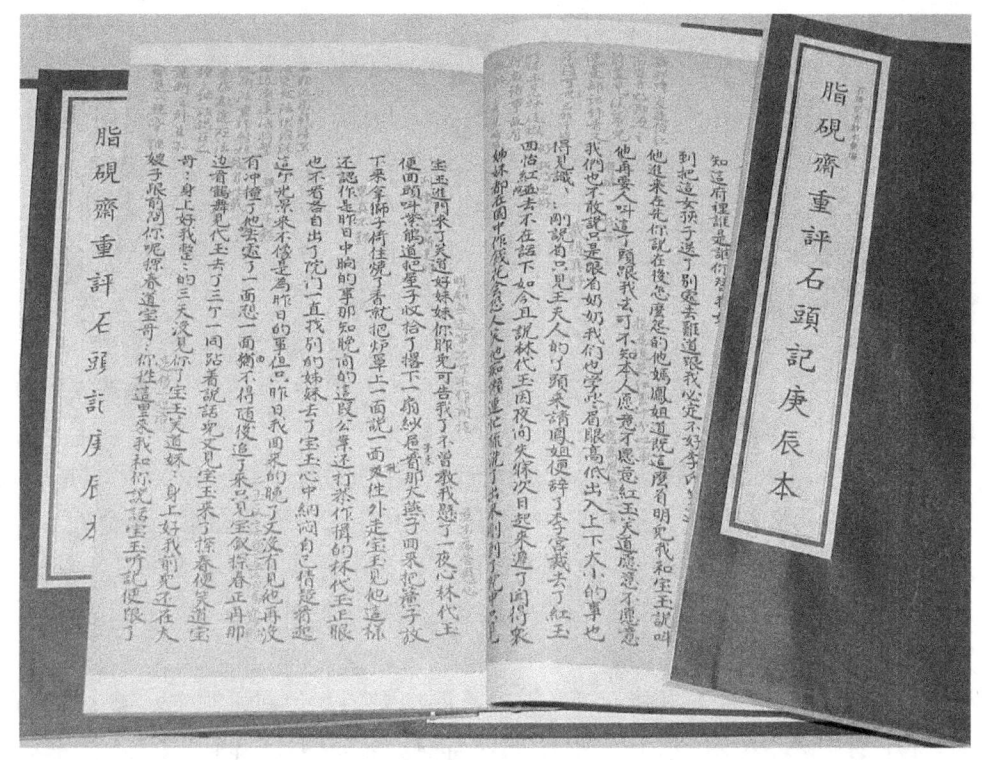

庚辰本影印本书页

一辆英国自行车和一架德国照相机；而自己呢，妻子手中只剩一枚从娘家带来的四钱重的金戒，且明言不舍得再变卖而留作唯一体己……再就是还有一箱破字帖。周汝昌心里明白，一个靠助学金的大三穷学生，纵使忍痛把这些都变卖出去，也够不上买书的一个零头，而此本一失却永无再得之望了。

现实与梦想，就是这样无情地碰撞。周汝昌并不死心，自己不能买，希望朋友能买。就给大收藏家张伯驹写去一信，恳请拜托关注徐本下落。

11月，周汝昌收到张伯驹的复函，略谓："红楼梦稿本闻在徐家，前由宝古斋持来以议价，未妥，又复持去，现仍托其寻找中，如仍在徐氏家则可能收得，容再催促。能否取来，再当奉告。"[31]

从那以后，北平经历了历史的大转折。怎么江山刚易手，此书也同时易手了？怎么胡适前脚刚走，后脚庚辰本就归燕京大学了？这戏剧性变化是怎么实现的？

话说西琉璃厂有间小书铺，叫多文阁藏书处，主人名魏广洲，河北冀州人，时年三十八岁。他十四岁入行在松筠阁学徒，巧的是1922年胡适得《四松堂集》付刻底本，即是由松筠阁送来。魏广洲1937年自立门户，在万源夹道十四号开业，实际上没有门面和伙计，雅号"包袱斋"，即一个人把书或古玩包在包袱中,跑路寻找买主或卖主,特别讲究眼力和信息。魏广洲以书为媒,广交朋友,在助人的前提下利己谋生。他从二十六岁起一个人干了二十年,积累了丰富的经验,经手过很多好书。那时的专家学者藏书家,与他们有互不可分的密切关系。

北平解放后不久,据笔者推测应该是1949年3月22日左右(理由详后),朋友萧福恒找到他说,清末名臣徐郙家藏有一部手写本《红楼梦》八册,徐的后人想出手,问能否收购此书。魏说要看是什么样的《红楼梦》,全不全。

本书前篇已经讲过,庚辰本是徐郙之子徐星署1932年在隆福寺书摊偶然买到,而非家传继承而来。此处书商不提星署之名而径称其父,应该是因为徐郙官高声显,其后人或书商要借重大名而昂其值罢了。后其他人的误记,亦从书商的说法而来。

于是魏、萧二人一同乘人力车去到徐家(在西城大乘巷一号)。主人是一位老太太,把《红楼梦》八册和另一本胡适写的题跋,一起摆在桌上给他们看。她说家里的藏书已全部卖掉,只剩下这部《红楼梦》了,傅增湘给过三百块现大洋(银元),没卖给他,这次是因给女儿看病需要钱,想卖黄金四两(付款时可按金价折合流通纸币)。

魏广洲匆匆将八本书翻阅了一遍,看明白是前八十回手写本,每十回一册,第七册中缺六十四、六十七两回,每本都有"脂砚斋凡四阅评过"的题字,后四本题有"庚辰秋月定本",确是旧物。胡适手书题跋十一页,另订成一本,年月为"民国二十二年一月二十七日。"魏当即和徐老太太商量,可否先拿一本,去和清华、北大(沙滩红楼)两校图书馆联系,成与不成很快就给答复。徐老太太同意了,说最好别超过一星期,不行就送回来。他们二人答应下来,把书带好告辞,要赶快跑买家。

其实,徐家本来间接认识胡适,所以才有十六年前的借阅和题跋。主人徐星署于1938年过世后,胡适曾经听说,庚辰本归了王克敏,看来是误传。抗战时期此书曾放在天津周叔弢、周绍良先生家里一年,后仍归徐家。事实上,以前常为胡适找书送书者,正是魏广洲,胡藏明刻本《水经注》四十卷等书,就是魏广洲帮助购得。

如前文所述,徐家早已通过其他途径寻找买主。邓之诚不感兴趣,还"告以不可轻于出手";胡适曾经过问,但无意购买;张伯驹收藏书画,主业不在藏书;周汝昌是穷学生,绝无可能。那老太太应该是未亡人徐夫人。盛世收古董,乱世藏黄金。现在拿出宝书来卖,家里需钱是一方面,应该还有深层原因——已知胡适一去难返,失去了最识货的买主,古籍价格前途看跌,趁着和平解放局势初定,赶紧另寻买家吧!

魏回家把书包好,骑上自行车,飞奔北大图书馆馆长向达先生家(时住东四十条），后又到清华大学图书馆馆长潘光旦先生家（时住清华大学南院）。不料向、潘两位先生异口同声，都说学校暂不能买此书——想想那是什么年月？时局未稳，前途不定，学校也缺钱呀！

原设想的两处都落空了，只得另投门路。接着又考虑几位收藏戏曲、小说的专家，先后找到杜颖陶（时住和平门内旧帘子胡同）、傅惜华（时住东四北汪家胡同）、吴晓铃（时住宣武门外校场头条）诸先生家。前两位先生都说没有现成的四两黄金买书，嫌要价太高。吴晓铃先生则说，要留下看看，约第二天再谈。

吴先生当年三十五岁，他自己收藏有一部四十回的旧抄本《红楼梦》。他1937年从北大毕业时，已成为旧书店和"跑宅门"者的熟客。1938年旧历元旦厂甸期间，他在琉璃厂一家书店里，恰逢该店刚以八十元买到二百多种书，正在搬运。吴先生得到特许即刻翻阅，从中淘到了这个宝贝，只花了四十元。他估计如果待正常定价后再买，就要二三百元了。此书前有乾隆五十四年舒元炜序，简称舒序本。它在程甲印本之前两年，已透露了全书应为百二十回。

次日上午吴先生对魏广洲说："郑振铎先生从上海到北京了，住在东交民巷六国饭店。昨晚已把这书带给郑先生，留在他那里，你和郑先生认识，可直接去和他谈。"郑先生自己也藏有一部《红楼梦》抄本，仅存两回，便称为郑藏本。

魏广洲骑车直奔六国饭店，经服务员转达，很快郑振铎先生从楼上稳步下来，拉着魏的手，很亲热地谈话，问书的情况。郑先生说燕京大学可以买这部书，当即写了介绍信，让去燕大找陆志韦校长。魏把书带回家，向萧通报了，萧自去徐家说明进展情况不提。

第二天早晨，魏广洲就骑车奔海淀，带书去燕大找陆校长。在贝公楼扑空后，再去燕东园家中。陆先生看过介绍信后，叫魏去找历史系教授聂崇岐。魏也认识聂先生，就赶到成府蒋家胡同聂家。聂先生听罢介绍说，燕大从1946至1948年买了不少书，按规定每周一次办理购书，由齐思和、孙楷第和聂等四人共同看书议价。这部书需请小说专家孙楷第先生过目后才能决定，需要等一个星期。

因为跟书主老太太有一周之约，魏广洲不敢做主，当即返回城里找萧请求延期，萧去徐家征得老太太同意。次日魏又去燕大回话，方把书留下了。

一周后，魏再访聂先生。聂说，此书孙楷第先生看过，可以要，但价钱只能给七十美元，折合黄金二两。原来教授砍价，也是见面儿杀一半儿啊！在此我们应该给拍板购书的孙楷第先生记一功，他在我们的书中还将出现。以前邓之诚先生也曾负责为学校购书，若换了他，结果必"非吾所知矣"。

魏广洲得到这个准信，赶紧回城，到家太阳已经落了。当晚找萧说明燕大所还价格，萧立即去徐家商量。过了一夜，萧带着一包书来告：徐家卖了，将这七本也叫拿来了。次日清晨天刚亮，魏广洲即携书再赴燕大聂先生处，聂先生立刻到学校办理手续，让魏把书送到图书馆交某人收讫，然后写一收条，领款折合法币五万元整。事成这天，魏广洲记为1949年5月5日，据笔者考证应该是4月5日。[32]

魏广洲得胜回城，把款交萧转送徐家。当天下午，萧再来告，徐家送魏、萧每人一袋面粉钱，作为酬报。魏说总算办成了没有白跑，就挺好。作为中介，实际上萧是卖方代理，魏是买方代理。[33]

当年北大没有买，但是三年后，燕大撤销，北大入主，此书自动归属于北大。1956年公私合营，魏广洲进了中国书店。1978年，六十七岁的魏广洲有机会在北大图书馆又见到这部书，已焕然改观，书页装裱为"金镶玉"，订成十二巨册，外加函套，妥慎保藏。魏广洲从北京市文物管理局退休后，活到九十五岁，2006年去世。

庚辰本的下落看似偶然，其实内含必然。这转手过程虽是大时代中的小

老年魏广洲

插曲，却也映现着世故人情。

俞平伯

胡适离开北平之前，没有再面见周汝昌，但是他接待了另一位红学老朋友。据《俞平伯年谱》记载：

> 12月14日晨，访胡适。次日，胡适等即乘专机南飞。[34]

俞平伯应该知道老师和校长即将远走，赶来见最后一面。没有人知道两人谈了什么。此后几十年，这应该是俞平伯讳莫如深的秘密。

这一年，俞平伯虚龄五十岁，已经被视为老先生，尽管如今看来是正当年。

看似从来不问政治的俞平伯，其实与中国共产党人早有接触。1923年《红楼梦辨》出版的当年，他便去有中国共产党背景的上海大学任教，与邓中夏、瞿秋白有密切接触。7月暑假期间，家住杭州城头巷三号的俞平伯，接待了瞿秋白，一起去探望在西湖边烟霞洞养病的胡适。

1924年2月，俞平伯辞去了上海大学的教职，专事写作。同年里，他移居北京，赴燕京大学任教，1928年再转清华大学，1929年兼任课于北京大学，以后一直是纯粹的教授和文化人。

1937年"七七事变"发生时，北大、清华两校南迁，俞平伯因为有高龄父母在堂，不能抛开老君堂的家。但是他又不愿意随在老师周作人身边，在伪北京大学做亡国奴，便辞去北大教职，到工资较少的私立中国大学任教。傅斯年称此为"苦苦守节"。但是两个女儿正当十八九岁的妙龄，怎敢留在沦陷区？为防不测，便托付给好友朱自清带去南方，上了西南联合大学。

1946年，俞平伯复任北京大学教授，经许德珩介绍加入九三学社。1947到1948两年内，至少七次参与教授和民主人士的声明签名，抗议当局，呼吁人权和民主。1949年1月26日，俞平伯与北平文化界、教育界三十余位民主人士联名，发表对实现全面和平的书面意见，一致拥护中国共产党毛泽东主席于14日提出的和平解放北平八项条件。

北平和平解放以后，俞平伯积极参与社会活动，显得异常活跃。他频繁会见中共代表、进步教授、文坛领袖、左翼作家和解放区来的文化人，出席各种会议，参与筹备7月召开的全国文艺工作者代表大会，任主席团成员。当选为全国文联委员，全国文学工作者协会（即作协）常务委员。

应该特别提到他与《人民日报》的关系。1949年5月3日，《人民日报》记者柏生登门访问了俞平伯，谈纪念"五四"三十周年。三十年前，俞平伯是开创白话诗和白话文的先驱人物之一，具有代表性。第二天即5月4日，他的文章《回顾与前瞻》就发表在《人民日报》上。据我作为报人的理解，能够如此快速地隔夜见报，这篇署名文章，应该是由记者根据谈话记录整理成文的。

7月1日傍晚，在先农坛体育场召开纪念中国共产党成立二十八周年大会，这是当时北平最大的群众会场。俞平伯作为普通群众，坐在露天看台上，聆听了朱德总司令致辞和毛泽东主席讲话，然后观看文艺节目。会议中途，风雨大作，且遇停电，全场一片漆黑，但秩序丝毫不乱，至凌晨二时方散会。俞平伯与上万名群众坐在一起，坚持不动，全程参与。这一亲身经历使他心情激动，于6日作了一首六十多行的新诗《七月一日红旗的雨》，7月11日在《人民日报》发表。诗中写道：

> 都来听听这二十八年奋斗史吧！
> 可歌可泣。
> 怎么样从艰危里锻炼出坚贞，
> 怎么样从苦难里孕育着光明，
> 我们不久将亲眼看到，
> 这中华人民新国的诞生。
> ……
> 我深深体认到群众的庄严的秩序
> 和那高度的觉醒。
> 虽是沉默呵！
> 比呼喊还要响哩。
> 确信"大时代"真快到了，
> 迈开了第一步的万里长征。

1950年1月1日，俞平伯填词《浪淘沙令》，1月16日发表于《人民日报》。词云：

> 开国古幽燕，佳景空前。红灯绛帜影翩跹，亿兆人民同仰看，圆月新年。　　回首井冈山，革命艰难。海东残寇尚冥顽。大陆春生欧亚共，晴雪新年。[35]

如果不看到这些原文，我们很难想象，被称为"这一类资产阶级知识分子"代表人的俞平伯，在江山鼎革之际，当很多像他一样级别的高级知识分子还在观望游移时，是怎样毫不含糊、满腔热情地愿意报效执政党和"人民新国"。此外还应该注意到，俞平伯成为《人民日报》的座上嘉宾或版上常客的时间，比后来的两个"小人物"早了五年。

除了以上这些场面上的公开活动，其实俞平伯家里另有一本难念的经。这是因为大女儿俞成带着一儿一女，回北平来省亲，来了就走不了了。

俞成在西南联大读的是英语专业。1943年的一天晚上，她在昆明英国新闻处举办的舞会上，结识了葡萄牙籍记者约瑟夫。不久，两人在昆明结婚。虽说是女大当嫁，却让俞平伯忧喜参半。他写下《大女于归》诗："人言此事何须诧，愧我痴愚却损眠。蛮语参军应不恶，只愁冰玉两茫然。"抗战结束后，俞成先后生下一儿一女，而约瑟夫的工作调到了香港。1948年底，俞成带着两岁的儿子韦奈和一岁的女儿韦梅，从广州到北平，看望父母和爷爷奶奶。她的原计划是短暂停留后，就赴香港与丈夫会合。不想这省亲时机选得太不合适，正遇上北平围城，像周汝昌一样被困住出不去。更悲哀的是，待北平和平解放，连忙去买船票，却因为海上封锁，再也没有去香港的船了。于是俞成和两个孩子，只能滞留在北平父母家中，前途未卜。这就是俞平伯一家人的愁事。

如此过了一两年，俞成这边望眼欲穿，夫君那边已经见异思迁了。约瑟夫想在香港另组家庭，来信提出离婚。俞成这时看懂了政治形势，知道不可能带孩子去香港团聚了，只好忍痛同意离婚。[36]

此后，俞成与韦奈一直与老人一起生活，直到养老送终，这就是后话了。

李希凡

现在该轮到"小人物"出场了，让我们把地理坐标移向山东青岛。

青岛合江路山东大学教授公舍，屋宇依山而建，道路上下起伏。1948年12月初，正当北平城里的周汝昌在东四七条困居客舍的同一时刻，哲学教授赵纪彬把一叠手抄文件的纸交给内弟李希凡，让他去散发。瘦瘦高高的青年李希凡悄悄走到中文系诸教授门前，看四周无人，把纸塞进门缝一张，再去另一家。当时他并不知道这些文件的内容是什么，很久以后才得知，是陆侃如、冯沅君、杨向奎、赵纪彬等教授成立了秘密小组，反对南京教育部要把山东大学迁往台湾的命令，他们要串联更多教职员，发动护厂拥校运动。他们以货币贬值、物价日涨为理由，把教育部发来的迁台巨款买成纱布囤积，冻结了经费，便无法迁移。中纺公司的副经理王兴元是中共地下党员，这事当然一拍即合。

那时，李希凡担任赵家的采购员并代领工资。每月一拿到工资发的金圆券，必须立即跑去中山路旁的货币黑市，买成银元。都是换八块"袁大头"，但是在几个月里，兑换价从几千变成了几十万。他亲身体验了经济崩溃，那统治还能维持多久呢？那一年，他二十一岁。

李希凡1927年生于北京东郊四十里的通县新城东南角的武定庵胡同，原名李锡范。父亲有旧学渊源，又自学英文，是小知识分子，但三十六岁就辞职回家，断了经济来源。按鲁迅的说法，叫"从小康陷入困顿"。李锡范十三岁就在北平王府井的华宝西服店做过学徒，小学毕业后，家里没钱，在潞河中学蹭听了一个月即辍学，又进白纸坊印钞厂当童工。1944年，他随二姐去石家庄教育馆（即图书馆）帮工，有了读书自学的环境，结识了一批文化青年朋友。这时，因名字"锡范"总被朋友开玩笑，便接受建议改成了希凡。

1946年他回到通县，1947年7月去青岛投奔大姐和姐夫赵纪彬。那时陆路已经不通，只能到天津乘海船。他在大海上颠簸了三昼夜，露宿甲板，吐尽再吃，雨湿衣被，可尝到了大海的威风。

李希凡住进赵纪彬家，任务是给姐夫做助手，记录口述著作，抄写文稿，并照顾两个年幼的外甥。姐夫是中国哲学史教授，又是资深革命者，马克思主义理论专家，李希凡跟他朝夕相处了两年，口传心授，不光是提高了文化水平，还打下了信仰马克思主义的思想基础。既然是教授家属，就可以免费去旁听大学课程，与多家教授往来。除了看赵教授的藏书，他还有机会去山大和中纺公司两家图书馆看书，得到图书管理员的特殊照顾。

与周汝昌在燕京图书馆苦研《红楼梦》或清史或英文典籍同时，李希凡在青岛看的书，却是《鲁迅全集》、《毁灭》、《青年近卫军》之类，甚至去借马克思的《资本论》。以致图书管理员小姐都劝阻他，须防着人看到，训导处经常来查借书条的。有地下党员特意找他谈话，说来日方长，先不要借这些书，以免引起坏人注意，并牵连他姐夫。

6月1日夜，驻青岛的国民党守军从海上逃逸。6月2日中午，李希凡看到从合江路的山下，列队走来一排解放军战士。他们身穿土黄色军装，背着日式"三八大盖"。教授公舍里大人孩子站满晒台和门口，看着他们走过。

两个月前，赵纪彬因为上了国民党的黑名单，撤退去胶东解放区暂避一时。他在这天晚上回来了，已是军管会文教部成员（这经历很像清华的吴晗）。李希凡觉得，他应该走出这个家，走自己的道路了。

青岛一解放，各路单位都来招兵买马，参军参干，在鱼山路小市场竖起招生木牌，或山东或胶东，都打出大学名号。李希凡徘徊观察了几天，看中了胶东军政大学招生处，与"试官"谈了一会儿，互相觉得投缘，就算录取了，让他明天就跟着去烟台。人家明说了，其实就是干部培训班，不久就要分配工作或随军南下，别老想着读书了。

回家一说，大姐和姐夫都不同意。李希凡撂下一句："我得参加革命，不能再待在家里了。"大姐说："反正你明天不能跟那人走。"他们找了军管会文教部长王哲,这位领导已知道李希凡,认为要上干部培训学校也得找个正规的,与其去胶东,不如去济南华东大学,于是就写了介绍信。李希凡当然很高兴,胶东、山东、华东,这可是提高了两个等级啊!

6月中下旬之交,华东大学的陆军主任接收李希凡入伍,约好第二天下午两点,在青岛火车站入口处聚齐,与七八个同学一起登车。这时的胶济铁路刚刚恢复通车,一路上临时停车十几次,用了一天半才开到济南。深夜里,他们扛着行李走到齐鲁大学——该校此时已被华东大学"占领"了。后经过考试,李希凡被分配在社会科学院四部十五班。[37]

蓝翎

所谓部,是按时间先后排序,犹如黄埔第几期。三部是5月入的学,其十一班有个同学叫杨建中,比李希凡更了解这所学校的底细。

这所学校原是中共中央山东局于解放战争期间在沂蒙山区创办的干部学校,1947年潍县解放后进城,不久又迁到济南,属中共中央山东分局(后改为山东省委)领导。一二两部几个班的学员,绝大部分都在老师的带领下,于四五月间渡长江南下,参加开辟新区的工作。那一年的形势变化太快,没想到一二部与三四部的前景截然不同。

杨建中生于1931年,这时候刚满十八岁,年龄小个子也比较小。他原籍在鲁西南单县杨集,是偏僻而贫穷落后的农村,乡人早有闯关东的传统。他从小就跟着大人泥里爬,土里滚。父亲是小学教师,资历只能教初小,却要服从调派去不同村庄。小杨虽可以跟班读书,小学却换了五个地方才读完。日本鬼子、中央军和土匪轮流袭扰,老百姓闻风就得"跑反",学业也只能断断续续。抗战期间,山东省政府流亡到了安徽,在皖北阜阳地区建了几所流亡学校,专招收山东沦陷区的学生。要想不上汉奸办的学校,那里是唯一出路。1945年春节后,小杨与同学结伴,步行八天,远走阜阳上了中学。偏僻的地方解放得早,1949年5月,小杨刚读到高一,就凭着一股热情,考进了华东大学。这就算参加革命工作了,享受供给制待遇。

1951年开始写文章发表时,他给自己起了个笔名——蓝翎。

> 我最初用这个笔名时想到的只是鸽子毛,后来读清史方知道"蓝翎"有二解,一是清朝皇帝身边最低等的侍卫称蓝翎,一是清朝七品官(县太爷一级)的顶戴是蓝翎。"实在不好意思哩!"……后来想改也难了,身不由己也,将错就错吧,一直用到现在。[38]

在这篇《龙卷风》序中,他回忆了1937年他七岁时,遇上北方大地震,"天旋地转，墙倒屋塌。幸喜正睡于院中树下，免遭埋于瓦砾之中。命大耶？我不知道。"1939年夏天，又遇龙卷风，"忽见西南方黑云冲天直冒，像大火灾的滚滚浓烟。"众人失魂落魄跑回家，"已天昏地暗，屋里对面看不见人。风声如天崩地裂，房屋振摇，吓得我浑身发抖！风头刚过，大雨如翻江倒海。……可惜一季小麦全刮得不知去向，又是墙倒屋塌。"

我幼年既遇大地震，又逢龙卷风，在幼小的心灵上留下了强烈的恐惧感。

这是某种预兆吗？

冯其庸

再把地理坐标移向江南，定位太湖边的无锡。

也是在周汝昌困居北平东四七条的同时，1948年12月，二十四岁的冯其庸从无锡国学专门学校毕业了。

他生于1924年，老家在无锡北乡前洲镇冯巷村，村名与穷巷音近。他家在父亲手中败落为贫困农民，从八九岁就开始下地干活，会做所有农活。九岁上学，为每年两块银元的学费发愁。1937年淞沪会战，无锡被日寇占领，小冯在小学五年级失学。他家有两位亲属遭日军残杀，自己也在草垛和禾田中两次躲过刺刀下的搜捕。1943年初中毕业，他进无锡工业专科学校（中专）学染织，因为既缺钱又缺兴趣，仅一年就弃学回家。1945年抗战胜利，他入苏州美专学画（时迁无锡），三个月后，又因学校迁回苏州而离校。1946年春，考入无锡国学专门学校（大专）学文史，这一次终于对上了他的专长，能读到两年半以后的毕业。这三个"专科"，竟是三个完全不同的方向——这就是冯其庸的全部学历。

他的原名是冯奇雄，初中语文老师嫌其太露，给改成了音近的"其庸"。李希凡的名字也是从"锡范"改得，二者放在一起看，有异曲同工之妙。

冯其庸从小聪明颖异，擅长诗文，初中时就在报纸上发表。他又兴趣广泛，在学校以外结交学诗学画的良师。在他身上，是诗文和书画两方面的结合，又是新潮思想与传统国学的结合，或者说是政治与学术的结合。在无锡国专，他一面如饥似渴地向名师王蘧常、童书业等学习文史，一面又积极领头参与学生运动，接近中共地下党员。以致一位教文学史的老师王子畏，铁杆的国民党右派，先在课堂上称赞冯其庸的文章"书记翩翩"，后在校务会上主张开除这"害群之马"。因为他的成绩出众，才只是记过，没有开除。

在无锡国专有一个同学吴文治，仅一年便退学转投苏州东吴大学。其理由是无锡国专毕业后没有学位,而东吴大学毕业后可以戴学士帽。那时不会想到,几年以后两人重逢,吴同学会对冯其庸的人生产生重大影响。

1948年底从无锡国专毕业的冯其庸,已经与中共地下党建立了关系。前洲镇树德小学的校长也是地下党员,请他去任教。1949年初,忽有一人到校来访,一身棉袄,里面藏着短枪。来人自称王鹏,是江阴县的武工队长。尽管学校隔壁就是国民党的征粮大队,门口架着两挺机枪,他却如入无人之境。冯其庸谨慎,带他走出半里地,回家中说话。王鹏动员冯去江阴武工队打游击,冯说我不能去,前洲也有地下党,我已经跟孙校长接上头了,我还是在学校里做组织安排的适合的工作,打仗的事非我所长。王鹏也没有勉强,悄然离去。

才干了一个多月,突有胶南中学一地下党员暴露了身份,为躲避逮捕连夜逃走了。那中学校长也是进步人士,认为冯刚毕业,去接任教师最合适,冯就转到了胶南中学。那时上课,经常有特务混入监听,而学生们却都倾向于进步,一见有陌生人在场,就给老师递暗号,提醒讲课注意。这是三四月间的事。

胶南中学就在锡(无锡)澄(江阴)公路边上,4月21日,眼见大批国民党部队从南向北开,去江阴增援长江防线。第二天下午掉过来了,大队人马自北向南,从江阴向无锡撤退。冯其庸心知这是解放军渡江了。他带领学生,准备了几桶茶水,隐伏在路边的桑树林中。天将黑时,解放军过来了,他们

冯其庸军装照,1949年。

把茶水抬到公路边，让战士们解渴，大部队一直前行。

　　4月23日的清晨，无锡已经解放，实际上并没有大战。上午，冯其庸陪同几位问路的解放军一起进城，后来才知道其中的一位是副市长包厚昌。冯其庸进城找到了组织关系，与军管会文教部陶白同志热情握手相认。陶白动员他马上参军，准备解放大西南，让他回去辞职。冯其庸非常愿意，马上报名参军。回到中学，校长也很支持，还多发他两个月工资，让他在部队安心。他与几位同班同学一起到了苏南行署，编制已定，发了军装，他们很自豪地去照了相。没想到部队的命令改变了：新解放区需要留一部分有文化的青年做政治教育工作。

　　本想要投笔从戎，到头来还是要执笔从教。这时他听说，那位拉他去打游击的王鹏，做了江阴县第一任县长。[39]

　　请记住李希凡、蓝翎、冯其庸三人参加工作的时间，比那一年的10月1日还早几个月，他们已经是革命干部。所以过四五十年以后，他们是离休干部，而不是退休——这是一个极具中国特色的概念。在那时，俞平伯是教授，周汝昌是学生，均与离休无缘。

8 燕园离愁

燕园的四时风景仍旧,燕园的楼台花木依然。但是燕园已经换了主人,换了人间。

1949年12月,周汝昌在《燕京学报》发表了《真本石头记之脂砚斋评》,作为学生能在此发表论文,应属罕见的殊荣,校内外反响良好,受到很多赞扬。但是也有同学说:历史变化了,时代革命了,你孜孜不倦、专心致志的这一套,不久就该收起来没有用了。周汝昌半信半疑。

1950年夏天,年已三十二岁的周汝昌从燕京大学西语系毕业,成为新中国成立后的第一届毕业生。他在研红的同时写出来的毕业论文陆机《文赋》

周汝昌本科毕业证书

二 翻覆篇

周汝昌本科毕业照

英译，也受到美国籍老师的称赞，发表在英文刊物《Studia Serica》第九卷上。这是华西协和大学出版的西文学术刊物，为他两年以后的工作埋下了伏笔。这时中文系新成立了研究院，周汝昌谢绝了新政府新闻总署的招聘，考上了中文系的第一届研究生，继续留在燕园里。同届中文研究生只有两人，另一位是许政扬。

开学后不久，周汝昌意外地收到了原南开中学老同窗黄裳9月7日的来信。原来黄裳在抗战开始后去了大后方，遂久已不通音问。现在黄裳在上海《文汇报》编副刊，见到了老同学在《燕京学报》上发表的论文，极为赞赏，在报上转载了"脂研斋是史湘云"一节，引起不少反响，从此两人恢复通讯。黄裳得知周汝昌写完了《证石头记》（即后来改名的《红楼梦新证》），主动帮助他联系出版：

> 弟连日遇出版界友人，亦多商及此书出版事，尚无结果。
> 北京文物局长郑振铎，出版总署副署长叶圣陶皆极熟悉之朋友，弟可致函介绍，公家如不能出版，开明书店当可出此书也。叶公人极温柔敦厚（与开明书店关系极深），弟先附一函，兄进城时不妨往晤，或可有些结果亦未可定也。
> 叶圣陶在出版总署办公（地址在东总布胡同），休沐日及晚间

则居东四八条三十五号。兄即可往一洽，如不去亦希见告。"[40]

周汝昌接受了黄裳的建议，但没有去面见叶圣陶，而是直接将书稿和黄裳的介绍信寄了过去。"久之，原件退回，内中连一纸退稿便笺亦无。"

看起来，叶圣陶态度冷漠，与黄裳所说"极温柔敦厚"完全不符。后来为周汝昌作传的梁归智凭空猜测，以为是因"叶圣陶是俞平伯的密友"而拒绝出版，实在是疑心过重了。[41] 黄裳、周汝昌和一般的后人都有所不知，当时私营的开明书店正面临艰难的"改造"，不由自主。叶圣陶和王伯祥原都是开明书店的股东和主脑，此时叶已从政，王尚留守。但 1950 年召开了全国出版会议，开明书店被调整为只能出版应用社会科学、文史和中级读物，其他内容一律不再出版。甚至连现任高官、大股东郑振铎编辑的《古典文艺丛书》，北大教师编辑的历史丛书都只能免谈。王伯祥在 1950 年 12 月 13 日的日记中徒叹奈何："开明交臂失之，为他人所先，又蒙拒人之名，殊感遗憾耳。"[42] 新人周汝昌的投稿正逢其时，当然就更休想了。开明书店的遗憾只能咽到肚里，怎好在"退稿便笺"上对外明言？往事如烟，要看《王伯祥日记》才能窥探到一些内情。

此外黄裳还试过平明出版社，也未成。但天无绝人之路，另有出版界人士主动想找周汝昌。这位当时还没有出名的小文人，以前做过教师和编辑，

《红楼梦新证》初稿手迹

1949年初从上海投奔华北解放区,在华北大学接受了一年的政治培训,此时在"中央文化部编审处"做"副编辑"。不久之后的1951年3月,人民文学出版社成立,他又调去做编辑。对,他就是文怀沙。为增加收入,他还保留着第二职业,兼职为上海的棠棣出版社做编辑。应该承认,他具有发现好选题的职业敏感。

文怀沙在1951年春天读到了周汝昌《燕京学报》上的论文,注意到全文的最后一句话:"此诚文艺之大幸,亦且拙著《证石头记》一书之愿心矣。"文中还说到孙楷第先生,这就提供了找到作者的线索。正逢暑假开始,文怀沙"冒着溽暑",到燕大镜春园孙宅拜访。[43] 孙楷第住在一个湖中小岛上,四面环水,前后树林,平房数间,宁静如村居,有小木桥可通。

两年多以前,周汝昌只是旁听小说课的外系学生,现在作为中文系仅有的两名研究生之一,他已是孙楷第的入室弟子。孙先生说这事好办,周是我的学生,我请二位一起吃饭,玉成好事,便派夫人去请。这镜春园小院就位于周汝昌所住四楼的北边,相距不远。没想到一次竟然没有请来,再烦孙夫人跑第二趟,强调是"中央文化部来人",居然还是敬谢不敏。孙、文主客二人都觉得很难堪,是教授请学生到家吃饭,而且打出了"中央文化部"的大牌,居然不肯赏光,学子何能,如此"狂傲"?这餐饭吃得很不开心。

按周汝昌自己的解释,他已经买好了车票,正在打点行装准备回乡过暑假,屋里正乱,心中正忙。忽闻孙先生来请吃饭,还有不认识的"文化部来人",他既不想赴宴,也不愿见官。孙太太来了两次,他都没有回心转意,还是谢绝了。他险些错过了一个重要的机会。

从我们既是外人又是后人的角度看,有两点可说。一是周汝昌确实书生气,真有点不近人情,或曰"情商"不高——哪怕是当晚或次日要上火车,此刻也应该给老师面子,趋前一晤,举步可达。二是文怀沙故意不说具体意图,亮官方大牌唬人,这是他的习惯。我这样说是有根据的,因为"从五十年代起冒充文化部顾问",吹嘘认识高级领导,是文怀沙于1963年被判处劳教的罪名之一(还有其他,到时候再说)。[44] 没想到1951年的周汝昌还不懂得趋奉,所以未能奏效。但是他以后会懂的,也到时候再说。

其实,这不是孙楷第第一次请周汝昌吃饭。既然此前有胡适的专门推介,受托带书,孙楷第便对周汝昌格外关照。周汝昌的论文在《燕京学报》上发表,便经过了孙先生的"审评赞许"。他在燕大是中国小说方面的权威,买庚辰本就是由他拍板定夺的。周汝昌在自传中记述说:

> 记得孙先生请我和许政扬学兄到他府上晚饭,孙太太治馔十分丰盛;但孙先生席间情绪不高,未明何故,面有愁苦之色,语不及学,

满腹牢骚在口,让人无法应对。

我与许兄感受一同,时常谈起,不敢多去问候他,显得有点儿疏远失礼,但我们非不知尊师,而是实有难言不得已之苦衷,至于他老人家知谅与否,我与许兄都说实在无法顾虑,只有心存谦怀就是了。[45]

1948年孙楷第与周汝昌结识之际,他正因家庭贫困、身体多病等原因,情绪确实不好。胡适托他带书,介绍师生相识,并在信中特嘱周汝昌"我很盼望你时常亲近他",显然是有意的安排,师生互助,对双方都有益处。当胡适远走之后,周汝昌成为亲传弟子,孙楷第在贫困中请弟子来家宴,且"十分丰盛",可见是诚心交友,正有苦楚要对人倾诉,正寻求关心和帮助。周汝昌听到诉苦后非但未加安慰同情,反而"不敢多去问候"、"疏远失礼",这至少是情商不高的又一次表现吧,也有负胡适的托付。至于许政扬是否"感受一同",难以证实。[46]

因文怀沙来访,孙楷第再次设宴,却再次失望,这对主人的心理打击,绝对要大过客人文怀沙。两年多以前周汝昌未让孙先生看到甲戌本,已经有负于老师,这次是再负了。

孙楷第在1950年代

二 翻覆篇

暑假之后，幸得一位清华的友人赐讯，周汝昌方知以上原委，敢情文怀沙是专为书稿出版而来，他才明白一时糊涂误了大事，后悔莫及。赶紧在10月8日写信给文怀沙赔罪："青天大老爷，小人冤枉！"他开始懂得拜官了，而居间积极介绍的孙楷第，则被晾在一边，忘到脑后。

文怀沙在10月10日回信："大作《证石头记》切盼先读为快，先生入蜀前苟荷辱驾下顾，使得一倾积悰，诚不胜翘切之至。"周汝昌即去"交道口南大街板厂胡同七号"文家相见，"当晚'抵足而眠'，款待热情，吟诗诵赋，谈得投机——也就约定了他要看我的书稿。"这一次不能再交原始草稿了，还是交与四兄祜昌，以小楷清抄。

当是时，正是燕京大学最不平静的时刻。

1950年6月，朝鲜战争爆发，燕大作为重灾区，必须扭转亲美崇美恐美倾向，痛斥美国的文化侵略。1951年2月，中国政府接办燕京大学。

1951年9月，经济、政治、社会学三系部分教师和三个年级的学生，奔赴广西参加土改。10月，知识分子思想改造运动兴起。1951年底，北京市委派蒋南翔、张大中率工作组进入燕大。外国教师已被礼送出境，中国人教师被划分为三类：进步、中间和落后分子。以与本书比较有关的文科教授为例，新闻系蒋荫恩、中文系林庚教授是进步分子，中文系主任高名凯教授属中间分子，而历史系的聂崇岐、齐思和教授被划为落后分子。

1952年1月，清算陆志韦校长和张东荪、赵紫宸二教授的运动兴起。为了达到"批倒、批臭"的目标，动员校长最赏识的青年教师反戈一击，令女儿登台揭发父亲，台下学生的表态，由领导传小字条指挥。这样的场面，我在十几年后亲历过，但是没想到其早已有之，还是发生于最美丽优雅的燕园之中。

这运动当然不限于燕园。1951年秋冬之际，京津两地二十四所高等学校组成了教师学习委员会，加上科研机关的知识分子共6500余名，一起开展学习和思想改造运动。在北京大学，发动文法两学院讨论"胡适思想问题"，中文、哲学、史学、图书馆四个科系联合举行"控诉会"，由胡适过去的老友汤用彤、俞平伯、杨振声、顾颉刚、朱光潜等人"带头控诉"。他们以"生动的实例"揭露"胡适的学阀作风和反动行为"，"公认胡适是一个具有代表性的，在旧学术界集反动之大成的人物"。这次批胡的范围是直接受过他影响的旧日同事、朋友、同行和学生，到三年后才明白，只不过是一次小规模的预演而已。

在追述了这些之后，我似乎茅塞顿开，为什么周汝昌在回忆录里避谈时代背景，非《红》勿言，恐怕事出有因。

1949年以后，与燕园比邻而居的张伯驹，兼任燕京大学国文系中国艺术史名誉导师，这样就与周汝昌有了师生之谊。周汝昌成了"展春园"的常客——

> 我从燕园循野径，过小溪，入园门，有一大过堂，穿之而达客厅。入厅则巨案数条，目中琴棋卷轴，名砚佳印之属，此外无一尘俗事物。我每日下午课余，常闲步而造园，入厅后，自寻座，宾主往往不交一言，亦无俗礼揖让之烦。[47]

周汝昌还多次去承泽园参加诗人们的雅集，那是个老一辈高级文人的朋友圈，他与陶洙再次相遇了。

1949年1月19日，周汝昌在东四七条初会陶洙，留下深刻印象，从衣着上判断"乃当时高雅富裕人士"。陶洙字心如，号忆园，江苏武进（今常州）人，那时已年过七旬。其兄是近代实业家、藏书家陶湘，本人也是藏书家、书画家，中年以后主要活动于北京，兼及津、沪。参与过中国画学研究会、中国营造学社等文化活动。在日寇占领北平期间，陶洙追随法学家董康，在华北伪政权的"司法委员会"中任职，即王克敏的部下，当时归类为汉奸。所以在后来的文献记载中，陶洙默默无闻，几乎隐身。

陶洙只在红学史上留名，因为他是《石头记》的版本发烧友，不仅收藏了己卯本，并且拥有庚辰本的照相本，向周汝昌借得甲戌录副本，据而抄补在一起，将脂评三本集于一身。

1950年10月19日，在承泽园雅集上，周汝昌向陶洙求借己卯本，口说不够，作诗以表诚意：《庚寅重九丛碧座上口占廿八字向忆园叟乞借己卯本》。陶洙当场应该是答应了，但以后一直未能践诺，说是要卖给公家，直到1953年秋天《红楼梦新证》出版了，周汝昌也没见到己卯本。那时己卯本已归文化部，摆在俞平伯的案头了。

1951年4月8日（农历三月初三），在张伯驹的承泽园，以关赓麟（颖人）为首的稊园诗社举行重三禊集，骚坛精英云集达四十人，空前绝后，张伯驹夫妇、陶洙、周汝昌均在其中，有合影为证。7月4日，因周汝昌有意入川执教，陶洙为他作《枫红芦白村图》，落款为"辛卯六月朔为敏庵（周汝昌号）先生作，陶心如时年七十又四"。张伯驹、启功（元白）各题七言诗一首于上。

尽管周汝昌在校外的旧式文人群中如鱼得水，却在燕大中文系研究生的学业上步履艰难。在1974年，周汝昌如此回忆自己的燕大学习生活：

> 对那些"课程"，意兴阑珊，凡熟知上课不点名的班，一概不去。我读的西语系，是个洋派少爷小姐特别集中的地方，我则蓝衫一领，

1951年4月8日,重三承泽园禊集合影。前排左三张伯驹,左四潘素,中排右三陶洙,后排右五周汝昌。

每日在图书馆抱线装书。别人也不知我所事何事,莫测高深。后来入了研究院,给我开出的经史子集的长篇必读书目,我是一本也没有真去读。我这个不安分守己的学生,对于许多题目都自己搞,用志不专,种种率率,大抵不能卒业,唯有对曹雪芹这个主题,锲而不舍。[48]

这是周汝昌在"读书无用论"盛行年代的自白,自爆已短而非夸饰,倒也坦诚可信,与"学历至上"的当下不可同日而语。而事实上,周汝昌的研究生终归没有读完。

在客观上,这也与当时的思想改造运动和院校调整的前景有关。消息已经在流传,不仅中文系研究院,连燕京本身如何下场,都难以预料。故也许"三十六计,走为上计"。1951年秋天,华西大学由于外籍教师离开而向燕京求援,亟需一位英文讲师。校方想起了周汝昌,就商于中文系主任高名凯,动员他以旧燕大西语系本科毕业生的资格就聘。也许周汝昌也觉得中文系研究院读得太辛苦,就接受了校方的安排。[49]

按周汝昌自己说,那时有人点名推荐了他,故华西大学发电报聘请他去任外文系讲师。但当时的大学毕业生或研究生人才,应该是完全由国家统筹分配,而不允许自谋职业的。这时他的中文研究生才读了一年,而工作却是对应本科的英语。这过程迁延了一个学期,研究生课业还差一个学期未修完。

高名凯先生对周汝昌说："你就先去就聘吧，所差的一学期可以不计，你到华大后在半年内将论文寄来，研究院就承认你的毕业资格。"周汝昌请问临别指教之言，高先生沉吟了一下，说了五个字："多注意政治。"

从周汝昌获聘到离京，耗时半年时间，正好经历了上述思想改造运动的全过程。对高先生的临别赠言，他一定加深了体会。因为周汝昌提前半年离校就业，自然不能现身毕业生合影，也不曾登入毕业生名册，给后人质疑他的学历留下了把柄。那么，周汝昌的研究生是否毕业了？这是一个悬念。另一位研究生许政扬于1952年夏如期毕业，分配至南开大学中文系任教。

1952年4月，四兄周祜昌已将《证石头记》四十万字的书稿整理清抄完毕，周汝昌交与文怀沙。心事已了，可以上路了。

周汝昌之所以如此决绝地辍学赴蜀，在很大程度上还由于家庭因素。一方面妻子毛淑仁渴望脱离旧式大家庭的牢笼，她在敦促推动；另一方面在"土改"将临之际，周汝昌曾劝父亲卖地分家，被视为"不孝"。周家父兄皆反对他们离家出走，小家庭与大家族之间关系紧张，以致登程远行时，周家无人相送。后来的事实证明了周汝昌的远见，他的父兄们在"土改"中被划为地主，人生遭遇沉沦。[50]

那时入蜀，绝非易事，周祜昌将其形容为"一帆风雨路三千"。周汝昌先回咸水沽把妻子和一子三女接到北京，乘京汉线火车，在郑州转陇海铁路，至宝鸡换汽车，翻越秦岭，沿古栈道入蜀。当时宝成铁路还没有开工，待成都通火车，要等到1958年了。

一辆破汽车，经历了千回百转，千难万险。十几个同路人，只有他想到是李白、苏轼踏过的古道，觉得已是"诗境中人"。修车屡停，打尖投宿的事不消说，在广元遇上了真麻烦。

正逢"三反、五反"期间，沿路检查甚严，查的是贪污逃犯或种种不法之人。而广元更比别处严格几倍——男人要脱衣，小孩要查鞋袜底儿，行李更须彻查。打开周汝昌的行李卷儿，从中发现了美国进口的助听器。当地检查人员哪见过这个，貌似小型电台，岂非"特务"嫌疑？找来"无线电专家"审验了一小时，方明白它只能收声，不能发报。于是再检查证件，盘问目的。虽然有华大聘书、齐全证件，却发现一字有涂改，又抓住不放。最终让写一份书面交代，人可放行，助听器须扣下，待弄清之后再送到华西大学。

全车人在等周汝昌一个人，误了行程。有些旅客不耐烦催行，幸好那位司机好心，说他有家眷小孩，抛下他怎么办？还是等等吧……此后周汝昌一直感念这位司机和几位宁愿等他的同伴。

周汝昌刚刚离开燕京大学，院系调整、燕大撤销之令便在5月间下达。燕京人经历了运动风浪，改造冲刷，已经被整得没有脾气了，唯有老实接受。暑假里，周恩来下令，送燕京教职员去青岛度假，谁知那就是一份告别礼、散伙宴。10月，北京大学迁入燕园，燕京大学彻底终结。此时正好到了周汝昌与高名凯系主任约定的半年之期，但是燕大安在哉？

如此看来，周汝昌的燕京大学中文研究生学历确实存在疑问，梅节在2009年的质疑不无道理。但是等到周汝昌去世六年后，2018年他百年祭的时候，恭王府里的周汝昌纪念馆展出了一张纸（复制品），可以视为周家子女们作出的回答。这不是正规的毕业证书，而是一张以漂亮的小楷手写在"北京大学"信笺上，盖"北京大学"方印，特殊年代的特殊证明。

学生周汝昌，系河北省天津县人，现年三十四岁，于一九五二年六月在前燕京大学中国文学系研究部毕业。因该大学于一九五二年十月调入我校，特予证明。

　　　　　　　　　　北京大学校长　马寅初
　　　　　　　　　　公历一九五二年十一月廿七日

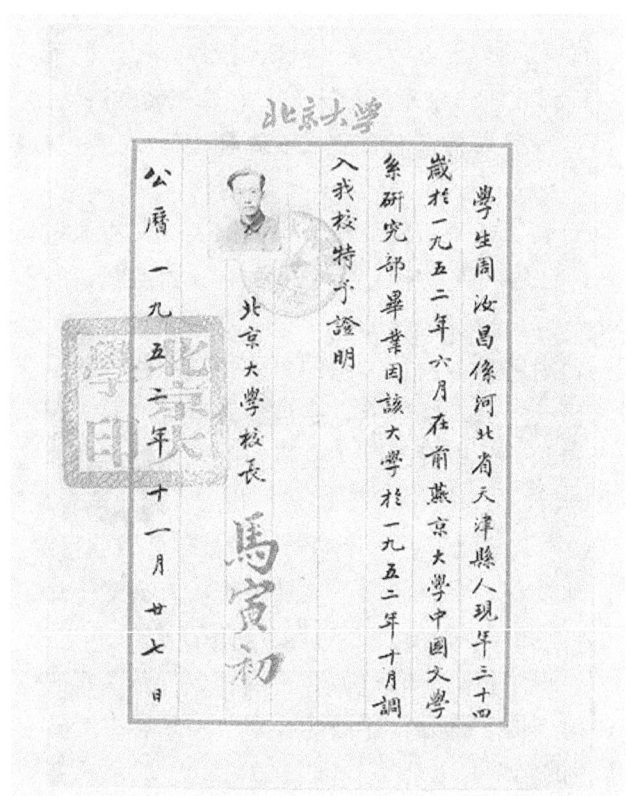

周汝昌研究生毕业证明

这可能是在本人要求下，事后补发的一纸证明。据周汝昌女儿周伦玲编写的《周汝昌学术年表》，周汝昌的研究生毕业论文是《宋词语言的研究》，是离校后补寄的。周汝昌的学历由此得到了证明，但毕竟不太正常，略显勉强。其中既有时代大潮引起，北大取代了燕大这样的客观原因，也有他确实提前离校，未能修读期满的主观缺憾。周汝昌的成绩大概也委实不能令人满意，否则他怎么会预感"大抵不能卒业"，怎么会半途远走就业、专业弃高就低呢？

话还要说回来，回头去看，学历并不太重要。周汝昌早已用他的一生功业，证明了自己，超过了太多学历高耸却事业平平的众生。本书中其他几位主角的学历，大都还不如周先生。此事本无须追究。

当周汝昌领到北大"证明"的时候，燕京已不存在了，华西也一样，这就叫在劫难逃。

设址四川成都的华西协合大学，1910年建校，比燕京大学历史更长，由英、美、加三国的五个教会合办，故名"协合"。抗日战争期间，燕京、齐鲁、金陵和金陵女校曾经一起避居华西坝，教会五校同舟共济，同址办学。在1949年8月发表的《"友谊"还是侵略》一篇雄文中，曾一口气点了十所教会大学的名，燕京居首，华西在列，它们本是同根生，也将共命运。用《红楼梦》的语言说，叫"正叹他人命不长，哪知自己归来丧？"

十年前周汝昌当学生时，没有随燕京西迁，现在仿佛是在还旧债。他到达华西坝，是1952年五一节，住进学校的宿舍西斋一号。他对这里的校舍环境和居住条件相当满意，因为那是1912年，在加拿大、美国、英国分别举办了专门设计大赛后，英国建筑大师弗烈特·荣杜易设计的建筑群。但在1951年10月，四川省政府已正式接管私立华西协合大学，更名为华西大学，这正是给周汝昌发出聘书的时间。

周汝昌就任外文系讲师，教授本科三、四年级的中英文对译专修课，实际上大概没讲几课。先继续开展思想改造运动，紧接着就是所谓"院系调整"，教会大学的下场只能是撤销。原四学院二十六系被拆散为五校，原址上重新组建四川医学院。全国大学和院系的裁撤并转在6至9月间完成，那个暑假是在纷乱不安中度过的。

周汝昌被调归四川大学外语系，他庆幸是唯一留在成都者，不少同事去了重庆、贵阳和南充的一些高校。他觉得川大的居住条件比华西差多了，北方人看那竹木搭起的棚屋就不算建筑。他开始教英文翻译课，自创了一套教学模式，学生反应良好。

那时学校组织政治学习，学的是胡乔木写的《中国共产党三十年》。周汝昌在书页上加了很多批语,有学生见了,以为是他学习甚有心得体会。周汝昌说:"不是的,我是把书中不合乎汉语语法、不合乎逻辑思维的地方改了一下。"学生为周老师担心,怕他惹麻烦,对他说:"你这本书可以说是一份机密文件,千万不能公之于众!"周老师一笑置之。[51]

初冬开始,周汝昌收到自北京挂号寄来的校样,后续还有几批。文怀沙做了这样一些加工:书名改为《红楼梦新证》,直接针对胡适的《红楼梦考证》,这样在政治上保险,也有利于发行;原自序改为"王耳"序,后听说这是文怀沙自己的笔名;原文中对胡适的"先生"敬称皆删去,改为匿名或贬斥的口气,如"妄人胡适"。文怀沙来信解释道:"胡适可以不提,如不可避免处要提,亦不必用尊崇的口吻……这是写文章的人的'分清敌我'的问题,亦即'立场'之谓也。"[52]还有一个安排略费周折:出版社和印刷厂都在上海,但校样要先寄北京,文怀沙转寄成都,周汝昌改好后仍寄北京,再由文怀沙转发上海。其时文怀沙已经在人民文学出版社任职,上海棠棣是他的兼职业务。

周汝昌清楚地记得,收到上海寄来的样书那天,是1953年9月5日。从暑袜街的邮政总局雇人力车拉回川大,在车上就迫不及待地开包检看,喜不自胜。从1947年秋天开始,这是他六年心血的结晶。

此书出版后一炮而红,数月内连印三版,由长风书店发行,至年底已发行一万七千册。在那个年代,在学术书中,这是很罕见的。在一片金戈铁马、狂飙突进的背景中,突然有一本厚书出版,讲的是旧文化且富于趣味的《红楼梦》,人们如九张一弛、暑中得扇,书焉得不红?这是万绿丛中一点红。认识或不认识的朋友来信称赞。北京正在召开的第二次文代会上,据说人手一编,成为热门话题。

作者开篇明义,说"这是一本关于小说《红楼梦》和它的作者曹雪芹的材料考证书。"它篇幅庞大,厚六百余页,近四十万字。其书名《红楼梦新证》,是对应于三十年前胡适的《红楼梦考证》而来。胡适打下了地基,搭起个框架,周汝昌砌墙铺地,扩大了体量。其特点可以概括为以下二者。

一是考证精详,材料丰富。作者在燕京大学图书馆和故宫大内档案等处仔细搜索,遍览一千多套,引用七百余种,大多是从古籍原书中寻得,是材料的发现者和首次引用者,大大方便了后来的研究者。后来人可以质疑其观点,或超越其高度,却不能无视或抛弃它,往往要借助它作为基础。作者注意发掘清代宫廷和社会的历史背景,在书中大张旗鼓地考证了曹雪芹的七代祖考和三代姻亲,有时嫌枝蔓太远,似是在炫耀考证的技能,这使得全书比例不太平衡。

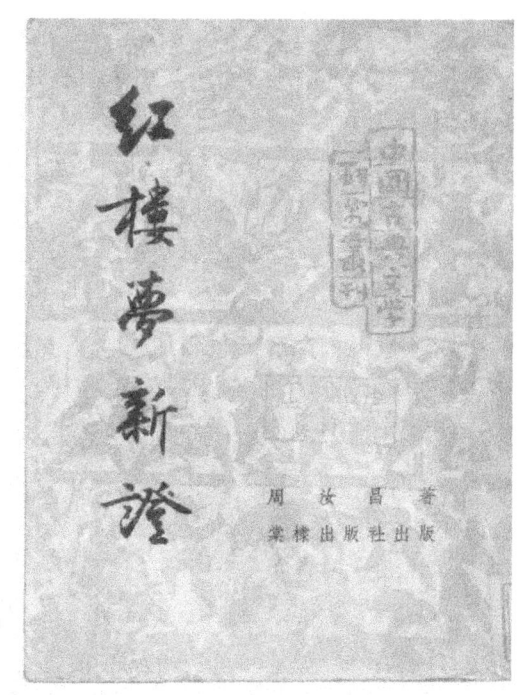

《红楼梦新证》1953年初版封面。似沈尹默题字,但顾随判断为沈夫人代笔。

二是把胡适开创的"自传说"推向了极致,走向极端化、绝对化。作者自称:"现在这一部考证,唯一的目的即在以科学的方法运用历史材料证明写实自传说之不误。"书中排列年表,将历史事实与小说情节逐一对应,将"作品的本事考证和作家的传记考证二者合而为一",将作者曹雪芹与主人公贾宝玉混合为一体,即"曹贾互证",甚至时间岁月、地点府园都要一一指实。这就否认了作者在艺术创作中的想象发挥、糅合塑造(且不说什么现实主义典型性那样的理论语言),只剩下"一部精剪细裁的生活实录"。

说句题外话,我这本书倒是想写成一部"精剪细裁"的红学界人物群体的生活实录,但《红楼梦》不是,它肯定不属于纪实文学或者非虚构。尚记胡适先生的规劝:"我劝你暂时把你的'年表'搁起"乎?在这方面,周汝昌没有听师傅的,就是不信邪。他有可能是物极必反,过犹不及。

周汝昌在三十五岁时出版了《红楼梦新证》,他的学术基础和治学特色,已经大体上定型。他所学专业是外语,但他的兴趣、熏陶和交游却都在国学文史,并长于诗词。他转到中文系读研究生,却又不甘于寻章摘句、埋首穷经,而是散发着诗人气质,放任"悟性"和奇思。几十年后写自传,他在回顾对"自传说"、"脂砚即湘云"等命题的考证时说:"这种考证,与其说是靠学识,不如说凭悟性。"这与他或虚或实的老师胡适和孙楷第的求证务实学风,已拉开了距离。

二 翻覆篇

《红楼梦新证》出版后,周汝昌首先给在天津的老师顾随寄去两册。他们是1940年在燕京大学的诗词课上相识,燕京被日寇封校后,两人分离,顾随转去辅仁大学执教,1952年以后任教于天津师范学院。十多年来,师生两人一直保持书信联系,诗词唱和。1947年12月周汝昌在天津发表的第一篇红学文章,就是顾随邀约推荐的结果。

顾随得弟子新著后的反应,略显夸张作态。据他10月27日给周汝昌的信中所述,得书当日"仅仅欣赏了下封面,并不预备读下去",原因一是"手下正压着一点活须于一两天内作完";二是"对于玉言之语体文还缺乏信心,万一读了几页后,因为词句、风格之故,大动其肝火,可怎么好?"。可是,"不意晚夕洗脚上床,枕上随手取过来一看,啊,糟糕,(糟糕云云,恐此夕将不得好睡也。)放不下手了,实在好,实在好!再说一句不怕见怪的话,简直好得出乎我的意料之外……"

顾随本人并不治红学,可能因此而对《红楼梦新证》评价超高,对"脂

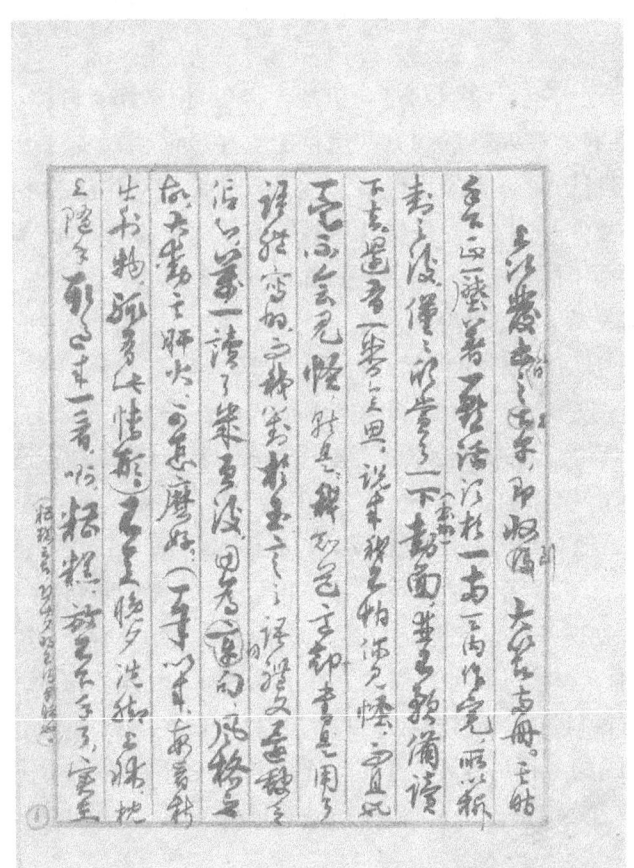

顾随致周汝昌信,1953年10月27日。

砚即湘云"之说推崇备至。

  脂斋是枕霞公，铁案如山，更无致疑之余地。述堂（顾随自号）平生未曾见过脂评红楼，见不及此，事之当然。却怪多少年来号称红学大师的如胡适之、俞平伯诸人，何以俱都雾里看花，眼里无珍？（自注：适之为业师，平伯为同门，然两人都不在述堂师友之列。）若不得射鱼（周汝昌号）大师抉出庐山真面，几何不使史公（自注：云老）窃笑而且叫屈于九泉之下也？（自注：云老与雪老为对。玉合子底、玉合子盖也。）[53]

顾随预言：

  而今而后，《新证》将与脂评同为治红学者所不能废、不可废之书。天下明眼人亦将共证述堂此言之非阿其所好也。

10月30日信中更称：

  此非故为称誉，更非阿其所好，玉言不信，予有别说。先决问题是《红楼》有无价值，今世之人已公认《红楼》为不朽矣。然则玉言之《新证》于雪老之人之书，抉真索源，为此后治学者所必不能废，则大著与曹书将共同其不朽，自不烦言而解。

此后两三个月间，顾随给弟子周汝昌写去十多封信，封封道及《新证》，并先后作诗词多首。这些为下文的一首《木兰花慢》，铺垫了基础。

  在四川大学，周汝昌出书后，已成为校内的明星，图书馆购进十部，有外系老师半路碰上，说你可害苦了我，昨晚读你的书一夜没睡！此书的稿费得了一千六百万元（旧币，1955年币制改革后相当于一千六百元），有人开口向他借钱（为了做西装，最终没有还）。与此同时，他与周边同行老师的关系却紧张起来，正是人怕出名猪怕壮。就在他在校大礼堂演讲《红楼梦》的当天，得到外文系领导的通知，要派他去哈尔滨学俄语。这既是为顺应形势需要，也是为了平衡人事关系。对此重托，双耳接近失聪的周汝昌实难胜任。再加上北方人对蜀地生活的不适应，这一切都使他的北返之心更加强烈。

  实际上，早在出书之前的1953年上半年，老师顾随已经开始帮周汝昌张罗调回天津的事了。故乡在向他召唤。

二 翻覆篇

9 旧曲新拍

当我回过头来看时，才发现共和国成立后的第一个红学小高潮，形成于 1953 年到 1954 年之交——其标志是新版《红楼梦》在北京作家出版社首次出版（时为人民文学出版社副牌），俞平伯的《红楼梦研究》和周汝昌的《红楼梦新证》由上海棠棣出版社印行，以及官方的文学研究所在北京大学内设立，俞平伯在报刊上高调谈红。以前的史家并不这样看，那是因为这前浪很快被随后的滔天巨浪打在沙滩上。其实，这小前浪也是随后巨浪的一个诱因，就像是蝶翅振动引起了风暴。没想到前者正常的人间冷暖，引出了后者非正常的人祸天灾。

新生的人民政府，一开始就相当地重视文化的发展和文学的繁荣。1951 年 3 月，人民文学出版社在北京建立，这是国家级的专业文学出版社。周恩来总理亲自点将，从上海调来冯雪峰任社长兼总编辑。冯雪峰既亲历过红军长征，又是鲁迅的文学战友，但是也与现任的中央文化领导周扬等人，有历史上的旧怨。面对总理的托付，他只能勉为其难。

在副手人选中有一位聂绀弩，前此在香港担任《文汇报》主编。冯雪峰说："这个人桀骜不驯，都嫌他吊儿郎当，谁也不要，我要！"[54] 于是聂绀弩来到人文社，担任了副总编辑兼古典室主任。

人民文学出版社初建的地点在东四头条四号，称文化部东院，1952 年建成了三座二层小楼。它的东边，挨着一座清朝王府的西墙，开了个小路口可通。此府俗称九爷府，即同治初年的孚王府。如果更上溯其前身，到乾隆年间，也就是曹雪芹时代，这里是怡亲王府。当时连红学专家也不知道，这王府与《红楼梦》的版本密切相关，此秘密要过二十多年才会被揭开，我们也暂时先帮它保密。这王府的正门，在朝阳门内大街的北侧。到 1956 年，在府门外隔马

建社初期的人民文学出版社，位于东四头条的小楼中。

路对面，坐南朝北，建起一座灰色新楼，成为人民文学出版社的新址，即朝内大街166号。

冯雪峰为人文社提出了"古今中外，提高为主"的八字出版方针。从1952年到1954年，开始陆续整理出版中国古典文学名著，第一批选定几种"人民性"最高的，聂绀弩分配编辑部同人各任一种。当时所以如此，不是肥水不流外人田，而是因为以马列主义指导古典文学整理出版前所未有，需要自己摸索经验，然后逐步推广。如果请外部专家来做，将会更不好把握。领导上这样安排，编辑部同仁乃得近水楼台之便。参与者舒芜曾作打油诗咏之：

　　白帝千秋恨，（顾学颉校注《三国演义》）
　　红楼一梦香。（汪静之校注《红楼梦》）
　　梁山昭大义，（张友鸾校注《水浒》）
　　湘水葬佯狂。（文怀沙校注《屈原集》）
　　莫唱钗头凤，（李易协助游国恩先生编选校注《陆游诗选》）
　　须擎月下觞。（舒芜编选校注《李白诗选》）
　　西天何必到，（黄肃秋校注《西游记》）
　　东四即天堂。（人民文学出版社时在北京东四头条）[55]

这几本书陆续出版，除四部长篇小说外，其余都只是薄薄一本，注释是简单通俗式的，那时讲究普及，谈不上什么学术性。尽管国家文学出版社的目标很大，影响不小，但是诸位整理者，都不是作为专家被聘请来，而是作为本社编辑人员承担编辑任务。当时仿佛并不算大成就，但过了几十年之后，从时间顺序来说，他们每一个都可以说是新中国整理某书的第一人。但如果是明白人，实事求是地说，此"第一"不应该包含价值判断，不是开辟者、创始者、奠基者的意思。

这批书一出来，受到最多批评者，一个是文注《屈原集》，一个是汪校本《红楼梦》。

原在文化部编审处工作的文怀沙，当人民文学出版社一成立，就调进来做了编辑，他被分配校注《屈原集》。那一年世界和平理事会要纪念的世界文化名人里有屈原，人文社的这本书正好配合其活动。可是书一出来，对它的批评上了《人民日报》，诗人臧克家发表文章，指出文注的格调低下。例如《离骚》句"女媭之婵媛兮，申申其詈予"，本来是说有个漂亮的姊妹（女媭），在严厉地（申申）责骂，文注却把"女媭"解释为意味暧昧的"女伴"，把"申申"解释为"娇喘吁吁的样子"，足以引逗向《金瓶梅》一流的遐想。这样的批评虽然与政治无关，但好像也不止限于学术性了。毕竟是中央第一号报纸上发表的，压力不可能不大。文先生一出手就这样砸了锅，随即调离人民文学出版社，去北京师范大学当老师了。[56]

至于四大小说名著，最先是《水浒》在1952年12月出版。过了一年，1953年的11、12月间，以副牌作家出版社名义，探路试水，先后出版了《三国演义》、《西游记》和《红楼梦》。

《红楼梦》是由二三十年代的"湖畔诗人"汪静之负责的，他与冯雪峰是老诗友。当年胡适曾经为他的诗集《蕙的风》作序，给予热情鼓励。好诗人不一定能做好编辑，后来有人批评，冯雪峰有用人唯亲之嫌，聂绀弩也考虑不周。号称以程乙本（程伟元乾隆五十七年1792年活字本）为底本，但实际上用的是时近易得的亚东图书馆1927年铅印本（据胡适藏程乙本），我们知道那点校者是汪氏本家汪原放。这就像是用民国瓷仿品冒充乾隆瓷，或跑马拉松抄了个近道。汪诗人的风格是浪漫而且自信，他没有受过校勘学"无一字无出处"的训练，也没有把《红楼梦》当成神圣不可擅改的经典，很多处就以己意为之了。

在此书卷首的《关于本书的作者》里面说："《红楼梦》原是自传性的小说。八十回以前，基本上可以看作曹家一败涂地以前的雪芹的自传。"这是远承胡适，近随周汝昌。在介绍作者曹雪芹时，又一边倒地采用了周汝昌的卒年"癸未说"，同时还有技术性错误。这些瑕疵在外行人眼里不会注意，但是肯定逃不过专家的慧眼。

1954年3月，《光明日报》的"文学遗产"专版创刊（我们以后还将多次涉及这个版）。开张奉献的连续两期，都是针对着新版《红楼梦》。3月1日创刊号上，发表了俞平伯的《曹雪芹的卒年》，首先纠正了技术性纪年错误，然后以三条理由质疑"癸未说"。一是甲戌本第一回批语的"真确性无须怀疑"，二是周汝昌的"正面积极的理由原非常薄弱的",三是敦诚《四松堂集》甲申年挽曹雪芹诗是一个反证,"证明曹雪芹即使说他死于癸未,亦绝不能死于那年除夕"。这说明俞平伯经过深入思考,改变了1948年对周汝昌的附和,又回归到原来的"壬午说"。俞平伯还认为,周汝昌"处理材料的态度也是很随便的","周君标新立异,欲成其说"。

两周后的3月15日,第二期又同时刊出王佩璋的文章《新版〈红楼梦〉校评》以及作家出版社的答复。王文指出,新版《红楼梦》"首先是关于本书的作者曹雪芹的生卒年与他的旗籍都有错误",其次是严谨翔实的比勘统计:"种种与程乙本原本不同之处,在全书中我看到有624处,而其中与亚东同的倒有437处。其余的187处是编者自改的。""这种种标点不妥的地方,我看到有91处,其中由于亚东本连累的有79处。"汪诗人的自由随性,哪经得住如此精细的量化的挑剔呢?

新人王佩璋供职于文学研究所,刚刚从北大毕业,是俞平伯先生的女助手,正在协助老师整理《红楼梦》八十回校本,当然具慧眼能发现问题。在文章发表前,"文学遗产"曾先将其寄给出版社,请他们核实自查。作家出版社(实即人文社)重新检查《红楼梦》新版本,证明王佩璋的批评属实。社长冯雪峰亲撰回信,很虚心地接受批评,设法改正。

俞、王的两篇文章,是师生配合的连续动作。见报前一天的2月28日,俞平伯在给其师周作人的信里说:

> 顷奉赐书,谈及《红楼》,如得晤对,欣慰欣慰。官板《石头记》殊未惬人望,诚如尊言。事实上且未规规矩矩照录程乙本,实用的亚东本而涂上一些程乙的色彩耳。做工作者为湖畔诗人汪静之,渠对北地言语风俗毫不了解,自属难怪,唯有些注本来不错的却改错了,未免说不下去。其说明中关于作者卒年及族籍采用"华宗"汝昌之说,亦系错误的。在《光明日报》明日始刊的"文学遗产"间周刊,平及所中敝同寅王佩璋女士均将有文论列,未知能邀鉴否。[57]

两篇文章发表时,周汝昌尚在四川成都。他写了答辩文章寄给"文学遗产",但被退稿,不得发出。1954年的春天,话语权还掌握在俞平伯手中。俞、周两人的矛盾在此时公开化了,但还纯属学术之争。

3月15日当天,有两位青年读者,在北京中山公园阅报栏看到了《光明日报》上的"文学遗产"专刊,读后启发了他们的写作冲动。这两位的名字是李希凡和蓝翎。

从俞、王两位就牵连到政府重视文化建设的另一个例证:文学研究所。

1953年癸巳春节刚过（正月初九），2月22日星期日中午，俞平伯和王伯祥分别乘三轮车来到地安门内黄化门街的郑振铎家，一起搭他的小轿车去西郊的燕园。车一直开到原来司徒雷登校长的住所临湖轩，北京大学文学研究所成立大会即将在此举行。"宾客同人到者六十馀人。晤雁冰、周扬、汤锡予、蒋荫恩、冯至、其芳、积贤、觉明、默存、杨绛、余冠英、曹靖华、罗大冈、曾昭抡等。二时四十分开会。西谛主席，雁冰、昭抡、周扬、锡予、觉明、平伯先后讲话。六时十分始毕。即在轩中聚餐，凡五席。"[58]

会议的主人是文化部副部长兼首任所长郑振铎（西谛），和主持常务工作的副所长何其芳、党支部书记力扬。到场祝贺的嘉宾有中宣部副部长周扬，文化部部长沈雁冰（茅盾），教育部副部长曾昭抡等。

此事的筹备还要早得多。1950年7月，文化部艺术局开始组织实施整理中国古典文学作品，俞平伯积极参加，主动承担了校勘整理《红楼梦》的工作。1952年2月，周恩来总理指示：要成立中国文学研究所，请郑振铎、何其芳负责筹备工作。其意图就是有一批学者要脱离教学，专门从事文学研究。9月正式开始组建，虽名为北京大学文学研究所，实为首个国家级文学研究机构。

文学研究所建所初期的地址，是北大校园里刚刚建成的哲学楼的二层。它一开始就与北大中文系有着亲缘关系，由于合并了原北大、清华和燕京三校的中文系于一体，人员确实过剩，正好可以抽调多位教授任专职研究员。如俞平伯来自原北大，钱锺书、余冠英来自原清华，孙楷第来自原燕京。随后，又吸收了一批北大中文系毕业生为青年研究人员，如1953年的王佩璋，1955年的刘世德等。

按照建国初期配备领导干部的常规，正职由负有业内清望的资深权威人士担任，党员副职则负责执行组织决定、主管日常事务（相当于执行所长），文研所创所班子也不例外。那时的郑振铎除了任文化部副部长之外，还一身兼任文化部文物局长、中科院的文研所和考古所两个所长，真是能者多劳，前后罕见。我们已知，俞平伯与所长郑振铎之间，不是学者与官员或者上下级之间的关系，他们是三十多年的老朋友了。而文研所副所长何其芳一见到俞平伯，便称"老师"，说自己1931年至1935年在北京大学哲学系求学时，曾经跑到清华园听过他的课。俞平伯谦逊地连连说："不记得了，不记得了。"所以俞平伯在郑、何两位手下工作，真是如鱼得水，胜任愉快。

在《王伯祥日记》中，还记载了更多文研所筹备过程的细节。1952年10月29日，俞平伯给王伯祥打电话，约下午来家晤谈。"下午二时平伯至。谈文学研究所筹备情形，出组织草案及研究目录相示，谓渠认《诗经》，余认《史记》，将来彼此可以合作云。"11月9日，一起搭郑振铎的汽车去北大临湖轩开筹备会。12月12日,郑振铎亲自送上由北大校长马寅初签署的聘书,"延聘余为文学研究所研究员",[59]俞平伯自应一样。由此可知,俞平伯一开始自认的研究方向是《诗经》,大约尚未开始,领导便指定他专攻校勘《红楼梦》了。

自从三十年代以后,俞平伯就好像忘记了《红楼梦》,冬眠潜伏期长达二十年,是散文作家和诗词教授。但是在换了人间、气候大变之后,从1952年下半年到1954年上半年,他却像是突然间复苏,恢复了"剧谈红楼"的兴趣和热情,一时间大规模高频率地高调谈红,旧作翻新,文章连发,俨然成为红学的首领班头。这是为什么?除了政府提倡文化建设的背景以外,此中还有一个无心插柳的始作俑者,又是文怀沙。

1950年,还是在联系为周汝昌出书之前,文怀沙先找到了俞平伯,为上海棠棣出版社的"中国古典文学研究丛刊"约稿。俞平伯久已不触《红楼》,一时写不出新书。于是,文怀沙就出主意,何不把旧作《红楼梦辨》修改整理,再加上些新作,就可以构成一本新书了。多年来,俞平伯一直想修改《红楼梦辨》,但苦于没有再版的机会(1929年该书曾重印,但未能改版)。此时听了文怀沙的建议,二人一拍即合,当即定约。书名决定改为《红楼梦研究》。

1950年10月12日,俞家尊翁陛云先生去世。为办丧事急需钱款,身为

俞平伯在1950年代

名教授的俞平伯也无余财，只好去找文怀沙，请向棠棣出版社预支稿酬，以便葬父。于是文怀沙从出版社方面支来旧币二百万（币制改革后的二百元），为俞平伯救了急。

在《俞平伯年谱》中记载："为之悲恸万分，因与棠棣出版社有成约，准备出版《红楼梦研究》，所以，不得不勉力删改旧稿。"这是根据俞平伯1950年11月2日写给黄裳的信，可见是"有成约"在前，而父丧在后。[60]

1923年版的《红楼梦辨》只印了五百本，俞平伯手中仅剩下一本，纸都黄脆了。他把旧书拆开，用红钢笔在书页上细加修改，有的全删，有的略改，再加入几篇近作，共得十六篇，十三万余字。

我们已经注意到，俞平伯早在二十年代，就对《红楼梦辨》中的"自叙传"说有所修正。这次改版重出，他又做了较大的改动。他在《自序》中开宗明义：《红楼梦辨》出版不久，他就发现了两种错误。一种是"本来的错误"，如第八篇《〈红楼梦〉底年表》"把曹雪芹底生平跟书中贾家的事情搅在一起，未免体例太差。《红楼梦》至多，是自传性质的小说，不能把它径作为作者的传记行状看啊。"第二种是"因发现新材料而证明出来的错误"，例如过去在有正戚序本评注中发现的"后三十回的红楼梦"，误认为是较早的续书，看到脂砚斋评本后才知道其实是散佚的原稿。为了改正错误，他才"把这书修正后重新付刊"。"原名《红楼梦辨》，辨者辨伪之意，现改名《红楼梦研究》，取其较通行，非敢辄当研究之名，我底《红楼梦研究》也还没有起头呢。"作这自序的时间是1950年12月。

书稿送到棠棣出版社，老板表示怀疑，能有销路吗？文怀沙坚持己见并愿意负责。1952年9月，《红楼梦研究》在上海出版，比周汝昌的《红楼梦新证》早一年。这书的销路很好，第一版印了三千本，连续六次印刷。

不仅读者欢迎，官方也给予鼓励。1953年5月，《文艺报》第9期的《新书刊》栏目推介说："过去所有红学家都戴了有色眼镜，做了许多索隐，全是牵强附会，捕风捉影。《红楼梦研究》一书做了细密的考证、校勘，扫除了过去'红学'的一切梦呓，这是很大的功绩。其他有价值的考证和研究也还有不少。"

不知是无意的巧合，还是心有灵犀，或者是文怀沙从文化部获悉了什么领导意图，反正从效果看，这"棠棣双红"的发行，仿佛是为1953年年底作家出版社新版《红楼梦》的大量发行鸣锣开道，造势热身。

1953年9月，就是在周汝昌的《新证》书走红的第二次文代会上，俞平伯应邀上台发言，全力宣扬古典文学的研究意义，受到当时意识形态领域权威人物胡乔木的鼓励。看起来，这就是俞平伯大讲红学的发端。

在当年，这种《红楼梦》现象成为一个问题：这温婉而陈旧的《红楼梦》与那粗粝而新潮的时代背景，貌似很不合拍。请看实例：

> 有些读者来信，对目前重排出版这些书籍表示怀疑：这类文学作品，尤其是《红楼梦》，目前是否可以看？看了有无坏影响？《红楼梦》的评价究竟如何？他们中间有的人认为《红楼梦》是黄色书籍，曾把自己收藏的《红楼梦》拿出烧掉。[61]

于是，各报纷纷向红学权威俞平伯约稿，请指点迷津。从1953年12月到次年春天，天津《大公报》、上海《文汇报》、《东北文学》和对外刊物《人民中国》，陆续发表了俞平伯署名的文章，指导读者"我们怎样读《红楼梦》"。细心的读者能发现，这几篇普及性文章的观点和风格略有不同，不那么"俞平伯"。据后来的揭示，它们是由助手王佩璋执笔写成的。

这时候，俞平伯的本职工作是在北京大学文学研究所，整理一部以脂本为底本的《红楼梦》新校本。这是《红楼梦》研究的重要基础性、开创性工作，早在二十年代胡适和俞平伯就已经萌发了意向，到此时终于可以落实。校勘整理的工作量大，琐细而繁冗，那年月还不时兴集体协作攻关，但可以是专家主导，助手协助。1953年秋天，新中国培养的第一批大学生毕业。时任副所长何其芳在北大中文系就近挑选，选中了文笔、诗词俱佳，且对《红楼梦》非常熟悉的女生王佩璋，作为俞平伯的专职研究助手。从此王佩璋协助俞平伯进行红学研究，为期约五年时间。

俞平伯之所以请助手王佩璋代笔写文章，也是事出有因。1953年秋，对外宣传刊物《人民中国》向俞平伯约稿，要向外国人介绍《红楼梦》，就是一篇入门或简介性的短文。俞平伯为此写成了《红楼梦简论》，慎重其事地，或者说有些多事地，将文章送给中宣部领导胡乔木审阅。这就要说到，俞平伯与胡乔木的特殊关系。

据聂绀弩说："关于俞平伯，早有许多传说，其中有他是乔木同志的老师，乔木同志曾到他家里去看他，他经常和乔木同志通讯等等。"[62]其实学者的文章又不是政论，本不需要送审的。胡乔木对文字总是异常认真，字斟句酌，既然看到了，就要坚持他的标准，提了许多"建设性意见"，退还给俞平伯要他重写——就像对党内宣传部门的要求一样。

俞平伯大概没想到结果会是这样，写了大半辈子文章，习惯于表达自己，文责自负，不习惯于照本宣科，或奉旨成文。胡乔木与俞平伯，无论是在思维方式还是文章风格上，肯定有巨大的差异，无法调和。让俞平伯按胡乔木的路子重写文章，岂不跟他批评的高鹗续后四十回一样，"万万不能融洽的"？于是，俞平伯借口"工作繁忙，懒于再写，又因为这是介绍百二十回本的，跟我平常的看法有些不同",把胡乔木的意见交给助理王佩璋,请她代笔,不是改写,而是另起炉灶。王佩璋所写仍被嫌长,后来又转投别家,所以最后由王执笔的文章共四篇,都署了俞平伯的名字。

同时,俞平伯并不愿意将他原来写的《红楼梦简论》作废,当《新建设》杂志前来约稿时,就给了他们,于1954年3月号上发表了。正是这一次敝帚自珍,在半年后引来烧身之火——"小人物"最先锁定的目标就是它。

此外,俞平伯还有自己的文章。也是在"约稿热"的1953年秋,香港《大公报》驻北京记者潘际坰约请俞平伯写红学随笔文章,俞平伯正好在校勘中积累下一些心得,遂应承下来。1954年1月到4月,《读〈红楼梦〉随笔》在香港《大公报》连载,不到四个月时间,连发三十八篇。这才是真正俞平伯风格的文章,因为发表在香港,内容比在大陆的更丰富灵活,更具趣味性。4月到6月间,上海的《新民报晚刊》又接力全部转载。那时的报纸只限于一地,没传到北京,它们没有被"小人物"发现。

将两文对照,《读〈红楼梦〉随笔》的前三节与《红楼梦简论》基本相同,是一稿而两用。在其第三节《著书的情况》中,针对近期发生的新情况,俞平伯将自传说与索隐派一起批评:

> 此外《红楼梦》还有一种厄运,便是各式各样主观的猜谜式的"索隐"。近年考证《红楼梦》的改从作者的生平家世等等客观方面来研究,自比以前所谓"红学"着实得多,无奈又犯了一点过于拘滞的毛病,我从前也犯过的。他们把假的贾府跟真的曹氏并了家,把书中主角宝玉和作者合为一人;这样,贾氏的世系等于曹氏的家谱,而《石头记》便等于雪芹的自传了。这很明显,有三种的不妥当。第一,失却小说所以为小说的意义。第二,像这样处处粘合真人真事,小说恐怕不好写,更不能写得这样好。第三,作者明说真事隐去,若处处都是真的,即无所谓"真事隐",不过把真事搬了个家而把真人给换上姓名罢了。[63]

这既可以看作是从年轻时赞成自传说的进步,与胡适距离愈远;更是对"近年"所见周汝昌《红楼梦新证》的不点名批评。很可惜,俞平伯对自传说这种切中肯綮的认识,在即将到来的批判风暴中,被彻底忽略了。而在俞先生自己,他把这观点一直坚持到晚年。

在同一节的结尾,还有这样一段话:

> 我们应该用历史的观点还它的庐山真面,进一步用马克思列宁主义的文艺理论来分析批判它,使它更容易为人民所接受,同时减少它流弊的发生。考证研究的工作都配合着这总目的来活动。我们

必须对我们伟大的文学天才负责,我们必须对广大的人民负责。[64]

在香港版《读〈红楼梦〉随笔》中,此段引文中的"马克思列宁主义的文艺理论",被替换为"进步的文艺理论"。这是俞平伯在1954年初的认识,它距1950年12月《红楼梦研究》的修改定稿,已经过去了三年多。在这段时间里,俞平伯经历了知识分子思想改造运动,无论是自觉还是被动,他的认识和行文肯定发生了变化。而由于书籍的出版周期较长,比报刊慢得多,所以这个时间差被压缩了。我们用动态和发展的眼光来看,就能发现俞平伯前书后文中的思想演变。可惜他的进步,即将被视若无睹。

在1954年的春天,俞平伯春风得意。除了四方约稿让他应接不暇以外,还有《文艺报》发表了推介《红楼梦研究》的文章,拒绝了批评他的来稿;作家出版社向他和王佩璋认错检讨,恭请专家来校注新本;"文学遗产"驳回周汝昌,独尊"壬午说"。后来北大文学所党总支汇报中称:"俞很得意,名利双收,到处讲演,到处写文章。"就这样,在没有了胡适的新中国红学领域,俞平伯成为当之无愧的第一人,他在第一个红学前浪中引领潮头,雄踞舵主地位。与俞先生相比,周汝昌还是新人新作,只算推波助澜。

1954年初,喜欢《红楼梦》的毛泽东主席,读到了《红楼梦研究》。他把统战部部长李维汉、副部长徐冰找来,说你们怎么搞的?俞平伯是研究《红楼梦》的。意思是怎么对他不重视?[65]于是,俞平伯被补选为第一届全国人大的浙江省代表,那是8月20日在杭州的省人代会上通过的。

实际上,问题还有另一个方面。毛泽东还看了俞平伯的旧作《红楼梦辨》,"读得很仔细,差不多从头到尾都有批注、圈画","画的问号一共有五十多个"。[66]这说明,领袖虽然重视俞平伯的著作,但并不赞成他的观点。

9月15日至28日,第一届全国人民代表大会第一次会议在北京中南海怀仁堂召开,俞平伯兴冲冲出席盛会,光荣地行使他的代表权利。

9月20日,中华人民共和国第一部宪法庄严诞生。俞平伯举手赞成,亲眼见证了历史。宪法条文规定:

> 第八十七条 中华人民共和国公民有言论、出版、集会、结社、游行、示威的自由。国家供给必需的物质上的便利,以保证公民享受这些自由。
>
> 第九十五条 中华人民共和国保障公民进行科学研究、文学艺术创作和其他文化活动的自由。国家对于从事科学、教育、文学、艺术和其他文化事业的公民的创造性工作,给以鼓励和帮助。[67]

俞平伯在现场听取了刘少奇委员长所作的关于宪法草案的报告:

我们的国家所以能够关心到每一个公民的自由和权利，当然是由我国的国家制度和社会制度来决定的。任何资本主义国家的人民大众，都没有也不可能有我国人民这样广泛的个人自由。

还是1954年9月，俞平伯应邵力子先生之请，写下一条幅相赠，内容是一首自拟的《板桥道情》：

> 好男儿，志气扬，背田园，赴战场。援朝抗美威声畅。万家烟烬须新建，千里青山变了黄。终教胜利归吾党。锦乾坤和平飞鸽，银河水洗净刀枪。
>
> 偶拟板桥道情，殊不称凯歌锦旋之盛耳。一九五四年九月录呈力子先生教正。　　　　　　　　　　　　俞平伯[68]

他哪里能想到，一场因他而起的风暴，正在同时孕育中。"春与秋其代序"，这个秋天，他注定将很不好过。

俞平伯书赠邵力子条幅

注释：

[1] 周汝昌《曹雪芹生卒年之新推定——〈懋斋诗抄〉中之曹雪芹》，见《周汝昌与胡适》第30—35页，百花文艺出版社2013年。

[2] 本节所引胡适与周汝昌的通信，均见周汝昌《周汝昌与胡适》，第37—106页，不一一另注。

[3] 俞平伯《关于"曹雪芹的生年"——致本刊编者书》，《俞平伯全集》第五卷，第314—315页，花山文艺出版社1997年。

[4] 周汝昌《周汝昌与胡适》，第63—64页。补充引文见《我与胡适先生》，《脂雪轩笔语》，上海人民出版社2000年。

[5] 周汝昌《周汝昌与胡适》，第68页。

[6][7] 周汝昌《跋胡藏〈脂砚斋重评石头记〉》全文见《周汝昌与胡适》书后"补缀"，第247—266页，包括胡适的修改意见和周汝昌的反批。

[8] 周汝昌《周汝昌与胡适》，第102页。

[9][18] 见高树伟《裕瑞〈枣窗闲笔〉新考》，《曹雪芹研究》2015年第三期。又孙楷第《中国通俗小说书目》卷四："《枣窗闲笔》一卷，存。余藏作者手稿本，已捐北京图书馆。"

[10] 傅斯年1945年10月17日《致胡适》，《傅斯年全集》第七卷，湖南教育出版社2003年。

[11] 见林建刚《胡适帮助过的十位学者》，"东方历史评论"微信公号，2018年2月26日。

[12] 周汝昌在《跋胡藏〈脂砚斋重评石头记〉》文后的两条附记，《周汝昌与胡适》第266页。

[13] 周汝昌《我与胡适先生》，《脂雪轩笔语》，第90—102页。

[14] 周汝昌《周汝昌与胡适》，第107页。

[15][28] 梅节《周汝昌、胡适"师友交谊"抉隐——以甲戌本的借阅、录副和归还为中心》，香港《城市文艺》第五十四期，2011年7月15日。

[16] 周汝昌《周汝昌与胡适》，第110页。

[17] 转引自冯其庸《影印〈脂砚斋重评石头记〉甲戌本上被胡适删去的几条跋文》，《石头记脂本研究》，第285—286页，人民文学出版社2015年。

[19][21] 曹伯言整理《胡适日记全编》第7册，第726—727页，安徽教育出版社2001年。

[20] 参见陈以爱《胡适的〈水经注〉藏本的播迁流散》，《九州学林》2007年春季五卷一期。又胡适于1954年12月18日夜在周汝昌《红楼梦新证》上作批语："《四松堂集》稿本也是我一九四八年十二月十五夜故意遗赠北京大学,使他可以利用的。"按胡适后来将飞南京日期误记为12月16日，据日记应为15日，其前夜是14日。载宋广波编《胡适批红集》第320页，北京大学出版社2009年。但是周汝昌误解

为孙楷第"因故未能交到,却落到了北京大学图书馆"。

[22] 胡适《找书的快乐》,《胡适红楼梦研究论述全编》第253—254页,上海古籍出版社1988年。

[23] 1951年8月13日夏鼐日记,记述郑振铎当日讲述胡适离开大陆前情形:"胡离沪时,郑曾与之同桌共宴,胡之精神正懊丧,但主张其自由主义,郑劝之不必赴美,不但不听,反转劝郑不要投奔解放区。胡离北京时,仅带书二部,一为脂砚斋《红楼梦》,一为所借铁琴铜剑楼藏本《水经注》。"《夏鼐日记》,华东师范大学出版社2011年。

[24] 1948年12月18日《申报》报道。

[25]《顾颉刚日记》第六卷(1947—1950),第440页,中华书局2011年。

[26] 参见易竹贤《胡适传》,第413页,人民出版社2013年。

[27] 邓广铭1995年6月14日证词。转引自徐世强、马颖《胡适遗留北平藏品为何被"身首三处"》,《档案天地》2011年第六期。

[29] 周汝昌《真本石头记之脂砚斋评》,见《红楼梦新证》,棠棣出版社1953年。

[30] 邓之诚《五石斋文史札记》(二十三),《中国典籍与文化》2007年第一期。

[31] 周伦玲《可奈无金收秘稿——周汝昌与庚辰本失之交臂》,《今晚报》2014年11月14日。

[32] 按:魏广洲原文作5月5日,按其所叙倒推十余天,他见到郑振铎约为4月23日前后。但是,其时郑振铎作为新中国代表团成员,与郭沫若、徐悲鸿等赴捷克布拉格出席第一届保卫世界和平大会,于3月29日已出发,5月25日才返回,故他不可能于4月下旬出现在北平。4月23日,正是他们在布拉格会场上,听到解放大军渡过长江并进入南京的日子,郑振铎的日记中有记载,徐悲鸿还作画描绘其场面。据《郑振铎年谱》,郑振铎于3月18日抵达北平,所以3月下旬的前几天,才是合理的时间段。魏广洲在三十五年后的回忆,差了一个月时间。另外,4月5日也更符合周汝昌所说"己丑之春"。参见《郑振铎日记全编》,山西古籍出版社2006年,《郑振铎年谱》,上海外语教育出版社2017年。这个判断,参考了陈林的质疑,见本书之第十一"围城篇"。

[33] 以上据魏广洲《追述〈石头记〉(庚辰本)发现与过程》,原载上海书店内部刊物《古旧书讯》1984年第五期,重刊于俞子林主编《书的记忆》,上海书店出版社2008年版。又参见《红楼梦学刊》1995年第四辑冀振武《庚辰本的转手过程》,系转述魏文,但有臆改,不准确。如他混淆了魏、萧的双方代理身份,实际上魏除了首次赴徐家看书以外,不曾也不应该再去徐家,理应是萧与徐家单独接触,同理萧也不接触买家。又如魏不应该未经卖主同意,就擅自将书留在燕大一星期,他是当晚回城获卖家的延期许可后,才在次日又跑了一趟海淀,方留下书。

[34] 孙玉蓉《俞平伯年谱》,第251页,天津人民出版社2001年。

[35] 两首诗分别见《俞平伯全集》第一卷,第372—373页、664页,花山文艺出版

社1997年。

[36] 见周文毅《是非红楼——俞平伯1954年以后的岁月》，第161页，百花洲文艺出版社2019年。

[37] 以上依据李希凡《李希凡自述：往事回眸》，东方出版中心2014年。本书中李希凡事迹多据此书。

[38] 蓝翎《龙卷风》序，远东出版社1995年。本书中蓝翎事迹多据此书。

[39] 以上依据冯其庸《风雨平生——冯其庸口述自传》，商务印书馆2017。本书中冯其庸事迹多据此书。

[40] 黄裳《来燕榭书札》，第16-17页，大象出版社2004年。

[41] 梁归智认为："周汝昌对退稿时'连一纸退稿便笺亦无'颇有情绪，揆其原委，叶圣陶是俞平伯的密友，而《证石头记》在一些方面与俞平伯的《红楼梦辨》观点枘凿，至少在篇幅上远远压倒了《红楼梦辨》，叶圣陶不愿承揽出版此书，也在情理之中。"见《红学泰斗周汝昌传》，第108-109页，漓江出版社2006年。这纯属主观臆测，离事实真相甚远。

[42]《王伯祥日记》，中华书局2020年。

[43] 在《周汝昌与胡适》中，原述文怀沙初次来访为1951年初寒假前。但在该书《旧版后记》中，刊载了新发现的文怀沙同年10月10日信，谓："特为此事冒着溽暑去燕京一次，竟未得一晤，只得怅然而返。"据此改为暑假前。

[44] 见《李辉质疑文怀沙》，载《北京晚报》2009年2月18日。参见人民网同年2月24日《李辉：我为什么要质疑文怀沙》。本书之第六"斗争篇"中还有进一步叙述。

[45] 周汝昌《红缘辐辏》，《红楼无限情——周汝昌自传》，第170页，北京十月文艺出版社2005年。

[46] 针对此事梅节认为："最恶劣的是，由于孙楷第先生知道胡周交往中周汝昌欺瞒胡适、扣压甲戌本等种种恶行，周为灭口，诬陷孙先生对新社会不满，竟拉许政扬作证，真是恶劣之极。"见沈治钧《红楼七宗案》第244页注释[9]中所引梅节批语，江苏人民出版社2011年。笔者认为梅节的批评依据不足，上纲过高，不能认同。

[47] 周汝昌《什刹海边忆故交——怀念张伯驹先生》，《周汝昌与胡适》附录，第271页。

[48] 周汝昌《重排后记》，《红楼梦新证》增订本，人民文学出版社1976年。

[49] 当年曾就读于燕京大学新闻系的梅节在2009年写道："据中文系传出，是他的国学根底太差，五经、四史似未发蒙，语言学理论接受也不好。读了两年，系里评估，周同学恐难按期完成研究生课程。"梅节认为周汝昌的研究生是被劝退、除名。"不是中文系研究生提前毕业，是西语系本科毕业生滞后两年分配。这就是燕大将周汝昌中文系研究生除名的内情"。见梅节《顾随的赞词与周汝昌的功底》，香港《城市文艺》2009年9月号。笔者未知是否属实，录此待考。

[50] 参见梁归智《红学泰斗周汝昌传》，第95-97页。

[51] 原华西大学学生刘浔生《我所知道的周汝昌老师》，转引自梁归智《红学泰斗

周汝昌传》。

[52] 文怀沙致周汝昌信，见《周汝昌与胡适》第285页。

[53] 数信均见《顾随致周汝昌书》，河北教育出版社2010年。

[54] 王培元《我将狂笑我将哭》，《当代》2014年第一期。

[55][56] 舒芜《老吾老》，《万象》2008年第十期。

[57]《周作人俞平伯往来书札影真》下册239页，北京图书馆出版社1999年。

[58][59] 见《王伯祥日记》。某些著作中谓北京大学文研所成立于1952年，无月日，于1953年2月22日改隶属中国科学院，此说实误。查1952年中各大学均忙于院系调整，北京大学于1952年10月自沙滩迁入原燕京大学校园，实不可能顾及成立新机构。而在搬家安顿后于1953年初成立文研所，才是顺理成章的。

[60] 见黄裳《古槐书屋》，载《榆下说书》，第211页，安徽教育出版社2006年。按：在一些访谈中，文怀沙多次将此事描述成：是俞平伯为葬父先来向他借钱，他向棠棣出版社借了二百万元给俞，待俞办完丧事无力还钱时，他才建议改编《红楼梦辨》，以稿酬还借款。此说颠倒了编书与借钱的先后顺序，改变了预支稿酬的性质，也有贬俞扬己之嫌。

[61] 天津《大公报》编者按1953年12月19日。

[62] 聂绀弩《补充材料》1955年7月20日，《聂绀弩全集》第十卷，武汉出版社2004年。

[63] 俞平伯《红楼梦简论》和《读〈红楼梦〉随笔》，均见《红楼梦研究参考资料选辑》第二辑，第48页和第210—211页，人民文学出版社1973年。

[64] 俞平伯《红楼梦简论》和《读〈红楼梦〉随笔》，同上书，第50页和第213页。

[65] 陈徒手《人有病，天知否：1949年后中国文坛纪实》，第10—11页，生活·读书·新知三联书店2013年，参见舒云《批判〈红楼梦研究〉前后的文怀沙与俞平伯》，《炎黄春秋》1998年第四期。

[66] 徐中远《毛泽东读评五部古典小说》，第52—53页，华文出版社1997年。

[67]《中华人民共和国宪法》，人民出版社1954年。

[68] 见《俞平伯全集》第一卷，第471页，据手书条幅校补。

三　批判篇（1949-1955）

> 不想这日三月十五，葫芦庙中炸供，那些和尚不加小心，致使油锅火逸，便烧着窗纸。此方人家多用竹篱木壁者，其大抵也因劫数，于是接二连三，牵四挂五，将一条街烧得如火焰山一般。
>
> ——《红楼梦》第一回

10 齐鲁二重奏

李希凡

李希凡的起步太幸运了，令人羡慕嫉妒。我这里指的还不是他后来的躬蒙圣眷，名扬天下，而单说他的求学经历，就已经是吉星高照了。第一步是弃"胶东军政大学"而就济南华东大学；第二步是华东大学从干部短训班改为正式大学；第三步是华东大学合并入山东大学；第四步是提前毕业，不算肄业，免试升入研究生。入学时无须高考，毕业时免作论文。这经历绝对是不可复制的。蓝翎的幸运度则略逊一筹，没有开头的胶东和结尾的研究生，中间则是一样的。

1949年6月，李希凡和七八个同学一起，从青岛抵达济南。已是深夜，他们扛着行李走过长长的一段石板路，能听见石板下哗哗的流水声，原来那就是泉城济南特有的供水系统。走进齐鲁大学校园，教学楼也与燕园类似，是中西合璧的建筑群，楼前的中心花园郁郁葱葱。教学楼东边有几排平房，被华东大学占据使用。这里不够住了，临时安排李希凡等人去操场西边大礼堂后长椅上住了十几天。据我考证，那东边的平房是中国教师的宿舍区，称东村，后被拆除建成宿舍楼。而所谓大礼堂，应该是原来的礼拜堂康穆堂，1958年被拆除，改建为教学八楼。

齐鲁大学也是教会大学，由美、英、加等国教会合建，历史悠久，二十世纪三十年代是它的鼎盛时期，与燕京大学并称"南齐北燕"。如果论医学院，则又有"北协和、南湘雅、东齐鲁、西华西"之称。抗日战争时期，与燕京一起迁移至四川成都华西坝，借用华西大学校址办学。1948年，战火再次迫近，齐鲁大学再次迁校，文理学院迁往杭州，医学院则迁往福州。对这次迁移的评价与十一年前不同,你在躲避谁投靠谁?正与燕京的坚定不移形成对照。所以济南一旦解放,华东大学可以乘虚而入,填补真空。这不叫鸠占鹊巢,而应称园归新主。1951年1月,华东军政委员会教育部接管齐鲁大学,解聘所有外籍人员。

那时候到处都有所谓军政大学、革命大学在树旗招生,实际上只是短期的干部培训班,受几个月政治训练就分配上岗了。君不见那李希凡差一点就去了的"胶东军政大学"?在革命和战争年代就是这样,鼎鼎大名的黄埔军校和抗日军政大学都是光辉的先例。李希凡进入的华东大学,本来也不外乎如此,只不过比胶东的级别更高就是了。那是一种穿土布军衣,吃小米干饭或玉米面窝窝头,睡稻草打地铺,像行伍军人一样的生活,他们都严格遵守纪律,没有怨言。

同学的成分有点复杂,有"流亡中学"的学生,有失业青年,有工作过的职员,甚至有人做过警察局长或"国军"军官。他们的入学第一课,就是上黄河大堤抗洪抢险,经受了历练。开始上大课,讲的是马克思主义哲学、中国革命史和共同纲领,李希凡收益最大的是社会发展史。在一次病中,他读了苏联小说《钢铁是怎样炼成的》,觉得是病中良药,此后被激励了一生。

他们经历的思想改造运动与旧大学里的知识分子不同,要求每个人写自传自报公议,谓之"大磕筐儿"。李希凡由衷地感到,一定要对党忠诚,抛弃旧我,重做新人。开国大典之后,一些年轻的同学纷纷申请入团,李希凡却直接申请入党。可是别人先入了团自己却杳无音讯,他苦闷不解。后来经过谈话指点,才明白党员是必须经过长期考验的,再重新申请加入青年团。没想到在入团的会上,受到"哥们儿"的无情批评。后来才得知是领导安排的,要压压他自视甚高的气焰。

也是在开国大典之后,因为南方的解放区迅速扩大,各地都需要干部,华东大学各部都在酝酿分配。比李希凡早几个月入学的一二部学员,大部分都分配完毕,或就地工作,或随军南下。李希凡和他的三四部同学们,也跃跃欲试,做好了准备。

1950年3月,突然传来了好消息:根据高教部决定,华东大学转为正式大学,下设六个系:文学系、历史系、政治系、俄文系、体育系、艺术系,他被分在文学系(注意既不是报,也不是考)。

那是一个转折的时代,变化就是常规,所以变化并不意外。意外的是这变化的分界,就划在队列中的三四部学员之前。那本来多少有些虚张声势号称的大学,一夜之间弄假成真;李希凡等人从受短期培训的干部,一下子转为受完整教育的大学生了。而且,被分到最为理想,没有之一的文学系!"共产党送我上大学"，李希凡深深认同这个口号。

在这新成立的文学系里，李希凡被选为学习小组长，生活小组长是一位引人注目的漂亮女孩徐潮，她将成为李希凡的爱人，并白头偕老。在他周围，常一起讨论问题的小同学中，有一位成为他合作文章的伙伴，叫杨建中（笔名蓝翎），也将与他纠结到老。

在那段时间里，他们活动的校园有两处，一是齐鲁大学中的平房院，二是经七纬八路的另一所校园。来回搬迁了两次，不太安定。

从这时开始，李希凡感觉全面进入文学殿堂，产生了欲深入其底蕴的热烈追求。他的学习方法是课堂上少记笔记，考试时不背笔记，发挥自己的认识，课外多读原著，不顾有些同学的讽刺，有意识地去"啃大本本"，即高深的文艺理论著作和厚本苏俄小说。

文学系开课一个学期以后，同学们感觉到老师是仓促上马，学校教学也没有长远的安排，似乎是在等待什么。果然，这个"正式"的华东大学仅存在了七个月，就在1950年10月宣布撤销，其大部分并入在青岛的山东大学。他们占领了齐鲁大学才不到两年，却与齐鲁大学一起被解散拆分了。原齐鲁大学校园，留给了山东医学院，次年成都的华西也仿此办理。山东高等院校的调整，在全国先行一步。

当年的院校调整，应该是有人欢乐有人愁吧。对于李希凡，这肯定又是一个意外之喜。从济南再回青岛，"杂牌"新建大学转入了正规老牌大学，他这个曾蹭课两年的旁听生，也摇身变为山东大学的正式本科生了。前度本属过客，归来翻为主人。犹如"警幻情榜"的副册、又副册中人，突然间翻身挺进正册，那是什么感觉？

李希凡穿着一身胶东老乡手织的土黄布军装，自豪地回到了青岛，住进太平角过去外国人的二层别墅小楼，算开了"洋荤"。1951年春节，他返回通州老家探亲，同在青岛的二姐给他买了一身新的中山装，那真是今非昔比，衣锦还乡。

山东大学的名师，自非华东大学可比。陆侃如先生讲楚辞，萧涤非先生讲唐诗，冯沅君先生讲元明清小说戏曲。教写作实习课的黄云眉先生对李希凡的习作大加鼓励，在期终总结时说："我祝贺你们，你们中间可能出现大评论家。"同学们可能并未留意，但是李希凡记住了这句话。李希凡喜欢提意见，他那时就看出朱光潜的《文艺心理学》是用唯心主义解释精神现象；在文学史教学中，他提出应排除胡适《白话文学史》的影响，一些老师对此并不认同。李希凡一边向往着成为别林斯基、杜勃罗留波夫那样的文艺评论家，一边真诚地信奉文艺的阶级论，以《在延安文艺座谈会上的讲话》为指南，在此打下了终生不渝的基础。

中文系主任吕荧是文艺理论家和美学家,开文艺学课,李希凡是课代表,自然接触较多,吕先生也很赏识扶植他。一个系干事上书《文艺报》点名批评吕荧,其罪名据李希凡记忆,是"教条主义"。李希凡曾经找校长华岗去为老师说项解释,但批判会还是召开了,吕先生拒绝出席。李希凡不记得有谁发了言,他作为《文艺报》通讯员,写了篇违心的意见书,批评老师。吕先生坚持自己没有错误,负气出走去了北京。

在山东大学的两年多时间里,政治运动不断,例如镇压反革命、公审大会、抗美援朝和反对美帝细菌战的游行。浪费时间最多的是"三反五反"运动,李希凡作为干部学员必须参加,任务却是去山大附属医院妇产科,查办一个医生的私下坠胎行为。让一个未婚男青年干这个,他自己也觉得"甚荒唐",为此停课两个多月,值得吗?

1953年6月,因为国家用人亟需,山东大学的三年级学生提前毕业,以致所有课程都没有上完,更无所谓毕业论文了。李希凡在校期间已经在校刊上发表了两篇文艺评论文章,是罕见的例外。

在提前毕业大局已定,个人前途还未卜的空隙里,夏夜难眠,李希凡和三五知己在宿舍楼前的树荫下,聊到夜深。话题是前途和理想,那时候不会毕业即失业,但只能服从分配,没有个人选择,谁不担心自己的未来呢?李希凡怕的是分去做教员,愿的是进文学理论研究单位。他憧憬着北京大学文学研究所,或者到《文艺报》做编辑也行。他记得"蓝翎虽然也和大家一起聊,可有时却像锯嘴的葫芦,突然离去,未免让我们觉得有点怪。"[1]

蓝翎

从蓝翎的着眼点回看同一段经历,其关切的重点和看法的倾向,有明显的不同。

蓝翎比李希凡年轻四岁,进入华东大学时,还未满十八岁。有人把他看成是旧社会过来的知识分子,他说未免有点高抬,认定自己是接受共产党教育的马克思主义科班出身。

1949年5月入学后,上级领导组织学习的第一篇文章是《论忠诚老实》,让学员"抖包袱",写自传,把在旧社会的经历毫无隐瞒地向组织上交代,以便轻装前进。在此基础上,他写了思想总结,题为《地主阶级的清高名士思想》。其实他家的成分是中农,也说不上真有什么"名士思想",不过是为了表现进步,而主动地把问题性质自我拔高,后来自己觉得就是一种"幼稚病"。他还是很感谢老师们,把马克思列宁主义的基本理论一点一滴地灌输到他们心中,牢牢记住了几十年。

蓝翎觉得,他在思想改造中属于后进者,被认为思想不专一,老想着旁涉文学。所以直到学了一年临近结业时,才加入了青年团。正好这时华东大学奉命改为设立专业系的正规大学,他于是顺理成章地转入了文学系,与李希凡相聚在一个系里。蓝翎坦诚地写下了自己当时的感觉:"我是系里年龄较小个子不高学历又浅的小萝卜头,很少引人注意。李希凡等一拨从青岛来的学生很自负,看不起我这样的来自乡下的'土包子',所以虽同系而很少交往。"[2]但同学之间的关系还是融洽的。

1950年初秋,华东大学本来拟迁南京,突然改为东进,同在青岛的山东大学合并。1951年3月15日,举行了正式合并典礼,名曰"新山大"。中文系老师是名教授云集,学生由三校汇聚而来。原山东大学中文系约二十人,原华东大学过来的干部学员占大多数,被撤销的原齐鲁大学则人数很少。一个系三个年级,共有一百多人,表面上三军齐整,暗地里各怀心思。在原山大一部分同学看来,原华大学员是"三不齐":年龄不齐,学历不齐,文化水平不齐,不是凭真本事考进来的,是穿制服的"土包子"。这种感觉我很熟悉,就像是1978年初我们考进了大学,与"工农兵学员"之间的差别一样。而原华大一部分学员呢,自以为参加革命早,思想觉悟和马列主义水平高,从另一个角度看不起原山大学生,甚至认为老师是旧知识分子,是接受改造的对象,便欠尊重。原齐鲁大学的人数少,默默地随大流,其实可以想见他们心中暗藏的高傲,和虎落平阳、寄人篱下的不安。这种潜在的隔阂,只怕是遇到适当的时机,就会显现出来。

1951年春,在抗美援朝的热潮中,几十位同学参军离校。李希凡和蓝翎都报了名,但都没有被征兵者录取。在写作实习课上,蓝翎写了一篇送别同学参军的短文,被老师选出来热情朗诵,高度评价,认为是全部送别文中写得最好的,于是小同学杨建中,在系里也崭露头角了。

原来的三个班剩下两个班,剩下的人不得不调整重组。这时李希凡和蓝翎被调到一个学习小组,李是小组长。两人这才开始近乎起来,都喜欢读书,有志写作,彼此忽然发现很有共同语言。有旁观者讥之为"臭味相投",李希凡反唇相讥:"教条主义也比饭桶强!"瞧不起那些不认真读书的。

蓝翎记得,两人在那时就合作过一篇文章,批评一部小说《人民的儿子》。蓝翎起草了初稿,李希凡修改补充,蓝翎再修改定稿。投稿给一家刊物,但没有发表。这是他俩的第一次合作,一次必不可少的实战演练。

按照蓝翎的回忆,吕荧先生之所以在《文艺报》被点名批评,要比"教条主义"更为严重,是被批为"资产阶级观点",说他用"取法乎上,仅得其中,取法乎中,仅得其下",来贬低革命文艺作品,这显然是重得多的罪名。

中文系在礼堂召开全系大会,批判系主任吕荧,校长华岗也出席了。李希凡被认为是"中毒"较深者,只有检讨的份。蓝翎没有得到发言机会,便赌气点蜡烛开夜车,写成稿件投寄《文艺报》,被发表在1952年第四号。蓝翎当时很得意,事后很懊悔。因为吕先生一怒去了北京的人民文学出版社,再也听不到他讲课了。

蓝翎后来认为,他和李希凡对吕荧先生的批评,"其间有性质和程度的不同,我是属于假'左',李希凡则近于假'右'。如果有一个是真,怕从此真要生分了,闹翻了,彼此不相往来了。正因为彼此都有假,不当真,不较真,不生分,未闹翻,并一如既往,所以才有了后来的合作,一度成为战友。"

1953年,山东大学三年级学生与华东地区其他三所大学的同届学生一起,结束课业,免作论文,提前毕业,分配工作。虽说是三年级,但他们实际上分三个阶段,在两所大学里一共读了四年多,第一年的干部培训不算年级。他们的分配完全由学校决定,不同本人见面。

在公布名单的前一天,有关系好的知情人士向蓝翎泄密,说他将分到北京一家有名的文学出版社当编辑。他心里有了底,但不动声色,仍去下海游泳,心态十分轻松。谁知道一夜之间突然生变,第二天,他被改分到中学去做语文教师了。当时不明所以,后来猜测,可能政审出了点问题。

11 三方进京

1953年7月,朝鲜战场烽烟止息,新中国如释重负。第一个五年计划要加速实现,憧憬已久而又延宕数年的大规模经济建设和文化建设,即将全面展开,亟需大量人才。而最需要人的是中央国家机关和高等院校,这样,就引出了几位原本无关、尚未成名的文化人,他们暂时隐藏在芸芸众生的旅客中,在前后一年的时间内,陆续从东、南、西三个方向来到北京。

我这样的写法,好像是在有意摹仿《红楼梦》:荣国府里人多事杂,从哪里"写起方妙?恰好忽从千里之外,芥豆之微,小小一个人家",就是刘姥姥写起。转念一想,这几个人可不是配角,也许比喻成林黛玉进京、薛宝钗入府,才更为妥当。他们即将在红学舞台起霸亮相,是绝对的主角。

李希凡、蓝翎

山东的动作,就是领先于全国。山东大学的毕业分配名单一公布,贴出红榜,开会欢送,束装就道,各奔前程。

在公布的名单中,多数人分到北京,少数人去东北或华北或山东的城市。一部分同学有具体单位,可以直接去报到。另一部分只注明是"党群系统",没有具体单位,待到京后再具体分配。这"党群系统"范围多大?包括什么?到底是党是群?均无解。如同留下一个谜,让大家继续猜。

1953年8月中,去北京的大队人马三百余人乘火车出发,坐满整整两个车厢。此时的铁路早已正常运行,从青岛经济南、德州到北京,不过一昼夜的时间。到达前门外的旧北京火车站,有各单位派员派车来接,可以想象,那场面热闹红火。

李希凡与同学女友徐潮匆匆忙忙地分别了，登车开往西郊西直门外的四道口。他被分配到另一所新建的革命学校——中国人民大学，读哲学研究生，他有些遗憾要告别文学理想了。徐潮分配到中央直属机关团委工作，地点在西城区的皇城根，她倒是相当满意。杨建中也就是蓝翎，去鼓楼以东的宝钞胡同，到北京师范大学附属工农速成中学报到，未免心有不甘。

三天以后，他们知道了所谓"党群系统"的具体含义，其中竟包括新华社、《人民日报》、《光明日报》和中国作家协会这样的单位，中文系的其他十几个同学，差不多都进了这样高大上的对口单位。把岗位与人头一比较，不免感到与实际业务水平不那么般配，有点乱点鸳鸯谱。两相对照，肯定有人喜出望外，有人感叹命运不公。

李希凡能免试直接入人民大学读研究生，这在那个年代应属凤毛麟角的好运了。但是与那些分到好工作的同学相比，还是感到学校并不了解用人单位的要求，分配简直就是碰运气。特别是进了人大，本来说好的学哲学，却把他分到了中国革命史班。又是一个随意性的改变，这离他的长处和愿望就更远了。他心里乱得很，不能安心。

蓝翎与那些幸运儿一比，就更不服气了，他认为那些进了大编辑部的同学，当个编辑都会有困难。但是，这所中学待他不薄，工资给得高，直接领到每月六十六元（其他同学转正前工资是四十六元），而且分给他一间独享的平房宿舍。这是所有其他同学都没有获得的优待条件，也就算是心理补偿了吧。他准备先好好干，靠自己的努力改变命运。

蓝翎所在的这所中学，其前身是清代的那王府，其后身改为了鼓楼中学。几个月后，就是在这间宿舍小房里，李希凡与蓝翎合写文章，一举改变了自己的命运，又影响到很多其他人的命运。

周汝昌

1953年10月上旬，在四川大学外文系教书的周汝昌，接到原燕京大学中文系教授林庚的来信，内中写道：

> 汝昌学兄：
>
> 　　燕园别后荏苒二载，足下红楼一书，驰誉说苑。此间人民文学出版社聂绀弩同志函深推许，烦仆征求尊意，此著可否改由文学出版社出版？又如足下能同意来京在文学出版社古典部工作，则尤聂公之所深盼。此间可设法通过人事机构为足下调工作……[3]

一个月以前，周汝昌的著作《红楼梦新证》在上海棠棣出版社出版，风行一时，北京的文化界当然注意到了此书，以及作者其人。正是因为这本书，改变了周汝昌的职业，也改变了他的后半生。

当时周汝昌正不安于蜀地的工作。从上半年开始，老师顾随就已积极帮助他联系，到天津师范学院或南开大学任教。当时，周汝昌的燕京同窗许政扬正在南开中文系。在暑期，南开中文系主任李何林曾致信川大，商调周汝昌，未获应允。在周汝昌自己，当然是以北京为首选的。

曾经有传闻，当时设在北大的文学研究所准备调周汝昌，后受阻未果。已知俞平伯与周汝昌的观点不合，正好在当时公诸报章。与此同时，人民文学出版社正在全国范围内广招人才，两三年内有多人从各地进京加盟，周汝昌因《新证》而进入他们的视野。时任副总编辑兼古典文学编辑室（二编室）负责人聂绀弩有意聘用周汝昌。因为素不相识，便转托一位旧相识居间协调，这样便找到了原燕京大学、现北京大学教授林庚。注意此信的时间，早于五三版《红楼梦》之出版两个月，不可能对新本的短命未卜先知。所以要调周的本意，与再整新版无关。

周汝昌收到林庚先生的信后，正中下怀，双方一拍即合。但人事调动岂是那么容易？出京容易进京难。川大当然不愿放行，传出风声："外文系即使不办了（当时学生不愿学英语了），中文系也请留。并且即可晋升副教授……"

但是这一次人文社的背景，可不同于上一次的南开中文系。要调周汝昌进京，可能获得了胡乔木和周扬的首肯，由中宣部致电川大，而且至再至三。川大校长彭迪先说："再不放他，就是不服从中央命令了！"

于是周汝昌放弃了四川大学的副教授，选择回北京做一名普通编辑。那个年代，出版系统还没有编审、副编审的职称。

当年三十六岁的周汝昌，一年前又添了个小儿子，现在是一家七口了。他已经亲身体验过蜀道之难，归途不愿再重蹈覆辙。于是携眷登舟，顺江东下，穿三峡，至宜昌转火车回北京。此时，他应该有"即从巴峡穿巫峡，便下襄阳向洛阳"之兴奋吧？

周汝昌到北京后，被安排住进东四十二条以北的门楼胡同，一个小院，三间正房。聂绀弩和舒芜一起来看望，这房子令舒芜羡慕。聂绀弩见北墙上悬了一副对联，写的是"旧有雄文悬北阙，近无老屋在南山。"他立刻说：应改两个字，改为"近有雄文悬北阙，旧无老屋在南山"。前句指刚出的周著《新证》，后句暗示已了解了周的家境出身，其才思敏捷如此。

在办公室第一次见面时，聂绀弩与周汝昌正式谈话，提到了毛主席：

> 略事休息，即去上班——出版社在东四头条胡同，两层旧楼房。

聂公在二楼，办公与住宿生活都在那一间大屋。我初会他，他坐在主位，另一王某在其侧座。我坐在聂公对面。几句话后，聂公就提起《新证》，随后又说道：毛主席对你的书有好评。王某在旁也陪笑附和此言。我听了很感意外，不免惶恐，不敢十分相信——因为初次会晤，一切陌生，自然不便像熟人一般开口追问：是吗？毛主席都说什么了？

而且，我有一个怪脾气，凡听人家讲什么，总不愿在人家透露的事情以外去问，去"追根究底"，所以只知有此一说。以后，向我提到这一传闻的不时有之，但都言之不详，谁也没能告诉我，那原话是怎么说的。[4]

此事在周汝昌和他女儿的几次叙述中，有不同版本，详略不一，程度有别。我以为这也正常，因为并无文字定本，多年之后的老人回忆，很容易产生记忆和语言上的模糊性。半个多世纪以后，有学者质疑此事之有无。[5] 我相信此事应该确有，不会是空穴来风。其理由将在本书中慢慢道来。

周汝昌回京后不久，受到旧友启功、吴小如邀请，与俞平伯和他的助手王佩璋等一起聚餐，由两位东道主各出资一半，当时应该是宾主尽欢。但几十年后有周汝昌的弟子严中传言："俞平伯的友好闻聂绀弩等调周到京，以为是为了'报复'，很紧张"，遂邀宴会，"当系寓有'打和'之意在。"[6] 这应该是周汝昌太"多心"了。在此之前两个多月，有《光明日报》"文学遗产"上的曹雪芹卒年之争，但纯属学术分歧，俞平伯一方应该心无芥蒂，他的友好"紧张"什么？当事人吴小如（我的老师）著文申明，他们的动机和目的是："俞、周两位以前从未正式见过面，都是红学专家，恰好又是与我和启老相熟的人，便由我们出面邀饮，借以联络感情。至于'打和'云云，因既未'交恶'，自然也就用不着'打和'了。"[7] 可见所谓"交恶"的感觉是单方面的，是一厢情"怨"。这是俞、周两人有纪念意义的初次见面。

周汝昌大约在五六月之交得知了毛主席对《新证》有好评的消息后，写信告诉了四哥祜昌和老师顾随。给顾随的信写于6月23日，顾随在6月26日中午收到，乍闻喜讯，他比周汝昌本人还要激动，凝结为一阕《木兰花慢》词：

得命新（周汝昌号）六月廿三日书，欢喜感叹，得未曾有，不可无词以纪之也。

石头非宝玉，便大观，亦虚名。甚扑朔迷离，燕娇莺姹，樊乱钗横。西城试寻旧址，尚朱楼碧瓦映觚棱。煊赫奴才家世，虺𧈢没落阶层。

> 燕京人海有人英，辛苦著书成。等慧地论文，龙门作史，高密笺经。分明去天尺五，听巨人褒语夏雷鸣。下士从教大笑，笑声一似蝇声。

在词后跋中又自述：

> 昨午得书，便思以词纪之，而情绪激昂，思想不能集中，未敢率尔孤（辜）负佳题。下午睡起茗饮后，拈管伸纸，只得断句，仍未成篇。今晨五时醒来，拥被默吟，竟尔谱就，起来录出，殊难惬心。逐渐修改，迄于午时，乃若可观。兹录呈吟政，想不致麋颦攒眉耳。[8]

从这首词的序和跋来看，从词中的"分明去天尺五，听巨人褒语夏雷鸣"一句看，它显然是听到毛泽东主席对《红楼梦新证》有好评后有感而作。此词的上阕写《红楼梦》和曹雪芹，也写到了恭王府旧址（顾随任教的辅仁大学女校在恭王府内，周汝昌认为就是荣国府、大观园的"蓝本"）；下阕赞扬了周汝昌和他的书，以刘勰《文心雕龙》、司马迁《史记》和郑玄《毛诗传笺》作比，在文评、史著、笺注三方面达于典范。我们可以认为这是顾随爱生心切，赞誉过度，有失分寸，但很难否认他的原意，硬要说成是周汝昌曲解师意，美化自己。因为顾随致周汝昌的信都已公布出书，几个月前他早已多次语义明白地对《红楼梦新证》给予超高评价，甚至说"大著与曹书将共同其不朽"。那些信中虽然也有对周著的批评指点，与此词的一味盛赞有别，但正是因为忽听得"巨人褒语"，"欢喜感叹，得未曾有"，才造成这一态度变化，实不足怪。而几个月乃至二十年后的事实，也能帮周汝昌作证——我们到时候将能看到。所以，待半个世纪以后，有沈治钧等力辩顾随此词，是只赞曹雪芹，非赞周汝昌，[9] 我以为是难以说通的。至于顾随的赞颂是否名实相符，是否过誉失度，是另一个问题，另当别论。

冯其庸

当是时，在长江下游，太湖边上的无锡，刚过而立之年的冯其庸，正在无锡第一女中任教。五年前，他没有能随军去解放大西南，而是留在当地，穿着军装，以军人而不是教师的身份走进学校。开始教政治课，每月做时事政治报告，抓银元贩子，宣传抗美援朝，动员学生参军，反正是工作极忙，运动不断。他是管政治思想的副教导主任，还兼教语文课。在镇压反革命运动中，真的从同事教师中，抓出一个国民党潜伏特务。他很受中共无锡市委信任，被选为市人民代表。

事情又回到1954年的北京，李希凡正在就学的中国人民大学，需要教中国文学的教师。那时的人大还没有中文系，只有一个国文教研室，其中有位教师吴文治，正是冯其庸在无锡国专的旧相识。他于1949年从东吴大学毕业，1950年北上华北大学，转为人民大学研究生，1952年起登台讲授古典文学。他推荐了老同学，冯其庸的命运轨迹因此而改变。于是人大就发了调令，于是一位无锡的中学教师，顷刻变身为北京的大学教师，哪怕他自己也没上过大学。无锡国专虽然也是培养国学人才的重镇，毕竟只是大专。这变化带点传奇色彩，那个年代不太讲究学历和论资排辈。

对比周汝昌的由川大调北京和几个月后的李希凡由人大调《人民日报》，冯其庸的这次调动好像太容易了一些，不合常规。我估计有这样一个因素，在那时的大学教师中，党内青年人才太少，革命的人大不愿意用旧大学培养的教师。为了充实自己人的教师队伍，正需要他。

冯其庸于8月进京，恰逢洪水，铁路被冲断，火车只能到天津。他改乘长途汽车到达北京。初来的印象是：车出西直门便是农村，所见是一片荒凉的田地。位于四道口的学校也很简陋，住房像部队的营房。9月开学就让他讲课，连准备的时间都没有。教研室主任本来对他的教学能力有所怀疑，几周后学生表示满意，他的业务水平得到证明，方才坐稳了教席。

此时他还不可能认识同一校园中的李希凡，但其实刚进校门就有了一次"神交"。就在这年暑假，人大学生会组织同学的暑期论文竞赛，请新来的语文教师冯其庸任评委。李希凡写了一篇读苏联小说《远离莫斯科的地方》的书评参赛，冯其庸推荐了这篇文章，评为二等奖。这是两人相识以后，李希

初到人民大学任教的冯其庸夫妇

三 批判篇 151

凡告诉冯其庸，他才想起来。冯其庸马上就将注意到那两个名字，如雷贯耳。

那真是国家用人之际。实际上在那同期前后不久，从各地调入北京的文化人才还有许多。例如前面我们已经熟悉的顾颉刚，1954年8月从上海调入北京中国科学院历史研究所一所；后面我们将要提到的陈翔鹤，1954年从成都调入北京中国作协古典文学部；周汝昌的同单位中，有舒芜（1953年4月从广西南宁）、张友鸾（1953年从南京）、陈迩冬（1954年从山西），前后脚调入北京人民文学出版社。他们也都是那一两年中的进京旅人。此外还有顾学颉（1953年）、王利器（1954年）从大学调入。

且说我们选定的几位主角，这四位比较年轻（从二十三岁到三十六岁）的文化人，从1953年8月到1954年8月，在一年里先后陆续从东、西、南三个地方，或分配，或调遣，幸运地进入北京，分任各职，永久定居。

初隐平民闾巷，渐显精英光华。他们本来素不相识，即将陌路相逢，成为当代红学坛上各成流派的领军，相生相克的对手。用俗话说，叫不是冤家不聚头；用小说写法，叫众好汉聚义梁山。这看似偶然的汇聚，难道仅仅是本书作者为文结构的刻意经营吗？会不会似《红楼梦曲》里所唱："自古穷通皆有定，离合岂无缘？"

但是我并不信什么命运前生注定，警幻册里安排。我宁愿说，是时代的风云际会，人生的大浪淘沙。

12 "小人物"上青云

起草

李希凡和蓝翎到北京后，都遇到一些烦心事，希望能改变现状。

李希凡在人民大学找领导谈了，从革命史转回了哲学专业，但他还是不能适应那"西蒙纳尔"（讨论会）的学习法，俄文更是学不进去。他仍然时刻不能忘情第一志愿——文学理论批评。李希凡没有工资，每月只领二十六元的助学金，还不到蓝翎的五分之二。

1953年国庆节之后，李希凡和徐潮结婚了，连新衣服也没有做一身，分得半间婚房，与另一对分享。后来他回顾说，那时的青年不懂得，国家也不提倡避孕，他们还想不到马上有孩子的后果。寒假期间，他蹲在这小房里，改写了三篇在大学期间起草的有关《水浒》的论文。连椅子都没有，他只能坐在包袱上，伏在床边写作。

蓝翎有另一本难念的经。在工农速成中学里讲课很没意思，学生没看过作品，说深了听不懂，说浅了总不能只讲故事吧。那时的语文课都在推行苏联的"红领巾教学法"，是一段段分析中心思想，再合成全篇主题，在黑板上画出图解。蓝翎觉得这样讲几年，自己脑子也退化了，还怎么搞文学？

他学校的旁边就是"中央文学讲习所"，培训各地青年作家。他每过其门，都受一次刺激，想绕道后墙就看不见了，可厨房的饭菜香飘过墙来，闻起来都是文学味儿。为什么自己就进不了文学界？他在1954年初向领导提出，希望到暑假能调整工作，重新分配。

如此到了3月初，《新建设》杂志上刊出了俞平伯的《红楼梦简论》。按照李希凡和蓝翎分别的说法，他们在各自的图书馆里，几乎都在第一时间就

三　批判篇

读过了，且都不同意其论点。然后他俩是怎么初次交换的意见，双方的记忆略有不同。

蓝翎说是在3月中旬的一个星期天（查为3月14日），李希凡到他那里，他爱人也来了。蓝先说到俞文，李提议"合写一篇文章如何？"于是开始计议，因为蓝有时间，先起草初稿；李学习紧张，只能趁周末的空闲修改补充。[10]

李希凡的说法是：在春假第二天，山大几位校友在中山公园"来今雨轩"聚会，吃一顿江苏小吃。散后与蓝翎在公园里散步，边走边谈。先谈的是各自的现状处境，"我憋不住就把春节改稿的事全部告诉了他，连投稿的'不言之秘'也说了。"然后是李说到对俞平伯文章的不满，"越聊越深入，最后我们决定合作写几篇与俞平伯先生商榷的文章。"

在1992年的一次访谈中，李希凡说到："记得是1954年春假中的一天，我和蓝翎在中山公园的报栏里看到了《光明日报》上登的俞平伯先生的一篇文章"，因此引起作文商榷之意。[11]这细节之所以重要，一是可以查证出李、蓝起意著文的确切日期，二是能更明确地认定辩论双方的信息是如何传递的。但是在2013年出版的李希凡自传《往事回眸》中，不知有意还是无意，他忽略了这个细节。

查1954年3月1日《光明日报》的"文学遗产"创刊号上，刊出了俞平伯的文章《曹雪芹的卒年》。而据蓝翎在《龙卷风》中记述，他先于3月3日在《人民日报》广告栏中看到了《新建设》杂志的要目，引起注意，"几天后杂志刚到"，一口气读完俞平伯的文章《红楼梦简论》。刊物的出版发行要慢于报纸，事属常识。故李、蓝两位在中山公园报栏偶遇《光明日报》读到的，不可能是俞平伯3月1日的文章。蓝翎明说是在3月中旬，"文学遗产"是双周刊，那么内容相关可以替代者，实际上我们已不陌生，就是王佩璋的《新版〈红楼梦〉校评》，发表时间是1954年3月15日星期一，这就是"春假第二天"吧？[12]

为什么会是两人合作呢？李希凡说："如果谈文学、谈理论，还是和蓝翎最谈得来，而且观点比较接近。这就是我们合作的基础。"而蓝翎说："那时合作很简单，只想到文稿能变成铅字，自己的名字印出来，也不会想到谁靠谁、谁沾谁的光，更没想到会有以后几十年的是是非非。但是，一个巴掌拍不响，如果双方的条件缺其一，也是根本合作不起来的。"

据李希凡回忆，两人谈得很默契，回去都再重读了《红楼梦简论》和俞平伯过去的著作，后来在电话里商量好提纲，并议定要写三篇文章。下一个星期日，又在蓝翎那里议论了一天，协调看法，彼此妥协。但是在蓝翎笔下，省略了这个过程，直接就是他写初稿了。李希凡表示不满说："如果真这么简单，这算什么合作？那干吗要合作，他蓝翎自己写就是了。"按情理推测，蓝翎是把这一个星期内的双人准备，压缩为一个星期天来叙述了。

蓝翎从中学图书室借来书和杂志，"用了几天的时间阅读材料，理清思路，即动手起草。"初稿共分三部分。"事情进行得很顺利，大概一个星期的时间就完成了。时近四月天"，"离星期日还有两天，为了赶时间"，蓝翎将初稿直接送到西郊人民大学，交给李希凡。我推测这是3月26日下午。

李希凡说："蓝翎初稿语言文字都很流畅，观点也都说明白了，但对问题缺少论述，而且幽默讽刺的笔墨较多。我是搞理论的，不大喜欢这样的方式，就重新写了二稿。……写文章当然不敢在宿舍写，就在阅览室一角，找了一个地方，结果还是被两位同学发现了，……都是好朋友，只好实话实说。……他们都笑笑，不大相信有报刊会发表我们的文章。"

李希凡修改二稿的时间比蓝翎写初稿的时间长，交回蓝翎时还是星期日，已到4月中旬，即4月11日。

在《龙卷风·四十年间半部书》中，蓝翎详细记录了李希凡修改了什么。他说"李希凡的文章爱引大段原文，而我一般不引大段原文，多采取夹叙夹议的办法，以减少篇幅，保持文字通畅。"蓝翎又作了第三稿，边修改，边清抄，边核对引文，比写初稿进行得慢。他在四月末把完成稿交给李希凡。

在李希凡那边，"蓝翎三稿送来后，我又改了一些地方，并改定题目为《关于〈红楼梦简论〉及其他》"。蓝翎没有看到这个题目，后来认为文章并未"及"于"其他"，文题不大相符。李希凡在文末加写了日期"五四前夕于北京"后，寄给了山东大学校刊《文史哲》。

在此之前，李希凡曾先写信给《文艺报》，因为他从山东大学时期，就是《文艺报》的通讯员。信中说明他们要写一篇对俞先生"红学"有不同意见的文章，问能否展开讨论。他没有收到回信。没想到，这封信到底是否确实存在过，后来会成为一个严重问题，被深入追究。从六个月后，一直延续几十年。

恰当这时，李希凡收到了刊载他评《水浒》文章的第四期《文史哲》，以及老朋友、该刊编辑葛懋春的信。如此一拒一迎，一冷一热，把新文章仍寄给《文史哲》，就是水到渠成之事了。

这文章写完还不到一个月，李希凡的大女儿早产出生了。（一个不无意义的巧合：青年时的胡适、俞平伯与此刻的李希凡一样，都是刚写完各自的重要红学处女作不久，便有一新生儿诞生。）家里忙成一团，学校考试糟糕，李希凡心乱如麻，一时萌生了退学找工作的想法，一时又想到早年失学，如今"党送我上研究生"是多么难得。他就是怀着这种矛盾的心情，"挈妇将雏"，回老家过暑假。

暑假长达一个月零二十天，蓝翎先跟随李希凡一起，去通县小住，合作写第二篇文章。仍是蓝翎先起草初稿，白天看材料，夜晚写稿，大概三四天就完成了。十天后蓝翎离开，回山东老家探亲，李希凡再接手写第二稿。

此后的情况，二人说法又有分歧。按蓝翎说，李希凡改毕二稿就在八月里寄给《光明日报》了，他到九月初才回京（开学已两三天），没有再看到稿子，也无法再修改，所以文章有缺点，"少一道工序也"。

但李希凡的说法是，蓝翎在他的二稿上又作了修改，改动了十余处，二三百字，而且最后稿是蓝翎抄清才寄出的。李希凡仍然保留着他写作第二稿的笔记本，上面有蓝翎的修改字迹，是为原始物证。果如此，大概是蓝翎记忆有误差。如果要较真，李、蓝两篇文章的发表原稿，都于当年被北京图书馆征集保存，应是可以查证的。

那么此文何时投寄给《光明日报》呢？看来应该是9月上旬了。之所以选择《光明日报》的"文学遗产"版，大概还是因为3月15日看到了王佩璋的文章。这个版隔周一次，已经开张半年。

李希凡暑假后回到北京，生活的困窘益发严重。妻子产假结束，请保姆来照顾婴儿，但是连保姆都看他不起，妻子单位的小领导也冷嘲热讽。大丈夫娶妻生女，却无力养家，李希凡情绪十分低落，真的考虑要休学两年，找个工作，等孩子稍大再回校复读了。

9月初，《文史哲》的通知来了，他们的文章《关于〈红楼梦简论〉及其他》已在第九期发表，刊物不日寄到。随后稿费也寄来了，这对李希凡无异于是雪中送炭，所以就由他全用了。蓝翎并没有说什么，甚至一直不知道这第一笔稿费是多少钱。

有鉴于此文后来产生的巨大影响，这里应该简介一下它的内容。文章首先正面肯定《红楼梦》是"古典现实主义杰作"，"继承并发展了古典文学特别是小说中人民性的传统"。曹雪芹"预感到本阶级必然灭亡的历史命运"，"表现出它必然崩溃的原因"。"宝玉和黛玉是作者所创造的肯定人物形象，他们是封建官僚家庭的叛逆者。……他们的思想已从原阶级的体系中分离出来，向封建礼教发出了第一声抗议"。"作家的世界观在创作中被现实主义的方法战胜了，使之退到不重要的地位。"然后又从反面展开对俞平伯观点的批判："俞平伯先生未能从现实主义的原则去探讨《红楼梦》鲜明的反封建的倾向，而迷惑于作品的个别章节和作者对某些问题的态度，所以只能得出模棱两可的结论。""俞平伯先生不但否认《红楼梦》鲜明的政治倾向性，同时也否认它是一部现实主义作品。"无论"色空观念"还是"钗黛合一"，"总之，俞先生是以反现实主义的唯心论的观点分析和批评了红楼梦"，"俞先生根本不了解

《关于〈红楼梦简论〉及其他》在《文史哲》发表

什么是文学传统性的内容。"言词固然尖锐,带着那个时代的特征,但仍属学术研究的范畴。

文章发了,但李希凡却高兴不起来,当收到蓝翎回京后报到的电话时,他正在写请求休学两年的报告,并表示希望在学校图书馆工作。李希凡还犹豫未决,这报告压在抽屉里两星期没交,这样就等来了蓝翎的又一次电话,那是改变命运的一个电话。

召见

那一天发生的事,最详尽的记载,尽在蓝翎的《龙卷风·四十年间半部书》中。

"一九五四年九月中旬的一个星期六(据查为十八日——原注)晚上",蓝翎从西郊颐和园对面的马列学院(即现中共中央党校)告别女友,乘公交车返回城里,近12点才回到任教的学校。传达室老校工递给他一张纸条,是《人民日报》总编辑邓拓的秘书王唯一留下的,说是邓拓看了他们的文章,很欣赏,想找他面谈。蓝翎感到很惊奇,忐忑不安地按照纸条上的号码拨通了电话。王唯一立即乘轿车专门来接,这是蓝翎平生第一次坐小轿车。他们来到了《人

三 批判篇 157

民日报》社，就是王府井大街上的四层新楼中。

蓝翎第一次见大干部，又不知为何事，心情紧张，行动拘谨。"也不知为什么，邓拓给我的印象特别好。……文质彬彬，潇潇洒洒一副学者风度，平易近人，毫无架子。"

邓拓对蓝翎说："你们的地址是从山东大学打听到的。李希凡在人民大学，怕不好找，所以先找你来。有件事想同你们商量。你们在《文史哲》发表的文章很好，《人民日报》准备转载。你们同意不同意？"他谈得很轻松，没有说到毛泽东主席。但蓝翎意识到事情非同寻常，立即回答："完全同意。但还得告诉李希凡，问问他的意见。"

要谈的主要问题已解决，往下越谈越轻松越自然。邓拓又问蓝翎："你们都在北京，为什么写了文章拿到青岛发表？是不是遇到什么阻力？"蓝翎讲了与山东大学的关系，以及问过《文艺报》但没有回信。又介绍了两人的个人情况，蓝翎说自己正等候教育部重新调整分配工作，想进文学研究机构或文艺单位。邓拓说："到报社文艺组（文艺部前身）来吧。文学研究所不是打仗的地方。"

谈话并未到此结束，又转向了题外。邓拓谈起来如何读书，如何做学问，要更好地理解《红楼梦》，必须深入地系统地研究清朝的历史。在这过程中，还不时提到山东大学蓝翎的老师们。谈话进行了约两小时，最后让蓝翎找到李希凡，下午一起来报社，再叙谈一次。蓝翎回到学校宿舍，激动得彻夜未眠。

按照蓝翎的回忆，这时已是星期日，李希凡周末住在西四缸瓦市附近他爱人单位的宿舍中，一大早他就给那里打传呼电话，传达喜讯。但是李希凡说，接到电话"那天，正赶上星期五，下午没课，我就向班长请了假。进城与蓝翎会合，我问蓝翎：《人民日报》怎么对这篇文章有兴趣？蓝翎也说不清。"蓝翎则描述"李希凡赶到我处，两人痛饮香茶，喷云吐雾，相谈甚欢，飘飘欲飞。饭后，一同到《人民日报》找邓拓"。

小结一下，按蓝说邓拓第一次约见是9月18日星期六，按李说是9月16日星期四（实为次日凌晨）。我倾向于李说近真，理由下面将逐渐显露。

两人来到《人民日报》传达室，说明来意。门房往楼里打电话："喂，老王，下面有两个年轻人找老邓，说约好了的。"李希凡一听，心想这《人民日报》可真够民主的，传达室同志都可以当着外人的面，称总编辑为"老邓"！（笔者读到这里，感到格外亲切，并可以作证，《人民日报》社内部的风气就是如此，直到上世纪八十年代末。以后如何，未可知也。）

且看李希凡眼中的邓拓：

我们跟王唯一进入邓拓同志的办公室时，他大概也是夜班刚起来，正在卫生间洗手，这总编辑办公室虽阔大一些，布置得却十分简朴，突出的是，除去南面有个大窗户，别的都是大书柜，只是大桌上堆着一沓沓稿件和笔墨纸砚，看起来，这位总编辑还是位学者，等见了他本人，更证实了我的想象。白净脸，"瘦骨清相"，已经北方化了的尚留有南音的普通话，和蔼可亲，说起话来，那种平易近人的态度，也让你感到可以轻松相对。后来知道，他确实是位学者，历史学家、书法家、古体诗人，才华横溢，是党内不可多得的人才。[13]

邓拓问他们写文章的情况，李希凡主要谈了些对大学文科和古典文学研究领域现状的不满，希望用马克思主义分析、评价作品。邓拓予以肯定，突然问起："你们写这篇文章为什么不在北京报刊上发表呢？"李希凡不知他问这个是什么意思，就又据实回答了一遍。邓拓点了点头，就没再问什么。

谈话进行了一个半小时，二人告辞。走出报社后，李希凡问蓝翎：他问《文艺报》的事干什么？蓝翎说：他昨天约我来时就问过这件事，因为是你经手，我说不清。李希凡带着心中的疑惑，又赶回了西郊。

按照蓝翎的回忆，邓拓在谈话一开始就先说好了《人民日报》要转载文章，这是最核心的话题。第二天李希凡也表示同意转载，二人还提出希望能有一个星期的时间，再进行一次认真的修改。邓拓说，时间太长了，不必大改，星期四交稿吧。二人表示按期完成任务。但李希凡却说，过了几天蓝翎再打电话，才说邓拓布置了修改和转载之事，星期一要交稿，让他马上进城，要开夜车改稿。

揣度情理，我以为蓝翎所叙的邓拓开门见山谈转载，应该可信，因为这正是邓拓之所以要连夜约谈的主要目的，总编辑才没工夫大半夜跟你闲聊天。而李希凡所回忆的交稿期限可能更近真实，有下面的激情烛光之夜可证。

李希凡说，这次正赶上周末，用不着请假，进城直奔鼓楼宝钞胡同。"为《人民日报》改写文章，这自然令我们十分兴奋，但我始终心存疑惑，以为果真如此，那就不是邓拓同志一个人的意见，会有更大的背景，可又不大相信，这谈《红楼梦》研究问题的文章，能有多大的现实意义！"

蓝翎还告诉我，邓说：你们尽量发挥，把你们的看法都写出来。我们讨论了一下午，都是议论如何突出和展开此文的主要论点，并准备夜战，一夜完成它。明天就要交稿。谁知到了10点钟，鼓楼一带，包括宝钞胡同，直到地安门，大面积停电，我们一下子傻眼了。我觉得，不能等，没有时间拖下来，周一我和蓝翎都要上课。好在蓝翎有手电筒。我们就靠手电筒照明，从宝钞胡同走出来，经鼓楼

王府井人民日报社原址，摄于1965年。

往南，寻找卖蜡烛的店铺，因为鼓楼前的百货商店已关门。大多数商店也借停电"歇业"了，直到地安门附近，才看到一家小杂货店亮着个"气死风灯"在营业，我们看有人从那里买了蜡烛出来，真是喜出望外。掌柜的一看就知道我们是来买蜡烛的，问我们要几支。我看了蓝翎一眼，蓝翎说买一包吧！掌柜的倒说了一句，明天不一定停电。我说，我们只今天用，还不一定够哪！掌柜的笑了，没再说什么，就拿了一包大蜡烛给我们，他大概很奇怪这俩小伙子干什么要买这么多蜡烛开夜车。为了亮一点，我们点了两根蜡烛改稿。稿子改好，天也亮了，用去了八根蜡烛。原稿是九千多字，这一改，涨成了一万二千字。我们那时大概兴奋过度，一夜没合眼，一大早，连早饭都没吃，就把改稿送到了《人民日报》。[14]

把稿子交给了上次见过的那位传达室同志，李希凡就回到城里的家，妻子徐潮正着急一个周末都没见到他。她问:《人民日报》有什么事老是找你们？那也不至于开夜车吧？李希凡没多解释，因为他也解释不清。妻子抱着孩子出去了，好让他睡觉。他虽然疲乏，却怎么也睡不着，只好赶回了学校。按李希凡所叙时间推算，这天是9月20日星期一。

如此生动难忘的一夜烛光战，在蓝翎的回忆录中却一句也没有。蓝翎说不是一个夜车,而是"连续几昼夜"。"星期四上午修改稿完毕,李希凡回去,由我通知报社来取修改稿。星期五,报社即派人送来两份修改稿的小样,四开大纸,边上留出大片空白。我看后改了几处技术性差错,退回一份,保留一份。"

两相对照,我觉得此处李希凡的说法接近真实,因为细节充足,进度合理。刚写完即自行送稿,反映了年轻人急切的心情;而通知报社来人取稿,不合常规,更不符合两人当时的身份,他们还不会摆那么大的谱吧?

"任务完成了,顿感轻松,单等着报纸上见吧!"

天天看《人民日报》,天天也盼不到。按蓝翎讲是等了三五天,按李希凡说是过了一个多星期,两人都有点心凉。好事多磨,磨在什么地方呢?猜不透。

运筹

趁这个空挡,让我们暂时脱离李、蓝两人的微观视界,借助文学作者的全知视角,提升到领导层和宏观的高度,来作另一番观察。

中共中央和中央人民政府主席毛泽东,一直对《红楼梦》兴趣极大。1954年春天,毛泽东住在杭州,带着一批"秀才"起草宪法,为即将召开的第一届全国人民代表大会做准备。3月10日上午,他带着身边工作人员去登北高峰,一路上谈笑风生,说古论今。他问众随员看过《红楼梦》没有?都看了几遍?说笑过后,毛泽东严肃地说:"《红楼梦》这部书写得很好,它是讲阶级斗争的,要看五遍才能有发言权哩。"接着又说:"多少年来,很多人研究它,并没有真懂。"[15]

那个时候,恰正是本书中所谓的红学前浪小高潮,棠棣出版社的那两本红学著作,毛泽东也都读到了。

就是在这一年,毛泽东听说北京大学图书馆有一善本《红楼梦》,据说是胡适来不及带走的藏书,便让田家英持介绍信去借——显然应该是庚辰本。但图书馆馆长向达不愿意,理由是图书馆规定善本书可以抄,不可以外借。后经副校长汤用彤反复斡旋,向达才同意破例,但要求一个月内还书。毛泽东很守信用,第二十八天就把书还了。据身边工作人员回忆,毛泽东曾让人抄写过一部善本《红楼梦》,有可能就是这部。[16]

江青在1972年与美国人维特克夫人谈话时说:"我为了脂评八十回的本子,向北京图书馆去借,借来了后又挨了一顿臭骂。那些资产阶级权威不许借出。我借出来后,请了许多人用流水作业转抄了一本,这本《脂砚斋重评石头记》也是抄本,不是原本,他们垄断了这些东西。"二者很可能是一回事。[17]

山东大学的校刊《文史哲》,每期都会寄给在北京的山东籍中央首长,康生、江青都有份。1954年第九期上刊载了李希凡、蓝翎两人的《关于〈红楼梦简论〉及其他》,江青看过此文,立即将其送呈毛泽东。

江青曾经坦言:"我是一个普通的共产党员,多年来都是给主席作秘书,主要的是研究一点国际问题。在文教方面我算一个流动的哨兵。就是订着若干刊物报纸,这样翻着看,把凡是我认为比较值得注意的东西,包括正面的、反面的材料,送给主席参考。我多年来的工作大体上是这样做的。"[18]

在1972年的谈话中她也说:"这篇文章被我发现了,就送给毛主席看。"

九月中旬的一天,江青带着这本《文史哲》来到《人民日报》社,找到总编辑邓拓,口头传达了毛泽东的指示,要求《人民日报》尽快转载李、蓝之文。

邓拓看完文章后不敢怠慢,派秘书王唯一立即给山东大学《文史哲》编辑部挂长途电话,询问作者情况和联系方式,方知两位作者都在北京。于是,王唯一便乘车去鼓楼宝钞胡同找蓝翎,于是邓拓便连续两天召见了两位作者。不管这发生于9月16日星期四(李说)还是9月18日星期六(蓝说),从邓拓连夜召见、两次派车的急切程度看,很可能江青就是当天下午来访的,邓拓要立即落实不过夜,这才是《人民日报》的工作节奏。

同样,李、蓝二人改毕交稿的时间,有9月20日星期一(李说)或9月23日星期四(蓝说)两种可能。至此我们发现,李希凡说等了一个多星期却迟迟未见报,更为可能,下述过程需要更长一点的暂停时间。

原来那时《人民日报》的文艺宣传工作,并非自家独行,而是由报社和中宣部双重领导,且以中宣部为主(这是五六十年代"文革"前的情况,以后有变化)。报社文艺组(1956年以后改称文艺部)每个季度的评论计划,都必须拿到中宣部文艺处讨论,由分管文艺的副部长周扬审定。转载李、蓝文章这个议题报到中宣部,主持日常工作的常务副部长胡乔木认为,《红楼梦》研究纯属学术问题,根据苏联的做法,《真理报》对于此类问题历来是只作结论,不允许展开讨论。加之当时正宣传过渡时期总路线,版面(只有四个版)比较紧张,这篇文章不必在《人民日报》刊登。周扬也同意胡乔木的意见,邓拓不得不暂停转载,再请示中央。

江青闻知此事,再次亲赴《人民日报》社召集会议,与会者报社方面有总编辑邓拓、副总编辑林淡秋、文艺组组长袁水拍,中宣部和其他方面有周扬、林默涵、邵荃麟,《文艺报》主编冯雪峰、文研所副所长何其芳等人。江青说明毛主席看到《关于〈红楼梦简论〉及其他》后,很重视这篇文章。她提出《人民日报》应该转载,以期引起争论,展开对资产阶级唯心论的批判。江青带来了毛泽东的意见,但并没有拿信来。

周扬在会上认为不宜在《人民日报》发表,分量太重,报纸版面也不多,还是作为学术问题讨论为好。按照后来的批评,他还讲了"小人物的文章","党报不是自由辩论的场所",认为该文"很粗糙,态度也不好"。林默涵、何其芳则说:"也没有什么了不起的地方"。而邓拓比较稳重,尽管他也不清楚为什么忽然现在要批判这个问题,但在会上没有讲什么,可见新闻人要比文学人更守纪律。会议的结果是搞了个折衷方案,决定由《文艺报》转载此文。

这换报转载的动机是妥协,而其效果却是嫁祸。

转载

以上这些内幕情况,李希凡、蓝翎当然不会得知。星期日(查为9月26日)李希凡见到蓝翎,仍然没有消息,二人已经灰心泄气,互相宽慰说,自当没这回事算了。

哪知第二天就峰回路转,来了确实信息。邓拓通知蓝翎,此文将由《文艺报》转载,中国作家协会将直接和他们联系。很快,就接到中国作协陈翔鹤的电话,约好次日一起去见冯雪峰。蓝翎立即电话通知李希凡明天下午进城。他俩都觉得,《文艺报》转载也很好,冯雪峰是令人尊敬的文学前辈,见他比见邓拓更兴奋。

李、蓝都忘了是哪一天,但是我考证出这天是9月28日星期二。傍晚6点,李希凡和蓝翎都来到东总布胡同二十二号,这座深宅大院是中国作家协会所在地,其下属的古典文学部负责编辑《光明日报》的"文学遗产"专刊。主管陈翔鹤在此等候,带他们步行去冯雪峰家。

以下并列摘录两人分别的回忆。[19]

【蓝翎】冯雪峰时任作协副主席、《文艺报》主编。他住在现北京站北面的方巾巷,后面即苏州胡同,离作协和《文艺报》都不远,他的办公室也是会客室就在北房。我对冯雪峰景仰已久,读过他不少文艺理论著作和杂文。他有长者风度,对小青年谈起话来和蔼可亲。他只说我们的文章《人民日报》决定不转载了,由《文艺报》转载,至于什么原因,却没有说。冯雪峰将我们文章中的错别字和用词不当以及标点符号不妥之处一一指出,并随手加以改正,然后,拿出一份转载的"编者按"拟稿,征求我们的意见。当我看到有"用

冯雪峰在1950年代

科学的观点……"的词句,感到评价过高,表示实在不敢当。他说,不必客气。文章决定转载在《文艺报》第十八期。谈完此事,冯雪峰便谈起文艺创作的事,还涉及到茅盾三十年代的小说。陈翔鹤不断插话。我们敬听,气氛非常轻松。

【李希凡】我虽看过他青年时的照片,这时看来,面庞还可以辨认,头发斑白,脸上也有了皱纹,已看出有些老态。他含笑接待我们,很像个慈祥的老人。他问了问我们的情况,我们一一作了回答,因为是第一次见面,不免有些拘束。谈到了正题,他说:《文艺报》要转载你们的文章,你们的文章还有些粗糙,没写好的地方,我要给你们改一改,发表时还要加个编者按。我当时很同意他的意见,并认为,他对青年文艺爱好者很爱护,很培养。

【蓝翎】当冯雪峰同我们谈完转载文章的事以后,陈翔鹤立即提出,约我们给《文学遗产》也写一篇文章。我们表示,八月间(很可能是9月初——笔者)已寄去过《评〈红楼梦研究〉》的稿子,不知收到没有。他一听很惊奇,说,还不知道,回去找一找。

等从他（冯雪峰）家出来，已十点多。他送出门外，怕我们赶不上电车，一定要雇三轮车。我们坚持不要，走出了苏州胡同。走了不远，李希凡感慨地说："从他身上感受到了鲁迅的作风。"

【李希凡】我们很兴奋。我和蓝翎说：他很像鲁迅，有这些老人在，中国革命文艺会发展，我这两天正心堵得很，这下好了，拨云见日，这几个月的劳动没白费。蓝翎说，考虑写第三篇。

分手时已经是晚10点20分，李希凡回不去西郊学校，到城里自己家已11点多了。妻子很奇怪，怎么会这时回来了。李希凡就讲了见冯雪峰的事，徐潮说："一篇文章有什么重要的，折腾了这么久，你看吧，准会有点事。"我们不得不佩服女人的直觉。

在随即出版的《文艺报》第十八期上，转载了《关于〈红楼梦简论〉及其他》，原定出版日期应为9月30日。但是李希凡记得，实际上延迟了几天，应该就是为转载此文而耽搁了。

《文艺报》上的转载，并没有采用李、蓝两人"烛光之夜"的修改稿，而是由冯雪峰在《文史哲》版基础上改动了个别字句。但在发表的编者按中表述为："在转载时，曾由作者改正了一些错字和由编者改动了一二字句"，很照顾青年人的面子。据《红学：1954》的作者孙玉明校核统计，《文艺报》对《文史哲》版的修改达六十四处，其中有约三十处是"的、地、得"使用不当。这说明，初出茅庐的李、蓝二人确实还有些稚嫩。

随后，第二篇文章《评〈红楼梦研究〉》发表在10月10日的《光明日报》"文学遗产"专版。

【蓝翎】事后我们才知道，设在陈翔鹤办公室外间的编辑部，平时只有两位工作人员处理日常来稿，一位是著名剧作家陈白尘的夫人金玲，一位是刚分配来的我们同年级的同学何寿亭。来稿多，人手少，只能按先来后到的次序摞起来，一件一件处理。像我们这些名不见经传的青年人的稿件，又没有什么时间性，几个月内能得到处理就算不错了，似乎说不上有意压制谁。

李、蓝的第一篇文章是对俞平伯的那篇近作有感而发，这第二篇文章就刨到了"新红学"三十年的老根，因为所评的《红楼梦研究》正是从《红楼梦辨》一脉相承而来。文章逐一批判了所谓"自传说"、"自然主义写生"说、"怨而不怒"说、"情场忏悔"说等等，得出结论："从文学批评观点上说，俞平伯先生的见解就是反现实主义的主观主义的立场。"

此文中提出了两个有创意的论点，一是"贾宝玉不是畸形儿，他是当时将要转换着的社会中即将出现的新人的萌芽，在他的性格里反映着人的觉

《评〈红楼梦研究〉》发表在1954年10月10日《光明日报》"文学遗产"专版。

醒……正是通过了贾宝玉的悲剧性格,透露了社会新生的曙光"。据蓝翎回忆,这是他写到天将黎明时,灵光一闪得来的得意之笔,自认是超越了前人。二是把俞平伯与胡适联系起来:"这种把红楼梦作为一部自然主义来评价、而抽掉了它的丰富的社会内容的见解无非是重复了胡适的滥调","俞平伯先生这样评价红楼梦也许和胡适的目的不同,但其效果却是一致的。"这样的批俞挂胡,在七八月间的原稿上就有,是李、蓝两人的自主发挥,但事态的发展即将证明,它恰恰与领袖的战略意图不谋而合,仿佛是探测到了天机。

两篇文章连续在《文艺报》和《光明日报》发表后,并没有在普通读者中引起多大反响,李希凡也不希望人大同学注意这件事。只有曾发现他写稿,帮助他借书的两位密友知情,李希凡还让他们小声点,别声张。国庆节后连续十几天平静无事,除了《文史哲》的编辑葛懋春来信,问《文艺报》的转载是怎么回事外,李希凡照常上课学习,这件事仿佛随风过去了。

在蓝翎那边,他担心的是工作调动。《人民日报》不转载,是不是邓拓答应过的调动也告吹了?与冯雪峰谈话的第二天,蓝翎给他写了一封信,先表示感谢,再表示愿到文艺界工作。冯雪峰回信让他安心,组织上会安排好的。

调动办得很顺利,两周之后的10月中旬,蓝翎已经到《人民日报》文艺组上班了。入住九人一室的集体宿舍，住宿条件比中学的一人单间大大下降。但论社会地位，从普通中学教师到中央党报编辑，仿佛是一步登天。

好像是一个完满的结局，实际上是一个危机的开端。

震怒

史载：第一届全国人民代表大会第一次会议，于1954年9月15日至28日，在北京中南海怀仁堂举行，通过了第一部宪法。

这就是说，江青亲赴报社、邓拓召见蓝翎，是在一届人大刚刚召开不久；而李、蓝会见冯雪峰，是大会闭幕的当天。原来以评红批俞为主题的这一系列紧张的幕后活动，正与一届人大会议的会期相重叠。在此期间俞平伯作为全国人大代表，正在出席会议，光荣履行职责。而毛泽东主席是在主导国务立法的大会之余，关注着评红文章这件貌似的小事。待大会闭幕之后，他可以腾出手来，指挥发起一个新的文化战役了。

对于在《人民日报》上转载两个年轻人文章的指示受阻，毛主席肯定不会高兴。周扬本来一向都是试图体会领袖意图，摸准主席脉搏的，甚至主张迷信盲从，但仍然时常自叹跟不上。这一次，他主张不要在《人民日报》转载该文，其理由本是对的，符合正常的规则。可惜的是，他只肤浅短视地顾及了表层含义，只循规蹈矩地遵守了一般常规，而没能参透领袖具体举措背后的战略意图，没能领会主席恣肆挥洒的兴会所指。

解放初期，周扬任中宣部副部长，江青任中宣部电影处处长，江青是在周扬的领导下工作。毛泽东曾说，江青不会做什么工作，你们也不要用她。但是，后来毛泽东逐渐改变了看法。一次周扬去看毛主席，主席问起江青的工作情况，周扬说："江青很能干，看问题也很敏锐。就是有时她说的一些意见，不知哪些是主席的，哪些是她个人的。是主席的指示，我们坚决执行。如果是她个人的意见，大家还可以讨论。"毛主席问："有这样的事？"接着又说："江青很聪明！"这些谈话，很可能传到了江青耳朵里。江青曾当着邓拓的面说："我恨死周扬了！"[20]

毛泽东对冯雪峰也深致不满，因为既有李希凡所反映的投书不理于前，又有《文艺报》转载时所加的编者按于后。李希凡和蓝翎曾经对这篇编者按完全同意甚至认为是过誉了。顺便说一句，这种事冯雪峰喜欢亲自执笔，就像3月15日《光明日报》上作家出版社对王佩璋的回信一样。《文艺报》编者按全文如下：

这篇文章原来发表在山东大学出版的《文史哲》月刊今年第九

期上面。它的作者是两个在开始研究中国古典文学的青年；他们试着从科学的观点对俞平伯先生在《红楼梦简论》一文中的论点提出了批评，我们觉得这是值得引起大家注意的。因此，征得作者的同意，把它转载在这里，希望引起大家讨论，使我们对《红楼梦》这部伟大杰作有更深刻和更正确的了解。在转载时，曾由作者改正了一些错字和由编者改动了一二字句，但完全保存作者原来的意见。作者的意见显然还有不够周密和不够全面的地方，但他们这样的去认识《红楼梦》，在基本上是正确的。只有大家来继续深入地研究，才能使我们的了解更深刻和周密，认识也更全面；而且不仅关于《红楼梦》，同时也关于我国一切优秀的古典文学作品。[21]

毛泽东看了这篇编者按后，大为不悦，在不足三百字的按语旁，加上了五处异常严厉的批语。在"作者"旁批"不过是小人物。"在"试着"旁批"不过是不成熟的试作。"在"作者的意见显然还有不够周密和不够全面的地方"句旁批："对两青年的缺点则绝不饶过。很成熟的文章，妄加驳斥。"以及"不应当承认俞平伯的观点是正确的。不是更深刻周密的问题，而是批判错误思想的问题。"

他对《光明日报》"文学遗产"的编者按和《评〈红楼梦研究〉》正文也加了批语。对编者按，他连发三问："不过是试作？""不过是一些问题和意见？""不过可供参考而已？"对正文中所引俞平伯的文句批注"这就是胡适哲学的相对主义即实用主义。"亲自将胡适与俞平伯联系起来，为后来的运动埋下了伏笔。在李希凡、蓝翎批评俞平伯"也许和胡适的目的不同，但其效果却是一致的"一句旁，毛泽东还嫌不够，批道："这里写得有缺点，不应该替俞平伯开脱。"[22]

终于，毛泽东酝酿成熟了。他在10月16日，写下了著名的《关于红楼梦研究问题的信》：

各同志：

驳俞平伯的两篇文章附上，请一阅。这是三十多年以来向所谓《红楼梦》研究权威作家的错误观点的第一次认真的开火。作者是两个青年团员。他们起初写信给《文艺报》请问可不可以批评俞平伯，被置之不理。他们不得已写信给他们的母校——山东大学的老师，获得了支持，并在该校刊物《文史哲》上登出了他们的文章驳《〈红楼梦〉简论》。问题又回到北京，有人要将此文在《人民日报》上转载，以期引起争论，展开批评，又被某些人以种种理由（主要是"小人物的文章"，"党报不是自由辩论的场所"）给以反对，不能实现；

结果成立妥协,被允许在《文艺报》转载此文。嗣后,《光明日报》的《文学遗产》栏又发表了这两个青年的驳俞平伯《〈红楼梦〉研究》一书的文章。看样子,这个反对在古典文学领域毒害青年三十余年的胡适派资产阶级唯心论的斗争,也许可以开展起来了。事情是两个"小人物"做起来的,而"大人物"往往不注意,并往往加以拦阻,他们同资产阶级作家在唯心论方面讲统一战线,甘心作资产阶级的俘虏,这同影片《清宫秘史》和《武训传》放映时候的情形几乎是相同的。被人称为爱国主义影片而实际是卖国主义影片的《清宫秘史》,在全国放映之后,至今没有被批判。《武训传》虽然批判了,却至今没有引出教训,又出现了容忍俞平伯唯心论和阻拦"小人物"的很有生气的批判文章的奇怪事情,这是值得我们注意的。

毛泽东
一九五四年十月十六日

毛泽东《关于红楼梦研究问题的信》手迹

俞平伯这一类资产阶级知识分子,当然是应当对他们采取团结态度的,但应当批判他们的毒害青年的错误思想,不应当对他们投降。[23]

这封信的上款是空泛的"各同志",实际指定可以阅读的名单写在信封上,多达二十八人:"刘少奇、周恩来、陈云、朱德、邓小平、胡绳、彭真、董老、林老、彭德怀、陆定一、胡乔木、陈伯达、郭沫若、沈雁冰、邓拓、袁水拍、林淡秋、周扬、林枫、凯丰、田家英、林默涵、张际春、丁玲、冯雪峰、习仲勋、何其芳诸同志阅。退毛泽东。"其中有七个人与此事直接相关:周扬、林默涵、邓拓、林淡秋、袁水拍、冯雪峰、何其芳。

这一天,距离 9 月 20 日在第一届全国人民代表大会上通过的第一部宪法,刚刚过去二十六天。

13 那个多事之秋

急就章

毛泽东表示出了震怒、严峻且高度上纲，虽然没有点名，但是谁的疮疤谁知道。责任并不在于邓拓，因为很明显，信中关于"小人物"投稿过程的准确信息，是他汇报提供的；对在《人民日报》上转载该文的指示，他确实积极执行了，而不曾推托阻挠。此刻他立即闻风而动，火速组织重头文章，尽快见报。而受到直接批评，负有最大责任的是周扬、冯雪峰等人，他们会感到惶恐懊丧。据周扬秘书露菲回忆：

> 毛主席批评下来，周扬同志要找何其芳同志交谈。何其芳是文学研究所的（副）所长，住北大那边，我打电话给何其芳同志，请他来文化部，他说天太晚，司机也不在，他进城不便。周扬同志让我告诉他，毛主席对"红楼梦研究"有批评。何其芳急了，在电话中埋怨我为什么不早告诉他，其实我也是刚听到。周扬同志告诉他，明天再来谈吧。[24]

仅隔一天，即 10 月 18 日，中宣部和作协党组召开会议，传达贯彻这封信。会上决定的第一个行动，是以中国作家协会古典文学部的名义，尽快召开"《红楼梦》研究问题座谈会"。

这一次，《人民日报》开始设法独善其身。邓拓刚刚因为误从周扬而出了差错，哪能够重蹈覆辙？《人民日报》开辟了通天捷径，直接受命于最高领袖，不再听命或协商于中宣部，所以几篇文章在秘密状态下起草。邓拓具体指示：在发表李、蓝文章和其他有关评论之前，先尽快发一篇表明报纸态度类似社论的文章。写这篇文章的任务，立即落实到田钟洛的头上。

报人田钟洛,即诗人、散文家和儿童文学家袁鹰(笔名)。他1924年生于江苏淮安,1943年考入之江大学,1945年加入中国共产党,同年开始做报纸编辑工作。1949年后,任上海《解放日报》文教组组长,1953年初调到北京《人民日报》任编辑,此时为文艺组副组长。

可注意的是,文艺组正组长袁水拍在阅信名单上,而他的副手田钟洛虽然受命作文,却并未被告知信的原文,也不知道有谁看了信。《人民日报》的保密制度,真的非常严格。直到2006年,袁鹰仍然说:"我不知道当时总编辑邓拓和主管文艺宣传的副总编辑林淡秋是否看到过,就连信中涉及到的两位青年作者,据他们自己说,当时也只是听说,直到十三年后才读到这封事关两人一生命运的信的原文。我只能从邓拓、林淡秋的态度和言谈中,揣摩出信的主要内容和类似'三十年来第一次向胡适派唯心主义立场观点开火'的片言只语,体会到任务的分量,似乎可以同对《武训传》的批判相仿。"[25]

田钟洛毫无思想准备和知识准备,仓促受命,惶惑迷茫。他只知道俞平伯是著名的散文家,读过他与朱自清所作同题散文《桨声灯影里的秦淮河》,从未读过他的《红楼梦》研究著作,那么他对广大青年人真有那么大的毒害作用吗?真有点像刘姥姥进大观园,只觉得眼花缭乱,不辨南北。但是既然毛主席说了话,而且说得那么重,自然绝对正确,只能反省自己的政治水平低,看不到问题的严重性。对一个普通编辑人员,这实在是一项光荣任务,自当按照领导意图去努力完成。

于是一连几天,田钟洛放下编辑工作,躲回家里,夜以继日,手不释卷地读李、蓝两位的文章,翻俞平伯有关《红楼梦》的书。粗读怕遗漏了内容,细读又怕耽误了时间,左右两难。邓拓派秘书王唯一携亲笔信去北京大学图书馆借来几种《红楼梦》版本的影印本,送到家里,供他写文章参考。可是田钟洛正忙得焦头烂额,哪有时间钻研那些故纸堆?连随意翻翻都不可能,只能原封不动奉还。

就在这种似乎清醒其实迷茫,既兴奋又紧张的状态中,田钟洛拼凑了四五千字。一方面点出了俞平伯的观点同胡适"一脉相传",得出唯心主义、主观主义的空洞结论;另一方面,赞扬肯定李、蓝文章"是三十多年来向古典文学研究工作中胡适之派的资产阶级立场、观点、方法进行反击的第一枪,可贵的第一枪!"文章开头自称"作为《红楼梦》的一个爱好者",到后来就俨然是报纸社论的口气:"现在,问题已经提到人们的面前了,对这问题应该展开讨论。这个问题,按其思想实质来说,是工人阶级对资产阶级在思想战线上又一次严重的斗争。这个斗争的目的,应该是辩清是非黑白,在古典文学研究工作的领域里清除资产阶级的唯心主义的、主观主义的立场、观点和方法;正确地学习和运用马克思主义唯物主义的、科学的立场、观点和方法。每个文艺工作者，不管他是不是专门从事古典文学研究工作的，都有必要重视这场思想斗争。"读者自能体会，这决不是个人意见，而是代表着权威，是"有来头"的。

田钟洛不负重托赶出了初稿，经林淡秋修改，交总编辑邓拓审定，决定在10月23日见报，作为《人民日报》的第一篇"表态性"文章。见报前，为了做个合适的标题，邓拓、林淡秋和值夜班的总编室主任李庄三人反复推敲，直到深夜，才决定仿照三年前批判电影《武训传》时用的社论题目《应当重视电影〈武训传〉的讨论》，作题为《应该重视对〈红楼梦〉研究中的错误观点的批判》，署名钟洛。钟洛小声问："邓拓同志，这种文章署个人名字不合适吧？"邓拓挥挥手，微笑着说："可以，没有什么不合适的。"

在此处插空剧透一句：二十八年以后，田钟洛、李希凡、蓝翎都成为我的直接领导，我也进入《人民日报》文艺部，与他们成为同事。

当钟洛即袁鹰躲在家中不舍昼夜地赶写社论式署名文章时，蓝翎正占用文艺组长袁水拍的办公室，起草另一篇文章。

【蓝翎】文艺组的负责人没有向我透露过任何有关毛主席的指示，而是理论组的一位负责人沙英，初次认识时无意中说，毛主席称你们是"小人物"、"新生力量"，使我感到震惊。

邓拓在上夜班时把蓝翎找去，说要在报刊上公开批判俞平伯，并谈了俞平伯的一些情况，要他起草一篇有战斗性的文章。李希凡回忆，蓝翎是在10月18或19日，打电话告知他此事。

邓拓在布置任务时，明确指示要把矛头引向胡适："你们的《评〈红楼梦研究〉》不是讲到了胡适的观点吗？这篇文章可从批判胡适的角度写。"[26]这样，李、蓝两人写出了《走什么样的路？》，这正应对了他们原计划要写的第三篇文章，揭新红学派的老底，把俞平伯与胡适联系起来一起批。

【蓝翎】袁水拍就让我关在他的办公室工作，晚上在大办公室睡沙发。……李希凡不能来共同工作，他看了初稿，没有大改动，前后只用了两三天的时间。我夜晚向邓拓交稿时，他没提具体意见，只说火药味还不够，于是在原稿旁边加上了"这并不是偶然的，而是过渡时期复杂的阶级斗争在文学研究领域中的反映"一句话，问我："怎么样？"我说："好。"急稿发排，第二天（24日）见报，这就是两人署名的那篇《走什么样的路？》，而这篇文章当时最不容易被人接受的恰恰是邓拓加上去的这句话。"复杂的阶级斗争"，还能不是政治问题？

这篇文章为新红学下了定论，也可以代表这一场批判运动的基本目标：

> 总之，新红学的实质就在于它是士大夫阶级意识和买办思想的混血儿，是反动的实验主义在古典文学研究领域中的具体实现。……俞平伯先生以隐蔽的方式，向学术界和广大的青年读者公开地贩卖胡适之的实验主义，使它在中国学术界中间借尸还魂。……我们要研究《红楼梦》，首先就应该批评俞平伯先生的这种错误观点和方法；要研究全部古典文学遗产，就必须批判与此相同的观点和方法——即实验主义的反动哲学通过胡适之过去在中国学术界所长期散布的流毒。[27]

与此同时，邓拓也给报社理论组编辑王若水布置了任务：

> 总编辑邓拓走进我的办公室，把一叠材料往我桌上一放，说："你写篇文章批胡适。明天发李希凡、蓝翎批俞平伯的文章，之后发表你的文章。"
>
> 我觉得突然，说："这么快怎么来得及？"
>
> 邓拓说："不一定要很长呀。就说俞平伯研究《红楼梦》的方法是从胡适那里来的，要批判胡适的实用主义，唯心论，把对俞平伯的批判转为对胡适的批判。这是主席的意思。"[28]

邓拓对王若水说话，要比对李、蓝直截了当，这是因为内外有别。王若水1948年毕业于北京大学哲学系，当时的校长是胡适，所以他是最佳人选。于是王若水写了《清除胡适的反动哲学遗毒——兼评俞平伯研究〈红楼梦〉的错误观点和方法》。此文推迟了几天（应与计划外的袁水拍文章有关），在11月5日的报上发表。

【李希凡】 这篇遵命文学还没发表，就使我感到事态的严重性。果然，10月23日，《人民日报》发表了钟洛同志的《应该重视对〈红楼梦〉研究中的错误观点的批判》，我是在广播中听到的。……这篇文章一广播，这可惊动了我的同学们。等下课中午在食堂打饭时，俏皮话就来了，爱开玩笑的同学，不是说你"第一枪"来了，就说你是"神枪手"了！我虽知道同学们并没有什么恶意，也未免发窘，而且总有点心虚，觉得同学们会认为这是不务正业。……我饭后回宿舍，立刻接到蓝翎的电话，问我看到钟洛文章了吗？他是文艺组负责人。我说看了，写得很好，可是给我带来一个外号叫"第一枪"。蓝翎还说，明天《人民日报》要发表我们的文章《走什么样的路？》，中国作家协会古典文学部还要开座谈会，九点以前，你要赶到东总布胡同，还在《文学遗产》编辑部集合。

三 批判篇

讨论会

第二天10月24日,座谈会在东总布胡同作协的会议室举行,参会者四十九人,外加新闻记者和编辑二十人。这是第一次报纸以外的实际活动,是在文学界开辟的第二战场,是周扬等人摆脱被动、争取主动的努力方式。在时间上,它与《人民日报》的两篇文章密切配合,昨天钟洛的文章刚刚读过,今天李、蓝的文章即将见到,与会者能认识到"复杂的阶级斗争"那种高度吗?

【李希凡】我们进入会议室时,人几乎坐满了。……蓝翎似是认得不少人。他先给我介绍了林默涵、袁水拍同志;默涵开门见山就问我:"你们见了雪峰,印象如何?"我直话直说:"印象很好,他很爱护青年,有点像鲁迅。"看来,我最后一句惹得默涵生气了,他说:你怎么这样幼稚?他这人惯会如此,他说党与鲁迅,实际是说他和鲁迅……我一见面就挨批评,被批得一愣。这时周扬同志、郑振铎同志和俞平伯先生一起进来了,袁水拍同志把我和蓝翎介绍给周扬,周扬又把我们介绍给俞先生。俞先生已满头白发,穿的还是长袍,个子不高,戴着高度近视镜。从会场气氛看,大家随意谈笑,并不紧张。

【蓝翎】唯有俞平伯先生稳坐沙发,显得有些不自然。我等小辈,才疏学浅,欣闻宏论,茅塞顿开。

此时林默涵是中宣部文艺处处长,他对李希凡流露的对冯雪峰不满,究竟是个人情绪,还是预泄天机?尚需存疑。

这天的会议开了七个小时,发言者十九人。这确实是一次讨论会而不是批判会,与会者尚能各抒己见。这次会上的发言纪要,被整理发表在11月14日的《光明日报》上,使它成为一个历史的定格。

会议由郑振铎主持,他是文化部副部长,兼中国作协古典文学部主任,也是文学研究所所长,但是他无缘看到领袖的信。郑振铎还有一个身份,就是俞平伯三十多年的老友。俞平伯的"红学家"称号,还是郑振铎1923年送给他的。这个双重身份使他有点尴尬,怎么好意思对老朋友拉下脸来说官话?郑振铎说:"大家可以各抒己见,平伯先生也不要紧张。我年轻时就佩服过俞先生的文章。""几年来我们的思想改造是不彻底的,因此经常出毛病。"他说的是"我们",而不是点名俞平伯,并一再强调"彻底的批判自己","对自己的过去重新估价",仿佛是要作自我批评。[29]

接下来,俞平伯先生对自己的思想现状,他近期几篇文章的写作过程做了简要说明。他承认:"我的研究工作是从兴趣出发的,没有针对《红楼梦》的政治性和思想性,用历史唯物观点来研究,只注意些零零碎碎的东西。"并表示很感谢报刊上批评自己的文章,"愿意通过这次会学习一些新的东西,很虚心地听取大家的意见。"然后是助手王佩璋说明了她帮俞先生做了哪些事。

随后发言者十四人,按照发言的内容态度,可大致区分为:与报纸文章调子一致,赞扬李、蓝而批判俞、胡者,有钟敬文、王昆仑、黄药眠、何其芳。不提李、蓝,而只批胡、俞者,有舒芜、聂绀弩、老舍。以上两类发言虽然已经开始批,但还保留着学者风度,用语比较缓和,对俞平伯仍然尊重,有人作了自我批评。其中的何其芳,尽管他是会场上除周扬外唯一一位见信者知情人,还是敢于说李、蓝的文章不过是在讲"马克思主义的常识","但我当时对他们的两篇文章中的个别论点还有一些怀疑,并且觉得他们引用俞先生的文章有时不照顾全文的意思,有些小缺点。"

第三类是对俞和李、蓝双方皆有肯定和批评者,有吴组缃、启功。第四类是虽然批评俞,但同时也在帮他维护辩解,如杨晦、浦江清。除启功外,三位都是北京大学中文系教授,俞平伯过去的同事,杨晦还是中文系主任,显然要比其他单位的人关系更亲密。

吴组缃在批评了俞平伯以趣味为标准、逻辑性薄弱、撇开作品的现实内容和社会意义之后,又肯定"他不大固执己见,肯接受不同的意见","最近的文章还说要进一步用马克思列宁主义的文艺理论来研究,可见他不肯固步自封要求进步的精神"。吴组缃对李、蓝文章提出了一些不同意见:"说俞先生的研究是自然主义观点,这我看不出来。说贾府败落原因的那一段和注释,我也不很同意,对曹雪芹的文化观未免评价过高。"

特别值得重视的是,一个多月以后,吴组缃把自己的发言整理成文章,在报上发表。那时众人的批判口径已经提升为高度上纲,但吴先生在书面上却比口头变得更加慎重平和。他说俞平伯的"'辨伪存真'的考证工作,是从个人癖好出发的。若问他的研究有何目的,方向何在,我想除了说是'游戏'、'消遣'、'逢场作戏'而外,很难找到其他回答"。[30] 这岂止是实事求是而已?在当时的背景下,更接近于在帮俞平伯避重就轻,掩护开脱了。

回到会上,杨晦说明了俞平伯解放后的工作情况和思想进步,肯定其"收获也很大,体会得比较深。""他不懂马克思列宁主义,就不搞假马克思列宁主义。""'三反'后他对党有了不少认识,但对教书没有信心了,想做研究工作。"这无意中为后人留下了一个为什么俞平伯从教学转入研究的理由。杨晦这样提出问题:"对文学研究是从考据、资料来着手呢?还是从马克思列宁主义的观点、方法来着手呢?到现在还是一个很大的问题。""俞先生的考据有若干东西还是可用的,我们应该批判他的不好的,希望他从此与资产阶级的思想绝缘"。他还认为:"李、蓝二同志的文章也许不是很成熟的。"

吴组缃和杨晦的发言,至今读来并不感到有多少偏颇。我愿意多引几句,因为二位先生后来成为我的老师。

此外发言的还有冯至、范宁和吴恩裕。吴恩裕表面上也批判了胡、俞,但主旨是替自己的考证作辩护,以致引来何其芳的当场批驳。周汝昌参加了这个会,那时他刚刚回北京工作五个月,他没有主动发言。

【蓝翎】会议临结束时,主持人指定要我们发言。按常情,李希凡的名字署在我的前面,又比我年龄大,理应由他来讲。但是,我让他讲,他就是不愿讲,一定要我讲,在这种露脸的时刻,表现得够谦逊的。迫不得已,我只好站起来,全身紧张地讲了几句。一是,我们参加今天的会,是虚心来学习的;二是,我们一向敬重俞平伯先生,文章的观点不同,但没有扣帽子的想法。事后一想,后一点说法显然与当天我们文章的调子不大一致,帽子不是已经扣上了吗?"复杂的阶级斗争"还不是帽子?

【李希凡】蓝翎是代表我们两个人发言。蓝翎的发言,一是表示接受前辈们的批评意见;二是解释一下我们对俞先生批评的某些观点。我没有发言,因为自觉拙于言词,不必献丑。蓝翎的发言很得体,在众名家面前,没说讽刺话。大家的发言,虽然绝大多数都批评了俞先生的观点,但也还是说理的,会场上,大体还是学术讨论的气氛。……他们谈的还是自己的看法,自己的意见。

最后,周扬以领导人的身份作总结,当然是高调的宣言:"我们平时口头上常常讲马克思列宁主义,但对资产阶级错误思想不批判,不斗争,实际上就是对资产阶级思想投降,这哪里还有什么马克思主义气味呢?现在两位青年作者作了我们文艺界许多人所没有作的工作,他们在古典文学研究领域内捍卫了马克思主义的真理。对于文艺界的这种新生力量,难道还不值得我们最热情的欢迎吗?同时反过来,对于我们文艺思想工作上的不可容忍的落后状态,难道还不值得我们深切反思吗?""资产阶级思想在文艺界还是相当普遍,在某些方面甚至还是根深蒂固的,如果我们不用大力加以批判,实际上也就是甘心做资产阶级的俘虏。"且不说内容有所本,他连用反问句,也是在模仿毛泽东的语气。自称"我们"而不是我,这是标准的领导口吻。

周扬还说:"这几年学术界的自由讨论的空气太缺少了,这大大影响了学术的发展和思想的前进。这次《红楼梦》的讨论,是学术界对资产阶级的思想斗争,同时也是自由讨论的开始。我们提倡学术上的公开的、自由的讨论。"

周扬在 1950 年代

在我今天听来,把"思想斗争"和"自由讨论"并列,总是不那么协调的。

这是整个运动的第一场会,虽然开始批判了,却还是座谈会,还能够文质彬彬,还没有众口一词。会开了一天,俞平伯中午就退席了,没有出席下午的会议。

貌似领袖的布署已经落实,战斗任务初步完成。又谁知,点燃火种的目的,是火烧连营。

冯雪峰

领袖的下一步棋出乎所有人的意料,因为他不按常理博弈。

仅过了四天,10月28日,《人民日报》又发表一篇雄文,题为《质问〈文艺报〉编者》,署名袁水拍。文章以《文艺报》转载李、蓝文章时的编者按为由头,尖锐地批判该刊压制新生力量,是资产阶级老爷态度。刚刚向"资产阶级知识分子"俞平伯放了两枪,突然又掉转枪口打横炮,指向作家协会的官方刊物了。调子突然升高,战火横向延烧。

这篇文章的来由,据说是 10 月 26 日,江青又一次秘密地来到《人民日报》社,直接对袁水拍传达了毛泽东的指示,要求他写一篇对《文艺报》开火的文章。

不要说《文艺报》主编冯雪峰被一炮打懵,他的上级领导周扬也完全不

三 批判篇　179

知所措。那天周扬一早就打电话质问邓拓：这是怎么回事？史料没有记载邓拓是如何回答的，我颇怀疑邓拓能告诉他到什么程度。因为钟洛和李、蓝文章的起草就是故意背着周扬的，袁水拍其文在发表之前，是更高的机密。

袁水拍是江苏吴县人，1916年生，解放前长期在上海、香港和重庆的银行工作，兼做进步文艺工作，1942年加入中国共产党。解放战争时期以政治讽刺诗《马凡陀山歌》享誉国统区。1949年调入《人民日报》，担任文艺组组长。1950年，他赴山东参加了武训历史调查团，同行者有中宣部的李进和钟惦棐，而前者就是江青的化名。这是袁水拍人生的一个重要机遇，影响了他的终生。

袁水拍虽然比田钟洛（袁鹰）只高半级，但却是读过密信的"各同志"之一。另一方面，他与冯雪峰很熟，对周扬更是尊重，所以如何下笔，煞费苦心。那两天他也没有去办公室，在家中苦写作业，这样也更便于保密。这文章邓拓定不了，要送呈毛主席亲自修改定稿。毛泽东仔细作了修改，还亲自加写了几段，连题目带署名，都是他定的。最后批示："即送人民日报邓拓同志照此发表"。

文章改得气势如虹，意气飞扬。且试看几段加写和改写的部分：

> 长时期以来，我们的文艺界对胡适派资产阶级唯心论曾经表现了容忍麻痹的态度，任其占据古典文学研究领域的统治地位而没有给以些微冲撞；而当着文艺界以外的人首先发难，提出批驳以后，文艺界中就有人出来对于"权威学者"的资产阶级思想表示委曲求全，对于生机勃勃的马克思主义思想摆出老爷态度。难道这是可以容忍的吗？

> 对名人、老人，不管他宣扬的是不是资产阶级的东西，一概加以点头，并认为"应毋庸疑"；对无名的人、青年，因为他们宣扬了马克思主义，于是编者就要一律加以冷淡，要求全面，将其价值尽量贬低。我们只能说，这"在基本上"是一种资产阶级贵族老爷式的态度。

> 《文艺报》在这里跟资产阶级唯心论和资产阶级名人有密切联系，跟马克思主义和宣传马克思主义的新生力量却疏远得很，这难道不是显然的吗？[31]

袁水拍平时行事和为文都很谨慎，这与他的银行职员出身不无关系。以后田钟洛曾告诉我们，袁水拍极认真也极胆小，开支部会小组会都认真记录。他怎么可能口气如此之大，如此咄咄逼人？见报前，袁水拍再三请求不要署他的名，以"本报评论员"或短论形式为妥，但是已经有批示"照此发表"，谁敢再改一字？他无可奈何，只能服从。为此署名，后招来不少斥责和嘲讽，他如"哑巴吃黄连，有苦说不出"。既然做了党的写手，就不要吝惜借名一用，之前的钟洛和之后的李希凡、蓝翎还不都是一样?

再说另一边被批判的冯雪峰,1903年出生于浙江义乌,年仅十八岁便开始了文学生涯,曾与汪静之等人组成"湖畔诗社",从事白话诗创作(三十年后,汪静之在冯雪峰手下校点《红楼梦》)。1927年,冯雪峰在最危险的非常时刻加入中国共产党。三十年代的"左联"期间,冯雪峰是党的负责人,代表党组织与鲁迅联系密切,却与周扬等人难以合作。1933年从上海去了中央苏区,次年随中央红军参加了万里长征,是文化界极为少见的老资格"长征战士"。1936年,他又奉毛泽东之命,以中央特派员的身份前往上海,住在鲁迅家中,与鲁迅和胡风为一方,同周扬等"四条汉子"发生"两个口号"之争。1937年,冯雪峰在随中共代表团前往南京商谈国共合作时,与博古(一说王明)发生争论,一怒之下脱离组织,跑回老家隐居,准备创作小说《卢代之死》,反映红军长征事迹。皖南事变爆发后,冯雪峰在大搜捕中被抓进上饶集中营,幸未暴露身份。被营救出狱后,他又在周恩来领导下,继续在重庆、上海等地从事文化和统战工作。

建国后,冯雪峰未获重用,只是在上海市担任作协主席、文联副主席等文化闲职。1951年春天,人民文学出版社草创时,由胡乔木提名,周恩来亲自打电话给新闻出版署署长胡愈之,具体安排冯雪峰在北京的工作:"叫冯雪峰做人民文学出版社社长,但待遇要比普通社长高一点,工资要高一点,要给他一辆私人用小汽车。"冯雪峰奉调来京后,却对胡愈之表示:"我不想搞文学出版社,更不想当社长,但总理让我搞,我也没办法。看看中宣部那几个人,叫我怎么工作?!"所以,对于办社方针和重要决定,冯雪峰并不向周扬请示,而是直接与胡乔木相商而定。1952年,他又接替丁玲,担任了《文艺报》主编。

在这一次的李、蓝文章转载风波中,阻挠《人民日报》转载的并不是冯雪峰。他服从安排在《文艺报》转载,只不过写了篇比较客观平和的编者按,曾经中宣部审定,还当面征求过李、蓝两人的意见。可见冯雪峰真是冤枉,做了替罪羔羊。欲加之罪,何患无辞?

但他只能深刻检讨,承认一切罪名。11月4日,冯雪峰奉命撰写的《检讨我在〈文艺报〉所犯的错误》在《人民日报》发表,一直检查到如此地步:"我深深地感到我有负于党和人民。这是立场上的错误,是反马克思列宁主义的错误,是不可容忍的"。毛泽东在广州看到了《南方日报》转载的这个检讨,仍不满意,在报纸旁作批注,毫不留情,继续穷追猛打。

12月8日,冯雪峰被解除了《文艺报》主编职务。但是这并不算完。

事后回顾，为什么批俞刚刚开始，方兴未艾，就要突然转向火烧《文艺报》呢？冯雪峰后来说这是"城门失火，殃及池鱼"，陈企霞则认为"是'杀鸡给猴子看'，是'吴三桂借兵'"（指借胡风来批《文艺报》）。有人归结到三十年代以来，文艺界领导间历史性的人际矛盾，即周扬与冯雪峰、丁玲等人的旧日恩怨。更有明眼人指出："当时，周扬知道，批判丁玲、冯雪峰这些毛泽东熟悉的人物，他是无权决定的。"[32] 事实上，在转向之始，周扬也被蒙在鼓里，并不知情。

再回顾李、蓝两人文章的转载过程，是文艺界以及新闻界的党内领导层不听指挥，思想滞后，致使领袖的意图未能畅行无阻，打了折扣。毛泽东当然因此对这方面的党内领导干部深致不满。他清醒地认识到，必须对文艺界领导层和新闻媒体进行一番彻底的整顿，以便为展开思想批判运动开通道路，扫除障碍。这要比直接的批俞批胡更为迫切，是前提条件和当务之急。至于为什么要加罪于冯雪峰，而不是按实际责任来追究，就要看长期形成的亲疏关系了，也许有更大的政治派系斗争背景在，不好妄测。哪怕冯雪峰并无直接过错，哪怕周扬的阻挠责任比他还大，但现在选定的合适的靶子就是冯雪峰，管他是"鱼"是"鸡"还是"羊"，他已是在劫难逃了。

周汝昌

《红楼梦》研究批判运动兴起，俞平伯挨批，周汝昌的心情大约是喜忧参半。喜的是半年前尊俞贬周的局面这么快就翻转，一抒胸中怨气；忧的是刚刚走红一年的《红楼梦新证》，其繁琐考证和写实自传说正是批判的目标，还唯恐暴露自己与胡适的关系。

巧的是冯雪峰正是周汝昌所在人民文学出版社的领导。周觉得冯当社长只是个挂名差事，并不真管工作。大约在10月上旬，周汝昌忽然接到冯一封信，信笺是朱丝栏，浓墨毛笔字竖写，词气谦恭，大意是因《红楼梦》的讨论，要他为《文艺报》撰文支持。

又一天晚上，估计是10月下旬，聂绀弩和巴人（王任叔，时任副社长）两人带着他，乘轿车去见冯雪峰。三人进入落座，旁无他人，冯公亲自忙活倒茶。仍然是为了《文艺报》需要讨论《红楼梦》的文章，仍然和蔼客气，彬彬有礼，神情微微有点紧张。聂、巴二公在侧，不见多口插言。后来方知，那时冯已经挨了批评，而且事态相当严重。周汝昌遵嘱写了一篇文章，"此文后来悄然无所闻——当然是不能用吧。"

在此前后，《人民日报》也派人来找周汝昌，不通过单位，直接数次见访于寓所，来者就是钟洛。

应该是在10月23日钟洛的文章见报后不久，一天晚上，周汝昌也像李希凡、蓝翎一样，受到了邓拓的召见。那天周汝昌下班回家，家人告之此讯，显然并不想惊动他的单位。他草草吃了晚饭，便自己走去《人民日报》社。到了报社，正好见钟洛乘车回来，原来是专门派车去接他的，却扑空而返。周汝昌也像蓝翎一样，感叹在那年代乘坐小轿车的殊荣。

邓拓热情接待了周汝昌，满面春风，似一见如故。在场的有钟洛和王秘书。

两座沙发，当中一个茶几式小桌，桌上一个大碟子，碟内堆着很高的散装的"中华"香烟，这是彼时最高级的烟了。他让我一支烟在手，并且亲手为我用打火机点着了烟。我深知这实是特殊的礼遇。

他请我来见他，目的是要我写批俞批胡的"文章"，这不必多说自明。话题当然就是从《红楼梦》开始。对俞、胡二位，他说了些什么，我已全不记得了。话题转到我身上来。很易料想的，他先夸奖了我的"红学成就"，也提到了毛主席。往下，就客客气气地指出我的"美中不足"，最重要的几句话，大意如下："……您考明了曹雪芹的家世所遭的变故是由于雍正的迫害，是政治斗争的结果，证明了胡适的'坐吃山空''自然趋势'是荒谬的，这是一个大功劳。但您的主张'自传说'，却又脱离了历史唯物主义，那就错了。因此，您是犯了'二元论'的错误。……"

他委婉而清楚地表示：希望我写一写，批判俞、胡，也做自我批评。这样，文章会更有力量……

这番意思不难懂。正像钟洛向我强调表示的一点，就是："您做出自我批评，方可立于不败之地。"这句话记忆最为清楚难忘。一切都表明：这是从上面而来的极大的关注和维护，不把我当俞、胡一律看待，让我解除顾虑，安心参加运动。这种好意深情，我至今感念，不会忘怀。

可是我当时十分糊涂，执迷不悟："主张'自传说'怎么就是犯了错误？这是曹雪芹自己在书里一开头就表明了的——全部的表现也完全与表明符合。鲁迅就如此认为，说胡适之考，可为论定。鲁迅也犯了'二元论'吗？……"

我在那时，思想斗争极为剧烈，可怎么也想不通我错在何处。有一位同事向聂绀弩等领导叙说我是"每日彷徨斗室，其情甚苦……"云云，倒很真实不虚。

感谢钟洛，他继续向我做思想工作，表示"有人把您与胡适同

三 批判篇 183

等看待是胡说……"我终于在众多同志的关切与鼓励之下，写出了一篇文章。不待说，那是水平不够的，尤其是自我批评的部分，更显薄弱。

这大约让邓拓非常失望。我成了一个"不可教也"的"孺子"。文章登出后，有人称奖，有人不满——尽管拙文已由好意之人略为加工润色了，还是无从根本改变，所以到后来运动深入时，就有水平高的人发文批我，说我"比胡适还反动"。我不怪人，咎由自取，于人何尤哉。[33]

对周汝昌文章进行"加工润色"的，应该就是钟洛，最后由邓拓审定签发，这是报纸编辑工作的正常程序。周汝昌的文章《我对俞平伯研究红楼梦的错误观点的看法》，于10月30日在《人民日报》发表，这是紧接着钟洛、李、蓝和袁水拍之后的第四篇文章。

周汝昌终于获得了在报纸上向俞平伯反击的机会，当然他首先要检讨自己：

一个青年知识分子，如果在解放前不懂得马克思主义而又接触《红楼梦》这一题目，在考证方法上就会成为胡、俞二人的俘虏，笔者个人就是一个例子。我在《红楼梦新证》一书中，处处以小说中人物与曹家世系比附，说小说中日期与作者生活实际相合，说小说是"精剪细裁的生活实录"，就是最突出的明证。这固然因为我在从前写书时，主要还是想强调证明鲁迅先生的"写实""自叙"说，藉以摧破当时潜在势力还相当强的索隐说法；可是由于对现实主义的认识有错误，受胡、俞二人的方法影响很深，结果实际上还是引导读者加深对《红楼梦》的错误认识。不过，把《红楼梦》的研究由与社会政治结合引向与社会政治分家的道路，却不是我的目标；恰恰相反，我正是想在自己的学识理论的有限水平上，努力找寻《红楼梦》的社会政治意义，把《红楼梦》与社会政治更密切地结合起来看问题。

要否定自己总是很艰难，"固然"、"可是"、"不过"，一段话曲曲弯弯，多次转折。但这一段话也确实概括了周氏红学与《新证》一书的特点，在未来不同的时期，将强调不同的侧面，总可以立于不败之地。

当然此文的重点还在于批判斗争，他批判俞平伯"竭力抽掉其中任何社会政治意义，使红楼梦只变为一个'情场'的好把戏"，是"一个玄妙的十足唯心的'不可知论'"，再上纲到"阶级立场"问题。此文批俞的力度甚至超过了批胡，因为毕竟，与胡适有恩义之交，与俞平伯却是素来不和。

几十年后，周汝昌这样回忆："我的'批胡'文不易写，有三层缘由：一是人家待我甚厚，而人是有感情的动物，焉能无所感激怀思；二是我和他的'红学'见解原有不同之点，若仅仅陈述学术观点之不同也不行；三是要写批判文章不能只论学术，须讲阶级性和斗争性才行——这三方面在我这个书呆子的头脑中，就搅成一团了，自惭真是太无能了"。[34]

在外人看来，周汝昌似乎是"反应神速"，或认为他是"在惶恐的境地中贸然采取的一种自我保护措施"，[35] 这未免皮相之见。如果没有高层授意保护，邓拓面授机宜，周汝昌是不可能如此神速地，以正面形象登上《人民日报》的。

就在周汝昌文章发表第二天的 10 月 31 日，他的一位人文社古编室同事，整理过《西游记》的编辑黄肃秋也紧跟着登上《人民日报》，发表了文章《反对对古典文学珍贵资料垄断居奇的恶劣作风》。他独出心裁地揭发批判道："大约在去年年底，俞平伯先生居然还写信，经过北京大学文学研究所，向北京大学图书馆提出，不应该把红楼梦的脂砚斋评本借给别人看"。"这说明了俞平伯等人一直认为，某些珍贵的资料，似乎只容许一些具有特权的人物来阅读，而青年研究者是无权借阅的。这种思想，难道不是和偷走了《水经注》、秘藏一部红楼梦的乾隆甲戌年脂砚斋重评本、居为奇货的胡适之的思想有着明显的相通之处吗？"此文中还连带批评了吴恩裕。

古籍善本理应保护，不能外借，这本是图书馆的常规，读书人的常识，黄肃秋不啻是在搅浑水打乱棍。北大图书馆馆长向达为俞平伯辩护说："俞平伯对脂砚斋本不一定是垄断，不愿出借这本书是怕弄脏了。"他反批评黄肃秋作风不好，黄曾在北大图书馆借书，把书弄坏了。而且，毛主席借看过此书。据李希凡说，黄肃秋这篇文章发表后，"立刻引起了上级领导的注意，并马上通知《人民日报》社，要求停止发表这类文章"。

六十多年后，有后辈人传言，黄肃秋曾与俞平伯一起到北大图书馆，亲见俞"叮嘱"图书馆员，不让出借庚辰本且特指周汝昌。此说与上引黄的原文抵牾，存在疑点，来源不明，让人难以置信。[36]

与此形成对照的，是李希凡、蓝翎稍后在《中国青年》上发文，对"小人物"找资料难发出抱怨："最好的或较好的红楼梦版本和其他古典文学研究材料，我们这些无名的渺小人物自然是到处借不到的。现在想起来，对于有些大图书馆那一串苛刻的条件和限制，我们还不能不有所愤慨。"[37] 两人出名之后，受到北京图书馆的邀请去讲演，馆长丁志刚亲自奉送上借阅证，并收藏了他们的文章原稿。

《人民日报》连续两天发表的来自人民文学出版社周汝昌、黄肃秋的两篇批评文章，只能令俞平伯益发感到不快。这岂不是在落井下石以求自保？俞、周关系更坏了一步。对此何其芳及文研所党总支在研究之后也认为，这些批评是"不当的"，"周汝昌本身也很落后，对《红楼梦》的研究有些比俞还坏，很荒谬"。这种组织形式的表态，颇让困境中的俞平伯感到一些宽慰。[38] 1956年，在何其芳的提醒建议下，中宣部长陆定一在《百花齐放，百家争鸣》的报告中，特地帮俞平伯澄清："有人说他把古籍垄断起来，则是并无根据的说法。"[39]

可注意的是，引领运动方向的中央党报《人民日报》在保护周汝昌，但是批判他的火力却从其他报刊包围而来，不能止息。这只能证明，当时的"舆论一律"还没有克臻完善，有改善的余地。当时的《光明日报》还是民盟中央的机关报，不受中共中央直接指挥。周文发表的第二天，《光明日报》就发表了陆侃如（李、蓝在山东大学的老师）的文章，在批判胡适、为俞平伯说好话之余，也捎带着刺了周汝昌一笔。随后，又有魏建功（《光明日报》11月26日）、宋云彬（《解放日报》11月30日）、胡念贻（《人民文学》1954年12月号）、褚斌杰（《光明日报》1955年1月16日）逐渐加强火力，批判周汝昌。周汝昌的抢先表态文章成为新的靶子，确乎是"引火烧身"了。

周汝昌似乎经受不住这样的打击，因病住进了医院。在这紧要关头，邓拓"奉命"再次出手相救。

【李希凡】邓拓同志说，周也是个青年人，他研究《红楼梦》的观点、方法，都受胡适影响，但这部书涉及迄今为止有关作者的全部资料，还是有贡献的，应该"保护过关"（后来知道可能这是毛主席的意见）。并说，在你们批评文章发表以前，还应该看望他一下，他正在生病住院。

【蓝翎】邓拓找我们说，要写一篇文章，既严肃批评他的错误观点，也体现出热情帮助和保护的态度，指出他与胡适不同，是受了胡适的影响。这是上边的意思。我们按照这个精神，写了《评〈红楼梦新证〉》。周汝昌看到后，大出意料之外，来信表示感激得流泪云云。李希凡还奉命去医院看望他。应该说，这篇文章对周汝昌是起到了保护作用的，此后一些批评他的文章，也是只对研究观点立论，而不往政治立场上拉。但是，这功劳不能记在我们的名下。在政治运动中，要保护谁，如何保护，是由最有权威的人说了才能产生积极效果的。如果地位稍逊，说了不但不会生效，弄不好连自己也会牵进去，这是由无数历史事实充分证明了的。

周汝昌的病，真是恰当其时。他说不是"吓病"了，"事实是急性阑尾炎剖腹手术，接上内痔脱肛，又麻烦了一大阵，方能起坐自如；加上剖腹缝线不良，继而发炎，久久不愈，成了病号——我已得知中央不以'胡适反动派'待我了，我'吓'个什么呢?"[40]他的病发生于1954年底到1955年初,没有耽误见邓拓和写表态文章,却避开了参加多次批判会,确实是很合时机的。

李希凡、蓝翎这篇具有指导意义的《评〈红楼梦新证〉》,于1955年1月20日在《人民日报》发表。此后作用渐显,对周汝昌的批判逐渐弱化。

可供参证的是当时在中宣部工作的龚育之的回忆:

> 从俞平伯的《红楼梦研究》,读到周汝昌的《红楼梦新证》,我们一些青年觉得两本书是一样货色,后者的考证甚至比前者更繁琐,也应该批评。这时,听到周扬和胡绳讲,对周汝昌不要批评,要把他放在这场思想斗争的"友"的位置上,要让他一起来参加对胡适的批判。这对我们是一种政策和策略的教育,我们觉得从这里学到一种政治智能,克服了"单纯学术观点"的书生之见。从他们那里知道,这也是毛泽东主席的意见。[41]

在此还要补充一句:从邓拓接见抚慰,李蓝受命作文,"最高"授意保护周汝昌这一事实来看,半年以前聂绀弩透露的那一句话:毛主席对《新证》有好评——就得到了证实。这不是半个世纪以后,靠费辞论证所能否认的。如果这还不够,再过二十年还有再次的证明。

胡适

胡适一去已经六年,此时身在美国纽约。那时的东西方完全隔绝,更没有如今的即时通信手段。但是,胡适仍然对远在北京的《人民日报》作出了直接反应,他密切关注着这一场与己相关的运动,也关注着大陆上老朋友和小"徒弟"的命运。

朋友沈怡从泰国曼谷分几批寄来了有关文章的剪报。胡适仔细研读,作了大量的划线和圈点,并将其做成一个剪报集保存,题名曰"中共清算俞平伯的红楼梦研究"。其中收入批判、评论文章共十五篇,有十三篇来自《人民日报》,包括了前文引述的大部分文章。胡适还单列一纸,详记"发难"的前四篇,即李、蓝(三篇)和钟洛文章的时序和来源,对后两篇略加评点:"第三篇(十、23)是《人民日报》的'钟洛'一文,正式承认上两篇文字是'可贵的第一枪'!第四篇(十、24)是《人民日报》'指导'这两个青年人写的《走什么样的路》,正式把枪头瞄准了。"[42]

1954年12月17日,在六十三岁生日当天,他给沈怡回信说:

> 这个消息使我重读你寄来的文件,才感觉特别的兴趣,才使我更明白这"清算俞平伯事件"的意义。我要特别谢谢你剪寄这些文

件的厚意。此中的"周汝昌"一篇,特别使我注意。

> 周汝昌是我"红学"方面的一个最后起、最有成就的徒弟。他的《红楼梦新证》已三版,香港可买到,你若没见此书,我盼望你寻一部来看看,这是一部很值得看的书。(周君此书有几处骂胡适,所以他可以幸免。俞平伯的书,把"胡适之先生"字样都删去了,有时改称"某君"。他不忍骂我,所以他该受"清算"了!其实我的朋友们骂我,我从不介意。如周君此书,我大索香港市场,买得四册,留两册赠与台大与史语所。)[43]

胡适的猜测,还是有点隔靴搔痒。俞平伯之所以不能幸免,是因为胡适的思想和方法是《红楼梦研究》的基础,并非取决于骂与不骂的表面文章。而周汝昌在《红楼梦新证》中对胡适或删或骂,大多是编辑文怀沙的改笔;他发表在《人民日报》上的文章,更是邓拓命题,钟洛加工过的。周汝昌之所以能安然过关,是因为毛泽东主席喜欢读他的书,这就不需要其他理由了。

两大舵主你死我活,势不两立,却同时"好评"周汝昌的《红楼梦新证》,这是个近似荒诞的事实。

为胡适买书并寄赠到美国的,是时在香港崇基学院任教的程靖宇(绥楚)。1954年3月7日,胡适给程靖宇写信:"谢谢你寄给我的《红楼梦新证》。我昨晚匆匆读完了,觉得此书很好。我想请你代我买三、四册寄来,以便分送国内外的'红学'朋友。计价若干,千万请你告知,当寄奉。"次日他又发一信:

> 周汝昌君是我在《红楼梦考证》一条上的新得的最有成绩的信徒,他的脂砚斋批本与《四松堂集》都是我借给他的。所以他对我的'不恭之语',我完全谅解。你看我昨天的信,就知道了。
>
> 平伯的书,如有买处,也请代觅一部。……
>
> 周汝昌书尾有他哥哥一跋,说汝昌1952年春天去四川,现已一年了。此似是一种'放逐'?你知其详否?[44]

此后,胡适多次向朋友推荐周书。1954年8月,胡适复信吴相湘:"你在那信里大称赞周汝昌的书,我完全同意。此君乃是我的红楼梦考证的一个最后起、而最努力最有成就的徒弟,他在书的前面虽然大骂我几句,但他在许多地方对我致谢意,是很明显的。例如三十页第八行:'诸收藏家对我的慷慨和厚意,我永不能忘怀;而我的感幸也远非言语所能表达。'"[45]

1954年12月21日,胡适再次致函沈怡:"你在曼谷如找不到周汝昌的《红楼梦新证》,可向香港、东京找。我盼望你能看看这部六三二页的书。我买了几部,留了一部给台大。八月中台大教授吴相湘先生写信来说,他看了此书,'深感清算胡适思想的工作真是白费了'。"

及至 1960 年 11 月 19 日，胡适又在给高阳的信中说："关于周汝昌，我要替他说一句话。他是我在大陆上最后收到的一个'徒弟'，——他的书决不是'清算胡适思想的工具'。他在形式上不能不写几句骂我的话，但在他的《新证》里有许多向我道谢的话，别人看不出，我看了当然明白的。""汝昌的书，有许多可批评的地方，但他的功力真可佩服。可以算是我的一个好'徒弟'。"

当然，当时周汝昌并不知道这些，他但求能蒙混过关。

1955 年 1 月 3 日，胡适在给沈怡的信中又说："俞平伯之被清算，诚如尊函所论，'实际对象'是我——所谓'胡适的幽灵'！此间有一家报纸说，中共已组织了一个清除胡适思想委员会，有郭沫若等人主持，但未见详情。倘蒙吾兄继续剪寄十一月中旬以后的此案资料，不胜感祷！此事确使我为许多朋友、学生担忧，因为'胡适的幽灵'确不止附在俞平伯一个人身上，也不单留在《红楼梦》研究或'古典文学'研究的范围里。"又说："这'幽灵'是扫不清的，除不净的。所苦的是一些活着的人们要因我受罪！除夕无事，又翻看你寄来两批资料，不禁想念许多朋友，终夜不能安睡。"

1957 年 7 月 23 日，胡适得阅一本哥伦比亚大学藏 1923 年版的《红楼梦辨》，"纸张已破碎到不可手触的程度了"。翻阅之下，感慨万千，在"夜半"写下一篇《俞平伯的〈红楼梦辨〉》，结尾几个字是"纪念颉刚、平伯两个红楼梦同志"。[46]

胡适留在北京的大量藏书和书信文件，寄存于北大图书馆已经六年，此时被想起，派上了用场。

就在几个月之前的 1954 年 7 月，北京市人民法院批复给北大公函："经报请市人民政府……胡适等物品暂由你单位保管。胡适等文物书籍在保管期

松公府原
北大图书馆

间，可暂作你校教学科研之用。"

所谓"松公府北大图书馆"，位于沙滩原北大红楼的北面，是1935年建成的二至三层专门建筑。在北大1952年迁去海淀燕园之后，该馆已成为中宣部的办公处（后为《红旗》和《求是》杂志使用）。而那些胡适藏品仍存于楼上书库，此时中宣部图书馆已进驻其楼下，转移胡适的书籍材料，不过是从楼上搬到楼下，真正的近水楼台。法院的一纸空文，怎抵得中央布置的重大"政治任务"？批胡运动开展起来之后，中宣部从北大图书馆取走了胡适大部分的书信、文件和日记，这一行动是不公开的。以黎澍为首的中宣部资料室根据这些资料，编选了《胡适书信批判参考资料》，内部发行，供全国各地批判使用。

多年后，当人们回头追查胡适资料下落时，发现当时这些资料的转移没有留下任何文字手续。据邓广铭推测："这很可能是因当时北大图书馆的负责人认为，若再继续保存胡适的这些东西是一个沉重的包袱，必须甩掉而后快，所以当中宣部提取时，也不要求办任何手续。"[47]

俞平伯

根据当时参与者的记录，从1954年10月下旬到1955年1月，北京城里同时召开着三种类型的系列会议，主题都是《红楼梦》和批俞批胡，构成了这场运动的主体。第一类是中国文联主席团和中国作家协会主席团召开的联席扩大会议，从10月31日起连续八次，在东长安街路北的中国青年艺术剧院楼上的青年宫，故亦称"青年宫会议"。这是扩大了的批判会，攻守双方俞平伯、李希凡、蓝翎三人都到场。第二类是中宣部召开的内部报告会，在沙滩的中宣部礼堂，与会者是首都文化界、教育界的党员干部、教师，传达内部精神，引领运动方向，扩大宣传教育，冯其庸出席了这类会。第三类是俞平伯所在单位举办的内部小型会，一是他的工作单位北大文学研究所研讨会（共六次），二是他加入的民主党派九三学社北京分社沙滩支社支委会。九三学社中央主席许德珩是俞平伯的北大同学，那一边更像是他的"娘家"。

在所有人中，俞平伯可能是出席会议最多的。在此期间，他参加会议不下二十次，也就是以上第一和第三类，俞平伯无会不与，并作发言。据记者观察，他总是雕像一样坐在会场里，一副宠辱不惊的样子。

处于运动标靶位置和漩涡中心的俞平伯，个人的情绪和体验如何？多亏陈徒手先生的发掘，几十年后从档案和采访中获得了这样的记载：

对俞的批判展开以后，俞感到问题严重，内心苦闷，情绪很波动。他曾一度闭门谢客，深居简出，甚至不接电话，不参加会议。他说："三十多年来的研究一场空,学术上被全部否定,一切都空了,再也抬不起头来。""他们原来要搞我,搞吧。我不再写文章总行吧。"又说:"我不配研究《红楼梦》,也不配研究古典文学。"

俞平伯此时最害怕的是在政治上被与胡适连在一起,他几次在会上替自己辩解:"胡适对我并没有多大影响,与其说胡适对我的影响大,不如说周作人对我的影响更大些。"他有时情绪激动、不安,公开抗拒,说:"我豁出去了。"有时又表现得安之若素,似轻蔑看不起。如说:"他(指李、蓝)说我唯心,我看曹雪芹就是唯心,曹雪芹不比我俞平伯更反封建。"他认为李、蓝对《红楼梦》的估价太高了,说:"《红楼梦》自发表以来并没有起好作用,如果没有色空观念,可能还好些,所起的都是坏作用。""他们说宝、黛二人有煽动性的叛逆性格,捧得太过火了,这不符合历史的现实。"又说:"如果真有,贾宝玉应该参加革命去了。""你们说贾宝玉是新人的萌芽,他踢丫环一脚,这怎么算新人?""说我是不可知论,可这里面就是有些弄不懂。"

对比仅仅半年前的走红,俞平伯的挫折感很强烈,流露出委屈不平的情绪。他说:"权威也不是我自封的,文章也不是我自己要写的,是为了社会的需要,是报纸、杂志要我写的。为了应付他们,才随便写了些文章,接着问题也来了,现在悔之晚矣。""我做整理工作,自觉很仔细,很认真,没有错误。我原来就没有运用马列主义研究,为何要批判?"又说,王佩璋批评我的文章,说是我叫她写的。她写的文章,还不是乔木叫她写的。

俞平伯没有服气,他曾自我解嘲地说:"这次批判,我的书反而一卖而空,真是塞翁失马,焉知非福?"据记载,当时俞平伯所著的《红楼梦研究》一书在北京市面上已买不到,《胡适文存》和他的《白话文学史》等书籍在旧书摊上均涨价三分之一。[48]外孙韦奈记录了外祖母的话:"那时我和你外公都很慌,也很紧张,不知道发生了什么事,连往日的朋友都很少走动。我很为他担心。但总算还好,过去了。"[49]

不光是俞平伯有抵触,他周围的学友和其他一些老教授们也深感不安。或私下里发牢骚,如文怀沙说"这是官报私仇",北大中文系讲师吴小如对李、蓝的文章很轻视,说:"俞先生看了会一笑置之。"或公开地表示忧虑,如北大历史系教授邓广铭说:"现在老教授写文章就是犯罪,我如发表文章就有成为俞平伯的危险。"中文系教授游国恩说:"袁水拍的文章太尖锐了,照袁的说法,《文艺报》就不应该与老头子打交道了。"

11月6日,北京大学召开"红楼梦研究座谈会",参加者有校长马寅初,副校长江隆基、汤用彤,文研所何其芳,哲学系冯友兰,历史系王铁崖,中文系高名凯、游国恩、魏建功等教授,以及其他教师和研究生共百余人。北大哲学系主任金岳霖本不想写文章批判胡适，说："参加参加中文系座谈会算了。"到11月初，中宣部干部于光远打来电话，嘱他发起批判胡适，他才找了汤用彤、冯友兰、邓广铭等教授开会，仓促地给每人分配题目分头写批判文章。11月13日，在《人民日报》召集的学者批判胡适会上，北大副校长、哲学家汤用彤正在进行较长的发言，突然把桌上的杯子打泼了。发言未能继续，被送回家睡下，当晚发现昏迷不醒。次日晨送入协和医院，诊断为重度脑中风病危，经一个月治疗方才清醒。中文系教授章廷谦说："汤老头子的病还不是批判胡适搞出来的。"[50]

鲜为人知的是，俞平伯在这期间，与运动的直接领导者周扬保持着密切联系。从11月11日到25日，两周间俞平伯给周扬写了三封信，被保留了下来。前面已叙俞平伯与胡乔木关系较近，现在知道周扬也使他"向蒙知爱"（11月11日信）。他还在谈怎么修订《红楼梦研究》，还不明白技术性的修改无济于事，这本书当时已不可能再出。"承您给我以宝贵正确富有积极性的指示，我愿意诚恳地接受，不仅仅是感谢。"俞平伯表示"我近来逐渐认识了我的错误所在，心情比较愉快。"他把检讨稿送周扬审阅，"假如您有空暇，仍盼随时用电话约谈，自当趋前。"（11月16日信）后周扬约俞到文化部面谈，欲解除他的顾

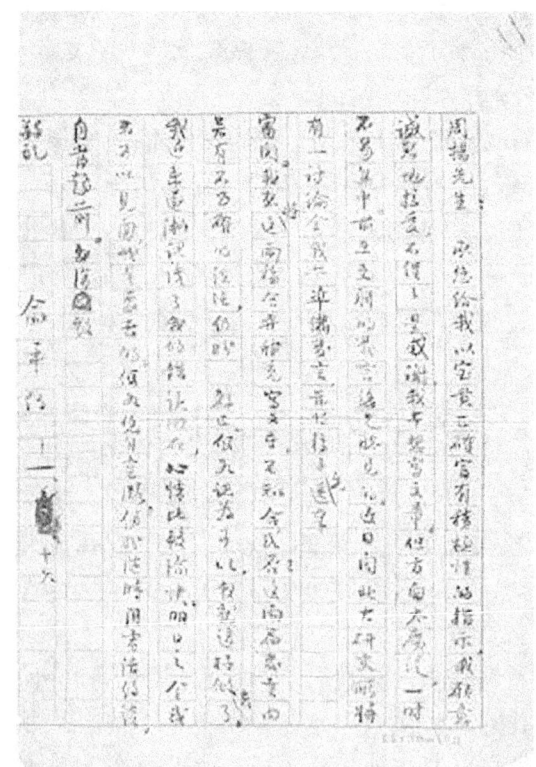

俞平伯致周扬信，1954年11月16日。

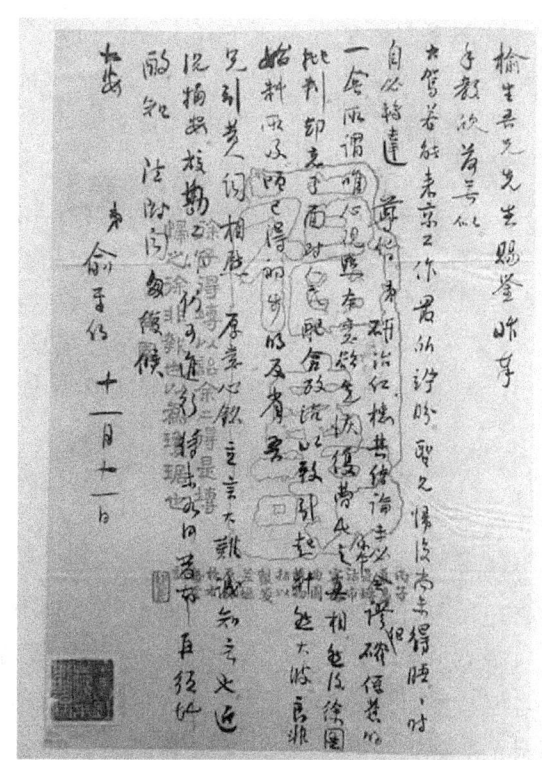

俞平伯致龙榆生信，
1954年11月11日。

虑。所以俞25日的信中说"日前承教，北大文研所今日开红楼梦座谈会，已遵嘱改正矣。"[51] 俞平伯的这篇《关于有关个人〈红楼梦〉研究的初步检讨》，迟至1955年3月15日才刊登于《文艺报》第五期，被加上了《坚决与反动的胡适思想划清界限》的正题。这既是因为那时运动的主攻目标已延申变化，也体现出对俞既批判又"团结"的政策考量。

此刻俞平伯当然不可能"心情比较愉快"。在同一时段，11月11日俞平伯写给老友词人龙榆生的信，大概更近于他的真实心境：

> 弟研治红楼，其结论未必全谬，但确系旧的一套，所谓唯心观点。本意欲先恢复曹氏原本之真相，然后徐图批判，却忘了面对人民，配合政治，以致引起轩然大波，良非始料所及，顷已得初步的反省。吾兄引昔人词相慰，厚意心铭。立言大难，诚知言也。近况稍安，校勘工作仍可进行，将来如何发布，再须斟酌。[52]

在吴小如11月间发表的一篇文章里，貌似检讨自己，透露了俞平伯与周汝昌关系的一点消息，且明确表示偏向于俞："俞先生对周汝昌先生的《红楼梦新证》是有意见的，而且我认为这些意见是正确的，可是我就怕伤了两家和气，只想从中调停，而不鼓励他们相互批评。在今天看来，这种缺乏自由讨论空气的现象，已成为拖延我们文化建设高潮到来的致命伤。"[53]

11月8日，老朋友王伯祥来看望俞平伯。三十多年前在苏州，当俞平伯遗失了《红楼梦辨》稿件时，正是王伯祥给他找回来的。两人去什刹海赏菊，又到烤肉季饮酒吃烤肉。那天老朋友间谈了些什么，已无法追记，我们可以看到俞平伯归来后次日写下的诗：

> 容庵吾兄惠顾荒斋，遂偕游海子看菊，步至银锭桥，兼承市楼招饮，燔炙犹毡酪遗风，归后偶占俚句，即录以吟教。甲午立冬后一日，弟平生识于京华：
>
> 交游寥落似晨星，过客残晖又凤城。
> 借得临河楼小坐，悠然尊酒慰平生。
>
> 门巷萧萧落叶深，爰然客至快披襟。
> 凡情何似秋云暖，珍重天寒日暮心。[54]

除了在北京的老友登门看望以外，远方还有老朋友遥相关注。与胡适同机离开北平的大学者陈寅恪，此时身在广州中山大学。11月，大型的关于《红楼梦研究》的座谈会也开到了中大，中文系和历史系教授全数出席，唯独陈寅恪拒不参加。二十多年前，陈与俞都是在清华大学任教的同事，陈曾作《俞曲园先生病中呓语跋》，曲折地表述了陈、俞两家的渊源关系。这一次评红批俞运动中，陈寅恪留下了"一犬吠影，十犬吠声"的八字评语。年底他写了一首《无题》诗。此诗用典隐晦曲折，后经学者多方辨析，确是咏俞平伯之时事的。纵然不求甚解，也能体味出"兔死狐悲"的哀愁。

> 世人欲杀一轩渠，弄墨然脂作计疏。
> 猧子吠声情可悯，狙公赋芋意何居。
> 早宗小雅能谈梦，未觅名山便著书。
> 回首卅年题尾在，处身夷惠泣枯鱼。

1957年，当有北国友人来访，陈寅恪连连询问俞平伯的情况，甚至连俞氏家族在苏州的祖居是否还在也问到了。[55]

王伯祥

王伯祥比俞平伯年长十岁，这一年已经六十五岁。像他这样的老知识分子，对突如其来的这一场运动，当然更不理解。看他10月26日的日记："连日报章登载李希凡、蓝翎、钟洛等批评平伯《红楼梦研究》之文字，攻击备至，颇为难堪。牵连及于三十年之前，我真不知何以酷毒至此耳。纵有其故，余终不能平怿也。"[56] 两天后，文学所通知开会，他以生病为由请假未出席。王佩璋在报上批评自己老师的文章令他不快,11月3日记:"平伯《红楼梦研究》引起轩然大波,今日《人民日报》佩璋亦撰文自解,加遗一矢。余总感胸次垒然不怡久之。"

10月24日的座谈会王伯祥没有参加,到11月14日才在报上读到:"余展阅今日《光明日报》副刊《文学遗产》两版所载作家协会座谈批评平伯《红楼梦研究》之辞,十时许乃卧。其中各篇,以周扬所言为最得体(何其芳说系此),冠英所言最为中肯(吴组缃说系此),余多泛逞胸臆,或竟为报怨之语耳。"

从11月下旬到12月中旬,文学所召开了六次座谈会(见后文之第四"整队篇")。王伯祥虽然每次都要从东城区家里赶到西郊北大校园参加,但自始至终一言未发。12月30日,王伯祥在日记中对繁冗的会议发出怨言:"反复辩论,无非发挥群少争胜之心耳,工作云何哉! 卓坐竟日,戴星而归,亦疲亦饥。"

王伯祥在会上只听不说,但是在私底下却与会议的目标俞平伯交往密切。他们是三十多年的老友,患难中见真情。就靠着王伯祥翔实不苟的日记(还有顾颉刚的),我们才能复原那带细节的历史。

《王伯祥日记》1954年11月5日:"九时平伯见过长谈,写示近作道情及七绝各一首。十时半始去。约下周一同访颉刚。"下周一即是8日,王伯祥的散文记录,当然比俞平伯的诗句更容易触摸到细节:"午后二时步往老君堂访平伯,与之偕出,同过颉刚,适他出,未得晤,即出,过访其东邻汪静之,坐有顷便出。余二人乃往北海双虹榭赏菊花,名种不少,绿牡丹乃成寻常之品矣。复渡海子出后门,徜徉于十刹海畔,循东岸到义溜河沿,登临河第一楼(烤肉季)吃烤肉,薄暮始散,乘三轮各归,老子婆娑,兴复不浅耳。"王伯祥的邀游共饮当然是饶有深意,老友俞平伯此时此刻"亦大须濡沫也"。俞平伯诗曰"悠然尊酒慰平生",实在是"醉翁之意不在酒"也。

王伯祥的日记接着写道:"到家正值晚饭,再进粥。七时半,其芳、冠英见过,谈所里改组草案,并约后日出席会议。移时乃去,知其偕访平伯也。"原来那天晚上,副所长何其芳是约了古代组组长余冠英一起,来家访俞平伯的。

王伯祥还记录了12月16日,"北大转来中国作家协会邀请参加胡适思想批判讨论会。余复函愿列席'考据在历史学和古典文学研究工作的地位和作用'小组,是组召集人为尹达,主要研究者为游国恩、余冠英、尚钺、顾颉刚、向达、周一良、白寿彝、邓广铭。尹达届开会时宜有一番精论饱我两耳也。"

顾颉刚

11月8日那天俞平伯和王伯祥要去访顾颉刚和汪静之,是因为顾、汪两人曾经在 11 月 3 日傍晚到俞平伯家来访。据《顾颉刚日记》记载，再早两天的 11 月 1 日，顾颉刚曾"到汪静之处，与之同到隆福寺散步，到修绠堂，与孙助廉谈。静之在人民文学出版社工作，为聂绀弩所挤，愤而离社，以写作自活，以是致失眠。同病相怜，遂与定每夜散步之计。"[57]

顾颉刚是老朋友，汪静之是新同行。正因为汪静之校红失误在前，才有俞平伯纠偏接手于后，他们本来是对手。现在刚刚过了八个月，俞平伯不仅挨批，他开始重新编校的程甲本《红楼梦》也将胎死腹中（见后文）。汪静之与顾颉刚"同病相怜"的是失眠，与俞平伯"同病相怜"的是红学。可见俞平伯人缘不错，老朋友来往更频繁了，新对手也化干戈为玉帛。

顾颉刚知道这运动与自己不无关系。他在 11 月 12 日的日记中记道："自李希凡、蓝翎评俞平伯《〈红楼梦〉研究》后，发动轩然大波，群指俞氏为胡适派资产阶级唯心论思想，抹杀《红楼梦》的现实主义。此事实与余大有关系。"

此时顾颉刚从上海调进北京，才刚刚两个多月。解放初期他在上海学院和复旦大学当教授，对各种运动深感恐惧和厌烦。在 1951 年 12 月的思想改造运动中，顾颉刚在上海《大公报》上公开批判胡适，因为他意识到："今日会上，和胡适有直接关系者只我一人。此会当是北京方面命开者，而我则为其提名，不容不到，故连日有电话来催迫。"（1951 年 12 月 2 日日记）

顾颉刚的一大心病就是与鲁迅的关系。1952 年 8 月 23 日第一次写道："今日写鲁迅事，殊难措辞。"这是要交代 1927 年欲状告鲁迅之事，顾自认分析批判尚嫌不足。而思想改造小组提的意见是：对鲁迅思想的认识模模糊糊，看不清楚。

顾颉刚在 1954 年 8 月 22 日到达北京，进中科院历史研究所第一所任研究员。据说他事先谈好了一定的工资待遇、居住条件和研究保障，并且由单位出资，帮他把全部藏书运到北京，装了整整一火车皮。当顾颉刚首次报到，就公款运书向所领导表示感谢时，时任副所长尹达却不留情面地说："我看你就害在这几百箱书上了！"对顾先生交上的工作计划和历年积稿，尹达评之为"大而无当"，还说："我只知执行党的政策。"这尹达原名刘燿，是顾颉刚的学生辈，曾参加安阳殷墟考古，1937 年底离开中研院史语所去延安。顾先生甫报到，便感到某种"被征服者"的屈辱感，从此与顶头上司尹达的关系一直紧张。

但是在北京，自有别人对顾颉刚另眼相看。抵京的次日，中华书局编辑部就来登门拜访，约请整理《史记三家注》。顾先生"大喜过望"，因为他"发愿整理《史记》已历三十年"。工作正待展开，又被更为紧迫的任务所压倒。原来，在 9 月间第一次全国人民代表大会期间，毛泽东主席向吴晗谈起，要他与范文澜组织专家标点整理《资治通鉴》，以一年为期出版。就在顾颉刚夜访俞平伯的前一天,他刚刚接受了重大任务。11月2日成立了标点《资治通鉴》专门委员会,"予任总校,要在十个月内整理出二百九十四卷之书,一一改正他人之误点,其不遑喘息可知也"。(1954年11月15日日记)后改为四人分任校阅。《资治通鉴》终于赶在一年之内点校完成,在1956年印出。之所以要这样急如星火,是因为"领导上说,已报告毛主席,时间不能改变。"

所以,当俞平伯挨批的同时,顾颉刚正作为不可或缺的专家,一展长才,奉命校点史书。工作刚开始,他便被选为全国政协二届委员,1954年12月到中南海怀仁堂开会。李希凡也是那届政协会的代表,当然他俩并不相识。顾颉刚在24日第一次全体会议上发言,痛切地检讨是自己"第一个起来拥护"胡适,从《红楼梦考证》到《古史辨》,"我的研究工作大体上是跟着他走的","'五四'以来三十年里胡适以文化界领袖自居,我是在一定程度上,替他造成他的虚名和声势的一个人,这就是我对于学术界和全国人民最抱疚的事情"。顾颉刚发言后,受到了毛泽东、周恩来、刘少奇、彭真的当面表扬,他非常高兴,"这是我想不到的成功。"(1954年12月26日日记)

顾颉刚虽然识时务地在国家级殿堂登台批胡,但是并不能在本单位求得解脱,到1955年3月,他仍然在历史所的"胡适历史观点批判讨论会"上,成为挨批的靶子。他的学生童书业、杨向奎曾著文批判他的《古史辨》,顾颉刚表示理解:"此是渠等应付思想改造时之自我批判耳。……是可以原谅者也。"

冯其庸

继老朋友之后,大约1955年初,在俞平伯的老君堂胡同寓所,又有两位年轻的客人来访。原本相识的上海同济大学建筑系副教授,时年三十六岁的陈从周,到北京来出差,带了他的朋友冯其庸一起来看望俞平伯。

陈从周的主业是研究古典园林,也写散文,并擅长书画。他每次到北京来,总会来看望冯其庸。他跟俞平伯是忘年交,在此时见面当然必会谈起他。俞先生遭此打击,陈从周非常替他抱屈。他说:俞先生是真正做学问的人,做学问不能保证自己的每篇文章都是真理,如果有讲得不准确的地方,用不着掀起这样全国性的大批判。

陈从周建议两人一起去看望俞先生,冯其庸也有意结识,便欣然同往。见面之后叙起乡谊,俞是苏州人,冯是无锡人,相距不远,都在太湖之滨。冯其庸又主动说起读过令尊俞陛云先生写的诗词解析文章,也读过俞先生的大作《清真词释》,这样便谈话投机,宾主尽欢。冯其庸觉得,俞先生当时注意看批判他的文章,他知道冯没有写过批判文章。

由于陈从周的介绍，俞平伯与冯其庸相识于患难时刻。以后冯其庸便单独去看望俞先生，总能谈得投机，俞平伯还写过几幅字相赠。

在这次评红批俞的大运动中，未来的红学家冯其庸确实是缺席的。一方面，这是因为他刚刚到北京，才开始踏入首都的文化圈，这样的大运动，还轮不到他必须发言。另一方面如他自述，"说实话我还没有认真读《红楼梦》，我怎么写啊？我对《红楼梦》本身都没有下功夫研究阅读，就要去批判人家，觉得心里实在说不过去"。

作为高等院校中的文科党员教师，冯其庸参与运动的方式，是去中宣部的礼堂听报告，几乎每周都要去，报告人有周扬和杨献珍等。

11月5日，是中宣部文艺处处长林默涵的报告，他阐述了为什么要通过评红批俞来批判胡适："胡适是资产阶级中唯一比较大的学者，中国的资产阶级很可怜，没有多少学者，他是最有影响的。现在我们批判俞平伯，实际上是对他的老根胡适思想进行彻底地批判，对知识分子思想改造等都很有意义……如果不找一个具体的对象，只是尖锐地提出问题，说有这种倾向、那种倾向，这样排列起来大家也不注意。现在具体提出《红楼梦》的研究来，斗争就可以展开了。"[58]

听过报告要分组讨论，冯其庸分在与何其芳、张光年同组，有时周扬也来各个组听听，偶尔讲几句。在这个运动中，冯其庸认识了很多专家、前辈，譬如何其芳和启功等。

因为这个机缘，冯其庸开始认真下功夫读《红楼梦》。1954年的评红批俞运动，就是他入门的开端。

锋芒所向

1954年12月1日晚，毛泽东召见周扬等人座谈，对下一步的运动转为批胡适和批胡风进行了部署。2日，周扬向毛泽东报告："根据你昨晚谈话的精神，对原来讨论胡适问题的计划草案作了根本修改"。改为以批判胡适思想为主，讨论的题目改定为：一、胡适的哲学思想批判（主要批判他的实用主义），二、胡适的政治思想批判，三、胡适的历史观点批判，四、胡适的《中国哲学史》批判，五、胡适的文学思想批判，六、胡适的《中国文学史》批判，七、考据在历史学和古典文学研究工作中的地位和作用，八、《红楼梦》的人民性和艺术成就及其产生的社会背景，九、关于《红楼梦》研究著作的批判（即对所谓新旧"红学"的评价）。3日，毛泽东在这份报告上批示："照此办理。"[59]

12月2日下午1时,周扬邀请茅盾、邓拓、胡绳、何其芳等人,在郭沫若住处开了一个小会,传达了毛泽东关于胡适批判问题的指示。同日下午3时,在中国科学院召开科学院院部与作家协会主席团的联席扩大会议,决定正式成立胡适思想批判委员会,由郭沫若、茅盾、周扬、邓拓、潘梓年、胡绳、老舍、尹达等组成。下分九个小组,对应上述专题,例如胡适的哲学思想批判,召集人艾思奇;胡适的《中国文学史》批判,召集人何其芳;关于《红楼梦》研究著作的批判,召集人聂绀弩等。

12月8日,是"青年宫会议"的最后一次,郭沫若、茅盾、周扬三人作了指导性的总结发言。此次会议的主旨,是宣布批俞运动已取得"初步胜利",今后的任务是外批胡适,内整胡风。

郭、周两位的发言稿,都经过了毛泽东的审阅。郭沫若讲话的原题是《思想斗争的文化动员》,毛泽东认为:"这个题目不很醒目,请商郭老是否可以换一个。"郭沫若颇感为难,只好改为《三点建议》,反而更不醒目。郭沫若是取代了胡适的文坛第一领袖,他颇有文采地痛斥胡适:"中国近三十年来,资产阶级唯心论的代表人物就是胡适,这是一般所公认的。胡适在解放前曾被人称为'圣人',称为'当今孔子'。他受着美帝国主义的扶植,成为了买办资产阶级第一号的代言人。他由学术界,教育界而政界,他和蒋介石两人一文一武,难兄难弟,倒是有点像双峰对峙,双水分流。"[60]

文化部长茅盾(沈雁冰)没有发言稿,是即席发言,后加标题为《良好的开端》。他也与郑振铎一样,从1921年起就是俞平伯的朋友。他的调子最为平和,没有点俞平伯的名字,除了盛赞"郭主席"的发言外,还承认自己1935年为开明书店编洁本《红楼梦》时,"做了胡适思想的俘虏"。

周扬的发言题为《我们必须战斗》,重点指向胡风,摆明了"胡风先生的观点和我们的观点之间的分歧",定调胡风的理论是彻头彻尾的唯心主义,"胡风先生的计划却是要藉此解除马克思主义的武装"。人人都注意到,周扬不再称胡风为"同志",而是称为"先生"。在那个年代,称"先生"不代表尊敬,而是代表排斥,胡风已经被视为异类了。

胡门弟子

批胡的滔天巨浪,使胡适的弟子们都遭到冲击,无处可逃。

胡适的入室弟子罗尔纲,三十年代在胡家的米粮库胡同小楼内住过五年,为胡适做两项工作,一面整理老太爷胡传的著作,一面给两个儿子做家庭教师。那真是朝夕相处,情同父子,耳提面命,着意栽培。他后来成长为研究太平天国史的专家。罗尔纲在读过胡思杜的文章《对我的父亲——胡适的批判》之后,"豁然开朗",既然儿子可以与父亲划清敌我界限,做学生的就更不成问题了。"二十年前,我是胡思杜的老师,今天胡思杜是我的老师了!"罗尔纲于1955年1月4日在《光明日报》上发表文章《两个人生》,在痛斥胡适的同时,把自己的过去贬为"行尸走肉"的"活死人",如今要新生了。因而,罗尔纲也与顾颉刚和李希凡一起,出席了全国政协二届一次会议。

同为胡适学生辈的中年学者们纷纷上阵批胡。任继愈从佛学入手,夏鼐从考古学出击,周一良批历史的"铜钱说",邓广铭举《水经注》为例,张政烺则说"胡适是政客,是反动的宣传鼓动家,从来都不是什么学者"。与胡适为友朋辈的冯友兰、向达、吴景超等教授也必须要表现出鲜明立场,向胡适口诛笔伐。

在时过境迁之后,我今天重提这些,并不是想指责弟子们欺师灭祖,朋友们卖友求荣。回到当年那个规定情境中设身处地,谁不被惊涛拍岸的大浪潮所裹挟,谁不为自己的人生命运和学术前途而自保屈服?我只想说明,当时的大环境是何等的肃杀严酷,无人能够置身事外。连胡适本人也不会怪罪他的友人和弟子们,因为他知道:没有不说话的自由。

留在大陆的胡适三大亲密弟子,除了顾颉刚、罗尔纲,还有一个吴晗。他自从1945年在昆明的西南联大参加民盟以后,先是左派教授,后任北京市副市长,一直是紧跟号令,唯恐落后于人。以他的经历、性格和当时的位置,似乎最有资格、有义务写文章批判胡适。然而,过后人们检点史料,意外地发现,这一次只有吴晗缺席失声,一言未发。[61]

他是"念旧情殷","未能划清界限"吗(黄裳说)?他是早已划清界限,见于行动,无须再用文字表白吗(罗尔纲说)?他是政府官员,公务繁忙,不必像文人学者一样人人过关吗?或许,上层对胡适还有争取的意图,而留下吴晗备用?后人有种种猜测,并无定论,可见阅人之难。

胡风及其他

批胡适应该是蓄谋的递进,而批胡风却似即兴的转舵。

胡风的文艺观点,久已受到文艺界主流的批驳和压制。就在这次运动开始前不久的1954年7月,胡风向党中央上"三十万言书",对文艺界的领导和政策系统性地提出尖锐意见。当《文艺报》受到"质问"时,胡风一厢情愿地错误领会,以为是他的上书起了作用,认为终于等到了变天翻身的机会。在11月7日、11日的"青年宫会议"上,胡风连做两次长篇发言,不仅深挖"《文艺报》现在所犯的错误是有历史根源和思想根源的"，还毫无策略地肆意扩大对立面，点名批评了朱光潜、蔡仪、萧殷、田间等，并多次攻击文坛领导周扬，甚至将矛头直指官方正统代表袁水拍及其背后的《人民日报》，说袁同样犯了压制新生力量的严重错误，且"和俞平伯先生的美学见解志同道合"。这真等于自己跳出来找打，为运动的下一个目标而主动献身。胡风不知道，此时他的"三十万言书"已被批转给中国作家协会，对他的大批判已经箭在弦上。

1955年1月20日，中央宣传部向中央提交开展批判胡风思想的报告。26日，中央批发中宣部的报告。从2月开始，批判在全国各地展开。

李希凡、蓝翎可能不知道，事态的实质性演变，就发生在他们身边。

《人民日报》文艺组有个女编辑叶遥，她按照林淡秋、袁水拍的布置，找人民文学出版社编辑舒芜，约写一篇批判胡风宗派主义的文章。在舒芜家里，舒芜答应可以根据在重庆时期与胡风的通信来写文章，叶遥提出借看原信。当时舒芜还有点舍不得，托言不在手边，他妈妈却已爽快地弯腰从床底下拉出一个小皮箱，把一百多封信交给了叶遥，叶遥保证"看完如数奉还"。那天晚上叶遥回到办公室，看信时神色紧张，被旁边的蓝翎发觉了。这些信交给袁水拍、林淡秋读过，三人皆感吃惊，但还是如约还给了舒芜。

过了几天，舒芜交来《关于胡风的宗派主义》一文后，袁水拍让叶遥再

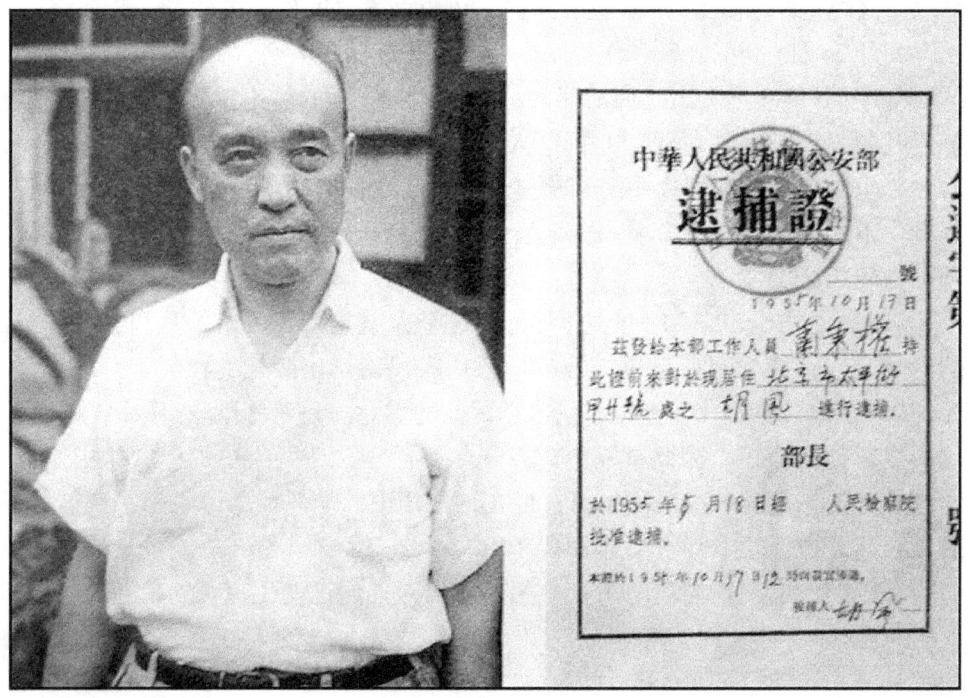

胡风和他的逮捕证

找舒芜，以"核对"为由再次借信。这时舒芜已把信订成了一本，这一本信和舒芜的文章一起，由袁水拍送进了中南海，到了中宣部文艺处处长林默涵的案头。再过几天，通知舒芜去与林默涵面谈。林对舒说："你的文章不用发表了，人家已经不想看你说什么，人家要看胡风说什么。"于是，便引发了一起惊天大案。[62]

1955年5月13日，《人民日报》赫然发表《关于胡风反党集团的一些材料》，这就是胡风与朋友舒芜等人通信的摘编，由毛泽东亲自定稿，亲自写了编者按。5月18日，胡风与夫人梅志同时被捕。

究竟发生了什么，使得胡风问题陡然升级，改变了性质？写到这里，我忽然心生一悟：是不是需要后退一步，把视野再放宽一点，重温那时代背景？翻开历史一查，1954年2月，中共中央七届四中全会上揭露了高岗、饶漱石问题，通过了《关于增强党的团结的决议》。胡风就是受此会议公报的启发，于3月动笔起草他的"三十万言书"，7月送上。8月17日高岗自杀身亡。1955年3、4月间，中国共产党全国代表会议和七届五中全会召开，为高岗、饶漱石下定论，从组织上予以解决。此次会上牵连出潘汉年问题，潘于4月3日被秘密逮捕。如此这般，既是《红楼梦》研究批判运动展开前后的宏大背景，也可以找到使胡风问题变生不测的直接原因。在胡风夫妻被捕之后第二天，潘汉年之妻董慧于5月19日也被逮捕，可见两案之间确有关联。

5月25日，全国文联和作协两主席团举行联席扩大会议，郭沫若致辞《请依法处理胡风》，透露出已遭治罪的结局和即将展开的"肃反"运动。会场上二十几位发言，同声讨伐；七百余人鼓掌，一致拥护。这时候突有一人走上台去，坐到郭沫若和周扬中间，抢过话筒发言："胡风不是政治问题，是认识问题，不能说他是反革命……"全场惊愕，愤怒，他立即被打断，推下台去，补划为胡风分子。

"千人之诺诺，不如一士之谔谔。"这个人就是吕荧，李希凡和蓝翎曾经的老师。1953年，吕荧应冯雪峰的邀请任人民文学出版社的顾问，月薪二百元，或许这包含着对《文艺报》点名批评他的歉意。吕荧脾气耿直，个性鲜明，这决定了他的命运，因此被隔离审查一年。而李、蓝两人更加尊敬的山东大学校长，资格甚老的革命家华岗，也在这一年因"胡风反革命集团案"被捕，后被长期关押十五年，1972年惨死于狱中。

"一将功成万骨枯。"不知两个"小人物"对他们这两位师长的义举和厄运，作何感想？

人民文学出版社的聂绀弩是胡风的老朋友，这是位具有传奇色彩的人物。

他1903年生于湖北京山，1924年考上黄埔军校二期，居然比林彪还早两期。二十世纪三十年代便以杂文著称，行文恣肆，在雄辩中时显俏皮。那时他与鲁迅、胡风都有交往。聂绀弩性格落拓不羁，我行我素，不拘小节，周恩来曾说他是"大自由主义者"。四十年代末，聂绀弩受中共派遣，在香港担任《文汇报》主编，做了四年。人民文学出版社初建时，冯雪峰把他要来，担任了副总编辑兼古典室主任。

聂绀弩与胡风来往密切。1954年春，聂曾经在胡风家里，议论冯雪峰为什么怕俞平伯，同感受压。秋天里《文艺报》编者被点名"质问"后，聂绀弩又到胡风家，说雪峰怕俞平伯，出了事。胡风说这次是大家犯了错误，拿雪峰作牺牲来搪塞上面。[63]

运动中，聂绀弩一度被任命为批判胡适《红楼梦》组的召集人，他也曾发表文章《论钗黛合一论的思想根源》，严词批判俞平伯，甚至说与胡适的自传说相比，"俞平伯的'忏悔'论要恶毒得多"。之所以如此严厉，大概与半年前受压的情绪有关。冯、俞两人都倒掉后，从1954年秋到1955年春，聂绀弩曾经有过短暂的扬眉吐气，当家作主，因而布置了停止俞平伯程甲校本，由出版社内部人重新点校程乙本的任务。

1955年1月反胡风开始后，聂绀弩被迫写过揭发信。5月间受中国文联委派，到浙江、江西等地作批判胡风文艺思想的大会报告；7月里突然被从江西紧急召回北京。出京时还是钦差大员，回京来已是待罪之身。原来聂与胡风的关系被顺藤摸瓜，查了出来，因而被隔离审查，已印刷好的《绀弩杂文选》停止发行。在"肃反"运动中，聂绀弩领导下的二编室，被批判为"独立王国"，聂是"国王"，舒芜和张友鸾则为"左丞右相"。聂绀弩险些被开除出党，次年5月遭留党察看和撤职处分，降为普通编辑。

而聂绀弩的亲信和挚友舒芜，却因为交信而戴罪立功，在运动后被提拔，任二编室副主任。他们的命运，到1957年又将有新的变化。前后两年多里，几位文人命运的跌宕起伏，升降交叉，有如过山车一般惊险，有如《红楼梦》中"好了歌注"的现实版演示。

从1954年10月至1955年5月，时间仅过去了半年多，而批判运动的矛头所向，却从俞平伯转向《文艺报》，又转向胡适，再转向胡风，再扩大为"肃反"运动。运动还不仅限于文化界，在教育界批判杜威、胡适的实用主义教育思想；在医药卫生界批判贺诚"排斥中医"的资产阶级思想；在建筑界批判梁思成的"复古主义"、"形式主义"设计思想，即"大屋顶"和保护旧城……它们互相关联，却又各有主题，真如《红楼梦》中姑苏城甄士隐家门外的那场火，

"也是劫数应当如此，于是接二连三，牵四挂五，将一条街烧得如火焰山一般"。而这火头所向非关天然，都是按照最高统帅的战略部署，指挥如意，所向披靡。随着周扬的反守为攻，胡风及其"反党集团"成员们锒铛入狱，周扬的其他对手诸如冯雪峰、陈企霞、丁玲等人，也将成为另一个"反党集团"的成员。

后来，有人统计了那几年全国报刊上发表的红学论文的数据。1952年仅5篇，1953年10篇，1954年猛增到284篇，1955年188篇，这两年是建国后红学研究史上的异常年份。作家出版社1955年出版了《红楼梦问题讨论集》四大册，收录这一时期的讨论文章129篇。其中一二册批评胡适和俞平伯，三四册则论述《红楼梦》的艺术、思想价值。此书的主编是舒芜、李易。李、蓝两人的第一篇《关于〈红楼梦简论〉及其他》在收入此集第一册时，不同于《文艺报》上的转载文本，而是采用了他们"烛光之夜"的修改加长稿。此时冯雪峰的改稿已不值一提，"小人物"要后来居上了。

从此后，1954年10月（甚至精确到16日），就成为红学史上划时代的界碑，不敢忽视，不可逾越。例如，一粟编《红楼梦书录》（1958年），人民文学出版社编《红楼梦研究参考资料选辑》（1973-1978年），所收内容都是截至1954年10月以前，与民国时期相连，统归为旧时代了。

李希凡、蓝翎

让我们把目光拉回到两位"小人物"身上。

1954年10月中旬，蓝翎已经调入《人民日报》工作，而李希凡是在10月28日袁水拍文章发表那天，被临时借调到《人民日报》写文章。那天早上他一听到广播，心想的是自己的小九九：这样事可闹大了，《文艺报》一定认为我们告他们的状了。其实，只是被问到那儿，实话实说而已。

到了《人民日报》，李希凡觉得自己是外人，不好意思在文艺组的办公室里久坐，就躲到阅览室去看资料写文章。那一个多月里李、蓝两人的中心任务，就是连续八次外出到王府井南口的中国青年艺术剧院"青年宫"开会，中间回到王府井中段的《人民日报》社写文章。

这期间的11月15日，《文艺报》插空召开了一次中青年古典文学研究者征求意见会，是在东总布胡同作家协会会议室，李希凡和蓝翎应邀出席。显然，这会主要就是为他俩而开。开会之前，《文艺报》的四位"青年才俊"唐因、唐达成、侯敏泽、杨犁，把李希凡找到院子里，郑重其事地询问在写第一篇文章时，曾写信给《文艺报》一事。他们的态度很友好，但是听口气是怀疑没有那封信，是李故意告状。

原来，毛泽东在写信的前后，曾派人到《文艺报》和《光明日报》查问压制李、蓝来稿一事。《光明日报》"文学遗产"解释了他们及时发表了李、蓝的第二篇文章，并未压制；而《文艺报》翻箱倒柜没有找到李希凡的那封信，便难以解脱，遂怀疑李希凡所述不实。《文艺报》因此受了这么重的整治，几位青年编辑要为雪峰主编抱打不平。

李希凡很不高兴，答道：的确写过这封信，而且是在邓拓同志追问下，才据实回答，也只说了一句，写过信没有答复，并无告状之意。而且后来《文艺报》转载，雪峰同志接见，我都很高兴。李希凡的解释也很有道理，有过在报社工作经验的就更容易理解，因为报刊的人手有限，无名小辈的来信（还不是来稿）得不到回音即被处理掉，可能不完美，却太常见了。但是那几位似乎并没有接受李希凡的解释，双方不欢而散。

恰恰在这一天，《人民日报》发表了白盾的文章《〈红楼梦〉是"怨而不怒"的吗？》。此文的不平凡处在于，是早在两年前（1952年11月）就批评俞平伯，投寄《文艺报》被退稿，退稿信中还正面肯定了俞平伯的观点。白盾是比李、蓝更早"发难"被拒的又一位"小人物"。李希凡感到宽慰了，觉得此文也许会唤起《文艺报》那四位同志的自觉，不会再找他了。

所谓信者恒信，不信者恒不信。这封信看似一件小事，却到二十五年后，甚至半个多世纪后，还将被两次严肃提起。

在1954年10月中旬到12月中旬这两个月中，李希凡和蓝翎又合作了《新红学派的功过在哪里？》、《评〈红楼梦新证〉》、《正确估价〈红楼梦〉中"脂砚斋评"的意义》、《关于〈红楼梦〉的思想倾向问题》等文章，都是邓拓布置的任务，大部分发表在《人民日报》上。一段时间里，李、蓝两人的文章，成了定义正确与错误的标准，成了区分是否符合马克思主义的试金石。天降大任，两个"小人物"能扛住吗？

据蓝翎回忆，在此期间周扬把他们两人找到文化部谈话，"大意是说，不要满足，不要骄傲，至少掌握一种外语。文章写得粗糙不要紧，我年轻时也写过。鼓励我们继续写。"[64]

11月初，《新建设》杂志的主编请几位作者在东兴楼吃饭，李、蓝两人初次被请吃宴席。李希凡还是穷研究生，席上的菜名多数不识，默默地跟着吃就是。

【李希凡】宴席终了时，我悄悄问蓝翎，这菜哪一道是烤鸭？蓝翎拉了一下我的衣服，并没回答……他是怕别人听到，笑我老土。我们走出东兴楼回报社时（那时东兴楼就在东安门大街），他才告诉我，那道蘸酱卷饼吃的就是烤鸭。

这两个月，也是李、蓝合作的蜜月期。这时蓝翎已是《人民日报》的"槛内人"，而李希凡尚属一脚门里一脚门外的借调身份，听说人大校长吴玉章反对李希凡调离，所以一开始感觉心理不平衡的是李希凡。他曾经给周扬写过一封信，要求调文学研究所工作，未见回音。一天晚饭后两人走到报社大楼的台阶下，李希凡若有所感地轻声说："看来邓拓对你比对我好。"蓝翎感到意外，说："何出此言？别神经过敏，造成误会。"实际上不过是蓝翎还没有结婚，单身集体宿舍里面冷，而报社大楼里有暖气，所以他晚上就留在办公室里读书写作。而邓拓上夜班，有事就随时找蓝翎布置，再向李希凡转达，如此而已。

李希凡虽然工作问题还没有着落，却在12月15日突然收到通知，被指定为第二届全国政协委员，属团中央系统的代表。巨大的荣誉突然降临，对李希凡当然是惊喜，对蓝翎却是意外的打击。

【蓝翎】事先没有人同我谈过此事，也没有做我的思想工作。我承受不了，认为这是有意抬高一个压低一个，以后就不好再合作共事了。李希凡为此一再向我解释，说他事先也不知道，他虽是代表，其实也代表了我，代表了我们的同学。我当然听不进，因为这不是他能决定的。我有不满，但无具体对象，愤愤不平而已。紧接着，他又作为报社两名代表之一（另一位是老记者季音），出席了全国建设社会主义积极分子大会。我更感到承受不了。

这是对两个"小人物"待遇不同的第一个表征。其背后的原因，据后来推测，是来自对个人出身和历史的政治审查。蓝翎的家庭出身和本人经历，可能不如李希凡"根正苗红"。

12月21日，全国政协二届一次会议在中南海怀仁堂开幕。会间休息时，团中央书记胡耀邦带李希凡去见周恩来。为了减少李希凡的局促不安，周恩来与他闲聊家常，问："蓝翎是你爱人吗？"李希凡说蓝翎是他的男同学。周恩来笑了，说："人们总爱信这些猜测中的事。"接着嘱咐李希凡要谦虚谨慎，"特别是你们，现在有名了，会有人包围你们。要清醒，不要犯生活错误，毁了自己。要好好学习，提高觉悟，为党工作……"

那一天毛主席卸任第一届政协主席，所以提前退场，从主席台走下来，一路与委员们握手告别。李希凡获得了握手的殊荣之后，还一直痴痴地跟在主席身后，环行一周到东廊尽头。不知是哪位新华社记者拍下了这一镜头，作为新闻照片发到《人民日报》，被摄影组苍石发现，送给了李希凡。照片上，领袖气度雍容，李希凡表情拘谨，神态都很生动。李希凡身上穿的还是1951年春节回乡探亲时，二姐给买的那身中山装。[65]

李希凡见到毛泽东，1954年12月21日。

  李希凡把照片翻拍加印，送给蓝翎一张，背后写上："代表着你的光荣！"他又把这张照片放大，长期挂在家中客厅墙上，终生引以为豪。照片上实际是三个人，难免有来客会发问：中间那个发际甚高的中年人是谁？如果是熟人，李希凡会直言相告：是胡风。

  这真令人吃惊。已知12月1日已经布署批判胡风，想不到21日他还能出现在这个位置。此次运动的三位代表人物，对立的两极，竟然能如此紧密地"同框"，也是奇缘了。正由于此，这张照片当时没有发表，是李希凡到

三　批判篇　207

九十年代才公之于众的。

　　盛会之后，直到年底，报社才通知李希凡，可以去人大办理调动手续了。到那才看到周扬10月26日的信，已告他将调《人民日报》，原来他白担了两个月的心。

　　历史飞逝到五十多年以后，这封信竟然被人发现了，成为值得收藏的名人信札。信写在竖行方格稿纸上，内称："邓拓同志告我，他已商得人大领导方面同意，调你到报社文艺组工作。这样，你可以继续和蓝翎同志一道从事文艺理论研究的工作。""你们这次对俞平伯的批判，做了一件对整个文艺运动极有益的工作。我特别从你们的文章中感觉到了一样最可宝贵的对'旧权威'挑战的精神和理论的勇气，而这恰是今天我们许多较老的理论批评工作者所缺乏的。"信函最后说："你们走了很好的第一步，望继续努力，不要有一点骄傲情绪，因为学问和斗争都是无止境的。"[66] 这信是怎样从李希凡家里流出的？倒是个有意思的问题。

　　转过年来的1月4日，李希凡持人民大学的介绍信到《人民日报》报到。几天后，他又应召去见了中国人民大学校长、中共五老之一的吴玉章，向老校长告别。看相貌，李希凡以为他"年过六旬"，实际上这年吴老已过七十六岁。在他年轻时，曾协助蔡元培在法国组建华法教育会，1917年与蔡元培同船回国，推动赴法勤工俭学。如果从红学的辈分论，这是差了几辈了？

　　总编辑邓拓不愧是历史学者，他亲自执笔写成一篇论文《〈红楼梦〉的社会背景和历史意义》，在1955年1月9日的《人民日报》上发表。其中论到："《红楼梦》应该被认为是代表十八世纪上半期的中国未成熟的资本主义关系的市民文学的作品，……曹雪芹就是属于贵族官僚家庭出身而受了新兴市民思想影响的一个典型的人物。……应该说他基本上是站在新兴的市民立场上来反封建的。"这是在李希凡、蓝翎提出的"新人说"之后，邓拓进一步以关于《红楼梦》社会背景的"市民说"相呼应，二者形成一派。这说法将引起长期的争论，对立面是文学研究所的何其芳和他的团队。

　　1955年5月底，李希凡又被选为中国青年代表团成员，去波兰华沙参加第四届世界青年联欢节。还没写完的评王国维文章，匆匆拉了个草稿，留给蓝翎去完成。没想到，联欢两个月后又临时增加了访问丹麦和冰岛，并顺访苏联，直到10月初才回国。此一去竟长达一百四十多天，可算是开足了洋荤。

　　待李希凡回到报社，国内"肃清胡风反革命集团"的斗争已经接近尾声，他看到一些同事的状态都不一样了。本应是立了功的女编辑叶遥，忽然成为被审查对象了，据说她早期参加过"胡风派"文艺活动。报社内部也揪出一个胡风分子，就是李希凡早在1951年就见过的"大编辑"徐放。

而蓝翎，听说也在团组织内部受到了批评帮助。因为他在二十三岁上突然平步青云，难免"志得意满"，骄傲炫耀。据李希凡多年后透露，蓝翎在写给农村老家的多封私人信件里，虚构了这样的结尾："写于中央领导接见的汽车中"。这样的话在当时的农村，能产生耸人听闻的效果。在胡风被以私信治罪之后，就会有人仿效。有人把蓝翎的信打印出来，送给各级领导。团中央书记胡耀邦对此作了批示，蓝翎必须作认真的检查。除此之外，蓝翎还是对与李希凡两人间的差别待遇心怀委屈，在文艺组会议上流泪倾诉。

可以共患难，不可以共安乐。"两个小人物"之间的关系，已经不复从前了。

注释：

[1] 本节李希凡事迹，均见《李希凡自述：往事回眸》，东方出版中心2014年。

[2] 本节蓝翎事迹和引文，均见蓝翎《龙卷风》，第14-24页，东方出版社1995年。

[3] 周伦玲《何人解道千金句——五十多年前周汝昌的师友情谊》，《中华读书报》2009年6月22日。

[4] 周汝昌《周汝昌与胡适》，第175页，百花文艺出版社2013年。

[5] 沈治钧《"毛泽东好评"稽疑》，《红楼七宗案》，第280页，江苏文艺出版社2011年。

[6] 严中《俞平伯与周汝昌》，《红楼续话》，第259-270页，中国文联出版公司1998年。

[7] 吴小如《读严中〈俞平伯与周汝昌〉》，《天津日报》1996年1月29日。

[8] 顾随《顾随全集》第九卷，第174页，河北教育出版社2014年。按此词有先后三个版本，此处据《周汝昌与胡适》书中第178页顾随手稿照片校订。其第三稿排印本有很大差异，据信是经周汝昌按己意修改过的，不足为凭。

[9] 沈治钧《顾随〈木兰花慢〉一阕辨惑》，《红楼七宗案》，第144页。

[10] 李希凡1995年反驳蓝翎的说法："我妻子当时已近临产，正在家病休保胎，已不外出"，不可能到场。还说："据我的记忆，第一次提出俞文时，蓝翎尚未看过。"见《岂好辩哉？予不得已也——关于〈四十年间半部书〉一文的辨正》，《黄河》1995年第一期。

[11][26] 吴晓梅、边彦军《毛泽东与〈红楼梦〉》，《红楼梦学刊》1992年第四辑。

[12]《红学：1954》的作者孙玉明认为，这一"诱因"对后来事态的发展极为重要，但是俞平伯和王佩璋对此至死都不知道，而李希凡和蓝翎也忘记了。1999年，李希凡曾对孙的查证结果当面表示认可，连称"是是是"，但在2012年的自传《往事回眸》中，却不再提起这个细节。到了2017年，李希凡明文反驳孙玉明，说他们当年在中山公园阅报栏看到的是俞平伯的《曹雪芹的卒年》，否认受到王佩璋文章影响。见《关于〈红学：1954〉一个"推测"的辨正——兼答张胜利同志》，载《红楼梦学刊》2017年第一辑。但这在时间顺序上是说不通的，阅报栏的报纸也不可能延迟

两周不换。笔者认为，李希凡在六十五岁时的回忆大体可信，并在七十二岁时再次证实。而他在八十五岁时不再提起，九十岁时矢口否认，转变的关键在于看到孙书之后，发现观点分歧，对作者不满，也可能是年老失忆。故笔者仍取3月15日之说。

[13][14]《李希凡自述：往事回眸》，第181、182页。又李、蓝两人此次夜战所改之稿，当时未用，后发表于《红楼梦问题讨论集》第一册，作家出版社1955年。末署"一九五四，九，一四重改于北京"，疑应为9月19日。

[15]张仙朋《为了人民》，《当代》1979年第二期。

[16]陈晋《毛泽东是怎样把〈红楼梦〉当历史读的？》原载《党的文献》，据人民网。

[17]《关于红楼梦问题——江青同志与美国作家维特克夫人谈话纪要》，上世纪七十年代曾经广泛传抄，现在网上可见全文。参见张颖《风雨往事——维特克采访江青实录》，第109—120页，河南人民出版社1997年。

[18]江青《为人民立新功》，《江青同志讲话选编》，第29页，人民出版社1968年。

[19]本篇中人名加【】号者，蓝翎的引文均见其《四十年间半部书》，《龙卷风》；李希凡的引文均见《李希凡自述：往事回眸》。以下不一一另注。

[20]李辉《与丁一岚谈周扬》，见《往事苍老》，第314页，花城出版社1998年。

[21]《文艺报》转载《关于〈红楼梦简论〉及其他》一文的编者按，1954年第十八期。

[22]逄先知、冯蕙主编《毛泽东年谱（1949—1976）》第二卷，第298—299页，中央文献出版社2013年。

[23]见《毛泽东文集》第六卷，第352—353页，人民出版社1999年。

[24][51]转引自徐庆全《1954年，大批判漩涡中的俞平伯》，原载《八十年代》，取材于网络。

[25]参见袁鹰《迷茫烟雨入红楼》，《风云侧记——我在人民日报副刊的岁月》，第83—92页，中国档案出版社2006年。

[27]李希凡、蓝翎《〈红楼梦〉评论集》，第42—43页，作家出版社1957年。

[28]转引自李思孝《爱智者传奇——王若水评传》，第93—94页，今日出版社2018年。

[29]此次座谈会发言均见《中国作家协会古典文学部召开的红楼梦研究座谈会记录》，载《光明日报》"文学遗产"1954年11月14日。参见孙玉明《红学：1954》，人民文学出版社2011年。

[30]吴组缃《评俞平伯先生的〈红楼梦〉研究工作并略谈〈红楼梦〉》，《光明日报》1954年12月5日。

[31]《质问〈文艺报〉编者》，署名袁水拍，《人民日报》1954年10月28日。参见《建国以来毛泽东文稿》第四册，第569—570页，中央文献出版社1990年。

[32]黎之《回忆与思考——整风·鸣放·反右》，《名人与冤案——中国文坛档案实录》，群众出版社1998年。

[33]周汝昌《邓拓论我的红学》，见《红楼无限情——周汝昌自传》，第273—274页，北京十月文艺出版社2005年。

[34][38] 周汝昌《"无立足境"》，见《周汝昌与胡适》，第164—165页，百花文艺出版社2013年。

[35] 见孙玉明《红学：1954》。

[36] 孟向荣（1952—）在《一位渐被遗忘的真学者——兼记黄肃秋与钱锺书的一桩公案》文中说："二十世纪五十年代，黄肃秋陪同俞平伯到北京大学图书馆查阅资料。平老叮嘱北京大学图书馆工作人员，有关《红楼梦》的一些珍贵资料，不要借给周汝昌这些人。黄肃秋当时不便说什么，事后表示，学术乃天下之公器，垄断资料恐怕有失风范。"载《中华读书报》2017年3月1日。查黄1954年原文中指，俞平伯是写信通过文研所向北大图书馆提出，而此后代人在六十多年后的传言，却变成了俞当着黄的面直接"叮嘱"馆员，且点名周汝昌。此说与原始文件抵牾，无根据也不合理，不敢采信。

[37] 李希凡、蓝翎《谁引导我们到战斗的路上》，《中国青年》1954年第二十二期。

[39] 陆定一《百花齐放，百家争鸣》，1956年6月13日《人民日报》。

[40] 陈徒手《故国人民有所思：1949年后知识分子思想改造侧影》，第25页，生活·读书·新知三联书店2013年。

[41] 龚育之《几番风雨忆周扬》，王蒙、袁鹰主编《忆周扬》，第214页，内蒙古人民出版社1998年。

[42] 见宋广波编《胡适批红集》，第382—407页，北京大学出版社2009年。

[43] 本节所引胡适各信（除另注外）均见《胡适全集》第二十五、二十六卷，安徽教育出版社2003年。

[44] 转引自与可《跋1954年胡适致程绥楚佚信》，见《胡适评论》公众号。

[45] 转引自宋广波编《胡适批红集》前言，第20页。

[46] 胡适《俞平伯的〈红楼梦辨〉》，《胡适红楼梦研究论述全编》第243—247页，上海古籍出版社1988年。

[47] 见张洁宇《胡适藏书今何在》，《中华读书报》1998年12月2日。

[48][50] 陈徒手《故国人民有所思：1949年后知识分子思想改造侧影》，第18—21页。参见汤一介《记父亲用彤先生》，《燕南园往事》，江苏凤凰文艺出版社2014年。

[49] 韦奈《我的外祖父俞平伯》，团结出版社2006年。

[52] 转引自李明新《六十多年前的信》，《北京晚报》2018年10月27日，笔者根据照片有校正。

[53] 吴小如《我对于讨论〈红楼梦〉问题的认识和感想》，载《文艺报》1954年第21期。

[54] 周文毅《是非红楼：俞平伯1954年以后的岁月》，第71—72页，百花洲文艺出版社2019年。

[55] 陆键东《陈寅恪的最后20年》，第134—135页，生活·读书·新知三联书店1995年。

[56] 本节所引均见《王伯祥日记》，中华书局2020年。

[57] 本节所引均见《顾颉刚日记》卷七，中华书局2011年。

[58] 陈徒手《人有病，天知否：1949年后中国文坛纪实》，第11页，生活·读书·新知三联书店2013年。

[59] 见陈晋《毛泽东与文艺传统》，第147页，中央文献出版社1992年。

[60]《人民日报》1954年12月9日，参见《建国以来毛泽东文稿》第4册625页。

[61] 史绍宾《吴晗投靠胡适的铁证——一九三〇年至一九三二年吴晗和胡适的来往信件》中说："吴晗最近抵赖：一九五四、一九五五年由《红楼梦研究》批判引起的胡适批判，他所以一声不吭，是因为参加了政府工作，公务繁忙，手头又没有一本胡适的书。"载《人民日报》1966年6月3日。按：史绍宾是历史所尹达等人的笔名。

[62] 1989年胡风案平反后，林默涵和舒芜对事发过程有不同说法。以上叙述，主要依据第三方叶遥的回忆，她与舒芜的叙述一致。见叶遥《我所记得的有关胡风冤案"第一批材料"及其他》，《文艺报》1997年11月29日。参见方竹《日记中的爸爸舒芜》，北京出版社2017年。

[63] 聂绀弩《补充材料》1955年，《聂绀弩全集》第十卷，武汉出版社2004年。

[64] 李辉《与蓝翎谈周扬》，见《摇荡的秋千——是是非非说周扬》，第194—195页，海天出版社 1998年。

[65] 见李希凡《遥远的记忆——关于毛主席与我二三事》，《红楼梦学刊》1993年第四辑。此文中记与毛主席拍照时间为12月21日，政协二届一次会议开幕第一天，本书据此。但在二十年后的《往事回眸》中，则改记为12月25日。那一晚在北京饭店宴会上，李希凡再次见到毛主席。他在老年时将两次混淆了，应以前者为准。

[66] 李秀潭《周扬与〈红楼梦研究〉批判》，《学习时报》2013年11月11日。

四 整队篇(1954-1958)

一场欢喜忽悲辛,叹人世终难定。
——《红楼梦》第五回《红楼梦曲·聪明累》

14 校本二水分流

周汝昌初次走进东四头条四号的两层小楼，到人民文学出版社上班，是1954年的5月中旬。他所在的具体部门是二编室，即古典文学编辑室。

据周汝昌说，他进社后不久的一天，发现桌上放着一首诗，"不知何自而来"。诗曰：

少年风骨仙乎仙，三国红楼掂复掂。

不是周郎著《新证》，谁知历史有曹宣？

这"曹宣"之名是周汝昌在《红楼梦新证》中提出的创见。原来，从曹寅的诗集中得知他有一个弟弟字"子猷"，但不知其名。周汝昌与四兄祜昌一起，根据《诗经·大雅·桑柔》"秉心宣犹"句，推测"子猷"名为"曹宣"，因为部首相同，字义相关。于是，在书中作出了这个"大胆的假设"。而当时所见文献中仅有"曹荃"，不见曹宣，故周说难以取信。

可是这首诗如同见面礼一样，热情肯定了"周郎"的创见。周汝昌认为诗是领导聂绀弩所赠，上楼去问了，聂绀弩却"笑言不知"。[1]几十年后，有学者严肃质疑此诗的来历，疑是自我作伪。

我以为此诗作者更有可能是舒芜。理由一是聂当时尚未开始作旧体诗，且当面否认了；二是细玩不像是领导对下属的褒奖，更像是文人同僚间的雅谑；三是已知舒芜写过"东四即天堂"的打油诗，性喜如此，且有同室之便。

事实上，领导并没有把周汝昌当成红学专家，聂绀弩派给他的第一个任务，是去对《三国演义》"掂复掂"。

此前两个月的3月15日，《光明日报》发表了王佩璋对作家出版社（实即人文社）五三版《红楼梦》的批评文章。中宣部常务副部长胡乔木批评了人文社，社长兼总编冯雪峰带头虚心接受批评，亲自在《光明日报》上写信表态，召开了一个相当规模的座谈会，请了好些社外专家如俞平伯、王昆仑、启功、王佩璋等人来参加，实际上就是作检讨。

这个座谈会的时间，在《王伯祥日记》中有记录。4月20日："人民文学出版社冯雪峰书来，约参加《红楼梦》座谈会，附来王佩璋论文一篇。佩璋受平伯之教熏陶，渐成红学专家矣，可喜也。"5月20日："接人民文学出版社函，约廿二日下午二时赴社参加《红楼梦》座谈会。"这时新人周汝昌应该刚刚到岗上班。

在这个会上，由副总编聂绀弩代表出版社当众作检讨。聂绀弩的思想其实没有搞通，是被迫服从的。二编室诸位编辑们心里更不服气，引起了情绪大波动，说出什么"进门低三尺"、"两行编辑泪"之类的怪话来。舒芜、张友鸾和李易都参与了五三版的善后和随后开始的五四版校订工作，张友鸾曾赌气将加班费退回，还是闹情绪。

这说明此前只靠自家编辑、不求外部专家的方针行不通了，要改弦更张。在从春到秋的几个月里，人文社由冯雪峰主导，聂绀弩被动执行，决定请专家俞平伯主持整理新版《红楼梦》，王佩璋参校。冯雪峰把俞平伯请到出版社来，商讨校订《红楼梦》的版本问题，还送他一部影印线装的《楚辞集注》。对此

清乾隆五十六年（1791）萃文书屋活字排印本《红楼梦》，即程甲本。
作者摄于中国国家图书馆

聂绀弩认为是太客气了,为什么这么怕俞平伯呢?是不是因为他同乔木同志的关系呢?

对采用何者为底本,俞平伯与胡乔木的意见一致,所以决定弃程乙本而采用程甲本。胡乔木也不是外行领导,他曾举出太虚幻境后宝玉与袭人"初试云雨情","甲本较乙本含蓄,乙本袭人被写得鬼头鬼脑,丑。"可是主管领导聂绀弩有不同意见,认为"这是就文论文,孤立的看法"。"我始终以为乙本较好。曾对做工作的人说,校勘两本时留意,发现了乙本较胜的证据,可抄下来送中宣部看。"但是胳膊拧不过大腿,聂绀弩只得服从领导执行了。[2]

这就是为什么,当5月里周汝昌开始上班时,聂绀弩分派给他的第一个工作任务,是恢复《三国演义》里被删的题咏诗。因为半年前刚出的新版《三国》,轻率地将其中那些"后人有诗叹曰"等诗句删掉了,以为无用。聂绀弩说:"毛主席指示,那些诗不能删,要恢复原文。"周汝昌补完诗后,又核校了正文,改正了许多。

周汝昌心中念念不忘,在聂绀弩给他的邀请函中,曾许诺由人文社重印《红楼梦新证》,并付给高稿酬。这时聂绀弩跟周汝昌谈起《红楼梦新证》问题,问那位写序的王耳是什么人?周回答是文怀沙,聂绀弩显得惊讶意外——如前文所叙,文怀沙原来就是古编室的人,却因故而黯然离开了。

顺便交代一下,文怀沙因化名王耳给《红楼梦新证》作序而不为人所知,但在俞平伯《红楼梦研究》书后,他用本名作了一篇一千多字的跋,赞扬"他的史癖趋向于《红楼梦》的程度简直不下于乾嘉诸子对于典籍的诠诂",该书"获得相当良好的成绩";还顺带对五四以来的新文学冷嘲热讽。于是在稍晚开始的运动中也被波及,受到包括袁水拍、李希凡、蓝翎在内的点名批判。

聂绀弩让周汝昌写个新的自序,"这个《新证》还可以印"。周汝昌遵命认真写序,根据当时流行的苏联文艺理论,引用所谓"别车杜"等等。周汝昌当时还写诗赠"绀老",有"红楼我尚贪鸡肋,水浒公须显豹姿"之句。没想到10月份之后"红楼梦大讨论"运动展开,重印《新证》随之夭折。[3]

对此聂绀弩则说:"在《红楼梦》批评运动中,《文艺报》和二编室都希望周汝昌能提出一点自我批评的东西,却硬提不出。二编室要周把他的《新证》删改一下出版,他也删改不出。他的和胡适、俞平伯相同的那一套还是根深蒂固。二编室的业务学习对大家有点用处,但严(严敦易——笔者注)、周二人因耳聋,受益亦少。""有些人自以为如果在社外就会是专家(如周汝昌、张友鸾),其实不见得。"[4]如此看来,《新证》在当时没有能再出,客观上是评红运动意外降临,主观上是周汝昌不愿意删改和自我批评。

周汝昌的耳聋始发于1947年他二十九岁时。见1948年7月11日致胡适信："一年以来，不知何故，双耳忽然患重听，十分厉害，自觉个人的机灵，便去了一半，不但先生看我有些钝鲁，就是先生所说的话，我也有未曾听清的地方。"[5]这有家族遗传的原因，小时候又曾大病，高烧不退，患中耳炎流黄水，耳膜受伤。1952年去成都时，已经携带助听器，后又遭雷击。周汝昌自述，1954年住进门楼胡同以后，一日雷雨中，随着一声巨大霹雳，有一条火雷活霆从北墙小窗穿入，经其左耳边，从南墙大窗穿出。周汝昌觉得如受重击，头欲裂，心要出窍，从此更成为聋子。有熟人形容他"打雷听不见"，"耳边悄悄语，六楼都可以听见。"如此与人交流时的困难，将影响到他的性格和行为，以及治学的路数。

这时的周汝昌虚龄三十七岁，还是涉世未深，书生气十足。所以无论是与同事，还是对作者，他都不太善于处理人际关系。譬如做编辑审稿提意见，要贴浮签，这就相当于与作者对话，如不谨慎，就可能惹出麻烦。周汝昌初为编辑时，一次被分配看北大中文系魏建功先生的书稿，在浮签中竟贸然批道："文字如此之拙！"他不想这并非是对毫无关系的前人作评点，而是直接向作者提修改意见，怎么能如此发话，发了又有何益处呢？据说魏先生看到后大为恼怒，说："周汝昌有什么资格看我的稿子！"

魏建功先生因此对周汝昌结下了心结。在大批判中，1954年11月26日，《光明日报》刊登了他的《批判红楼梦研究中的唯心论观点的意义》一文，在批判胡适和俞平伯后，特意点出"在他们影响之下又产生了周汝昌的《红楼梦新证》"，"《新证》简直是烦琐考据变本加厉的典型，也就是这种思想方法毒害最可怕的标证"。原来这批判是不无前因的。[6]

作为这场批俞运动的结果，俞平伯校程甲本流产了。此事从开始到结束只有半年左右，限于内部运作，不为外人所知，又胎死腹中，以致被历史的尘沙所掩埋。像很多人一样，我原来也以为，调周汝昌进京就是为了重编《红楼梦》，取代五三版，谁知道中间还隔着一个俞校程甲本，是个"出师未捷身先死"的故事呢？这段史实的文字记录，尽保存在聂绀弩1955到1957年的检查材料中，等待我们重新发现。

人文社只好重整旗鼓，罢黜外部专家，回归本社编辑，自行整理校订新版《红楼梦》。参与者包括舒芜、张友鸾、周绍良、李易，当然还有周汝昌。这件事也符合周汝昌的平生大愿，所以他很高兴，即订出计划，立待执行。

据周汝昌多年以后说，在他完成了《三国》任务之后，聂绀弩任命他当小说组长。但是与他一个办公室的舒芜站出来反驳，说没有此事，小说组长另有其人,是张友鸾。舒芜自己是诗歌散文组长,其言当可信。而让资历最浅、年纪尚轻的新人当组长,似无此道理。

周汝昌回忆的下面这个细节,看起来也不像是组长。一日,舒芜从二楼聂绀弩办公室回来,向周传达指示:领导有话,新版《红楼梦》仍用"程乙本",一字不许改。实在必须变动的(如显误、难通等原有的讹误字)也要有校勘记,交代清楚。"舒芜话很简洁,面无表情,此外无一字闲言。"周汝昌颇感意外,认为事情大不简单,却因为初到不久,未敢发问为什么。"我只好服从命令,做我最不愿做的'校程乙'工作。"

众所周知,周汝昌对所谓"程高伪续"深恶痛绝。他说:"此事于我,至今还是一个大谜。"但是旁观者清,我们在几十年后综合各方面信息,可以试着揭开谜底:

第一是舒芜的说法:"人民文学出版社当时社长兼总编辑冯雪峰先生对于出版古今中外文学名著,始终强调体现'朴学家'精神,强调目的是'供给读者一个可读的本子',他主张编辑要有学问,你可以对你所编辑的名著到报刊上发表论文,但是你在编辑工作上必须念念不忘体现'朴学家'精神和'供给读者一个可读的本子'的目的。"[7] 显然,普通读者需要的是一个首尾俱全的完整可读的普及本,而不是周汝昌意念当中的"斥伪返真"本。

第二,放弃五三版的程乙本路数,采用程甲本校勘,是冯雪峰与俞平伯商定的,聂绀弩早已不满,"始终以为乙本较好"。现在冯、俞两人同时倒掉,俞校本刚开始不久,要换人重做还来得及,聂绀弩无人掣肘,有权拍板,正好回归到程乙本。仅仅半年以后,聂绀弩也倒台了,但是《红楼梦》校本不宜再次改弦易辙,受提拔接替负责的舒芜与聂意见一致,聂绀弩的意图得以继续贯彻,直到完成。其实这就是聂绀弩与周汝昌的根本分歧,如果周汝昌认识到这一点,就不会谬托知己了。

第三个理由是,红学专家俞平伯虽不再负责通行本,但在文研所整理的八十回校本已经进行了两年多,那是以脂评本为主要依据,将来还是由人文社出版,不需要别人再重复劳动了。

早在1952年10月,俞平伯已正式接受人民文学出版社的任务,整理校勘《红楼梦八十回校本》。那时候,正是北京大学迁进燕京校园,何其芳受命筹建文学研究所,提前调入俞平伯专门从事此项工作。俞平伯的老朋友郑振铎,身兼文化部副部长、文物局局长和文学研究所所长,给俞平伯创造了当时所能做到的最好条件,首先是把全部可能的早期抄本集中送到俞平伯手中。

陶洙收藏的己卯本此时由文化部收购,其真本原件被送来供俞平伯使用。

那上面过录了甲戌本脂批,是陶洙抄自周汝昌的录副本。庚辰本原件在北京大学,俞平伯使用的是摄影本(赵万里和陶洙的两套庚辰本摄影本,后均归北京图书馆即国家图书馆收藏)。文研所同事吴晓铃藏的舒元炜序本,更容易借来。此外还有印刷的戚序本和程甲本,是俞平伯自己的。

1953年晚秋的一天,黄昏时候,俞平伯从团城上郑振铎的办公室归来,带回来两大包旧本《红楼梦》,其中有从山西新得的乾隆甲辰梦觉主人序本,原封未动,连原来的标签还在上面。

在那个年代出现的新版本,一般官方不公布,学者也不追究其来历(后蒙府本亦如此)。这个甲辰本或称梦序本的来历,直到2019年才被后代学人调查公布。此本在清末民初的藏主是山西赵城名宦张瑞玑,其子文史学者张小衡在陕西工作,于1952年仲夏将其无偿捐献给山西省政府,他家还与保护《赵城金藏》有关。时任山西省副省长王世英于1952年12月将该书带到北京,交给了文化部副部长郑振铎,甲辰本遂归国有。山西籍的北大教授王瑶是这过程的知情人。[8]

郑振铎将新出的甲辰本交俞平伯使用,这消息把己卯本原主人陶洙老人也吸引来一睹真颜。大约在1953年底,陶洙到老君堂俞寓拜访,在俞平伯的指点下,抄录了甲辰本序言和一些特有的批语。陶洙还再次谈起昔年他在上海看到过的两幅曹雪芹画像,俞平伯将其写进了《读〈红楼梦〉随笔》。

这些版本,在那时就算全了,可称是"万物皆备于我"了。俞平伯在《重订红楼梦八十回校本弁言》中说:"用庚辰本或用戚本(即有正本)来做校勘的底本,当初原很踌躇,后决定用了有正本,大半为工作的方便起见。"因为当时,民国初年印行的有正书局石印戚序本,还不算珍本,拿来做底本,可以直接在上面校改(1949年周汝昌就是这样做的,还是在跟胡适借来的大字戚序本上)。而当时庚辰本还没有影印本,晒蓝摄影本是深蓝底白字,缩印字小,不便于作为底本书写,只能用作主要校本。改文多从庚辰本,此外参校己卯、甲戌和甲辰本。

之所以要做这个《红楼梦八十回校本》,目的一是"整理出一个更接近作者原著的本子来,附有详细的校勘记,以备研究者的参考";二是"同时我们也希望这个本子至少不要讹字满篇,断烂残缺,可供相当范围的读者阅读"。也就是提高和普及两方面兼顾,"不妨说它是抄本系统的普及本……也可以说它是比较接近曹雪芹原著的本子之一。"

那怎么又先做了《脂砚斋红楼梦辑评》呢?俞平伯自述说:

> 我本来也不打算做这事的,对这些批注如此分散混乱讹谬,也着实有些望洋兴叹。近正整理着各种脂本,预备将来出一个比较可

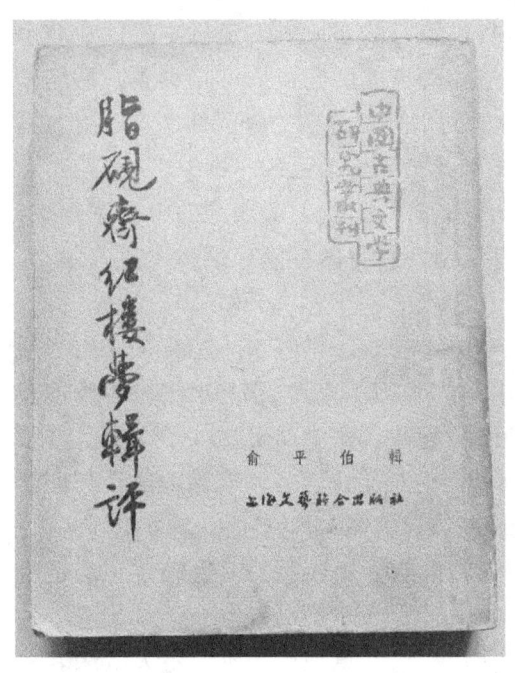

《脂砚斋红楼梦辑评》书影

读的八十回本。……既出脂本而不附脂评，有人以为不免可惜，好像吃鲥鱼去鳞大杀风景似的。我感谢启元白先生给我那样的提议。他说，各本既都在这里，何妨趁机会把脂评都辑出来呢。我觉得他的意思很好，便开始想做这工作。[9]

启功先生的建议，确乎有先见之明。在《石头记》影印本的史前时代，能够聚此五种脂本于一堂，实属幸运，非常难得。乘机做出辑评，既善用了机遇，也造福于学界。

所以这是八十回校本的一个副产品，由俞平伯自己来做，而且率先完成了。首次出版是在1954年12月，正逢批俞运动的高潮之际。书的编辑者虽已遭千夫所指，但书本身却为研究《红楼梦》所必不可缺。此书后来又改版修订了两次，在三十多年里被高效利用。

前文已叙，为了校订《红楼梦》，文研所领导及时为俞先生择优配备了业务能力很强的年轻助手王佩璋。师徒二人工作的具体步骤是：第一步先由俞平伯将各本的异文校在有正（戚序）本上，第二步王佩璋据此写出校勘记初稿，第三步俞平伯在其初稿上斟酌改定文字，第四步由王佩璋重新抄清写定。校勘记长达一百多万字，写了两遍就是近三百万字。而印出来的校字记近五十万字，仅是摘录出的有关改字的一小部分，这是一个折中的结果。

为什么需要如此详尽的校勘记呢？俞平伯在序言中说："有了校勘记，便有踪迹线索可寻，即使不幸我把这有正本'点金成铁'，或在其它各本中'看朱成碧',迷于去取,读者如肯破费一些工夫,就很容易把那遗失的珠玉找回来的。"

据比王佩璋晚两年到文学所工作的刘世德回忆:"上班以后,恰巧我又和王佩璋同志同在一间办公室。我看到她的办公桌旁堆着两摞纸,几乎和桌子一般高。问明了,方知道是平老校订的《红楼梦》的书稿,以及她所写下的'校勘记'。"[10] 这高与桌齐的两摞纸还不是全部,当时校勘工作尚未完成。

因为俞平伯不坐班,主要是在老君堂家里工作,所以为了方便王佩璋助校《红楼梦》,俞平伯除了经常请她在家中吃饭外,还请夫人整理好一间西厢房,安排王在加班时居住。

1954年的运动开始后,文研所副所长何其芳向高层领导介绍俞平伯近况,说到他负责的《红楼梦》八十回校本已经完成了前六十回,是要在各种版本中校订出最好的版本。何其芳审读后向上汇报说:"其校勘工作的结果百分之八十以上可以用,也还有些错误。"俞平伯执意要为《红楼梦》写一序言,主动请何其芳给予更多的帮助。帮助当然是可以的,但文研所领导内部评价,觉得此时平伯写序言在政治上"希望不大"。[11]

1956年,朝内大街166号的灰砖新楼建成,1958年1月,人民文学出

1958年以后,人民文学出版社迁至朝内大街166号灰楼。

四 整队篇

版社搬入其中。周汝昌被安排在新楼一楼朝北的一间办公室，日后，他对其不见阳光、冬日阴冷颇有抱怨。他继续与舒芜同室，隔壁是张友鸾与顾学颉。因此舒芜曾戏曰：这屋是"不作周方"（舒芜本名方管，语出《西厢记》），那屋是"东张西顾"。

　　1954 到 1955 年，《水浒》、《三国演义》和《西游记》都经过修订以人文社名义再版推出，而普及本《红楼梦》还在重新整理中。直到 1957 年 10 月，以人民文学出版社名义的《红楼梦》新整理本出版。这就是由聂绀弩决定，采用程乙本为底本的那个本子，署名为周汝昌、周绍良、李易校订标点，启功一人担纲重新注释。这是一个发行广泛、影响最大的普及版本。此后，尽管有政治风云起伏变幻，序言作者两度换人，但是此本的内瓤却通行了二十五年而不衰。我最初读《红楼梦》，就是这一版本。

　　这一版《红楼梦》相较于 1953 年版严谨规范得多，在卷首的《出版说明》中明确列出了所用底本和参校本（包括五种百二十回本和两种八十回本），并对校记情况、异体字处理原则等做了详细说明，全书的最后附有一百二十回校字记。注释部分无论在数量还是质量上，都大为提高。启功先生作为满族人，而且是清朝皇室后裔，他对满族的历史文化、风俗掌故天然地熟悉，再加上深厚的文化艺术修养，由他来注《红楼梦》，具有别人难以替代的条件。俞平伯先生说过："注《红楼梦》非启元白不可。"后来启功先生在回忆七十年代校注《清史稿》时说：别人对清史中的典章制度和人名、地名、官职名感到困难，"但正所谓'难者不会，会者不难'，这些对我来说就跟说家常一样，易如反掌，因为我对满人的这套风俗习惯和历史沿革还是很熟悉的。"[12] 注释《红楼梦》也同样如此。

　　注意此本出版的时间，是 1957 年 10 月，"反右"风暴正猛，人文社二编室几乎全军覆没。为此本出力甚多的副主任舒芜、小说组长张友鸾都没有在书上署名，因为他们跟原副总编辑、二编室主任聂绀弩一起，正成为批判对象，次年同被打成"右派"。所以书上的这个校订者名单，并不完全符合事实。而署了名的周汝昌却不愿意居功，2005 年在接受梁归智电话采访时说，他对于校订程乙本十分不满，情绪沮丧，后来实际上参加的工作并不太多，出版说明中列上他的名字属于"挂名"性质。[13] 我认为这"谦词"不一定靠得住，因为他排名第一，在那个年代他还不够仅挂虚名的资格；如果他没做这个，那三年里他干什么去了？之所以要辞谢，是因为他痛恨程乙本，到晚年耻于再提。

　　仅仅四个月以后，1958 年 2 月，同样在人民文学出版社，俞平伯校本出版了。本书全四册，正文为《红楼梦八十回校本》上下册，还有两册附录，

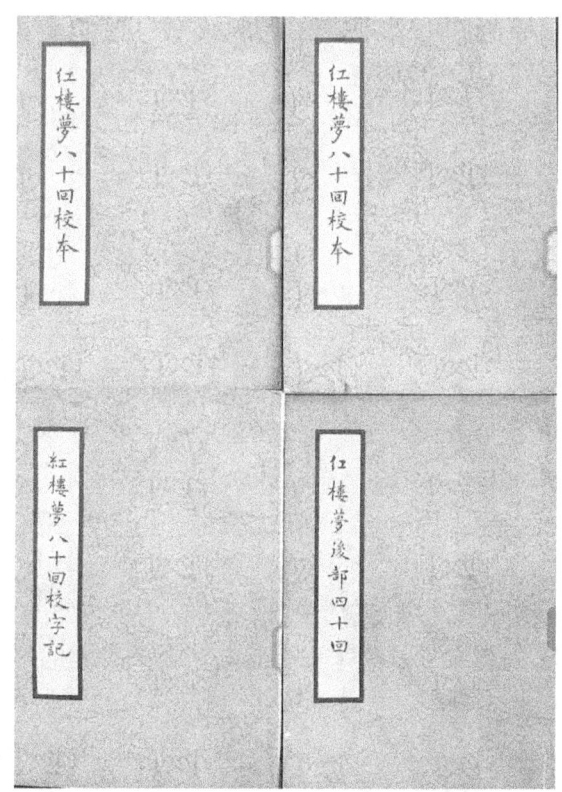

《红楼梦八十回校本》四册

一是长达近五十万字，690余页的《校字记》，这部分文字最长，最不受一般读者欢迎，但恰恰最具特色，最显功力。附录二是程甲本后四十回，存而不校。

此书的校勘过程，从1952年10月开始，至1956年5月完成，前后历时三年半多，跨越了批俞运动的前后，开始之时作者尚属热门权威，出版之际已经变为戴罪之身。参校者王佩璋没有署自己的真名，而是署了笔名王惜时。

此书能够出版已经不易，发行量必然受到影响。它本来就是主要面向研究者的，大批判后报刊不能宣传俞氏之书，研究者也心有余悸。受历史条件所限，该书印数较少，其影响也相对较小。就是印了，很多也未能正常发行，这事我本人就可以作证。1980年代初，在北大读书的我已经开始介入红学。忽一日，在海淀新华书店看到摆出来俞校本，纸已发黄，却是"新书"，细看是1963年6月第二次印刷本（稍有增订），四册仍售原价5.89元，显然是积压封存了近二十年故意不卖。于是我买了一套，保存至今，写作此书终于用上了。听说到1993年11月又有第三次印刷，三印累计四万册。

俞校本出书后，身在海外的胡适，当时就给予高度评价。1961年胡适在信中，称许俞校本"在今日还是第一善本"，"此本真不愧为他三十年的功力的结果！""这是一部最好的'汇校本'，单是'校字记'就有六百九十多页！"[14]

而在中国大陆上，俞校本的质量经受了历史的检验，好评姗姗来迟，可惜已为两位校勘者所不及见。有人将俞校本与后来的1982年新校本比较，认为"从文字的通畅与优美而言，是远远胜出一筹的。"[15]有人认为"最好读的、最顺畅的、耐得住反复阅读的是俞校本。"[16]学者沈治钧评价"不是通行本，却具有崇高的学术信誉"，"他首次以脂评本为底本完成《红楼梦》的校订，这在现代红学史上具有里程碑的意义，属于价值连城的学术珍宝，宛如镶嵌在皇冠上的夜明珠。"[17] 2000年以后，此书又有多种普及翻印本，受到学界和普通读者两方面的欢迎。作为最早完成的个人学术成果，俞校本与其后二十多年集体协作产生，并获得官方"钦定"的红研所新校本并列流传，而毫无愧色，成为《红楼梦》现代流行读本的双璧之一。

以上说的是俞平伯的工作，在这里还需要插空说说他这个人。

1954年挨批时，俞平伯不过五十四岁，已成过时的"枯木朽株"了。这是对他"大器早成"的报应吗？

挨批后的俞平伯更有名了，关于他的话题在北京的文化圈中流传。说他是个大好人，只是不会体力劳动，扫地时垃圾扫不到一块，捏煤球捏不成团，还经常写些小诗自我调侃，或者考证北京小胡同的名字，自得其乐。

这时他的家庭四代同堂，上有高堂老母，下有两个八九岁的外孙男女，加上没有工作的妻子和女儿，全家六口人，成年男子只有他本人，是唯一能够挣钱养家的人。不要以为他出身名门家底雄厚，几年前，他不是要靠预支稿酬才能葬父吗？所以他不能因挨批而倒下，也不能甩手不干，他只能不多做辩解，也不怨恨他人，把手边的工作完成，把专业的研究继续下去。

俞平伯在1950年代

在高压下，最需要精神的支撑。按《俞平伯年谱》记载，他在1955年秋，意识到自己的这场人生危机可能延续很长时间，必须要积极地纾难解压，应对世局。于是，"依苏州老宅曲园中的'乐知堂'匾额，得八字云：乐天、知命、安闲、养拙。引申为二十字：乐天不忧惧，知命不妄想，安闲啬心神，养拙慎言行。缩之为四字：乐知闲拙。"这四句话二十个字，蕴含了一种行藏有度的文人智慧，是俞平伯此后的人生信条，是他面对苦难、安度困厄的护身法宝。[18]

15 成果双峰并峙

文学研究所是俞平伯栖身的单位，何其芳是他的顶头上司。在前文"批判篇"中言而未尽，且在此处补上一笔。

何其芳是毛泽东《关于红楼梦研究问题的信》二十八名受信人中的最后一名，1954年10月17日在周扬办公室，他看到了信的原件。当时，他处于一个左右为难的境地。将近一个月前，他是不同意在《人民日报》上转载李、蓝文章的人之一；现在，他便是直接受此信批评的人之一。二十年前，他在北大是俞平伯的学生；如今他又是俞平伯所在单位的主管领导。或者更从根本上说，他既是诗人和文化人，又是老革命和党的干部，这两种身份之间就存在着天然的矛盾，要想协调统一，颇为不易。

10月18日，作协党组召开会议，传达讨论毛泽东《关于红楼梦研究问题的信》。因为是在党内领导层的会议上，何其芳说："我们也还没成为他（俞平伯）的俘虏，投降还说不上。"这就是直接顶撞领袖的批评了。

据那时担任文学所党总支书记的王平凡回忆，何其芳这话在所内也讲过：

所长郑振铎当时有些紧张："俞先生是我请来的，哎呀，没问题吗？"副所长何其芳请全所同志看俞先生的著作，看看究竟错在哪里？所里调子起得不高，不像社会上那么凶。何其芳在会上还说："我们还没成他（俞）的俘虏，投降还说不上……批判俞先生的人，艺术鉴赏还不如俞。《红楼梦》后四十回让俞先生来续的话，比高鹗要好。"[19]

11月20日，《人民日报》发表了何其芳的《没有批评就不能前进》，这是中宣部布置给他的任务，也是何其芳在《红楼梦》问题上首次公开发言。文中既指出俞平伯的思想和方法受到胡适的影响，也列举不少事实证明他在学术研究上有可取之处。文研所党总支征求俞平伯的读后感，俞坦诚地表示，"这篇文章很全面，批评得很中肯，自己颇觉满意。"

作为俞平伯的工作单位、人身所在，文学研究所迟至11月25日才首次开讨论会，这比在作家协会召开的第一个会晚了一个月零一天，甚至晚于社会上很多无关的单位。会议邀请了北大领导和中文系教授们出席，以示重视。对于为何会开得这么晚，主持人何其芳解释说：一方面是不少同志要参加作协的讨论会（连续八次）；另一方面学术讨论会要有研究准备的时间。他强调：

> 会议的性质是学术讨论会，在讨论问题的过程中，应提倡说理的态度。尖锐的批评是需要的，但尖锐不等于粗暴。学术问题常常是比较复杂的，必须进行自由讨论，有不同的意见应允许大胆发表，被批评的人也可以进行反批评。有不同意见的少数人可以坚持自己的意见，学术问题不能采取少数服从多数的解决办法，只能服从真理。[20]

讨论会的内容规定了五个主要问题：《红楼梦》是否有"色空观念"？是否"怨而不怒"？是否有"微言大义"的笔法？主要人物应如何分析？《红楼梦》是否很难解释，对曹雪芹的思想和《红楼梦》全书怎样评价？这显然是要把议题限制在学术范围之内。讨论会一直都是学术性说理的，也一再请俞平伯先生发表意见。

当时官方的动态简报中记录道："文学研究所先后举行了六次会议，针对俞平伯在红楼梦研究中的错误思想进行批判，何其芳、毛星等同志都作了长篇发言，会议对大家的教育很大，俞平伯仍然坚持自己的观点。"

对于这六次会议，在《王伯祥日记》里留下了完整翔实的文字记录，不过记发言内容很少，记开会的起讫时间和发言者名单很多。1954年11月25日"八时半诣文学所资料室出席全所会议，讨论《红楼梦》问题。当场发言者有其芳、耀民、道衡、佩璋及北大副校长江隆基、浦江清、钱默存、卞之琳等多人。平伯亦两次发言。"12月2日再次开会，"首由介泉发言"，"会上之言，以介泉为松快而多证"。这就是潘家洵先生（字介泉），早在1921年便与顾颉刚同住，三人一起聚谈《红楼梦》那位，堪称红学的第四位元老，原来他至此时仍是俞平伯的同事。12月9日"八时半出席第三场《红楼梦》问题讨论会"。至此为止，是每周四开一次例会，节奏是舒缓的。

此后会议突然加快频度，在四天里连开了三次，这显然是因为12月8日"青年宫"总结大会后，运动改变了布署，何其芳不能再闲庭信步。12月14日星期二"八时半赶到哲学楼文研所开会，时力扬、佩璋批评平伯甚烈。毛星说词中对浦江清、林庚亦有波及。健吾、季康、道衡都发言。其芳作总结。一时始散。"12月16日和17日连续两天开会,16日"发言者相当多,余未及言。"17日"发言者仍踊跃,至下午一刻始告散。余竟未及言。"在六次会议中,王伯祥竟一言未发,钱锺书有两次发言。[21]

钱锺书说:感到俞平伯把"色空"二字看得太实了。他认为做和尚在当时不一定就是最坏的。鲁智深、武松做和尚,也好像可以做得;明代有许多民族英雄人物也做了和尚;对"红楼梦"三个字不要看得太重。莎士比亚在一些戏剧中也有过人生如梦的感慨,但不能说他具有佛家思想。我们应该说像贾家这样的人家,做了许多坏事,结果自然就是坏结局。[22]

这个会,留下了一篇《俞平伯在文学研究所会议上的发言摘要》。在这个发言中,俞平伯既检讨了自己研究中的错误,又表达了学习马列主义理论的迫切心情,帽子往自己头上扣,对众人的批判几乎照单全收。与初期的抗拒和怨怼比起来,已经是一个很大的转圜。他提出了这样的问题:"用马列主义的立场、观点、方法来研究《红楼梦》是否不碰壁?如果保证不碰壁,还是欢迎的。"俞平伯提出三点自己要坚持的结论:"第一,无论如何《红楼梦》是很难解释的;第二,无论如何曹雪芹是有色空观念的,并以其开始,以其结尾;第三,无论如何有关《红楼梦》的'自传说'是不对的,但如果说带有自传性成分是可以的。"[23]

正如王伯祥所记,作为文研所的领导和组长,何其芳和余冠英在特殊的岁月里,曾不止一次地登门看望俞平伯。何其芳白天在所里参加批判会,晚上特地从西郊燕园进城,看望自己的老师,了解俞先生的情绪和想法,征求他的意见,甚至做彻夜长谈。

在运动后期,何其芳发出了这样的感慨:"学术思想批判提高了大家的思想水平,所的工作也好做了。过去开会,我发愁,没人讲话,现在大家都积极发言。"更让他感到意外的是,向来寡言的俞先生在大批判之后也变得爱唠叨,说得条理分明,竭力靠近政治主题,态度看起来又是那么诚恳和老实。[24]

俞平伯的思想转变是如何发生的?除了公开的报纸围剿和多次大会上的众口铄金,形成的巨大压力以外,俞平伯接受了周扬的亲自谈话和信件指示,接受了何其芳那种超出一般领导关系的指点启发,接受了九三学社同仁们和风细雨般的安慰和开导。还有,俞平伯也记住了在发生所谓对"珍贵资料垄断居奇"的不实指责后,各级领导的迅速纠偏。说到底,无论从俞平伯乐天知命的达观性格出发,还是养家活口的现实需求来看,无论他是"好汉不吃眼前亏"还是"识时务者为俊杰",他都不会对抗到底,而必然接受现实。

俞平伯被选为这次运动的靶标,诚属不幸;但他是在文学研究所,在何其芳治下度过这一劫,又应该说是不幸中的万幸了。

何其芳 1912 年生于重庆万州，1931 年至 1935 年就读于北京大学哲学系，曾到清华听过俞平伯的诗词欣赏课，二人就此结下师生之谊。1936 年他与卞之琳、李广田的诗歌合集《汉园集》出版，次年又出版散文集《画梦录》，奠定了在现代文学史上的地位。1938 年，到延安鲁迅艺术学院任教，同年加入中国共产党，后任鲁艺文学系主任，并做过朱德的秘书。此时他的文风大变，充满时代的革命强音。1944 到 1947 年两次被派到重庆，在周恩来的领导下从事文化工作。新中国成立后，何其芳基本上放弃了创作，主要任中国科学院文学研究所副所长和文艺界的领导工作，同时从事文学批评、文学理论研究以及教学工作。

何其芳是个内行领导，要领导别人研究文学，自己必须以身作则。1953 年文研所初创，他打算研究中国文学史，先研究屈原，接着宋玉，后来又研究《诗经》。在评红批俞运动兴起之后，周扬有一次来到文研所，对何其芳提出应改变研究文学史的计划，不要从《诗经》、《楚辞》开始，而是从后面的《红楼梦》、

北京大学哲学楼，1953—1956 年，文学研究所设于其二楼。　张鸣 摄

《儒林外史》着手。于是何其芳从1954年11月开始,转为全力以赴地投入《红楼梦》研究。

在很多回忆何其芳的文章中,都讲到过他的这一读书方法。譬如:"他说,他的具体工作方式主要是在原著上加眉批。他十分重视研读原著,重视把从原著中获得的直接感受和体会,及时准确地记录下来,然后加以整理、概括和连贯起来的思索。他不是把原著作为冷漠的解剖对象,而是去体验和认知其中活生生的形象世界。"[25]

在何其芳去世多年后,有研究者在何家藏书中,发现了他作的批注,故可以复盘他做《红楼梦》研究的过程。何其芳的红学批注,主要写在三个版本的《红楼梦》原著上。推测其阅读并加批的顺序,应该如下:

首先是《国初抄本原本红楼梦》,即清末民初有正书局石印本,亦称戚序本。其上有一条记载时间的批语:"一九五四年十二月二十四日抄前记",应该是他开始读并加批的时间。此书中加批471条,有在卷目、回目下加批以概括书的内容,也有转录庚辰本批语。

因为戚本只有八十回,所以何其芳用另一本一百二十回的《增评补图石头记》,继续在后四十回上加批。何其芳在此书加批369条,大多是正文眉批,他用钢笔细字和红铅笔批了两次,读毕的时间是"1956年六月二十二日"(原文如此)。

第三个版本是线装影印的《脂砚斋重评石头记》(庚辰本),文学古籍刊行社1955年版,10月在上海印刷,印数五百编号发行。此书到何其芳手中时,很可能已经是他开读一年以后,属再次加批了。此书上有何批450条,少数是转录甲戌、戚序批语,多数眉批是自抒己见,还有回后批语写得较长。[26]

正如何其芳在成书时的序言中所说:"《论〈红楼梦〉》是我写议论文字以来准备最久、也写得最长的一篇。从阅读材料到写成论文,约有一年之久。……对《红楼梦》这样一部巨著,仅有一年而且实际上不过是四五个月研究和写论文的时间是不够的。"

这篇《论〈红楼梦〉》写了七万字长,在1956年11月20日写完。虽然他的研究是因大批判而起,完成于大批判刚刚结束之后;虽然他深悉这运动是领袖亲自发动,批俞评红旨在背后的政治考量。但《论〈红楼梦〉》并不是随波逐流的投机之作,不是随人俯仰的附和之文,而完全是自己的独到见解,甚至是有意识地与大批判中走红的"小人物"观点分庭抗礼。虽然他也必须对俞平伯的观点予以批评,但谨慎地将其限定于学术范围之内。

何其芳不仅批判地总结了各种新旧红学的经验教训,而且同样认识到庸俗"阶级斗争"论和教条主义的消极影响,自觉地引导《红楼梦》研究脱出

中年何其芳

政治斗争的紧箍咒,走上美学研究的正轨。除了见解独到,立论新颖之外,何其芳还注意文风的不落俗套,文字如行云流水,成为文学批评文章的典范。

在《红楼梦》的社会背景方面,李希凡、蓝翎(以及邓拓)主张曹雪芹"基本上是站在新兴的市民立场上来反封建的",因而《红楼梦》反映了代表那时新兴的市民社会力量,即所谓"市民说"。而刘大杰等提出的"农民说",认为《红楼梦》所反映的社会根本矛盾,只能是封建地主阶级和农民之间的矛盾。何其芳在文章中,对这两者都表示明确反对,批评这种盖帽子的风气是牵强附会加上教条主义,最后形成"学术工作中的主观主义",不克服这种主观主义,我们的学术水平就很难提高。针对这二者,何其芳提出了"古已有之"的"传统"说。此外,他还提出多项自己独创性的、涉及根本的观点,例如"典型共名"说、"爱情主线"说、"双重悲剧"说和"叛逆"说等等。其中最著名而核心的就是"典型共名"说。

尽管何其芳小心翼翼地为此说加上了很多解释和限制,但在那个年代里,还是很快招来了质疑和批评。李希凡认为这是"人性论",绝对不可接受,他将为此缠斗不休。但是李希凡不再是运动年月里那种"真理的化身",何其芳以其研究的深度加领导干部和老革命的地位,渐成为《红楼梦》研究界新的权威。对于何、李之争,我们将稍后到第六"斗争篇"中再继续讨论。

何其芳研究《红楼梦》,并不是单打独斗的个人行为。作为文学研究所实际上的负责人,他组织了一个《红楼梦》研究小组,成员除他以外,还有胡念贻、曹道衡、邓绍基和刘世德,范宁和王佩璋也参加过一部分工作。这是何其芳提倡的集体研究,先在一起充分讨论,再分工写出论文。每个人的论文他都认真读过,细提意见。1956年夏天,文研所召开了一个论文研讨会,宣读这些研究成果。李希凡、蓝翎也被邀请来参加,当场表示了不同意见。

这些论文后来都发表了。在何其芳的带领和培育下,文研所形成了自己的《红楼梦》研究学派。他们在曹雪芹家世、生平、交游以及《红楼梦》主题、人物形象、思想、艺术、版本等等方面,基本上有着共识。一般来说,他们具有学风正派、严谨求实的特点,而且是有组织的团队。在以后很长时间里,直到八十年代,他们是全国《红楼梦》研究的主力军营。

在文研所和这个小组之外,另有一位年轻的"小人物",主动找上门来。

在1954年批俞运动的漩涡中心《文艺报》编辑部里,有位年仅二十六岁的青年编辑蒋和森。他毕业于复旦大学新闻系,在学生时代就显示文艺才华,发表了不少诗文。1952年毕业分配到新华社当记者,但是他志在文学,所以一年后就调进了《文艺报》。他本来就有兴趣研究《红楼梦》,这评红运动的兴起,对他又是一个推动。于是他在业余时间里,写起自己的评红论文来,不是乘潮而起的批判文章,而是深沉瑰丽的艺术评论。按他自己的说法,此时"学生时代的服装还没在办公的桌子上磨破"。

蒋和森的年龄比李希凡小一岁,比蓝翎稍长,却是另一种类型的年轻人。他的形象很好,天生的儒雅书生,年轻时喜穿中式对襟衫,围白围巾,如玉

青年蒋和森

树临风，亭亭而立。他说话有些口讷，但写文章如喷珠吐玉，充满哲理和诗人的激情。

蒋和森写的是评论，却几乎等同于创作，有时为了找一句妥帖词语，要苦思几小时。写完评《红楼梦》人物的几个篇章，稿子该投向何方？在当时，几乎没有可以发表三万字长篇论文的刊物。环视文坛，他觉得与写过《夜歌》的诗人何其芳，似乎有某种灵犀相通，于是把稿子寄给这位素昧平生的诗人，当时的文学研究所负责人。不久，他接到了何其芳的复信，是用毛笔小楷写于"夜三点"的五页长信。蒋和森遵嘱将稿子寄给《人民文学》。

这篇《贾宝玉论》，在1956年6月号《人民文学》上刊出，并由《新华月报》转载。一年以前，已发表了《薛宝钗论》，一年以后又有《林黛玉论》问世。蒋和森的几篇评红长文，将理性分析与美学鉴赏融为一体，对《红楼梦》的思想、人物、艺术进行了细致的剖析，感情炽烈，文笔抒情，语言如诗。他从思想倾向到写作风格上，都与何其芳接近，观点新颖精辟，把"共名说"发展成了"共感说"；再加上激情和文笔的强力推助，形成独具一格的研究风范，与当时的时代氛围形成强烈反差。这引起文学界的广泛注意，一方面受到某些非议，另一方面在文学青年中风靡一时。蒋和森也一夜成名了，不是靠领袖的特别眷顾，而是凭他文章本身的魅力。

蒋和森影响了一代读者，他的评红文章对文学青年具有怎样的吸引力，在三十年后获得了更有力的证明。已成为女作家的叶文玲给蒋和森来信说："您大概不会想到那时在遥远的江南小镇，一个黄毛丫头怎样被您的文笔感动得泪落如珠，虔诚地在笔记本上记下您文中的许多精辟语句……"剧作家魏明伦在参加全国政协会议期间，居然能当着蒋和森的面，背诵了一段《红楼梦论稿》中的篇章。

对这样的人才，何其芳求贤若渴。就在1956年，蒋和森被调至文学研究所古代文学组，他离文学圣殿又近了一步。但是蒋和森并没有加入已有的《红楼梦》研究小组，他走的路子是艺术欣赏，不做考证研究。

蒋和森有两位朋友，就是人民大学的冯其庸和吴文治。三人都是江苏进京的青年才俊，又是文学同行。但是在1955年下半年，有几次蒋和森去找冯其庸时，会被拦截盘问，所有来访者都概莫能外。当时冯其庸本人也不知为什么，后来才明白，是当时正在开展的"肃反"运动——由逮捕胡风而引起的肃清反革命运动，把他也卷了进去。

那时组织上派了两个人，背着冯其庸本人到各地去外调，遍寻他在无锡国专的三十几个同学，向他们调查冯的历史，怀疑他是"三青团"。调查的结果，都证明说冯其庸不是,他恰恰是与"三青团"对立的进步学生运动的带头人。这一番折腾劳民伤财,查了几个月的结果是冯没有问题,是揭发者诬陷。

事情的起因,正是另一位同乡吴文治。本来,吴是介绍冯进京入人民大学的恩公,是助冯其庸改变命运的关键人物。但是据冯的口述自传说,吴之所以介绍冯来北京,是为了让冯投桃报李,介绍他入党。而支部书记明确告诉冯其庸,吴的人品和生活作风有问题,不要介绍他入党。在肃反运动开始后,吴为"掩盖他自己的政治历史问题",颠倒黑白,挟嫌报复。事情的结果是吴离开了人民大学,冯其庸洗刷了清白,受到了重用。[27]

此说法是冯其庸的一面之词,其中似有一些可疑之点,难解之处。譬如,吴若仅为自己入党,为什么不就近靠拢本校组织和党员,却要求助于千里之外的冯其庸?吴若自身有历史污点,掩盖尚且不及,为什么主动把解放前的旧交拉到身边?时隔不到一年,吴与冯的关系急转直下,反目成仇,难道只是吴品德有亏的单方面原因吗?吴文治后到江苏教育学院任教,可惜已于2009年辞世。他留下一本《吴文治文存》,包括《八十自述》和他人记述,从中找不到与冯其庸有关的任何痕迹。无法对证,只能存疑了。[28]

蒋和森在写作《红楼梦》评论的文章期间,经常带着自己的稿子到冯其庸处,相互探讨,往往谈到深夜。有时他拿着稿子步行回去,有时把稿子留下,让冯其庸细看,帮他提意见。1956年蒋和森的《贾宝玉论》发表,影响巨大。四十年后,冯其庸作诗怀念蒋和森,将他比作评《红楼梦》的脂砚斋。

> 四十年前解梦时,新笺初罢即相疑。
> 孤灯夜半商量后,深巷月斜独自归。
>
> 论玉一篇初问世,洛阳纸贵忆当时。
> 千金何老雕龙评,从此蒋郎是砚脂。[29]

蒋和森由新华社而《文艺报》而文研所,其路径正是与李希凡、蓝翎背道而驰。想当初,李希凡和蓝翎心目中最理想的工作单位,就是文学研究所(其次是《文艺报》)。蓝翎当面对邓拓诉说过,李希凡给周扬写信表达过,但是都被谢绝了,被告知那里不是战斗(或打仗)的地方。据说,这是毛泽东的指示,所以他们二人才都去了《人民日报》。不能不说,领导们看人的眼光很准,真的"不是一家人,不进一家门。"现在我们可以看出,由于其纯学术、非战斗的性质,更由于何其芳个人的倾向和观点,文学研究所真不是适合李希凡去的地方。很快,他们就将成为论辩的对手,互不相容的两派,而且纠缠互斗二十年不得止息。从李希凡的后半生看,他也确实偏重于文化斗士,而不是纯粹的学者。

1956年1月，北京大学文学研究所并入新成立的中国科学院哲学社会科学部（简称"学部"），但暂时仍留在北大校园内的哲学楼中，在一段时间里同时挂两块牌子。1956年的春天和夏天，李希凡、蓝翎曾经两次到访这里。

就在这一年，北大中文系开设了《红楼梦》专题课，采取"打擂台"的方式，由吴组缃、何其芳两位老师轮流讲授。文研所既然挂名在北大，副所长何其芳也有责任登台讲课，如果不算偶一为之的讲座，这很可能是他唯一的一次在北大正式开课。海报在校园里贴出，众师生踊跃听讲，大教室人满为患，走廊上、门旁、门外都挤满了人。

据听过课的刘世德、李厚基回忆：何、吴二先生本为挚友，他俩对《红楼梦》的看法却有较大分歧。听说二位先生为此曾彻夜争论，但谁也不能说服谁。讲课的精彩之处，就在于两位老师都不避讳观点的差异，各抒己见。辩论的焦点是：《红楼梦》是不是反映了资本主义萌芽？贾宝玉是不是"新人"？更广为流传的分歧是对薛宝钗如何评价？何先生认为薛宝钗充满封建正统思想，是典型的淑女，是一种家族体制礼教意识的牺牲品；但是吴先生认为，薛宝钗是个实利主义者，具有市侩气，为了利己而精于算计，所谓"金玉良缘"的金锁就是她家母女设的局，有人干脆称之为"女曹操"。听过课者都大呼过瘾，成为当年北大的一大盛事，一个"百家争鸣"的缩影，一次盛宴难再的课堂"擂台"，以后在北大和红学界传诵多年，令后人向往。[30]

三十年以后，吴组缃告诉他的博士生刘勇强说：何先生是诗人，有浪漫主义情怀，习惯于用抒情的、理想化的眼光看世界，把人都看得那么单纯、那么好；而自己是小说家，小说家注重现实，眼光往往是剖析的、批判的，所以会把人看得很坏。他不认为小说家构思小说会有无缘无故的情节，特别留心曹雪芹为什么会这样写《红楼梦》。他们都注重人物塑造，但诗人的眼光和小说家的眼光明显不同。[31]

从同年秋开始，文学研究所向"学部"所在的中关村社会南楼搬迁，于1957年脱离北京大学。研究人员不能再利用北大图书馆了，感觉不便；何其芳也很难再去北大讲课了，于是"擂台课"便成绝响。

在文学研究所内，何其芳对俞平伯的文学素养一贯钦慕与信赖。他评价说，俞平伯的艺术感受能力和鉴赏能力为常人所难及。每当遇到难点，何其芳常请教俞平伯以解惑。除了自己虚心求教，他还向所内的青年学者介绍俞平伯在中国现代诗歌、散文，以及《红楼梦》研究方面的贡献。何其芳曾推荐俞平伯去中央党校讲授古典文学，安排他担任苏联高级进修人员的教师，以尽

四 整队篇

用其才。

1956年11月，文研所首次进行评定职称。根据郑振铎、何其芳的意见，拟定并修改了内定名单。一级研究员三名：钱锺书、俞平伯、何其芳（何欲将自己改为二级）；二级研究员九名：孙楷第、余冠英、王伯祥、卞之琳、罗大冈、李健吾、潘家洵、缪朗山、陈涌；三级研究员五名：力扬、杨季康（杨绛）、罗念生、毛星（原定为二级，毛坚持改为三级）、贾芝。

当时在所内发扬民主，反复调查讨论，大家对钱锺书定一级研究员没有争议，但对评俞平伯为一级研究员却存在不同意见。有人提出俞平伯刚受到全国性批判，应该评为二级研究员。何其芳很动情地说："把俞先生评为二级，给我评为一级，我是他的学生，而且都在一个所，老师是二级，学生是一级，这是不行的。"最后，俞平伯被评为一级研究员。何其芳把这结果通知俞平伯本人，他回答"差不多，差不多"。[32]

王伯祥比俞平伯年长十岁，被评为二级，当时曾送密封名单给他本人征求意见。11月6日的日记记载："文研所勤务员来，将到密件立待回覆。启视乃最近评级名单，询有无意见。余列二级，似已忝占，当然无意可申。"孙楷第年龄也比俞平伯长两岁，但职称低一级，这与他少年迟暮，上大学较晚有关。当1928年三十岁的孙楷第从北师大毕业时，俞平伯已经在燕京和清华两校做教授了。大约也是在1956年，何其芳一度派刘世德去给孙楷第做助手，师徒二人都研究古代小说。那时孙楷第仍然住在燕园北面的镜春园里。

现在保留下来的文联旧档案中，有1957年12月俞平伯对文联干部的谈话："我在家整理材料，文学研究所开会时就派车来接我去开会，所以很少到所内去。听说明年要搬到城内来了，与海军大楼对调，搬到城内来我就可以天天上班了。我的薪金从高级知识分子待遇调整后已由一百六十多元增加为三百元，现在生活问题已基本解决，不像前二年那样狼狈了。"[33]

事实正是如此，1958年冬，文学研究所随中国科学院哲学社会科学部一起，迁到城里东城建国门内原"海军大院"，建筑是原日本人建的一组不高的小楼，那里后来被简称为"学部"。

何其芳的长篇论文《论〈红楼梦〉》发表在1957年的《文学研究集刊》第5辑。无论从作者的身份、论题的分量还是篇幅的长度，它都有理由占据头条，但是它没有，而是让俞平伯谈李白的文章放在前面。1958年，此文出版单行本，又经节要压缩后，作了1959年人民文学出版社通行本《红楼梦》第二版的序言。而蒋和森的论文集《红楼梦论稿》也在1959年初出版，收集了已经发表过的主要人物论名篇，以及散文诗式的《红楼梦人物赞》等。这两部著作，成为

1954年评红批俞运动后，显示不破不立的收获和成果的主要标志；也是在红学中长期占据主流的考据派受到批判后，显示艺术评论派实绩的主要代表作。如果剧透一下的话，在十几年后，它们也一起被作为"修正主义红学"的代表，接受批判和斗争。所以，把它们称为"双峰并峙"，也不为过。

16 短暂的早春

1956年1月15日,李希凡平生唯一一次登上了天安门城楼。这一天冒着严寒,北京市二十万人聚集在天安门广场上,举行庆祝社会主义改造胜利大会。毛泽东主席穿着皮大衣,接受北京工商界代表、同仁堂中药店总经理乐松生呈上的巨大红色报喜信,自愿公私合营。北京市长彭真高声宣布:"我们的首都已经进入社会主义社会。"

一月底到二月初,全国政协二届二次会议在北京举行。这一次蓝翎也被临时增补为委员,李希凡带着他并肩参会。2月4日,受到毛泽东、刘少奇、周恩来等中央领导的接见,蓝翎也获得了面见毛主席的珍贵照片。

春节过后,2月16日毛主席在颐年堂接见政协知识分子代表时,又提起了胡适,却大大出乎众人意料:

> 胡适这个人也真顽固,我们找人带信给他,劝他回来,也不知他到底贪恋什么?批判嘛,总没有什么好话,说实话,新文化运动他是有功劳的,不能一笔抹杀,应当实事求是。二十一世纪,那时候,替他恢复名誉吧。[34]

与前后两年的急风暴雨不同,夹在中间的1956年似乎是艳阳和风的小阳春,在国内发生的都是好事。且不说红学界产生了何其芳和蒋和森的双峰论文,北大中文系摆开了吴组缃与何其芳的双红擂台,这些事太小了。比这大一点的事是:5月,中宣部长陆定一发表讲话,提出"百花齐放,百家争鸣";人民日报在7月1日改版,对新闻舆论界的指导方针一时放宽。再大一点,中国共产党在9月召开第八次全国代表大会,宣布急风暴雨式的阶级斗争结束,中国社会的基本矛盾是先进的生产关系与落后的生产力的矛盾。只是如果放眼世界,有些消息令人不安:苏共召开二十大,否定了斯大林;波兰和匈牙利发生了反对亲苏统治的事变。所有这些,都会对我们即将叙述的红学人生,发生或近或远,或直接或间接的影响。

评红运动之后,到1956年初,胡乔木忽然提出,文学研究中有庸俗社会学的倾向,简单地给作品人物贴阶级标签,举例就是冯沅君的《谈刘姥姥》,布置李希凡、蓝翎两人写文章批评。可是冯沅君正是他们两人在山东大学的老师,学生怎么好公开批评先生?向上级反映了这个难处,乔木却说,这没什么,如有问题,由我向冯先生解释。李蓝两人只好服从,勉强写出初稿。两次送审后,乔木把原稿改得面目全非,篇幅增加了两倍,在出差南方时,还来电报补充修改,可见其重视的程度。文章的水平当然是大大提高了,但就是忘记了作者的身份,变成了权威领导的口气,放在两个青年作者头上,还是学生批老师,岂不显得狂妄无礼?

李、蓝很为难,就去求组长袁水拍,说这文章都是乔木同志写的,别署我们的名了。袁水拍平常一贯严肃谨慎,喜怒不形于色,但此一问正勾起了他的伤心事,联想起本人一年多以前的经历,便流露出不快。袁水拍说:乔木同志想借你们的名字,在《人民日报》上发表点批评意见,这很正常。你们认为《质问〈文艺报〉编者》,是我能写出来的吗?我不还照样得署名。李、蓝两人还能说什么呢?

文章发表后,自然很有影响。但是,批评意见很快就传来了,任继愈在一次座谈会上说:学生可以写文章和老师商榷不同意见,但不应用这样的教训人的口气。北京市委有人找到团中央胡耀邦,批评李、蓝不该这样冒犯老师,因为他俩是共青团员的典型,胡耀邦再来找李希凡了解情况。面对天下的悠悠之口,又怎么能去一一解释呢?

3月,李希凡和蓝翎一起,出席了青年文学创作者会议,有全国约四百五十名代表参加。北京市代表团住在前门外"八大胡同"附近的平房小院里,大约是以前的妓院,此时改成了小旅馆。参加者都是当时在北京文学报刊上崭露头角的文坛新秀,包括王蒙、刘绍棠、邓友梅、从维熙、邵燕祥、柯岩、葛翠琳、房树民等。青年同行们晚上在一起联床夜话,聊起来没完,最喜欢聊天的是刘绍棠和邓友梅。刘绍棠是李希凡的通县同乡,他的儿子与李希凡的女儿同年出生,两人给孩子定了娃娃亲。但这时李对刘的少年张狂已有看法,在大会上提出了批评意见。那会上除了有领导和老作家的报告,还有北大教授的文学讲座,大家都留下了美好的回忆。只是才过一年,这些青年才俊就分裂为两个阵营,且延续终生不能和解。

也是在春天里,李希凡、蓝翎两人来到北大校园,参加文学研究所《红楼梦》

小组的论文研讨会，嘉宾中还有冯雪峰等人。会上宣读了四篇论文，李、蓝听出了弦外之音，很多批评就是冲他们来的，如否定"市民说"、主张"共名说"等等，而且具有权威总结性的架势。李、蓝两人心中不服，在会上略有表示，但没有机会多说。

5月里，李、蓝合作的第一本书《红楼梦评论集》，定稿交付出版社。此前两年时间里，两人共合写了二十篇文章，此书中收入了十六篇。李希凡在《后记》里写道："红楼梦问题的讨论，还留下许多具有根本性质的问题，红楼梦的历史背景，红楼梦思想倾向的性质，贾宝玉、林黛玉的典型意义，等等，对这些问题的严重的分歧的意见，正酝酿着新的争论。"这就是针对着文研所的论文而来，为他与何其芳之间长期难解的争论，埋下了伏笔。

一个炎热的夏日，李、蓝两人再次来到燕园，为纪念鲁迅逝世二十周年而约稿，先后拜访了吴组缃、杨晦和何其芳，得到何其芳的首肯，写作以《阿Q正传》为例探讨文学典型的文章。当时两位编辑都很满意，总算不虚此行。但是9月里收到这篇《论阿Q》文章后，李希凡作为责任编辑，却对何其芳的所谓"人性论"观点大不以为然。这时候两个人的地位，何其芳是大理论家，李希凡是小编辑。何文虽然照发（1956年10月16日《人民日报》），李希凡还是在送校样时，提出了自己的不同看法。这事比较有意思，两个针锋相对的论辩对手，却是约稿与被约、编辑与作者的关系。

何其芳在《论阿Q》中提出："阿Q的精神胜利法""似是普通人类弱点之一种"，"一个虚构人物，不仅活在书本上，而且流行在生活中，成为人们用来称呼某些人的共名，成为人们愿意仿效或不愿意仿效的榜样，这是作品中的人物所能达到的最高的成功标志。"在李希凡看来，何其芳把典型的突出的性格特点解释为超越时代、社会、阶级的某种抽象品质的"化身"，这是抽象人性论的观点，违背马克思主义典型观。随后，李希凡连续写了两篇《典型新论质疑》和《关于〈阿Q正传〉》，与何其芳展开全面论争，何李之争由此开始。

此事貌似与《红楼梦》无关，但其实《论阿Q》与《论〈红楼梦〉》两文写于同时，阿Q与贾宝玉同为"共名说"的典范，只不过《论〈红楼梦〉》稍晚发表。而在李希凡，他评论《红楼梦》都是与蓝翎合作，所以与何其芳论争时，选择仅以阿Q作为靶标。在很长时间里，这似乎是李希凡有意识的选择，他把《红楼梦》留给了即将逝去的合作。

在《人民日报》史上的一件大事，就是1956年的改版。从7月1日起，由原来的四版一大张，扩展为八版两大张，除了量的加倍，内容也有改进和

1956年林淡秋与《人民日报》文艺部同志合影。左二袁水拍，左三姜德明，左八田钟洛，左九林淡秋，右五露头者李希凡，右一蓝翎。

丰富。文艺方面过去没有固定的版面，从此每天都有第八版的副刊，加上每周一块的文艺评论版。原来的文艺组改成了文学艺术与副刊部，人手从原来的七八个人，充实到二十多人。这内部的机构调整和多方筹备，是从春天就开始了。

当时胡乔木负责领导《人民日报》的改版，每星期都要来报社一两次，以办报行家的态度给予具体指导。他来到当时文艺部的大办公室，与全体编辑人员座谈。他提出的设想，是相当宽松开放的。他要求文艺部学习过去《大公报》和《申报》的传统，扩大作者队伍，约请老作家写稿，甚至开列了几十人的作者名单，从党内领导干部李锐、曾彦修等人，到老作家沈从文、周作人、张恨水等等。他为文艺部请来三位顾问，是诗人艾青、老记者和作家萧乾、文艺理论家吕荧，也就是李、蓝两位在山东大学的那位老师。吕荧在反胡风的会上"跳出来"一鸣惊人之后，被隔离审查了一年多，又神奇地平反复出了。

作者队伍的重点所在是北京和上海，这样，李希凡被派去上海出差，登门邀约作者。那是1956年的5、6月之交，他先拜会了市委宣传部长张春桥，再按照胡乔木的名单，去看望老学者、老报人，如施蛰存、谭正璧、赵景深、傅雷等；也到上海作家协会拜访了吴强、峻青、以群、孔罗荪等。在傅雷的独家小院中,他谈起一年前在华沙的中国使馆里见过傅聪,也谈了外国文学作品的翻译问题,并约稿。在其后的一年中,《人民日报》的文艺评论版发表了傅雷的两篇来稿。当李希凡在一个大热天里来到姚文元家时,见他只穿着背心短裤蹲在椅子上,有些措手不及的尴尬。见姚文元是张春桥推荐的,姚爱写杂文,也搞评论。两人互相都知名,这是"南姚北李"初次相会。在半个多月里,李希凡结识了二三十位上海老、中、青三个时代的文艺名人,收获颇丰。之后,他搭乘上海党的八大会议代表的专列一起回京。

在改版后新开辟的副刊中,杂文是重头戏,几乎每天都要靠它挑大梁。蓝翎这时从评论组临时调到副刊编杂文,与老干部刘甲等人同办公室。茅盾、巴金、叶圣陶提倡"独立思考"的杂文都经蓝翎之手而发出。他自己也在写杂文,用别的笔名在本报发,也向其他报刊投稿。在当时看来,这既是工作的需要,也符合蓝翎的兴趣和特长。但若是能预卜未来吉凶的话,蓝翎就不应该去搞杂文,他将为这一步错棋,付出沉重的代价。大约半年之后,1956年底,蓝翎调回评论组,是在李希凡领导下工作了。

从1956年秋天起,李希凡担任了评论组长,编版的责任和工作量都加重了。[35]12月,李希凡加入了共产党,预备期一年,介绍人是田钟洛。

1957年1月,李、蓝两人合作的《红楼梦评论集》终于出版见书了。蓝翎提议,要送一本给毛泽东主席,李希凡当然愿意。蓝翎的字写得好,就由

《红楼梦评论集》1957年初版

他题上了"敬请毛主席教正,您的小兵",然后是各自署名。这本书得到的稿费相当高,每千字二十五元,全书十八万字,加上两万册的印数稿酬,共五千余元。这笔钱在当时是什么概念?可以买到三间平房一个小院。这本书是李、蓝合作的唯一纪念,尽管以后还有两次改版重印。

1957年2月9日,李希凡在上海《文汇报》发表评论,批评王蒙的小说《组织部新来的青年人》(发表于《人民文学》1956年第九期,又题为《组织部来了个年轻人》)。其实这文章原本是袁水拍布置李希凡为《人民日报》写的,后来得到了林默涵寄来的同题文章,他就把自己的转给了《文汇报》。文章认为,小说写的环境不典型,北京市一个区委机关,在首善之区,"天子脚下",怎么会发生这样严重的官僚主义?这是企图用小资产阶级思想改造党。

在此之前的1月7日,《人民日报》还发表了陈其通、陈亚丁、马寒冰、鲁勒的《我们对目前文艺工作的几点意见》,二者被联系起来,在1957年2月到4月间,受到毛泽东主席的五次点名批评。那四人的文章"是教条主义",对"双百"方针思想上不通,有抵触;李希凡也同被批评,《组织部新来的青年人》的作者王蒙则受到力保。1957年2月,在颐年堂的一次座谈会上,毛主席谈道:"李希凡现在在高级机关,当了政协委员,吃党饭,听党的命令,当了婆婆,写的文章就不生动了,使人读不下去,文章的头半截使人读不懂"。他还说:李希凡是官做大了,说话不讲理,北京怎么会没有官僚主义?"应该让他生活在实践中,过去当小媳妇时兢兢业业,而当了婆婆后就板起面孔了。""李希凡的文章僵化了,看来人民日报待不得。"毛主席同时还表扬了姚文元。[36]

3月24日,《人民日报》发表了费孝通的杂文《知识分子的早春天气》,此文对当时知识分子的心态体会入微:

> 百家争鸣的和风一吹,知识分子的积极因素应时而动了起来。但是对一般老知识分子来说,现在好像还是早春天气。他们的生气正在冒头,但还有一点腼腆,自信力不那么强,顾虑似乎不少。早春天气,未免乍寒乍暖,这原是最难将息的时节。逼近一看,问题还是不少的。

实际上这年北京的春天,确实气候异常。《顾颉刚日记》4月9日记:"今日仍大雪,北风颇厉,以清明后四日而有此,为我生所未见。气候又降至零度下,如此倏寒倏暖,不知又病倒几人!"[37]春寒还伴随着病毒流感,令人忧心。

4月21日,袁水拍把李希凡叫进办公室,给他看了毛泽东主席的一封亲笔信:

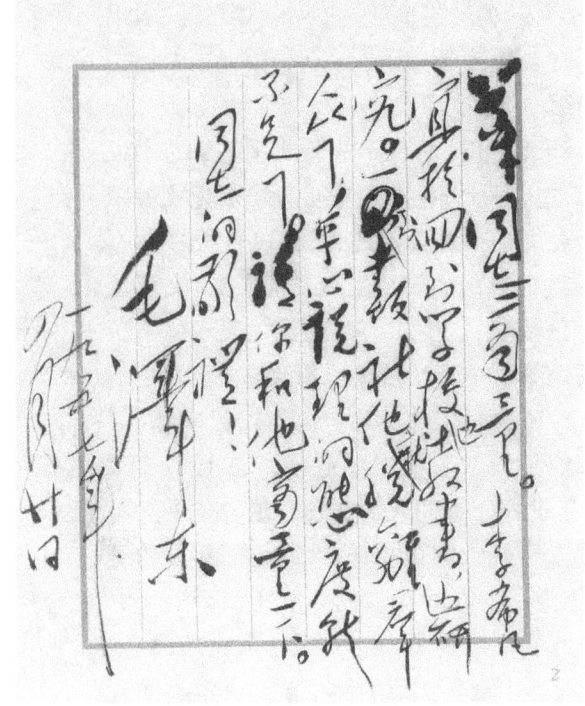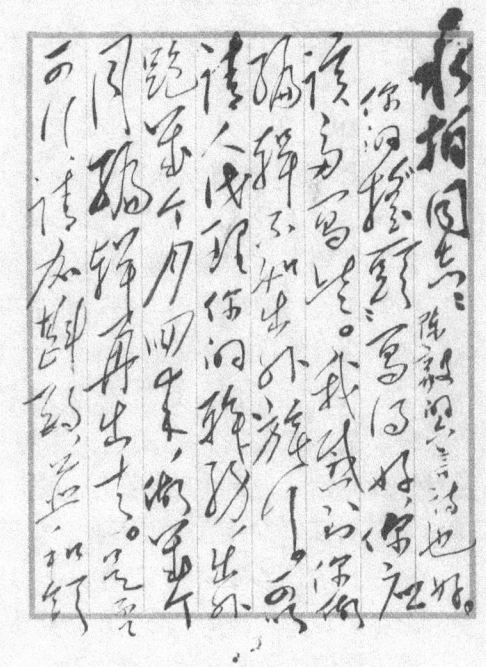

毛泽东1957年4月20日致袁水拍信

水拍同志：

你的《摇头》写得好，（陈毅的六言诗也好），你应该多写些。我感到你做编辑不如出外旅行。可以请人代理你的职务，出外跑几个月回来，做几个月编辑再出去。是否可行，请加斟酌，并和领导同志商量。李希凡宜于回到学校边教书，边研究。一到报社他就脱离群众了，平心说理的态度就不足了。请你和他商量一下。

同志的敬礼！

毛泽东　一九五七年四月二十日 [38]

李希凡立刻给毛主席写了一封信，除了检讨错误，还表示自己已爱上了新闻文艺工作，不愿去教书。这封信没有回音，李希凡也没有受到任何处理，连开会批评也没有，他照样写作发表文章，照样编报纸的评论版。对于"教条主义"的批评，就像是吓唬孩子，板子高高举起，却轻轻落下。

实际上，板子是落到了邓拓身上。此信之前十天，即顾颉刚春寒日记之后的第二天，1957年4月10日下午，在中南海丰泽园菊香书屋，毛泽东主席在卧室里召见《人民日报》全体编委,加上当天一篇社论的作者王若水。毛泽东不拘小节,身穿睡衣,斜躺在床上,不断抽着烟。邓拓等人围在床边,俯首聆听。毛泽东表扬了青年编辑王若水,但严厉批评总编辑邓拓,如"书生办报"、"死人办报","占着茅坑不拉屎","你要是当了皇帝,非亡国不可!"等等。这次"床前谈话"长达约五个小时。邓拓退出时,汗湿衣衫。回报社后原原本本地传达,马上设法改进。[39]

认真检讨犯错误的原因,表面上是对2月的最高国务会议、3月的宣传工作会议上毛泽东两次讲话的宣传不力。而更重要的是,在1957年那个"知识分子的早春天气"里,民主党派的《光明日报》、《文汇报》都在"大鸣大放",而共产党机关报《人民日报》却相对保守,"鸣放"不力,发表了陈其通等不赞同鸣放的文章,并删减了"鸣放"中的一些过头话。这是邓拓有意为之,也就是说,未能充分地配合"阳谋",未能得力地执行"引蛇出洞",缺乏"政治谋略"。

但是李希凡的"错误",与邓拓完全不同性质。他对王蒙的批评,只不过是说得早了一点,不合时宜罢了,或者说,是打草惊蛇,干扰了领袖的战略部署。

1957年4月,就在邓拓和李希凡受到批评的同一个月里,中共中央发出《关于整风运动的指示》,提出以和风细雨的方式,以批评和自我批评的方法,反对和克服官僚主义、宗派主义和主观主义——简称"三大主义"。蓝翎在团组织生活会上发言,说了我们不能当光嘲笑猪黑的乌鸦,也要看看自己是否有"三大主义"的意思。这话被有心人记录在案。

春天仿佛才刚刚开始,没想到会戛然而止。

四 整队篇

17 折翼风暴中

1957年5月，蓝翎进《人民日报》以后第一次出差，去了山东微山湖。在基层转了一个月，那是湖区里的岛上和乡间，既没报纸也无广播，不知世事变化，一路云淡风轻。

待他回到县委找来报纸看，大吃一惊，怎么来之前的整风鸣放，一下子变成了反资产阶级右派？这是180度的大转弯。细读了《人民日报》6月8日和10日的社论《这是为什么？》、《工人说话了》，方才明白，又一场新的全国性反右派运动，已经开展起来。他自己觉得没事，心境坦然，但必须改变原采访计划，尽快返回参加运动。偏偏又赶上了洪水受阻，到7月中旬才回到北京。

在此之前，6月14日，《人民日报》在头版发表了《〈文汇报〉在一个时间内的资产阶级方向》，以姚文元的杂文《录以备考——读报偶感》为枪，向《文汇报》和《光明日报》兴师问罪。此文是毛泽东亲自撰写，交给新华社的吴冷西带到报社刊发。吴冷西被新任为《人民日报》总编辑，以一身统管两家中央媒体，邓拓则改任社长。

正是炎夏季节，反右高潮使人更觉得闷热难当。这时候，《知识分子的早春天气》那篇文章，被批成了"资产阶级右派进攻的信号弹"。报社办公楼一层的楼道里贴满了大字报，原本表面上和气的同事中，有人忙碌，有人兴奋，有人紧张，有人哀愁。报社里已经抓出了几个右派。由于文艺界是敏感地带，也因为文艺部里名人汇聚，有人正盯着文艺部，准备看热闹。

蓝翎此时还平安无事。他刚一回来，就被林淡秋派去参加中国作协的扩大会议，批判丁玲、冯雪峰、陈企霞等。当他奉命给作协党组副书记郭小川打电话时，郭小川爽朗地大笑："欢迎参加战斗，我保证你不是右派！"

从6月到9月，中国作协的反右会议举行了二十五次，地点在王府大街

青年蓝翎

的中国文联大楼（七十年代以后，此楼为中华书局和商务印书馆），这里是全中国文艺界反右派斗争的主战场。被揭发批判的除以上三位主角外，还有艾青、秦兆阳、罗烽等。《文艺报》的四位青年编辑唐因、唐达成、杨犁和侯敏泽也一起成了右派，正是他们，在两年多以前，曾经结伴质问过李希凡。

蓝翎参加了这些会议的后一半。近距离看着原本熟悉或不熟悉的右派分子们的沮丧神态，听着他们的检查交代，听着领导人和老一辈文艺家的发言，蓝翎感受复杂，觉得自己很难上阵冲锋。但是在报纸编辑的工作中，他却不得不硬充好汉，因为报纸天天要有稿，约人写有风险也来不及，只好自己上。在9月初，他还在本报副刊上发表过讽刺诗和杂文，要显示自己非右就署名蓝翎，要回避熟人就另起一个笔名。

在国庆节以后，报社的工作已进入整改阶段，忽又掀起一个深挖右派的高潮。10月初，报社总编室主编的《编辑部生活》上突然登出一封来信，揭发蓝翎的一篇未发表的杂文稿，是"以鲁迅的笔法"把新社会描绘得一团漆黑。此信发表前，没人看见过此稿，也没向他本人查问过；此信发表后，满楼道的大字报都愤怒声讨蓝翎，或者杨建中。

这封揭发信来自于《北京文艺》编辑部。原来在去年12月，蓝翎把一篇杂文稿《沉思》给了他们，没有被采用，几个月后收到退稿。这文章的起因是1956年10月，《辽宁日报》发表了《小兰之死》的报道，揭露工厂里的女青年兰培初被迫害致死的事件。该文在《人民日报》转载，文艺部也予以配合，

四 整队篇 247

约请女作家菡子写成文章《为小兰呼冤》，经蓝翎的手编辑发表。这报道和文章引起强烈反响，读者纷纷来信支持。蓝翎自己也激情难抑，另外写成了这篇杂文，投寄《北京文艺》，但被退稿。处理此稿的编辑已被打成右派，他揭发了蓝翎。

如果不是改版初期的新闻改革意识，《人民日报》就不会转载这负面报道，并再发文章加以发挥，但谁知那几个月里的政治风云变幻如此之快。如果蓝翎的杂文是在本报自产自销，大概也不会招来如此大的祸殃，毕竟领导了解来龙去脉。但是，偏偏天时地利都错了，人和也不具备。

蓝翎收到退稿后，见原稿上盖有《北京文艺》的收稿章，文中也有改动笔迹，不可能再转投他处，当时就撕碎扔掉了。因此，揭发和审查者手里实际上都没有证据，或者说证据已经不复存在。

这时候，文艺部整风领导小组成员，也是蓝翎在编杂文时的同办公室同事刘甲出场了，态度和缓，面带微笑，循循善诱："群众贴大字报，不必紧张，相信党嘛。只有看了文章才能下结论，有问题没问题，都只能靠你的具体行动来证明，最能说明问题的是原稿，希望你主动交出来，帮助领导上查清你的问题。"

蓝翎并不把刘甲的话当作个人意见，他以对组织的忠诚老实态度回答："原稿已经没有了，但我还有一个草稿本，可以交给领导上。"于是当即拉开抽屉，把一个灰色封面的笔记本交出。这是事态急转直下的关键，对此蓝翎后来反思道：

> 我那样做是很自然的，根本没有往其他方面想。我从进解放区起，就无条件地接受了忠诚老实的教育，无事不可对党言，在党组织面前从不掩饰自己，更不能弄虚作假，早已习惯成自然。如果我不这样做，而是说没有，偷偷把草稿本消灭，谁也不能把我怎么样，但我自己却一定会心不安，觉得对不起党的培养。……何况，我当时在写作上正以赤诚的战斗者自居，从不怀疑自己的文章有什么"弦外之音"或"贰心"，交出草稿本怕什么。[40]

刘甲拿到了草稿本，如获至宝，除了那一篇，还取得更多证据，立即整理成整人材料。他除了寻章摘句，歪曲上纲以外，还把草稿中原本删掉的文字，一律恢复，引用在括号内，以证明作者的成文过程，"心怀鬼胎"。与其说这像是红学中的版本学家在研究作者的思路演变，还不如说是文字狱的制造者们在陷人以罪。譬如那篇文章的标题，蓝翎在草稿上写的是《面对着血迹的沉思》，后为了避免太刺激，划掉了前几个字，改为《沉思》二字。刘甲恢复了原样，顿时加强了批判的理由。他将这研究成果打印出来，广为散发。再加上一些早已收集的零星材料，杨建中（蓝翎）的右派言行，就可以定案了。

刘甲还想登报纸公开批判蓝翎，提前准备好了将近一个版的批判稿件，排出了小样送审。但是周扬不同意发表，压了下来。刘甲又将其中部分内容改写，换到《文艺报》上发表。

据说报社的领导，从邓拓、林淡秋到袁水拍，本来无意把蓝翎打成右派，都有惜才护犊之意。但是他的事发端于北京市，市委领导也是中央领导之一，就是前文那位宣布首都进入社会主义的领导，抓住他不放。而且，变化发生于邓拓失势、吴冷西入主之后，所以蓝翎的命运已经无可挽回了。

1958年1月6日，《人民日报》在不明显的位置登出一条本报消息：《不准右派分子混入党的宣传队伍，人民日报社揭发蒋元椿等人的反党言行》。其中说"揭发和批判了右派分子十三人"，与我们有关的是这一句："右派分子杨建中就在他写的一篇没有发表的题为'面对着血迹的沉思'的文章里，把新社会歪曲地描绘成到处'血迹累累'、漆黑一团"。这是公开报导，没有注出他知名度更高的笔名蓝翎，以扩大轰动效应，外界大多不知此人是谁。但是在报社内部公布材料和批判声讨中，却是故意一律用蓝翎笔名的。到四月宣布反右斗争结束时，《人民日报》社的右派分子又追加到二十九人。

写到这里，让我透一口气，抬眼环顾，看看已经写到过的其他几个与文学有关的单位，在反右斗争中发生了什么。

人民文学出版社的舒芜，当时是第二编辑室副主任，负责古典文学。1955年，是他把胡风的信交给了蓝翎的同事叶遥，又被转交进中南海，才引出了胡风"反革命集团"案，当时算是立了功，受到提拔。原来周汝昌同一办公室的同事，此时是周的领导了。

1957年5月，蓝翎下乡之前的一个晚上，到舒芜刚乔迁的新居拜访，目的是问问他家乡安徽的情况，为访问其地做准备。两人聊起了当时初起的整风运动，舒芜问《人民日报》怎么样？蓝翎顺口回答说："大字报不少，可能'三大主义'严重。"其实他也没有认真看大字报，后一句是随便猜测。

待蓝翎下乡归来，舒芜已成为右派的待罪之身，《人民日报》社派人来找他调查蓝翎，他就讲出了这个问答，成为蓝翎的又一条罪状："污蔑人民日报社'三大主义'严重"。外调人员还掌握着另一句更重要的话，要舒芜证实。舒芜说，那句话不是蓝翎说的，是李希凡在另外的场合说的。外调人员立刻拦住："我们是来调查蓝翎的，不是调查李希凡的，你别说了。"

舒芜被打成右派分子后，撤销编辑室副主任职务，从编辑五级降为编辑八级。他的古典文学室同事张友鸾、顾学颉、王利器和李易也都被划为右派，

四 整队篇

人文社二编室几乎全军覆没。但是网开一面,仅周汝昌以身幸免,这是为什么?

周汝昌告诉传记作者梁归智,批俞运动后到反右前,他在单位中还是比较受重视的,并没有感到太大压力。反右派的前奏是向党"交心"、提意见,许多人发牢骚,但他因为调来时间比较短,没有多少意见可提,只是说了两句自己住房不太宽敞,没有书房,工作起来查书很困难,希望党的阳光也能普照到各个角落,相信自己的条件将来能改善等等。

当风向突变,向党"交心"的意见变成了向党"进攻"的罪证后,周汝昌并没有什么把柄可被人抓,他对政治没兴趣,又常挂病号较少上班,与同事接触少,说话不多,祸从口出的机会自然就少了。或许,上一次"上边"对他的保护仍然在起作用。他成了古典文学编辑室成员中的凤毛麟角,未成右派。[41]

而他们原来的领导聂绀弩,1955年7月已因被牵连入胡风案挨整下台,1956年5月被行政撤职,留党察看,当了一年普通编辑。聂绀弩落难以后,他已经离婚的妻子周颖却回归复合。1957年,先是周颖在邮电部被打成右派分子,聂绀弩因帮她修改过发言稿而受株连,1958年初也被划为右派分子,开除党籍。与中央国家机关一千三百多名右派分子一起,被遣送到黑龙江垦区北大荒劳动改造。在那里,聂绀弩曾经在伐木的高强度劳动中昏倒在地,也曾因烧火驱寒燃着了窝棚而入狱服刑。在"大跃进"全民作诗的热潮中,他开始写作旧体诗词,歪打正着,这成为他后半生最大的成就。

反右派斗争中,文艺界继揪出了"丁(玲)陈(企霞)反党集团"之后,又把矛头指向两年前已挨批的冯雪峰。1957年8月27日的《人民日报》上,以头版通栏地位刊出:《冯雪峰是文艺界反党分子》,大字报、批斗会接踵而来,泼来的污水中包括破坏党与鲁迅的关系。一个熟悉情况的人竟然斥责他:"不但吃鲁迅,还欺骗了鲁迅,损害了鲁迅,是一个大骗子。"面对罪名,冯雪峰被剥夺了申辩的权利,有口难辩。1958年4月,冯雪峰被划为右派分子,开除党籍,撤销人民文学出版社社长兼总编辑等职务。

再看文学研究所。两位领导人郑振铎和何其芳都是正派的文人,都不理解上级意图,也不愿意在自己的部下里划右派。何其芳明确说整个文学所都没有右派,运动中只要学习反右精神就行了。

7月下旬,《文艺报》寄来材料,揭发已被撤职的冯雪峰又有现行问题,杨思仲(笔名陈涌)有"大变动的前夜"等右派言论。杨思仲在文研所是现代文学组组长、所领导小组成员,同时在《文艺报》兼职。随后,作协领导刘白羽到文研所,找何其芳等谈杨思仲的问题,及与冯雪峰要办同人刊物等右派活动。

8月2日，文研所召开批判右派杨思仲大会。会后郑振铎坦率地对何其芳说：杨思仲除了他和冯雪峰的关系外，我听不出他有什么右派言论。至于冯雪峰问题比较复杂。我在作协批判冯雪峰反党问题时，没有发言，也没有写文章。冯雪峰是我的老朋友（他叹了一口气），我的新朋友杨思仲怎么也成了右派？他建议不要再批判了。

不久，中宣部开会讨论文艺界反右问题。会前，文研所给周扬写信求情：杨思仲参加革命很早，是党培养的文艺干部，应该全面地看，他是一贯忠于党的，不应当划为右派。在会上，为杨思仲问题争论激烈。何其芳从延安鲁艺、马列学院到文研所，全面讲了杨思仲的情况，要求不要划为右派。而刘白羽说："杨思仲不定右派，《文艺报》就没有一个右派了。"

终于，中国科学院党委通知文研所召开支部大会，宣布开除杨思仲党籍。决定一经宣布，在场的"文学遗产"主编陈翔鹤难以理解，失声痛哭。[42]

俞平伯本人虽然与右派无缘，但是他的女儿俞成却陷入了泥坑。她自从滞留父母家中，因为两个孩子小，没有出去工作，还曾因病卧床几年。1958年"大跃进"运动中，俞成响应政府号召走出家门，去一所中学教语文课，但马上被补划为右派分子。后来方知是所在学校没有完成指标，硬用她来充数。可叹这位西南联大毕业生，从此再也没有工作。

北京大学在历史上的各种运动中，总是能得风气之先，占潮头之巅。在整风鸣放中太过热闹，难以尽述，我们且只看密切相关的中文系。

5月中下旬，中文系学生张元勋、沈泽谊联名贴出两份诗歌体大字报，呼吁"让思想冲破牢笼"。中文系青年教师乐黛云、褚斌杰、金申熊（金开诚）等筹备同仁刊物《当代英雄》，未能刊行。中文系少数学生参与编辑出版刊物《广场》，后被打成反动刊物而解散。

6月底，中文系召开批判张元勋思想大会。7月，中文系有十三位教师被划为右派，三人被开除党籍。包括新闻专业女生林昭在内的多位学生被划右派。到1958年1月，北大清除出右派分子699人，其中教职员263人，学生436人。右派学生占全校学生总数7.3%。[43]

上列榜上有名的中文系青年教师右派中，与本书主题有关的是褚斌杰。他曾于1955年1月16日在《光明日报》上发表《评〈红楼梦新证〉》一文（四天后，李、蓝两人在《人民日报》发表奉命保周的文章，恰好同题），联系胡适、俞平伯，专门批判周汝昌。周汝昌在几十年后还记着他这位燕京大学老校友，"说我比胡适更反动"。被划成右派后，褚斌杰被调到中华书局做编辑。

与北大相距不远的中国人民大学，出了一位全国知名的右派学生林希翎。从5月23日至6月13日，她在人大和北大演讲六次，公然为胡风案鸣不平，大胆直言"毛主席的话又不是金科玉律"，呼吁"像匈牙利人民那样行动起来"，真是惊世骇俗。林希翎在北大食堂里演说时，文学研究所还在北大校内，俞平伯等先生就在食堂外面听，不表态。很快，林希翎被批为"学生右派领袖"。6月30日，《人民日报》发表新华社长篇通讯《毒草识别记》，号召人大学生"揭发林希翎及其同党的反动言行"。其后，仅仅在北京，因与林希翎有关而被打成右派的就有一百七十多人。

更不应该在本书中被忽略的，是林希翎这个名字的来历。她本名程海果，1953年由部队保送入中国人民大学法律系学习，与李希凡同年入校。1955年，她写就《试论巴尔扎克和托尔斯泰的世界观和创作》一文，投寄《文艺报》。文中批评了胡风的文艺观点，还涉及中宣部文艺处处长林默涵以及李希凡、蓝翎等人。《文艺报》编者征得林默涵同意，准备发表，同时转达林默涵的意见，建议删除其中涉及他们三人的部分内容。程海果在接受删改的同时，决定以"林希翎"为笔名，即从林默涵、李希凡、蓝翎三名中各取一字。[44]

这正是李希凡、蓝翎两人"名扬天下"的影响所及，而林希翎之名也从此写入了历史。

人民大学的青年教师冯其庸，自然也不能置身事外。

整风开始后，号召大家提意见，他在支部里讲了两点意见：第一，支部书记、总支书记等干部，本身也应该教课；第二，精简政治学习和开会，保证教师备课的时间。这二者是有联系的，如果书记们自己也教课，就不会整天搞政治学习了。

冯其庸觉得，这是诚心诚意地提意见，以改善教学。但是那些被批评的书记们，并不是个个能教课，怎么能高兴？这不就是攻击党？便把他列入了右派名单。那一天，学校通知内定的右派们在"铁一号"的大礼堂开会，说是中央要听取意见。与会者蒙在鼓里，以为是有了向中央进言的机会。

来听意见的中央代表是王若飞的夫人李培之，她也挂名人民大学的副校长。前两个发言的是葛佩琦和王德周，后来都成了著名的大右派。两人讲得都很激烈，疾言厉色，没有分寸。李培之默默听着，不动声色。

第三个发言者就是冯其庸，他还是讲了那两点意见。有了前两个的对比，他更显出是和风细雨，坦诚建言啊！等他讲完，李培之开口说话了：这个同志讲得好，整风就是给党提意见，要改进工作。这个同志提出来的两点意见，我觉得很对，最基层的行政工作人员都不做教育工作，教育课程怎么能够提高？

大家要像他那样既愿意提意见，又是出于爱护党。我看他的发言就很好嘛！

闻听此言，党委书记胡锡奎马上就把冯其庸从右派名单里划掉了。这是多年以后，冯其庸在社科院历史所工作时，副所长李新告诉他的。李新当年是人大教务长，党委成员。他对冯说：你的运气真好，那天多亏了李培之来听讲话，说你讲得很好，否则你就是第三名右派了。[45]

就此顺便说到，在北京师范大学中文系任教的启功，他的遭遇与蓝翎和陈涌类似。启先生在本系人缘极好，因在北京画院的鸣放会上转弯抹角地说了一番话，材料转到北师大被定为右派。故他的《自撰墓志铭》有句云："瘫趋左，派曾右。"

现在，可以回过头来，继续从李希凡的角度，来观察这场反右运动。

李希凡也听说了人大校友林希翎。那些天报社有车送人去西郊各大学看大字报，李希凡和蓝翎都没有去。有人回来讲林希翎的演讲如何受欢迎，李希凡就很生气，心说那么个厚脸皮的野丫头，也敢批评共产党，真是翻天了。后来，在刘甲整理的揭发蓝翎材料里，时常把李、蓝两人与林希翎连在一起，仿佛因为取名用字，便能证明是一丘之貉。李希凡看透了刘甲的用意，但自信从无反党思想和反党言论，不怕他的含沙射影。[46]

八九月间，李希凡还与蓝翎一起参加中国作协的批判大会。会场上，周扬、夏衍等人在批判丁玲和冯雪峰，涉及到三十年代延续下来的宗派斗争。在李希凡心里，以当年各人对鲁迅的态度划线，就对这斗争不以为然，有抵触情绪。这时主持人刘白羽布置两人联合发言，可是写出的发言稿不能让他满意，发言就取消了。谁知第二天，报社党委办公室就暗中通知李希凡，让他别再同蓝翎到外面联合发言了，也别问为什么，以后自然会知道。

过了几天，邓拓找李希凡，了解蓝翎的历史情况。李希凡不太确定地说：听别人说过，仿佛他参加过国民党的青年军，或三青团，但也没大问题。[47]他家虽系中农，父亲却跟还乡团跑了，以致母亲被扫地出门，他很恨他父兄，只是可怜母亲受他们连累。对党送他上大学，他还是很感激的。邓拓又问起蓝翎近来的思想状况。李希凡苦笑，说自从1954年当上政协委员后，两人间就很难谈心了，蓝翎已开始写"半间屋随笔"，两人已不再合作，但友谊还在。邓问李希凡看过他的杂文吗？李答看过几篇，一向不喜欢他冷眼看世界的笔法，但也没看出有什么政治问题。邓拓最后说，你们是好朋友，你要多帮助他。

显然，这时邓拓并不想把蓝翎打成右派，可惜他已经不能一锤定音。李希凡也亲耳听袁水拍说，周扬同志说过："主席刚刚表扬过他，就划右派，影响不好。"

10月，蓝翎的问题已公开，文艺部的反右斗争会上势头猛烈。在部反右斗争领导小组中，都是刘甲作系统发言，抛出材料，上纲上线，另外两位成员钟洛、英韬似乎是陪衬，大家都得批判发言。

在蓝翎成为右派这件事上，李希凡有什么责任吗？他这样回答：

> 我虽在批判会上说过蓝翎几句忘恩负义的话，并没有"落井下石"揭发他什么，反右斗争领导小组绝没有一个字是我写他的材料，他们也没有找我谈过话，向我了解情况。报社批判大会，有人点名逼我发言，我也只批评了他有个人主义思想。《人民日报》青年团书记成坊同志批评我和蓝翎划不清界限，……即使在反右以至其后的几十年间，我也从未在任何人面前说过蓝翎一句坏话。[48]

作为朋友、同事和合作伙伴，李希凡没有揭发打击身边的蓝翎，不曾卖友求荣。另一方面，作为文艺评论家和左派斗士，李希凡也不会在这样大的政治斗争中落伍缺席，必须显示他的鲜明态度和战斗姿态。在反右斗争的反击战全面打响之后，从1957年7月到1958年初的半年时间里，李希凡在各报刊发表了六篇文章，其中两篇批判了刘宾雁的特写《本报内部消息》；两篇批判了秦兆阳（何直）、黄秋耘的《现实主义——广阔的道路》和"干预生活"、"写真实"论；还有两篇，分别批判刘绍棠和鲍昌的文学观点。刘绍棠成了右派，李希凡理所当然地反悔了那门娃娃亲。要知道，蓝翎和林希翎都成为李希凡的包袱，使他压力山大，为了显示与他们划清界限，他也必须要表现积极。

与李希凡关系更为密切的作家，是早已被他提前批评过的王蒙。毛泽东虽然在开始时曾力保王蒙，批评李希凡，但是在5月形势变化以后，便不再过问了。抓住王蒙不放的是北京团市委，主要不是针对已发表的小说，而是通过"小火慢攻"式的"启发诱导"，获得了活思想的罪证。中宣部领导初期想保王蒙，但最终屈服，由周扬拍板，在11月间将其划为右派。[49]

多年后李希凡认识到，"尽管这些同志定性为'右派'，被错划，并不是我的'责任'，但我的批判文章，却起了推波助澜的作用。"

经过"反右"一役，人们开始把李希凡与姚文元并列，称"南姚北李"。难怪当时的北京大学中文系主任杨晦先生说："北大中文系绝不培养姚文元、李××这种靠打棍子起家的人！"[50]

1957年9月27日，顾随给周汝昌写信："三个月来，写得反右词近廿首，然急就篇居三分之一，自亦不能满意。津市同志间或相传颂，则以其政治性，非必以其艺术性也。"他是自觉地以"社会主义现实主义"的标准来要求自己的词作。一个月前，《诗刊》第八期反右特辑中发表了他的两首《木兰花慢·反右词》，试看其一：

> 纵江山易改，旧意识，最难消。恁乱"放"胡"鸣"，痴心妄想，反党高潮。鸱鸮大睁白眼，认乾坤明朗作深宵。更把和平建设，说成风雨飘摇。　兴妖作怪总徒劳，"倒算"枉牢骚。甚地主身家，官僚资本，封建王朝。今朝洗心革面，要首先立地放屠刀。搽粉不如洗澡，低头莫耍花招。[51]

此词《顾随全集》未收。但是我愿把它记录在这里，理由有三层。一是看诗，旧体诗词居然可以发挥这样的作用；二是见人，老词人经过思想改造，觉悟可以这样高；三是联想起1954年那另一首《木兰花慢》（"石头非宝玉"），两词不仅词牌相同，其一喜一怒之间的感情底蕴，也是一脉相承的。

从1957年底开始，蓝翎等右派分子被集中到报社图书馆劳动，打扫卫生，整理图书。这时蓝翎的妻子又遭强迫下放，被迫给几个月的儿子强行断奶，蓝翎在姥姥的帮助下，又当爹又当妈。在此期间，作为反右运动的后期处理之一，1958年8月，邓拓被彻底调离《人民日报》，去了北京市委。

蓝翎在图书馆蹲了将近一年，1958年11月，被送往唐山柏各庄农场劳动改造。在那里，他遇到了许多文艺界的熟人，比如"丁陈集团"的二号人物陈企霞，电影评论家钟惦棐，作家萧乾，《文艺报》的四位编辑唐因、唐达成、杨犁和侯敏泽，《文学遗产》编辑何寿亭等。这些人都在本书中露过面，现在他们都是右派难友。

注释：

[1] 周汝昌《缘深缘浅话难明——忆聂绀老》，《北斗京华》323—325页，中华书局2007年。

[2][4] 见聂绀弩《补充材料》、《王国和政策》、《在党内关系不正常》等文，均为1955年到1957年的检查材料，《聂绀弩全集》第十卷运动档案，武汉出版社2004年。

[3] 周伦玲《聂绀弩刑事档案与周汝昌诗》，《中华读书报》2010年11月10日。

[5] 周汝昌《周汝昌与胡适》，第66页，百花文艺出版社2013年。

[6] 林东海《红楼解味》，《文林廿八宿·师友风谊》，第268—306页，人民文学出版社2010年。

[7] 舒芜《老吾老》，《万象》2008年第十期。

[8] 见沈治钧《乾隆甲辰本〈红楼梦〉递藏史述闻》，《红楼梦学刊》2019年第三辑。

[9] 俞平伯《辑录脂砚斋本〈红楼梦〉评注的经过》，原载《光明日报》"文学遗产"1954年7月10日，见《红楼梦研究资料选辑》第二辑222页，人民文学出版社1973年。

[10] 刘世德《文章千古事，品德万人钦》，《红学探索》，第445页，文化艺术出版社2006年。

[11][23] 陈徒手《故国人民有所思：1949年后知识分子思想改造侧影》，第26-27页，生活·读书·新知三联书店2013年。

[12] 赵仁等整理《启功口述历史》，第143-144页，北京师范大学出版社2004年。

[13] 梁归智《红学泰斗周汝昌传》，第171页，漓江出版社2006年。

[14] 胡适《答赵聪书》、《答苏雪林书》，《胡适红楼梦研究论述全编》第358、360页，上海古籍出版社1988年。

[15] 王湜华《红学才子俞平伯》，第112页，北京大学出版社2006年。

[16] 张胜利《再论〈红楼梦八十回校本〉》，《红楼梦研究辑刊》第十一辑，2015年12月。

[17] 沈治钧《俞平伯校书史事钩沉》，见《红楼七宗案》，第377-378页，江苏文艺出版社2011年。

[18] 参见周文教《是非红楼——俞平伯1954年以后的岁月》，第147页，百花洲文艺出版社2019年。

[19] 陈徒手《人有病，天知否：1949年后中国文坛纪实》，第14页，
生活·读书·新知三联书店2013年。

[20][22][24] 马靖云《〈红楼梦研究〉批判中的何其芳与俞平伯》，《文人相重》，第83-90页，北京出版社2020年。

[21]《王伯祥日记》，中华书局2020年。

[25] 王水照《深切的怀念》，《衷心感谢他》，第248页，上海文艺出版社1987年。

[26] 董志新《何其芳〈红楼梦〉批语的发现及其价值》，《红楼梦学刊》2009年第五辑。

[27][45] 事见冯其庸《风雨平生——冯其庸口述自传》，商务印书馆2017年。

[28] 参见欧阳健《冯其庸口述自传中的一位负面人物》，《文学自由谈》2021年第六期。

[29] 冯其庸《哭蒋和森》，《红楼梦学刊》1996年 第四辑。

[30] 参见李厚基《吴组缃先生教我们读〈红楼梦〉》，《红楼梦学刊》1996年第二辑；孙绍振《北大中文系，让我把你摇醒》，《南方周末》2012年9月13日，刘世德口述《初到文学所》，《古代文学前沿与评论》第一辑，社会科学文献出版社2018年。

[31] 吴组缃著、刘勇强编《红楼梦的艺术生命》编选前言，北京出版社2018年。

[32] 马靖云《俞平伯评职称——再忆何其芳》，《文人相重》，第90-94页。

[33]《文联旧档案：叶圣陶、俞平伯、孙伏园访问纪要》，《新文学史料》2014年第一期。另据档案,1955年俞平伯的月工资是185元。见陆键东《陈寅恪的最后二十年》，生活·读书·新知三联书店1995年，第161页。

[34] 唐弢《春天的怀念——为人民政协四十周年征文作》，《唐弢文集》第四卷590页，社会科学文献出版社1995年。

[35] 据李希凡《往事回眸》记述，原评论组长刘仲平随郑振铎一起出访，因飞机失事而同时去世，之后李希凡接任评论组长。但查郑振铎与代表团飞机失事发生于

1958年10月17日，而不是1956年。此外，蓝翎回忆中也有李希凡在1956年底已是组长。故笔者接受李希凡在1956年秋担任了评论组长，但其与刘仲平去世之间的关系，待考察。

[36] 参见谢泳《重说〈组织部新来的青年人〉》，载《南方文坛》2002年第六期；崔建飞《毛泽东五谈王蒙〈组织部新来的青年人〉》，《长城》2006年第二期，又见叶永烈《江青传》，时代文艺出版社1996年。

[37]《顾颉刚日记》卷八，第229页，中华书局2011年。

[38]《给袁水拍的信》，《毛泽东书信选集》，第524页，中央文献出版社2003年。

[39] 原据王若水《记1957年毛泽东的接见》，《智慧的痛苦》第319页，三联书店（香港）有限公司1989年，转引自李思孝《爱智者传奇——王若水评传》第114—115页，今日出版社2018年。参见《毛泽东年谱》第三卷，第131—133页，中央文献出版社2013年。

[40] 据蓝翎《沉沧海》，《龙卷风》第127—128页，东方出版社1995年。本篇中所有关于蓝翎、刘甲的事迹，均依据此文。

[41] 见梁归智《红学泰斗周汝昌传》，第183页。

[42] 见王平凡《一个人的大事记——寻觅记忆深处的流年碎影》，《北京青年报》2010年8月16日；收入《中国哲学社会科学发展历程回忆：文学卷》，中国社会科学出版社2014年。王平凡曾长期担任文学研究所党总支书记、党委书记。又，《光明日报》的"文学遗产"专刊原由中国作家协会古典文学部负责编辑，1956年9月作协古典文学部撤销，专刊改为由中国科学院文学研究所主办，主编一直是陈翔鹤。

[43] 见温儒敏主编《北京大学中文系百年图史》，第116页，北京大学出版社2010年。

[44] 参见涂光群《中国最后一个右派》，《五十年文坛亲历记》，第152—167页，辽宁教育出版社2005年。

[46][48]《李希凡自述：往事回眸》，东方出版中心2014年。本篇中李希凡事迹，均依据此书。

[47] 此处据《李希凡自述：往事回眸》。但蓝翎在《沉沧海》中，坚决否认他参加过三青团，见《龙卷风》第164页。

[49] 参见李洁非《谜案辨踪——〈组织部新来的青年人〉前前后后》，《典型文案》，第223—245页，人民文学出版社2010年。

[50] 见百度百科"杨晦"词条。

[51]《顾随致周汝昌书》，河北教育出版社2010年；顾随《木兰花慢·反右词》，载《诗刊》1957年第八期。

五 集合篇（1954-1963）

"眼见不日又有一件非常喜事，真是烈火烹油，鲜花着锦之盛。要知道也不过是瞬息的繁华，一时的欢乐，万不可忘了那'盛宴必散'的俗语。"
——《红楼梦》第十三回秦可卿语

18 避人红楼

也许是出于巧合，与两位"小人物"几乎完全同时进入《红楼梦》研究的，还有一位吴恩裕。

从1954年8月到10月初的一个多月里，吴恩裕在各报刊连续发表了《永忠吊曹雪芹的三首诗》(《光明日报》1954年9月7日)、《曹雪芹的〈红楼梦〉与政治》(《新观察》1954年16期)、《曹雪芹生平二三事》(《新观察》1954年17期)以及《曹雪芹的生平》(香港《大公报》1954年8月12日至10月5日)，后者是连载共二十四篇，五万多字，相当于一本简略的《曹雪芹传》。这简直是多弹头导弹，遍地开花。而我们知道，李、蓝二位前两篇文章的发表和转载，是1954年9月初到10月初。

所以，中国作协古典文学部也通知吴恩裕来参加10月24日的座谈会。一开始，他以不是文学界中人为理由婉拒，但后来还是出席了。周汝昌在几十年后，还记得那天在会场上看到他的细节：

……最晚一个赶到的就是吴恩裕先生。

那时的印象留得清楚：穿一身十分朴素的灰布制服——简易中山装，当时人之常服也；右臂夹持一个黑皮包——此则民国时代教授身份的一种标志，也是高层知识分子的惟一"炫耀品"(当时是真皮，无人造物，很贵，只能夹持，并非后来的手提包)。

他入场时，颇有点儿"风尘仆仆"之致。看样子他认识的人也不多，找不到可谈者，就先和我说话。

只见他一脸的书生气，十分认真严肃，其第一句话就是："思想批评必要，但是考证还是很重要，不能取消……"

书生气十足。他似乎一点儿也意识不到这并非纯学术的事情。

> 我从此识得他为人真诚老实，还保存着"天真"。[1]

吴恩裕在发言中，表面上也从众批判了胡适、俞平伯，实质上在为考据做辩护。"考证是对历史事实的一种'调查研究'、一种去伪存真的工作。史事不重现，无法调研，只有藉助考证。考证在古典文学研究中有多大用处，因系外行我说不出来，但它似乎必在其中有一定的用处。"这话在当时那种氛围中颇不中听，以致当场就引来何其芳的反驳，说吴恩裕是把胡适的"反动的实验主义指导之下的考据全部肯定了"。三天后，在中宣部部长陆定一送给毛泽东的报告中，还提到了这一点："也有一些古典文学研究者在发言中为俞平伯的考据劳绩辩护，主要是担心自己今后的考证工作会不被重视。"

在那一场运动中，吴恩裕是一个被动的落伍者，甚至也被捎带上批判。除了胡适、俞平伯，被点名批评者只有周汝昌、吴恩裕和为俞平伯作跋的文怀沙。与"小人物"李、蓝的甫登场便被捧上云端不同，红学新人吴恩裕是刚露面就遭迎头一击。

那么，是吴恩裕不懂政治，没掌握马克思主义吗？答案恰恰相反，他的真实身份是著名的政治学教授，研究马克思主义理论的权威。

吴恩裕是辽宁省西丰人，满族，生于1909年。1928年在沈阳上东北工业大学哲学系，1930年入清华大学哲学系，1936年公费留学英国，入伦敦政治经济学院，师从曾任英国工党主席的拉斯基教授（Harold Joseph Laski, 1893–1950），研究政治思想史，在其指导下撰写博士论文《马克思的哲学、伦理和政治思想》。1937年，吴恩裕和他的老师拉斯基都读了斯诺的《红星照耀中国》，都曾倾向于中国共产党人的革命。

1939年4月，吴恩裕冒着抗日战争的烽火回国，先后任教于重庆中央政治学校、中央大学政治学系和三青团中央干部学校（校长是蒋经国），几年里先后开设过政治学、西洋政治思想史、政治学与政府、现代政治思想等课程。因为他的专业是政治学，所以工作单位似乎也总离不开国民党的政治。而在这过程中，他曾与教务长陈果夫不和，推脱掉写反马克思主义的文章，曾两次婉拒加入国民党的邀请。他也曾在课堂上宣讲"经济平等、政治自由"的马克思主义社会政治理想，受到青年学生的欢迎。在重庆，吴恩裕对唯物史观的研究引起过周恩来、董必武等人的重视，但是对吴恩裕去延安的要求，董必武的回答是："还是留在这里发挥作用大。"

在教书的间隙，1943年，吴恩裕还在中国文化服务社里做了一段出版、编辑工作，这是国民党中宣部所属一个官商合办的出版机构，推进战时学术文化事业。他曾推动出版了法学家王铁崖的文集《战争与条约》。抗战结束后，

吴恩裕在1930年代末或1940年代初

吴澜 提供

吴恩裕不愿意随学校迁往南京，合并入国立政治大学，提出辞职。1946年，他受聘北京大学政治学系教授，由此开始其新的学术生涯。1948年4月11日，北京的右派学生游行，砸了吴恩裕的住房，大约与他在课堂上讲马克思有关。

中华人民共和国成立后，吴恩裕仍在北京大学专心教书。作为国民党治下研究马克思主义的权威，在新时代，吴恩裕受到党内外人士的交口称赞。有人说："你是在白区唯一还讲马克思的人。"也有人说："你讲马克思是老前辈哩。我们最初得到这方面的知识，还是从你的书中看来的。"

1951年上半年，出版总署编译局请吴恩裕担任特别编审，他欣然前往，兼职半年。同年下半年，吴恩裕与北大法学院的师生一道，加入四大学土改团，前往广西参加土地改革八个多月。他还申请，把妻子骆静兰也带去了，一同接受锻炼。

接下来，便是我们已经在其他人的故事中熟悉了的——1952年初，在大学知识分子中掀起"忠诚老实"运动。吴恩裕这样的旧知识分子，必有一些麻烦事需要交代。紧接着就是院系调整，大学被拆分重组，吴恩裕随同北京大学法学院同事，被调往新成立的北京政法学院。

在新的时代里，政治学、社会学这些学科，被视为资产阶级的"伪科学"，遭到取消。吴恩裕专才被废，无技可施，有志难酬。他在政法学院也受到不公正的待遇，从二级教授被降为四级教授，颇觉气闷。这岂止是一个人转业改行的小事？政治学在中国的消失，不仅耽搁荒废了一代政治学学者，使他们的学术生涯提前终止，更重要的是，使中国的路径变得混沌，使中国人的民智变得愚昧起来。它对一个民族造成的伤害，要很长时间后才能意识到。

吴恩裕在他的原专业著作宏富，有《政治思想与逻辑》、《民主政治的基础》、《马克思的政治思想》、《西洋政治思想史上古中世编》、《政治学问题研究》、《批判资产阶级国家学说》、《中国国家起源的问题》、《西方政治思想史论集》等等。

以后吴恩裕可以做的事，基本上都在北京政法学院以外。作为稀有的马克思主义老专家，中宣部对他还是很器重的，中共理论专家胡绳、清华同学于光远等，都与他相熟。吴恩裕为中宣部《学习》杂志撰写了列宁的《国家与革命》评注，并出版单行本。在传统的政治学领域，很多西方名著的中译本序言，都是吴恩裕完成的。后来，北大法律系和国际政治系有几次想调他回北大任教，可惜都未能实现。

1957年春，吴恩裕接到去中宣部理论局工作的邀请。于光远时任中宣部理论宣传处副处长，他认为吴恩裕既有马克思主义的理论基础，又能看懂德文著作，很适合这项工作。吴恩裕虽然很希望离开北京政法学院，但又担忧去中宣部会受到种种限制，两方面权衡，还是婉言谢绝了。这样，吴恩裕与国共两党的中宣部都发生了关系，也算是奇缘了。

在政法学院的专业课程开不成，政治学方面的研究也难以为继，吴恩裕就把精力转向了《红楼梦》，更准确地说是曹雪芹研究。他其实很早就对《红楼梦》产生兴趣，虽然史料中直接有关曹雪芹本人的材料极少，但这更激发了他的考据癖和发掘瘾，使他着迷。早在二十五岁时，大学刚毕业，他就萌生了用考据的方法写一部《曹雪芹传》的想法，以后凡是和曹雪芹或《红楼梦》有关的材料，吴恩裕都会找来阅读并做笔记。

周汝昌这样描述他眼中的吴恩裕：

> 一口纯正的不列颠英语发音（与今流行的美国英语不同），也写一笔很出色的行书字，给我的很多信札，一律是毛笔竖写，绝不带洋气味（也能写大字，非常见功夫）；嗜京剧，唱余叔岩派须生，也颇有造诣。总之，是个有才华的人。但于古代文学却不内行，他是苦研曹雪芹，对《石头记》却生疏——这是他自己承认的。[2]

这样就迎来了1954年，《红楼梦新证》是前导的启发，自己的集束文章是初步的试探，而前所未有的评红大运动是随后的刺激。他认为周汝昌的书虽然考据曹家祖辈世系甚勤，但涉及曹雪芹本人甚少，正待自己填补空缺。吴恩裕与出版社约定，开始写《曹雪芹传》。实际动笔后才发现材料还是不够，写作并不顺利，最后完全搁笔。

吴恩裕改变思路，先从发掘基础资料入手。1954年盛暑之际，他在参加了北京市的普选工作之后，全力奔走访求有关曹雪芹的资料。功夫不负有心人，他在已故的恩华（著有《八旗艺文编目》）家里，发现大批乾、嘉之际的满洲人著作，包括许多手稿，与曹雪芹有关的《延芬室集》、《春柳堂诗稿》、《懋斋诗钞》等等都在其中。吴恩裕受郑振铎先生嘱托代洽，使得全部书籍二千八百余册由文化部收购，归北京图书馆（现国家图书馆）收藏。这批书中的《懋斋诗钞》竹纸抄本一册，是经剪贴加工的原稿本，与周汝昌1947年在燕京大学发现的清抄本不同。此书于次年被影印出版，流行多年。

在此基础上，吴恩裕从清人笔记、诗集中爬疏整理，写成一些短文，组成《有关曹雪芹八种》，在1958年出版（后扩充为十种）。这些文章包括对敦诚《四松堂集》、《鹪鹩庵笔麈》和敦敏《懋斋诗钞》等著作的进一步搜集考证，对永忠、明义等人诗集的发现和分析，目的都在于充实有关曹雪芹生平的资料。

在吴恩裕初期的这些研究中，比较重要的创见，是考证出了何为"虎门"，证实了曹雪芹曾在右翼宗学工作过的经历。

在由胡适发现收藏，并曾借给周汝昌阅读的敦诚诗集《四松堂集》中，有一首重要的《寄怀曹雪芹（霑）》。此诗写于乾隆二十二年（1757），二十四岁的敦诚写给相交密切的挚友曹雪芹，描述他的生平事迹，赞颂他的性格才能，几乎可以作为传记来读。

> 少陵昔赠曹将军，曾曰魏武之子孙。
> 君又无乃将军后，于今环堵蓬蒿屯。
> 扬州旧梦久已绝，且著临邛犊鼻裈。
> 爱君诗笔有才气，直追昌谷破篱樊。
> 当时虎门数晨夕，西窗剪烛风雨昏。
> 接䍦倒著容君傲，高谈雄辩虱手扪。
> 感时思君不相见，蓟门落日松亭樽。
> 劝君莫弹食客铗，劝君莫扣富儿门。
> 残杯冷炙有德色，不如著书黄叶村。

其中的"当时虎门数晨夕，西窗剪烛风雨昏"二句，胡适与周汝昌都无确解，一般人更会囫囵而过。吴恩裕却要追究：何谓"虎门"？是地名还是机构？所出何典？

1957年，吴恩裕从《八旗文经》中发现了果毅亲王允礼的《宗学记》一文，其中说："我宗室子弟，尤教育所宜先。特谕设立东西二学于禁城之左右。自王公庶位以及凡百属籍者，其子弟愿学则入焉，即周官立学于虎门之外以教

西单石虎胡同右翼宗学原址，2010年左右。

国子弟之意也。"

由此出发，吴恩裕又找出另外八条材料，都是敦敏、敦诚兄弟的诗、文和信札，证明"虎门"是宗学的代称，敦敏、敦诚从乾隆九年到二十年左右在右翼宗学就学，成绩优异，屡获赏赐。宗学是专为宗室子弟办的贵族学校，在北京东西城各设一所，东为"左翼"，西为"右翼"。

曹雪芹既然在"虎门"与敦诚朝夕相处，剪烛夜话，就应该是在右翼宗学工作。那么这是在何时，他又担任何种职务呢？吴恩裕也作了认真的探考，根据二敦在此就学的时间和他们与曹雪芹之间十几岁的年龄差，那么他们在右翼宗学相聚的时间最可能在乾隆十三到十六年间。从诗中表达的情感和礼数看，他们不像是师生关系，曹雪芹可能是学校里的一般职员。他的过人才赋与傲岸性格必会与官方学府发生冲突，大约在乾隆十五六年以后，曹雪芹可能被裁汰或辞职，流落西郊去专事写书了。

那么这右翼宗学位于何处？1964年，周汝昌考证出其遗址在西单北石虎胡同。这一座有意义的古建筑，在本书的开头就说到了，并且幸运地被保存至今。

吴恩裕还是没有忘情要写《曹雪芹传》的初衷。从1956年开始，他在《曹雪芹的生平》基础上加以扩充，陆续撰写成一组《曹雪芹的故事》。其中包括《著书山村》《呼酒谈往》《小聚香山》《槐园秋晓》《传奇题句》《一病无医》等八篇文章。此书名为"故事",是依据史料再加以合理想象,使往事和人物形象化起来,半是史传,半是文学,基本上涵盖了曹雪芹的后半生。此书于1962年12月由中华书局出版,实际上还没有写完,计划中还有至少两篇故事,一篇《寄居萧寺》已完成大半,另一篇准备写曹雪芹在香山的生活尚未动笔。之所以匆匆出书,是为了要配合即将展开的曹雪芹逝世二百周年纪念活动。

当吴恩裕从可靠的书本文字中搜集证据作考证时,他的结论是很扎实的,受到学界的普遍接受和尊重。但是,书本中有关曹雪芹的材料毕竟太少,他要为曹雪芹立传的理想实在强烈,寻找与曹雪芹有关的一切之瘾头又太大了,便难免轻信,沉迷其中。且看周汝昌的讲述:

> 他在《曹雪芹的故事》中,设想了一位村妪老妇人,十分善良仁慈,时常帮助雪芹解忧济困。这确是极好的文学创作的艺术构思。但当后来伪造"资料"或编制"传说"的人,先看过他的《故事》,便受了"影响",或有意地"顺竿爬",或讲出一个村居邻舍好心的"老太太"——甚至说她因不识字,将雪芹手稿剪了"纸钱"、给雪芹送葬等等奇闻怪语。恩裕兄不但不知"反思"一下,却兴奋地跑来告诉我:"原来真有一个老太太!我的书碰对了!……"[3]

吴恩裕又赶上了一个鼓励学者走出书斋,走向田野,联系实际,依靠群众的时代。于是,他就将目光转向了民间传说和遗物遗迹的搜集考察,这是一条与一般学者不同的独特之路。按他自己的说法:"我研究曹雪芹,案头文献功和腿功是齐头并进的。"

19 海归追梦

在上世纪中后期知名的红学家三角形中，尚缺一位吴世昌，五十年代，他远在英伦。他们三位的姓名就是连环套，可以合并不同的同类项，或"两吴一周"，或"二昌一裕"。吴世昌的履历，也与另两位各有相似之点。他与吴恩裕都曾远赴英伦，吴恩裕是1936年起留学读博三年，吴世昌是1947年前去任教，长住十五年。再与周汝昌相比，二人同为燕京大学校友，都是英语系出身，又皆转投中国文学研究生。只是吴世昌比周汝昌早了十几年，当周汝昌身为学生时，吴世昌已是教授了。就在1947年11月，当周汝昌发现了《懋斋诗钞》，写出他第一篇红学文章的同时，吴世昌受邀赴英讲学。三人中周汝昌年齿最幼，却投身研红最早；二吴年长，却都受到了周《红楼梦新证》的启迪。

吴世昌生于1908年，浙江海宁硖石镇人，幼失父母，家境清贫。他在1928年考上了燕京大学，平日衣着朴素，不修边幅，自称"燕京一布衣"。他的哥哥吴其昌曾师从梁启超，为清华国学研究院第一届学生，吴世昌深受哥哥影响，在英文系的课余研读国学。1930年他写出论文《释〈书〉〈诗〉之"诞"》，在《燕京学报》上发表后，受到胡适的赞赏，称其为当代研究古代经书的三个专家之一。于是，吴世昌被录取为哈佛燕京学社国学院研究生，从经籍训诂入手，研究中国古典文学。吴世昌在燕京大学连续修读七年，是英文本科、国文硕士。看看这些经历，十多年后的校友周汝昌，几乎是在步吴学长的后尘。

"九一八"事变后，吴世昌在燕大贴出大字报要求抗日。1931年11月20日，与哥哥吴其昌（时任清华大学讲师，后任武汉大学教授）和嫂嫂一起宣布绝食。他们先后在北平和南京向张学良和蒋介石请愿，要求兴兵抗战。然后二人登上南京中山陵,大哭一场。这"吴氏兄弟哭陵"经报纸揭载,成为新闻事件,"合门绝食,名倾天下"。吴世昌因此被选为燕大学生抗日会第一任主席,但哥哥吴其昌却遭清华大学解聘。由此可见,书生亦有热血冲动时。

吴世昌也是从燕京学生时期开始,便与文坛领袖胡适有交往,留下了交流的信札,谈论的并非红学,却是国家命运。1935年11月17日,胡适在《大公报》发表文章,对日本强调一个"守"字,不主张抵抗。第二天,吴世昌就以"一个青年"的名义致函胡适(其时他们已经相识):

适之先生:

昨天读你的星期论文,心里非常悲痛;今天又读《平津太晤士报》上的华北独立运动消息,我的悲痛实在忍不住了。中国人民这几年过的是什么日子?这几天过的是什么日子?我们回想起"九·一八"事变初起的时候,国家的不可收拾还没有这样的厉害深刻。那时的时论,有的主张玉碎,有的主张瓦全,但是现在呢?纵甘破碎已非玉,便欲为瓦岂得全。试问我们在这悠悠的四年中,有没有作玉碎的准备,有没有求瓦全的方法?且不说在朝的国民党的糊涂颠顶,即就在野士大夫的舆论而言,实在也把事情看得太容易,太多顾虑踌躇,乃至于太躲懒了![4]

四天之后,胡适给吴世昌回信,进一步申说了自己的苦心:"时髦话谁不会说?说逆耳之言,说群众不爱听的话,说负责任的话,那才需要道德上的勇气。"后吴世昌再复信,表白自己的真实心情,"祝祷和期望先生为国努力"。这是两代自由主义知识分子之间的交流,吴是热血青年,胡是成熟的国家栋梁,年龄和地位皆不同,对时局的判断自然也有别,他们都是真诚而尽责的。

抗日战争期间,吴世昌先后任西北联合大学讲师,中山大学、中央大学等校教授。1945年储安平在重庆创办《客观》周刊,吴世昌既是编辑也是作者,写作时论。在储安平离开后,吴世昌继任主编。1946年储安平在上海创办了《观察》,吴世昌又是主要撰稿人之一,他二人都发出了当时自由主义知识分子的代表性言论。

这种供稿关系,一直持续到1947年11月,吴世昌接英国牛津大学电聘前往讲学。多年以后,他特别强调并不是被民国政府公派出国讲学,他没有找门路也并不得宠,而是英国驻华使馆到南京中央大学找到了他,由英国教育部门直接聘请的。

1948年1月,吴世昌告别祖国赴英国任教,这时已不需要像二十多年前的俞平伯那样坐一个多月的船。吴世昌在飞机上作《满江红》词一首:

一举凌空,暂收起十年陈迹。扶摇上,云罗缺处,莫之夭阏。

渡海不关求佛法，培风岂假垂天翼。算今朝也到白云乡，非仙客。

神州事，判今昔。乾坤转，动心魄。瞰奔腾雾底，乱山千叠。

过眼方惊乡国远，回头便是重洋隔。待他时拭目展舆图，新颜色。[5]

吴世昌是研究词学的专家，此词可作为他自作水平之一例。词中既活用了《庄子·逍遥游》的典故，又有对国事剧变的关切，而且表达了对"展舆图，新颜色"的期待。这期待似乎可以一直贯注到十五年后他的回归。

吴世昌抵达英国牛津大学，任高级讲师兼导师，用英语讲授中国文学史、中国散文史、中国诗和甲骨文等课程。牛津大学是英语世界最古老的大学，是世界顶尖大学之一，能在牛津长期任教，后来做到牛津、剑桥大学博士学位考试委员，自是非同一般。后来全文翻译了《红楼梦》英译本的霍克思，就是吴世昌的早期学生。

吴世昌在牛津开始研究、讲授《红楼梦》，发表有关《红楼梦》的英语作品，是在1955年之后，肯定受到了国内评红批俞运动的影响。作为不曾在新中国生活过的海外华人学者，他大概不会理解那场运动发动的政治背景及其后果，但是他确实受益于随后国内大量出版的红学书籍材料，才得以完成了英文著作《红楼梦探源》。

吴世昌回忆说："我第一次看《红楼梦》是在初中三年级，有一次生病，无法上学，才把它当'闲书'看着消遣的。"至于研究《红楼梦》，在出国以前从未下过功夫。"来到英国之后，因为有的学生研究《红楼梦》，由我指导，使我不得不对此书前后两部分的作者、著作过程和版本年代这些问题重新加以考虑。"《脂砚斋重评石头记》（吴世昌反对称其为庚辰本）"在一九五五年由北京文学古籍刊行社用朱墨二色套版照相影印出版，牛津大学买到一部。同时，由巴黎、海牙联合出版的《汉学要籍纲目》的编者，要我为此书作提要。我于是把这部曹雪芹的原著和脂砚斋的数千条评语，仔细研究了一下。"提要太简短，而他发现的问题繁多而复杂，所以他决心进一步收集材料，展开全面而彻底的研究。

他运用的材料，就是他重新定名的"脂评丙本"或"脂京本"影印本，《四松堂集》等曹雪芹友好的诗文集影印本，以及俞平伯的《脂砚斋红楼梦辑评》和周汝昌的《红楼梦新证》。在英国学府里，享用着新中国的出版物，他心生感慨："这些'珍本'，过去是私人的'枕中鸿宝'，是'学者'们的'血本'。'良工不示人以璞'，如果印出来，阿猫阿狗也可以研究，红学专家们便不能长久'专'下去了。说也奇怪，据说'破坏中国文化'的北京人民政府，却鼓励这个古本公开发行，连欧美的学者，也可以看到了。"虽然有不同观点，他也感谢了俞平伯和周汝昌的劳绩。[6]

吴世昌英文版《红楼梦探源》封面

用了三年时间，英文版《红楼梦探源》（On the Red Chamber Dream: A Critical Study of Two Annotated Manus of the XVIIIth Century）于1961年2月由牛津大学出版社出版。此书内含五卷二十章，依次为抄本探源、评者探源、作者探源、本书探源、续书探源。他认为这五步，是研究思想或文学批评的奠基工作。虽然吴世昌研究《红楼梦》起步较晚，又远在海外，但他不随波逐流，而是基于原始材料，自出机杼，提出一些新颖的见解。他的创见主要有：一，力辩胡适首倡的"甲戌本"、"庚辰本"之名是"违反历史"，"不合科学"，因为两书中都含有晚得多的批语。他提出了自己新的命名，先称"脂评甲本"、"脂评丙本"，后改"脂残本"、"脂京本"。二，《红楼梦》不是自传，贾宝玉的原型不是曹雪芹自己，而是其叔脂砚斋，他完全赶上了"风月繁华之盛"。作评者脂砚斋与畸笏叟为同一人，他既不是作者自己，也不是史湘云。三，认为第一回前的引言和抄本上很多回前的总评，是从旧稿上保存下来的雪芹之弟"棠村序文"，这一发现有助于了解《红楼梦》的成书过程。

吴世昌的《红楼梦探源》，是继周汝昌的《红楼梦新证》之后的又一部颇见功力的考证性专著，在版本、作者家世和前八十回与后四十回的比较等方面，都有独特的开掘。因为是英文著作，所以在西方汉学界影响更大，被认为权威。尽管此书的中文版迟迟未能问世，还是不妨碍吴世昌成为国内最著名的红学专家之一。

说起吴世昌的国内扬名，有一段"好风凭借力"的缘由。

五　集合篇　269

1961年12月，吴世昌用中文写成《我怎样写〈红楼梦探源〉》，次年春在新加坡的《南洋商报》发表。那时候国内外信息交流不畅，据后来透露，是吴世昌给周汝昌写信，自我推荐，寄来书和剪报，通过周汝昌转给了《光明日报》。《光明日报》认为其"文有新意"，在内部刊物《情况汇编》上全文转载。1962年4月14日和21日，又在该报《东风》副刊上，公开选登了其中的两小节《脂砚斋是谁》和《曹雪芹生卒年》。

毛泽东爱读报，也爱读红，这两篇小文章引起他的注意。仔细看过后，他对康生说：此二段既是"摘录"，《光明日报》必有全文，请设法弄来一看。康生将这任务传达到《光明日报》的总编辑穆欣，该报当即送呈了《情况汇编》和《红楼梦探源》原书。可以想见，这本书也是吴世昌通过周汝昌转送的。这本英文书，成为毛泽东学英文的读物，收藏在中南海毛泽东故居的书房中。因此缘故，吴文的全文又在《新华月报》1962年六月号刊载。后来，文化部把它交文艺界讨论。[7]

读过吴世昌的文章，翻过《红楼梦探源》之后，毛泽东问周恩来："这个吴世昌在英国过得顺意否？能不能让他回来教书呀？"[8]

问者有意，闻者入心。吴世昌应该早有归根之意。十几年里，他有加入英国籍的机会，但是他不愿意。有牛津同事劝他买房子长住，他也没有接受。他还公开赞扬了"北京人民政府"的文化政策。他给文学研究所所长何其芳写过信，表示回国的愿望。国内正处于三年困难时期，连官方都担心他能否适应。中国驻英国代办宦乡约他面谈，吴世昌表示："英国再好，再富，也是人家的。我是中国人，不怕中国穷。"还说："我人生的最后一站在北京。"

实际上，早在《光明日报》发表吴世昌的文章之前，北京的中华书局已经在与他联系，希望出版《红楼梦探源》的中文版。当时吴世昌从英国牛津写给中华书局的一封信，在五十年后被人收藏并发表出来。

中华书局文学组编辑先生：

  三月五日来示今早收到，至谢。

  承询拙著《红楼梦探原》（"原"字原文如此——笔者），自去年起已着手写中文本，在暑期前写完前二卷。但在暑假中收到自香港友人寄来的胡适旧藏十六回残本（即所谓的"甲戌本"）的影印本，其中脂评与俞平伯先生所编印的《脂砚斋红楼梦辑评》略有出入。我从前写英文本时完全根据俞氏《辑评》，在"脚注"中页数也指《辑评》，因此中文本须据影印本加以修改。同时，对于胡适在影印本序言中若干荒谬论点，尤其关于该抄本的底本年代方面，需要驳斥。因此进行较缓。此外，自英文本刊布后，有国际间许多对此书有兴

吴世昌在1960年代初期

趣的学者来信讨论,及各国期刊的书评,有些意见很好,有些是错误的。在中文本中也要考虑,以免引起疑问或误解。

承告国内各方面向贵局询问此书,使我感到愧惭,未能及早赶出。也使我十分感激同志们对此书的关心,鞭策我加紧努力。我现在准备暑假中全家回国,希望在最近两个月内努力赶写,以便回国前寄上。

此致

敬礼

吴世昌上　三月廿四日,1962[9]

信中透露了那时《红楼梦探源》的英译中已经做了五分之二,他希望在两个月内完成。更重要的是,此信证实他在三月以前已经计划好全家回国,并不是四月下旬毛泽东关注以后才决定的。

就这样,吴世昌接受中国科学院院长郭沫若的聘任,在国庆节前夕,举家回到北京。

1962年9月26日凌晨,从莫斯科开来的国际列车,刚刚在北京站停下,吴世昌教授同他的夫人严伯升和两个女儿步下车梯,与迎候在月台上的诗人

五　集合篇　271

卞之琳和物理学家周培源紧紧握手——浪迹英伦,在牛津大学教了十五年书,他和家人回到祖国来了。

吴世昌一家人临时下榻在华侨大厦。第二天早晨,何其芳、周汝昌、吴恩裕等朋友接踵来访,大家问起他归国后的工作计划。吴世昌说:第一项就是整理有关《红楼梦》的研究著作;此外,如有时间,还要写一本《词学导论》的书。

这些细节登载在次日的《文汇报》上。在当年,这是罕见的新闻。[10]

何其芳又派刘世德、陈毓罴去华侨大厦看望吴世昌,也探询他的工作意向,谈了很多国内红学界的话题。吴世昌说,在英国时研究的是《红楼梦》,回来后想从事莎士比亚的研究。刘世德向何其芳汇报后,何其芳说,还是请他参加《红楼梦》的研究吧。

据《王伯祥日记》记载,9月28日"为吴世昌洗尘。盖吴新自英伦归国来本所任事也";10月10日"中国文学组全组会餐,与吴世昌介绍晤谈也",两次都是在四川饭店。吴世昌一家被安排入住北京东城干面胡同十五号的中国科学院专家宿舍楼,一个四居室单元,与钱锺书比邻而居,顾颉刚也住在这里。这是北京当时的高档住宅了。

朋友们当面欢迎,私下里不无担忧。吴先生刚告别伦敦的高级公寓和超级市场,能适应这边简朴而紧缺的生活吗?哪怕有对统战对象和高级知识分子的特殊待遇,恐怕还是差距甚大吧?生活以外再说业务,学术研究有吴先生的用武之地吗?他没有经历过批俞、反右、大跃进、反右倾,面对着陌生的政治环境和学术风气,他是将感到寂寞无聊,还是厌倦恐惧呢?后来有研究者认为,吴世昌此时的归国决定,与他四十年代的自由主义立场相距甚远,感到难以理解。但是若转念一想,与他年轻时曾为国家危亡而绝食、哭陵那样的热血冲动相联系,不也是一脉相承的吗?

那些令人担忧的问题,暂时无人能够回答。只好由吴先生自己,去逐渐适应,亲身体验了。

20 去留之间

写作《红楼梦探源》的三年,是 1959 到 1961 年。那是中国人民最艰苦的三年,我们也随吴世昌一起,在英国避过去了,反正那灾荒与红学无关。

那几年也是红学发展的低潮期。趁着这个空档,让我补叙几位不无关系的人物,他们的关系是父子或师生。

胡适

"新红学"的开创者胡适在 1949 年 4 月离开中国大陆,到了美国。当自己的生存问题还没有解决,他就想到了设法保护传承天地间唯一的甲戌本《石头记》。

1950 年 1 月,胡适把甲戌本《石头记》借给曾节译《红楼梦》的王际真研究。1950 年 4 月,胡适设法在美国首都华盛顿的国会图书馆,为甲戌本制作缩微胶片。当时拍摄了一套负片,洗印成四套正片。负片和一套正片存于国会图书馆,其余的三套正片,一套赠与母校哥伦比亚大学图书馆,一套送给王际真,一套自己保存,以后送给了林语堂。据考证,此举系趁那时美国政府要搜集中国情报的政治背景,利用了美国官方的资金和技术。胡适在亡命天涯之始,生计无着之时,首先解决了甲戌本的复制保存问题,用心良苦,效果甚佳。

1950 年 5 月,胡适接受了普林斯顿大学葛思德东方图书馆的聘请,任图书管理员,好听一点也可以译为馆长(实仅二人),年薪五千二百美元,为期两年。这职务相当于正教授,但对大学者胡适还是屈尊了。

1950 年 9 月,胡适看到了小儿子胡思杜的公开表态文章,他与陈垣正是不随胡适一起上飞机的两个人,都是胡适留在大陆的牵挂。现在儿子也在批

胡适与童世纲在葛思德东方图书馆

判父亲,声明脱离父子关系。胡适说,知子莫若父,那文章一定是别人逼迫思杜写的。他将9月22日的《大公报》剪贴进日记中,批注道:"小儿此文是奉命发表的。"

结束了管理中文图书的工作后,胡适回家关门研究《水经注》。同时也关心着故乡的政治命运,多次回台湾开会或讲学,曾遥控主持《自由中国》杂志,宣扬自由主义,与独裁的蒋家政权不合。他也曾大量搜集了中国大陆上对他的批判材料,原准备写一篇长文作总的答辩,后来觉得不值一驳,无须答复。他出于对自由主义的充分自信,干脆置之不理。

1957年6月4日,胡适在一场大病之后,于美国纽约立下遗嘱。遗嘱共八条,其中第二条是:"确信中国北平北京大学有恢复学术自由的一天,我将我在一九四八年十二月不得已离开北平时,所留下请该大学图书馆保管的一百零二箱内全部我的书籍和文件,交付并遗赠给该大学。"

胡适当然不知道,此时他的书信、文件和日记保存在中共中央宣传部资料室,地点仍在当年他最熟悉不过的原北大图书馆之内。这部分胡适藏品在1955年编完批判材料之后,并未归还给北大。到了1958年,中宣部资料室撤销,其负责人黎澍转到中国科学院近代史研究所工作,他便把胡适的藏品带到了近代史研究所。

近代史研究所的地址,就在胡适当年的住所东厂胡同一号,其所长范文澜现居住于胡适旧居内。这些材料巧合性地重返故地,但并不是物归原主。

1960年到1962年,在沙滩松公府的胡适藏书,分两批迁往海淀燕园北大图书馆。[11]

1958年4月,胡适回到台湾定居,就任中央研究院院长。老年的胡适仍然不甘寂寞,在政治和文化两条战线上都发挥着他的标志性作用。在1960年的"国民大会"上,他反对蒋介石第三度连任"总统";次年又卷入一场中西文化优劣取舍的大论战中。那两年里,他曾经几度心脏病发,衰老的身体"更能消几番风雨"?

自1948年与周汝昌分手之后,胡适又有多年几乎脱离红学。待到晚年,他才又萌发了一波倾情的回归。譬如本书后文将讲到的"曹雪芹小像"辨伪;譬如本书前文已讲过的《懋斋诗钞》与曹雪芹卒年。在台湾,胡适看到了北京在1955年影印的《懋斋诗钞》。他于1961年2月写道:"我看了这个钞本的原样子,似不是严格依年月编次的;又不记叶数,装订时更容易倒乱。""故我现在的看法是,敦敏的《代简》诗即使是'癸未'二月作的,也未必即能证实雪芹之死不在'壬午除夕'。"[12]就是说在十几年之后,他又回归到自己根据甲戌本而来的"壬午说"。

我们知道,胡适在年轻时,对《红楼梦》评价不高。当他到了暮年,成熟的看法又当如何?

1959年12月,台湾"中国广播公司"在准备了整整一年之后,即将开播《红楼梦》,胡适应邀担任首席顾问。在顾问会议上讨论《红楼梦》的版本,胡适决定选用程乙本,它的好处是语言比较浅显通俗,便于听觉接受。"然后讨论应该原本照播,还是加以删节,胡院长显示了他的科学训练、理性主义,他认为警幻仙子、太虚幻境可删,女娲补天、顽石转世必删,宝玉失玉、和尚送玉也没有播出的必要,倒是色情'诲淫'的部分,他轻轻放过了。"[13]

电台请胡适、李玄伯和李辰冬三位红学专家座谈,对听众广播。胡适首先发言,第一句话竟是:"《红楼梦》毫无价值"。主持人问:"胡先生,《红楼梦》既然毫无价值,那末,我们明天还播不播?"胡适缓和口气说:"我只讲考证问题,至于价值问题,请李先生讲好了。"主持人又问:"《红楼梦》既然毫无价值,您考证它干什么?"答曰:"我对考证有兴趣,只是为考证而考证。"在场的李辰冬自谓喜欢和重视《红楼梦》的原因,是由于胡先生的提倡,现在听胡先生口里说它毫无价值,真正难以置信。[14]

胡适贬低《红楼梦》的价值,并非偶尔失言。1960年11月下旬,他把同样的意思近乎完全重复地写了两遍,分别寄给苏雪林和高阳。

我写了几万字考证《红楼梦》,差不多没有说一句赞颂《红楼梦》的文学价值的话。大陆上共产党清算我,也曾指出我只说了一句:"《红楼梦》只是老老实实的描写这一个坐吃山空、树倒猢狲散的自然趋势,因为如此,所以《红楼梦》是一部自然主义的杰作。"

其实这一句话已是过分赞美《红楼梦》了。

我当然同意你说:"原本《红楼梦》也只是一件未成熟的文艺作品。"

我向来感觉,《红楼梦》比不上《儒林外史》;在文学技术上,《红楼梦》比不上《海上花列传》,也比不上《老残游记》。[15]

我平心静气的看法是:曹雪芹是个有天才而没有机会得着修养训练的文人,——他的家庭环境、社会环境、往来朋友、中国文学的背景等等,都没有能够给他一个可以得着文学的修养训练的机会,更没有能够给他一点思考或发展思想的机会。(前函讥评的"破落户的旧王孙"的诗,正是曹雪芹的社会背景与文学背景。)在那个贫乏的思想背景与文学背景里,《红楼梦》的见解当然不会高明到那儿去,《红楼梦》的文学造诣当然也不会高明到那儿去。[16]

近两个月之后,苏雪林和高阳把胡适的信送刊物发表。胡适认为信是"匆忙之中写的","有点感觉不安",遂再写一封公开信作补充解释:"……我指出他的贫与病,他的环境,他的背景,全部是要说明曹雪芹是一位最不幸的

胡适晚年与长子胡祖望一家在台湾

作家！很应该的得到我们在二百年后的同情的惋惜与谅解",而不应该是严厉的批评。此后信与前信于1961年2月同时刊出。

当私信公开发表时,胡适的态度发生了趋于中性的转圜。或许,是文坛领袖发言需要慎重；或许,是人到暮年,其言也善。胡适在这几封信中表达的对《红楼梦》文学价值的意见,成为他一生最后的结论。

作为新红学派的创立者,胡适久负盛名；作为首屈一指的红学家,海峡两岸公认。那么,为什么偏偏是他,认为"《红楼梦》毫无价值"呢？当然,胡适的看法可能偏颇,可能错误,但是否也可能有他的道理,值得反思探讨呢？进一步说,对曹雪芹及其作品一味仰慕、高捧入云、顶礼膜拜,难道就是唯一正确的视角,不允许平视或俯瞰吗？我相信人无完人,文无至美,胡适如此,曹雪芹和《红楼梦》亦应如此。

就在胡适上述几封信写作与发表之间,1960年12月17日,台湾大学校长钱思亮为胡适举行七十寿宴。胡适在席间对"中央印铸局"秘书张祖诒表示,想请他们影印甲戌本——他终究对其珍宝之书不能忘情,当即得到慨允。

胡适在他的垂暮之年最终办成了这件事,既是长久的心愿,也有近期的触动。

愿将孤本化为公器,是胡适一贯的思想。在尚无影印条件的时候,他先后把甲戌本借给俞平伯(约六个月)、浦江清、周汝昌(约五个月)、王际真,还想借给孙楷第因故而未得。他在美国做成当时最先进的缩微胶卷,不知嘉惠多少学人。在1948年12月1日那风雨飘摇的时刻,胡适作题记说:"我盼望这个残本将来能有影印流传的机会。"胡适在晚年对图书馆学者蒋复璁说:"书,是要人看的,宁可让人把书看烂了,总比搁置书库里烂了好些。"

胡适要印此书,其近因有正负面两个因素。先说负面的刺激,1960年5月,中研院"史语所新得的大陆出版物四十多种,其中有一部分的纸张很粗糙。"胡适看到了一粟编《红楼梦书录》,其中歪曲或误解了1927年他得甲戌本的来由,称"已发出版广告,为胡适收买,致未印行"。他很生气,在5月30日日记中说:"所记'新月书店'一段,荒谬之至！我抄存此段,作中共统治下的学人作风。"[17]

而正面的近因是:胡适看到了台北"中央印制厂"用朱墨两色套印的谭延闿《慈卫室诗草》,认为套印技术"相当高明"。而"中央印制厂"的现管张祖诒,恰是胡适"在台北的唯一亲戚"(夫人江冬秀的从内侄女江小波之夫)。这样,完成影印《脂砚斋重评石头记》甲戌本的多年心愿,便瓜熟蒂落,水到渠成了。

1961年2月初，胡适写了《影印乾隆甲戌脂砚斋重评石头记的缘起》，文中说："三十年来，许多朋友劝我把这个本子影印流传。我也顾虑到这个人间孤本在我手里，我也有保存流传的责任。"[18]旧历新年（2月15日）发布预约办法，定5月10日出书。胡适亲自联系香港的发行，兴奋加劳累，于2月25日夜突发心脏病，急送台大医院住了八个星期。4月22日才出院，他还惦记着影印本的新跋尚未动笔。

1961年5月6日，胡适才开始写新跋，一上午写了三千字。午饭时，他对助手胡颂平说："我是用乾、嘉以来一班学者治经的考证训诂的方法来考证最普遍的小说，叫人知道治学的方法。当年我做《红楼梦》考证，有顾颉刚、俞平伯两人在着一同做，是很有趣的。"[19]5月3日和17日两次去医院检查，医生对他说：心电图没有出院前那么好，是不是胡先生又做工了？

> 我得承认，我四月廿二日出医院之后，做了几件工作，其中一件是写了一篇"脂砚斋红楼梦"影印本的跋文，有一万七千多字，五月十八夜才赶成功！……因为我的跋文没有写成，所以此书改期到五月廿四日出书。我赶写这篇跋文，是很高兴的事，不算太费力。但"心电图"上还瞒不过！[20]

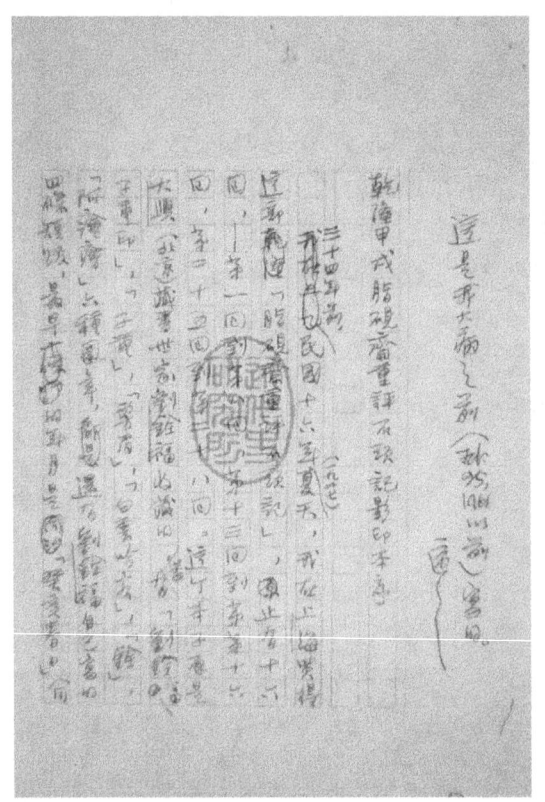

胡适为影印甲戌本作序手迹，并批注："这是我大病之前（Feb.25,1961以前）写的。适之"。后该书中刊有《缘起》和《跋》，未采用此序稿。

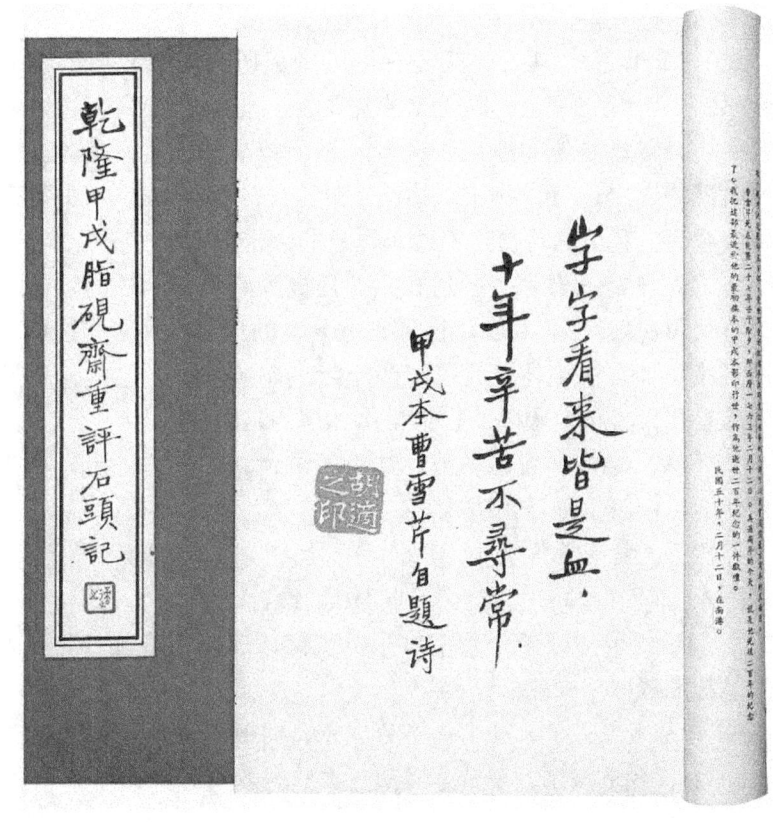

台湾版甲戌本首次影印本，1961年。

重病住院八个星期，但出书时间仅推迟了两周——胡适为这部书拼了老命。书出之后，胡适心满意足，6月21日又对胡颂平说："我对《红楼梦》最大的贡献，就是从前用校勘、训诂考据来治经学、史学的，也可以用在小说上。校勘必须要有本子；现在本子出来了，可以工作了。"

胡适影印甲戌本，只为保存和流传文学珍本，不图商业牟利。所以广告得力，定价合理，售台币一百二十元，预约订购还可以仅付六或七折，结果发行获得意外的成功。如胡适在致朋友信中所述："我原定影印五百部，还怕销不完二三百部，不意台港两地预约竟近一千四百部，故最后决定印一千五百部。我自己留下一百部送朋友玩玩。"此书印制的质量，受到出版业同行、读者和胡适本人的一致赞扬，达到当时海内外的最高水平。胡适非常高兴："我自己也觉得这本影印本纸张洁白，朱墨色彩鲜明，上下两傍宽阔，所以看起来竟比我藏的原本美观多了，漂亮多了。"[21]

此后，台湾、内地和香港多次据此翻印，甲戌本从此化一为万，胡适多年的心愿终于达成。有意无意中，这几乎是他最后的安排。这是甲戌本的幸运，是天下红学的幸运。

1962年2月24日，胡适在南港中央研究院蔡元培馆，主持第五次院士会议。上午开完了会，晚上又出席酒会。他兴致很高，愉快地致词，历数饶毓泰、吴健雄是他的学生，吴大猷是饶毓泰的学生，而杨振宁、李政道又是吴大猷的学生。"我的第二、第三代是三位物理学家，我的第四代还得了诺贝尔奖金呢。我虽然对物理不通，但是非常得意。"

　　之后李济的发言令胡适扫兴，还提到有人对胡适的攻击之词。胡适抑制着不快再次发言："我去年说了廿五分钟的话，引起了'围剿'，不要去管他，那是小事体，小事体。我挨了四十年的骂，从来不生气，并且欢迎之至，因为这是代表了自由中国的言论自由和思想自由。"

　　不久，也许他自感不适，结束了讲话，移步往外走，在会场中部突然脸色变了，倾身倒地，不省人事。当场有医生抢救无效，他就这样心脏病猝发，突然撒手。终年称作七十二岁，实际上是七十岁零两个月又七天。

　　胡适死在会场上，这会场叫蔡元培馆。

　　胡适的灵堂设于台北市极乐殡仪馆，遗体上覆盖着北京大学校旗。灵堂里悬挂的挽联中有这样一副：

　　　　先生去了，黄泉如遇曹雪芹，问他红楼梦底事？
　　　　后辈知道，今世幸有胡适之，教人白话做文章。

　　胡适去世的消息传到北京，人们对他的遗嘱一无所知，当然即使知道也会置之不理。1962年下半年，文化部副部长徐平羽召集了一次会议，决定了对胡适留在北京的遗产进行分配。分配的结果是：将105种善本古籍交北京图书馆（即后来的国家图书馆）收藏；1924件胡适书信和文件归中国科学院近代史研究所（后改隶属于中国社会科学院）；其他藏品（普通书籍）继续由北京大学图书馆保存。1964年初，这次分割按要求完成。

　　就这样，胡适在北京的遗物被人为地一分为三了。胡适故意留下的《四松堂集》从北大转归国图，应该就是在此时。

胡思杜

　　胡适有两个儿子，大儿子胡祖望生于1919年，曾就学于西南联大，又到美国学习航空机械，后留在美国工作生活，与父母来往密切。小儿子胡思杜就是1948年11月底，周汝昌去登门还书时遇上的那位青年人。他自作主张与父母分手，留在了北京。

胡思杜生于1921年12月17日,其时胡适刚写完《红楼梦考证》,所以他是"新红学"的同龄人。(一个很奇妙的双重巧合:胡适父子的生日在同一天,也与北京大学1950年以前的原校庆日是同一天。)

胡思杜生性好玩,活泼搞怪,喜交朋友,常常妙语如珠,逗大家开心。抗战开始后,胡适任驻美大使,哥哥胡祖望也赴美,到父亲的母校康乃尔大学就读,弟弟胡思杜则随母亲避难上海,胡适委托一位竹姓朋友照看。一年多以后,这朋友写信给胡适:"小二在此读书,无甚进境,且恐沾染上海青年恶习,请兄赶快注意。"

胡适自己青年时曾有过一度在上海堕落的教训,怕幼子重蹈复辙,于是在1941年5月安排思杜赴美,初在费城进教会学校海勿浮学院(Haverford College)两年,后来转学历史,在两个大学均未毕业。七年后,胡适已回国,据说胡思杜因为吃喝恶习被学校开除,只得于1948年夏季回国。

胡适对这个不争气的儿子有点恼火,说:"他这个人,凡和他初次见面的人,都可以听到他漫谈希腊、罗马,古今中外的许多事,使人莫测高深。但你如第二次、第三次和他见面,他仍然是向你漫谈这些东西,既无条理,又无系统。"傅斯年则这样说思杜:"因失学之故,养成不读书的习惯,对于求学一事无任何兴趣,且心理上亦不无影响。然其为人,据我所知,尚属天性醇厚。"

胡思杜留美归来,有许多朋友替他介绍到大学任教的工作,以山东大学

1948年秋,胡适全家合影于东厂一号,后排左长子胡祖望,右次子胡思杜。

五 集合篇

最为积极,但胡适都认为他不胜任而谢绝了:"不能让他指靠我胡适之吃饭。要为他找工作,必须待他自己学有所成,能够独立谋生之后。"胡适只同意思杜到北平图书馆任职员。

在抉择命运的时刻,胡思杜为什么决定不走?见诸书刊的或说他思想进步,留下来迎接解放;或说他不留恋美国生活,宁愿留在祖国。这些都难免臆测和拔高,还是见证人邓广铭先生说得切实:胡思杜刚从美国回北平不久,对国内这几年的情况不熟悉。他说:"我又没有做什么有害共产党的事,他们不会把我怎么样。"而胡适南下后前途未卜,带着思杜无异于背上包袱,留在北平的这个家也确实需要人照料——这一切都是匆忙中做出决定的因素。[22]

母亲很舍不得幼子,给他留下了许多金银细软,说是让思杜结婚时用。

北平和平解放后,胡思杜被派到华北人民革命大学(中国人民大学的前身)政治研究院去学习,学习会上他踊跃发言,表示要与父亲划清思想界线,还主动上交了父母留给他的一皮箱财物。胡思杜的文章《对我的父亲——胡适的批判》,1950年9月16日在《文汇报》发表,后又由香港《大公报》、《人民日报》和《中国青年》杂志转载。文中称胡适为"人民的敌人,也是我自己的敌人",公开与父亲宣告决裂。

胡思杜被分配到唐山铁道学院"马列部"教历史,他一直想加入共产党。到了1957年的整风鸣放中,他认为作贡献的机会来了,积极主动地给院部领导提关于教学改革的建议,于是被打成了"右派"。他终于承受不了打击,在1957年9月21日夜晚,绝望地上吊自杀。那年他不过三十六岁,还是单身,只给堂兄胡思孟留下了一纸遗书。

对于胡思杜的死讯,胡适一直没有得到确切消息,或从友人间接传信,闻思杜被革除教职,送东北劳动;或见媒体的香港来电中,说思杜已自缢身亡。胡适从心理上排斥儿子的死讯,将信将疑,至死都不愿相信。

江冬秀的堂弟江泽涵是北京大学数学系教授,曾在1974或1975年接到外甥胡祖望从美国的来信,问及弟弟思杜是否还活着。但是,做舅舅的心有余悸,对"海外关系"、"胡适关系"避之唯恐不及,不敢回信,把来信交给了学校领导。直到1976年以后,他才敢与胡祖望恢复了联系。

在胡适去世后,胡祖望将甲戌本的原本寄存于美国康奈尔大学的东亚图书馆里。

俞平伯及其他

经过了思想改造,经过了批俞批胡,俞平伯变得谨慎寡言,不再像解放初期那样热心政治了。再到整风鸣放时,老先生只看不说,得以幸免。1958年初他们校勘的《红楼梦八十回校本》出版后,俞先生悄悄说了一句:早先批判我的考据烦琐,现在有些考据比我走得还远。不久在文化战线又掀起了"拔白旗",文学研究所所长郑振铎和钱钟书、孙楷第都被批判。而俞平伯还是不写文章,不说话。

郑振铎一般是一周到文研所一次。1958年10月8日上午,他来到文研所,"就学术观点自我批判,滔滔历二小时"。10月13日最后一次到文研所开会,还在号召大家拔自己这面"白旗"。[23]

10月17日,郑振铎率中国文化代表团前往阿富汗和埃及访问,乘坐的"图-104"客机在苏联卡纳什失事坠毁,全体人员遇难。原来已排版准备好批判郑振铎文章的《文学研究》刊物,临时增加了"悼念郑振铎先生专辑"。

郑振铎既是俞平伯三十多年的老友,又是他的直接领导,如此突然惨死,令俞平伯痛心疾首。俞平伯哭成一挽联:

两杯清茗,列坐并长筵,会后分襟成永别;

一角小园,同车曾暂赏,风前挥涕望重云。

后又写了两篇悼念文章《哀念郑振铎同志》和《忆振铎兄》。他感叹道:人生是这样的有缺陷。

与郑振铎同时被拔的"白旗"钱钟书,因《宋诗选注》在《光明日报》"文学遗产"版上被点名批判。而两篇批判文章的作者,正是出版该书的人民文学出版社编辑同仁黄肃秋和周汝昌。[24] 周汝昌在燕京学英文时,曾经与清华的名师钱锺书有过个人往还,听过讲课,谈过翻译,有过诗词赠答,还到钱家吃过饭。据周后来解释,是人民文学出版社内部成立了"拔白旗"小组,批判本社出过的书,他作为古编室少有的"非右派"而入组。批判文章是集体创作,发表时用了他的名字。

1954年以后,当"小人物"冲入红楼,吴恩裕避入红楼之时,俞平伯却退出红楼,另寻寄托,对昆曲的兴致越来越浓。每逢星期四上午,夫妇俩专门请笛师来伴唱。来了客人,也要坚持一曲唱罢才接待。每年夏天,他们都要去颐和园,租了人工摇的乌篷船,带了笛师,带了吃喝的东西,把船漂在后湖上唱曲子。一群游客围着听,都觉得很惊奇。这给外孙韦奈留下了童话般的印象。

俞平伯与夫人许宝驯一起,在这方面的雅兴已经培养了三十年。早在1924年冬,俞平伯就开始请昆曲艺术家陈延甫来老君堂家中拍曲,每周两次。1930年10月,俞平伯搬家到了清华园,他的书房"秋荔亭"又成了昆曲爱好者的活动场所。许宝驯能唱整出的戏,俞平伯虽然唱功不行,但拍曲的功夫日益老练。1934年一个仲夏夜,在水木清华的工字厅水轩,他们举行了第一次公开的曲集。1935年3月17日,谷音社在清华园俞平伯的寓所正式成立,其名意为"空谷传声,其音不绝"。俞平伯被推为社长,在他撰写的《谷音社社约》里,宣布目的是为了"涵咏风情,陶写性情","发豪情于宫徵,飞逸兴于管弦",要承担起拯救昆曲的责任。

谷音社的雅集被战争所打断,又在近二十年后再续前缘。在时任文化部副部长丁西林和北京市副市长王昆仑等的帮助下,1956年8月19日,北京昆曲研习社在老君堂俞平伯家中成立,俞平伯当选社委会主任,他又亲自拟订《章程》和《同期公约》。曲社最有影响的成就,是改编排演了名作《牡丹亭》。俞平伯与弟子华粹深精心整理校订剧本,删汰冗长的结构,使全剧适合现代舞台的演出。1958年10月2日在北京试演《牡丹亭》,周恩来总理亲临观看。1959年10月,《牡丹亭》参加了国庆十周年献礼演出,是唯一的业余团体,大获成功。

康生也常来看演出,他是昆曲的内行,谁的笛子吹错了,他都听得出来。他说:"你们的戏可真不错,为什么不公演?"曲社随潮流排演新曲《人民公社好》,康生看了不说话。

据社友张允和讲述:俞先生这一生恐怕仅有一次上台正式演昆曲,他扮的是丑角彩鹤,画了一个白鼻子。他在台上咳嗽一声,就说了这几句:"好跌呀,此跌美跌,非凡之跌,乃天下第一跌也!"俞先生念得音调铿锵,声音出奇地大。看着台上认真演戏的老人,再回味这几个字,在场的人无不动容。[25]

从1959到1961年那三年困难时期,俞平伯作为受到照顾的人大代表、统战对象和高级知识分子,他的生活如何?现在还留下了少量资料,可窥一斑。

1961年1月25日,访问俞平伯的全国文联工作人员这样记录:"关于生活方面,他每月有补助肉三斤,菜也不缺。他说缺的就是煤球。他们全家烧了五个大型的炉子,煤厂送个一二百斤,很快就烧完了。""谈话中,对城里的自由市场不大满意,主要认为有投机倒把的。而对于市场最近供应高级点心、糖果很满意,他的桌子上就摆着一盒高级糖果。"[26]

据王伯祥之子王湜华回忆,当时按照不同级别,有"糖豆干部"和"肉蛋干部"之分,当然还有更高级别的,未可知也。俞平伯便属"肉蛋干部",凭特供卡尚有"高级烟"供应。俞平伯烟瘾甚大,按规定所供尚嫌不足,而同级别的同事兼老友王伯祥烟量较小,供应有余,每可接济于他。现在王家留下了俞平伯的多封书信,他在问候之余,就是求烟。例如:"本月烟卷,尊处如不用，弟拟购一条，可否，祈酌。""本月香烟未识尊处有敷余否？如有盼为留存，当备款往取。""一月份烟卷如有可以为弟存留者，乞为留一条（牌子不拘），至荷至荷！"若非困难年月，何必致函乞烟？王湜华曾多次骑自行车递送香烟，对此印象深刻。[27]

当然，昆曲只是俞平伯的业余爱好，他的本职工作文学研究，只能"偶尔露峥嵘"。1960年2月，中华书局上海编辑所出版了增订本《脂砚斋红楼梦辑评》；1961年5月，《文艺报》第五期发表了俞平伯的文章《谈古为今用》。有人说："俞平伯这个名字在《文艺报》上出现，就是一个胜利。"

据文学研究所的刘世德统计，从1956年到1964年，平老至少写出了十八篇论文（公开发表了十七篇），完成了三部书（正式出版了两部），还不包括一些发表在报刊上的小文章。按照当时的社会环境，按照他本人的身份处境，这已经是很难得的不俗成果了。

没能正式出版的书，是《唐宋词选》。书稿完成后，何其芳所长竭力推荐，却没有一家出版社愿意接受出版。虽然作者词学造诣甚高，书属上乘之作，但谁不怕"俞平伯"这个名字？最后，此书只在内部印行，见到者极少。在"文革"中，发给文学研究所的工作人员每人一册，以供批判。

王佩璋

刘世德在老年时回忆往事，记录了这样一件事：

> 有一位老专家和他的年轻的助手合作完成一部大书。从工作量说，老专家少于助手。书出版后，如何分稿费，起了纠纷。一方提出五五开，另一人说只能三七开或四六开。最后，状告到何其芳同志那里，才由他拍板，提出折中的意见：一人得四点五，另一人得五点五。
>
> 何其芳同志经常拿这件事告诫我们：做人不能做到那个地步。[28]

刘先生意存忠厚，姑隐其名，也没有说稿费所得是谁多谁少。

俞平伯、王佩璋这一对师徒之间的关系，发展到后来并不那么和谐，这是有迹可寻的。

1954年，是王佩璋生命中的高光时刻。春天，刚从北大毕业就发表了《新版〈红楼梦〉校评》，她志得意满。冯雪峰为出版社起草的公开信中说："对于王佩璋同志，我们是无限地感激的。……并请她协助我们的工作。"同年秋冬，尽管俞平伯挨批了，但王佩璋却随之曝光，可以跟老师一起频繁出席高层次的会议，与会皆鸿儒，往来无白丁。二十四岁的王佩璋也是"小人物"，虽属对立阵营，却也成为公众人物，与名人平起平坐，同桌进餐，开了眼界，见了世面。事后王佩璋还经常向同事和家人谈起，格外兴奋，倍感自豪，说那是自己经历的"黄金时代"。但是，那却是她的老师俞平伯的"至暗时刻"，这感觉差距有霄壤之别。

师徒之间出了什么问题？

首先，是徒弟为师代笔写文章和署名问题。1954年初发生的这件事，固然有俞平伯多事送审、胡乔木苛求重写这一背景；也有老专家不熟悉新的思想和语言，愿借助年轻人以完成宣传任务这样的因素。但像这样完全由学生代笔，老师署名的做法，终究欠妥，后来被批判为封建的师徒关系。那时王佩璋初出校门，刚开始做助手不久，心中未必情愿，但作为新人和弱者只得服从，一旦批俞风起，这不满就会发酵。

其次，是徒弟在批俞运动中反戈一击的问题。王佩璋在10月24日的会上还只是客观地说明情况，称"由我个人负责"；到11月3日发表在《人民日报》的《我代俞平伯先生写了哪几篇文章》中，已变成了划清界限的批判者。随着运动进一步发展，11月28日，王佩璋又在《光明日报》发表了《谈俞平伯先生在〈红楼梦研究〉工作中的错误态度》一文，作为正式表态，加入批判大军。前后排比，可见明显的三步升级。考虑到当时的政治气氛压力，考虑到年轻人求新的天性及其发展前途，对王佩璋的态度也不必苛责。尽管她主要在讲学术观点分歧，语气相对和缓，但肯定会影响到师徒之间的感情了。

再次，是繁冗费时的校勘工作，对王佩璋情绪的影响和耐心的考验。《红楼梦八十回校本》的工作历时近四年，在批俞运动之后还持续了两年。由于这种校勘是初次尝试，制定的目标过分求全，使工作量之大超过预期，而琐碎枯燥又冗长的《校字记》工作主要由王佩璋承担，两遍写了近三百万字，最后只能印出五十万字，仍少人阅读。这工作无疑是很磨人的，使人渐生疲劳厌倦之心，难以为继。王伯祥1956年6月22日记："出席本组业务会议，……会上佩璋以《红楼梦》校改琐屑，颇发牢骚，不愿续作。余与默存（钱锺书）调停之，力慰伊仍继续进行，臻于完成而后止。一场小小风波，居然消散，亦可喜也。"实际上最后王佩璋还是没有干完，要请刘世德、邓绍基来帮助收尾。作为二十多岁的女青年，王佩璋的情绪逐渐低落，是可以理解的。她在完成的书上署笔名"王惜时"，就是这种情绪的反映。

最后，是工作完成后的利益分配问题。除了刘世德的回忆，王佩璋的一位亲属后人也证实，1958年《红楼梦八十回校本》出版后，"王佩璋认为自己做了大量具体繁琐的工作，十分辛苦，理应至少和俞平伯平分稿费，闹得很僵。后来由文学所所长何其芳出面调停，双方矛盾方得解决。"[29] 其实前面的三层问题，都是造成这一争端的基础。这时俞平伯与王佩璋的地位，已经此消彼涨，不复当初。该书固然是以俞平伯为主导，王佩璋做的只是基础技术性工作，不宜只按工作量计酬。但是，也应考虑到那时"拔白旗"、反权威的大背景，考虑到"大跃进"年代的社会风气，考虑到俞、王两人之间社会地位和收入水平的差距，这样去理解俞、王稿酬之争，会比较客观吧？

王佩璋虽然相当年轻，虽然只是俞平伯的助手，虽然从事学术研究的时间前后只有五年左右，但她还是卓有成效，提出了自己的创见，在红学史上留下了独特的印迹。

自从胡适、俞平伯合力论定了后四十回的作者是高鹗以来，"曹著高续"说便成为定论，之后出版的《红楼梦》上便是曹雪芹、高鹗联合署名。即使不愿接受者，也是主张百二十回皆出自曹雪芹一人之手，换言之后四十回的作者"非曹即高"。但是王佩璋在细致校勘的基础上，再加上对作品内容的认真分析，大胆地提出了后四十回作者既非高鹗、也非曹雪芹，而是另有其人，高鹗仅是整理者。

早在批俞运动期间的表态文章中，作为与俞平伯先生的学术观点分歧，王佩璋已经比较清楚地表述了她在这方面的见解：

> 我认为后四十回的绝大部分都不是高鹗续的，而是程伟元买来的别人的续作。……但后四十回买来的稿子很乱，经过高鹗整理的，在这整理的过程中他可能就加进去了一些东西——与他的功名利禄思想相称的。这些东西与买来的稿子混在一起，给《红楼梦》后四十回带来了芜累。我颇疑宝玉中举，贾家复兴的一些文字是高鹗后加的，……至于后四十回的续书者是否曾看到曹雪芹的八十回后的某些残稿，而依据这些材料续写的，我想，这可能也是有的。后四十回使《红楼梦》的人物和故事发展得很合理自然（宝玉中举、贾家复兴除外），可能是有依据的。[30]

1957年2月3日，王佩璋又在《光明日报》上发表了《〈红楼梦〉后四十回的作者问题》，正式作为论文提出，进行了比较充分的论证。这论点在当时大胆新颖，具有开创意义，影响到她的老师俞平伯随后跟进。半个世纪之后，人民文学出版社在2008年以后出版的《红楼梦》书上，作者署名改为"曹雪芹著，无名氏续"，表明这一观点已经被红学界普遍接受。而其始作俑者，正是王佩璋。这应该是王佩璋对《红楼梦》研究的最大贡献。

同在 1957 年，王佩璋还发表了《曹雪芹生卒年及其他》，实内含三篇文章。其一为《曹雪芹的生卒年》，她到北京图书馆细检复核了敦敏的《懋斋诗钞》原本（即 1954 年吴恩裕发现的稿本，非周汝昌发现的原燕京大学藏清抄本），发现诗集上有剪贴挖改，次序并非严格编年，从而对周汝昌主张的曹雪芹卒于癸未说提出了坚实的疑问。这一观点，成为文学研究所同人的共识，俞平伯、何其芳、邓绍基、陈毓罴、刘世德等亦均主张"壬午说"。胡适在看到该书影印本后，亦"英雄所见略同"，回归原说。

另外两篇是《关于"脂砚斋"和"畸笏叟"》，以及《〈红楼梦甲辰本〉琐谈》。王佩璋得参与校勘之便，最早研究了甲辰本，注意到甲辰本大量删除脂批与正文，应该是从脂本到程本之间的过渡。[31]

这就是王佩璋公开发表的仅有的红学文章，真如同彗星一闪，转瞬即逝。而她因此在半个世纪之后，被列入红学家之一。

据王佩璋的亲属萧建民回忆，她少年失怙，缺慈少爱，造成她脾气执拗，性格倔强，在工作和生活中，在单位和家庭里，处处争强好胜，大事小事都绝不服输。她思维敏捷，口齿伶俐，能言善辩，常常在办公室跟同事辩论，并颇为自得。她胸无城府直言不讳，或许会无意中得罪冒犯了他人，被认为恃才傲物，狷介自负，孤芳自赏，自视清高。

红学批判落潮后，王佩璋并未得到更多的重视，她感到郁郁不得志，怅然失落。就在她发表最后那篇论文的同一个月里，1957 年 5 月，整风鸣放运动开始了。在单位的一次"鸣放"会议上，王佩璋作了长篇发言，她敞开心扉，畅所欲言，力陈自己成长奋斗的历程，抱怨自己辛勤劳动努力工作而未受到应有重视，同时，还讽刺某些人是"新贵"，作风像"公子哥儿"。在随后而

王佩璋、杨乃雯结婚照

来的反右运动中,这番发言被定为"右倾言论"。她没有被定为右派,恐怕还是何其芳遮挡回护的结果。

1958年,就在《红楼梦八十回校本》刚刚出版,师徒稿酬之争方歇,"大跃进"的浪潮便涌起,干部下放成风。王佩璋被下放到北京国棉某厂劳动锻炼。大约在年底时,传出王佩璋往机器里放铁砂,"破坏革命生产"的传言。按照家属的说法,她认为自己在单位不受重视,反而被贬到工厂做体力劳动,心里憋闷委屈,精神痛苦,神志恍惚,以致在劳动中出了事故,损坏了机器。文研所将她定为"思想问题",组织一些女同志在小范围内进行了批判。

事情并未以此而告终。庐山会议后,又在全国范围内开展起"反右倾"斗争。大气候的变化无常,直接地影响到个人的前途和命运。1960年2月8日王伯祥日记载:"九时开会,继续批评佩璋。听蔚英、妙中、育新、贯之发言后,平伯发言,予继之,默存、象锺、晓铃又继之,彦生最后。已十二时,乃散。下午续开。佩璋问题严重……"此后,王佩璋被开除了公职。后来,爱惜人才的文学所长何其芳特意为她联系介绍,到中华书局做编辑。那年代,犯了"错误"的文科人才不适宜做教师或搞研究,让他们转做古籍出版的编辑,算是很好的出路了,比如北大的褚斌杰、傅璇琮即是。但是王佩璋终究没有去。

王佩璋在北大读书期间,与经济系的同级同学杨乃雯自由恋爱,二人于1953年7月结婚。杨乃雯毕业后分配到国家计委工作。王佩璋理想幻灭,事业受挫,几度刺激后,精神障碍益发严重,断断续续,时好时犯。她已经无法工作,只能在家养病,依赖丈夫的工资。[32]这时她刚刚三十出头,可怜几年前的风华才女,这么快就变成悲情病妇了。

写王佩璋的故事,我总觉得她像是《红楼梦》中走出来的女性。是"霁月难逢,彩云易散。心比天高,身为下贱。风流灵巧招人怨"?是"却不知好高人愈妒,过洁世同嫌"?还是"才自精明志自高,生于末世运偏消"?作为晚她二十多年的同系校友,不禁感慨系之。

顾颉刚

胡适的老弟子顾颉刚,晚年最大的存在价值,就是点校史书。

1956年《资治通鉴》出版后,顾颉刚即着手点校《史记》。1958年9月,毛泽东指示吴晗,要求标点前四史。以顾颉刚为主标点的《史记三家注》于1959年9月出版,作为向国庆十周年献礼,也成为其他各史点校的范本。前后《汉书》和《三国志》在1965年出版完成。1963年到1966年,中宣部调各地专家来北京合力点校其余各史,地点在翠微路,后称为"翠微校史"。

顾颉刚在1960年代初

顾颉刚在北京的地位,一直有点尴尬。作为学术大家,社会地位较高,亲承领袖礼遇,点校古籍非他不可,因为他具有难以替代的处理古典文本的技术能力。但一归属到本单位,他就回落到一个从旧社会过来的资产阶级知识分子,是众人冷眼下的改造对象。这矛盾的症结,还在于他与副所长尹达之间的关系上。1955年中国科学院初选学部委员(即后来的院士),顾颉刚榜上无名,令这位1948年中研院的正牌院士大感难堪。何况他还有与鲁迅作对的前科旧账,会不时被重新翻出来敲打。

1962年,顾颉刚在日记里写道:"到京八年,历史所如此不能相容,而现在制度下又无法转职,苦闷已极。"为了解决学术大家与本单位领导间如此紧张的关系,经有关各方商定:顾颉刚的学习由民主促进会领导,业务由中华书局负责,工资归历史所发给。这是高级人才的"狡兔三窟"。

21 二百年纪念

背景

　　我在本书的开头，就写到了这次对曹雪芹逝世二百周年的纪念。现在终于绕过历史的曲折，回到这个中间点。从此以后，我有了自主记忆，自己也走进书中来。

　　1962到1963年的纪念曹雪芹，是百年不遇的红学嘉年华，红学家的盛大节日。那一次的讨论水准之高，调查规模之大，展览内容之丰厚，组织主办者的级别之顶尖，均可谓前无古人，后无来者。连我这当时仅因为看展览而擦着一点边的孩子都记得，那些亲身参与其事的红学家们的感受，就不问可知了。

　　这事为什么会在那个时候发生？需要从大背景说起。

　　1950年，以苏联为首的社会主义阵营国家成立了世界和平理事会，以后每年选出几位世界文化名人（生卒年逢整数者），来共同纪念。中国的古人李时珍、屈原、关汉卿、杜甫先后入选，与他们相比，曹雪芹也有资格并列比肩而无愧色。曹雪芹的卒年是1763或1764年，那么到了二十世纪六十年代初期，按部就班地就该准备纪念他逝世二百周年了。但是就在这纪念日行将到期时，国际关系变化了，中苏两党两国之间产生了裂痕，社会主义阵营面临解体，反修斗争已经展开，逐渐加强。那就只好改为国内自己来纪念了，那就要求保持最高规格，是国家级的纪念活动，而且还考虑到与台湾胡适派红学的竞争，这个曹雪芹纪念活动，就必须高调举行了。

　　问题还有另一个方面。当此议首倡的1961年下半年，中国人还没有从连绵三年的饥荒中走出，政治和文化方面都处于一个相对的缓和宽松期。中共中央扩大的工作会议即七千人大会,1962年1月11日至2月7日在北京举行,会上发扬了民主,强调要恢复实事求是的作风。《人民日报》副刊上开辟了"长短录"杂文专栏,北京市报刊上有"燕山夜话"和"三家村札记"在谈天说地,一时间文学创作题材广泛,戏剧电影丰富繁荣……仿佛"百花齐放"又回来了。按这个标准,纪念曹雪芹也可以明目张胆,理直气壮。但是,从计划开始到活动结束的1963年底这两年间,经济形势虽然好转了,政治风云却变幻迅速,纪念曹雪芹也不能躲进红楼成一统,眼看着山雨欲来风满楼。纪念活动的筹备、举办过程是个动态的变化过程,计划赶不上变化。

1962年9月24日,中共八届十中全会在北京举行。毛泽东主席提出阶级斗争必须年年讲、月月讲、天天讲,千万不要忘记阶级斗争。此会上批判了小说《刘志丹》,"利用小说反党,是一大发明"。1963年1月,柯庆施在上海提出了"大写十三年"。与此同时,中苏关系进一步恶化,从1963年9月6日开始,反击苏共中央公开信的"九评"文章陆续发表,指名批判赫鲁晓夫的修正主义。而恰恰在曹雪芹纪念活动结束的1963年12月,一言九鼎的领袖针对文学艺术作出了第一个批示:"许多共产党人热心提倡封建主义和资本主义的艺术,却不热心提倡社会主义的艺术,岂非咄咄怪事。"(全文见后)

我必须把那两年的政治背景预先摆在这里,因为如果不,就是梦里观花,杯水风波,看不透世态,就讲不清红学。读者不妨记住以上这些时间点,看看在那样的时势下,我们的红学界作何反应。

最初提出纪念曹雪芹逝世二百周年活动的倡议者,是北京市副市长王昆仑和文学研究所所长何其芳。周恩来总理批准了举行纪念活动,并且关心到具体细节。活动中最重要的是两项,一是办展览,二是开大会。

何其芳不必说了,为什么王昆仑副市长也这么主动热心?因为他自己就是红学家,或者说是红学家中唯一的政治家。王昆仑生于1902年,江苏无锡人,在北京四中和北京大学读书。1922年加入国民党,1933年成为中共地下党员,利用国民政府立法委员和国民党候补中执委的身份,从事政治活动。抗日战争期间在重庆,他以太愚为笔名,撰写了《红楼梦人物论》十九篇,陆续发表于《现代妇女》杂志。这些文章受到周恩来的鼓励,被带到延安传播,后成为红学史上的名著。王昆仑解放后先后任政务院政务委员、全国人大常委会委员。从1955年年底开始,担任北京市副市长。组织这一次纪念曹雪芹的活动,正好利用了他副市长的职权。

在活动开始前,大约是1961年秋冬季节,王昆仑副市长带着他的"秘书"周啸邦,先后登门拜访了吴恩裕和周汝昌。[33] 王昆仑对两位红学家分别讲述了即将展开的纪念活动的计划和设想,内容和规模,透露了中央领导对此都很关注,尤其周总理、康老(即康生)最感兴趣。此来是要征求专家的意见和建议,希望共襄盛举。两位红学家都感到振奋鼓舞,积极建言献策。

王昆仑为此全力投入。首先是以身作则,在《光明日报》上重新修订发表他的《红楼梦人物论》系列文章;他还引荐了两位懂满文的民间隐士,协助查阅翻译满文档案;又提示重点访问熟悉清代文史资料的老专家,点了陈云诰、叶恭绰、朱启钤等名字。访问老专家有所收获,有人提到了恭王府是大观园的"模特儿",或者提供传说中曹雪芹的墓地所在。

版本

《红楼梦》新版本的出现纯属偶然,要等机缘,可能几十年才一遇。但在那几年里偏偏出来两个重要版本,仿佛是为了纪念活动,故意来凑趣热身。

1959年3月,北京琉璃厂文苑斋书店收购到一部一百二十回抄本,据说来自山西。它的早期收藏者是清道光到光绪年间的杨继振,他和朋友都把此本称为《红楼梦稿》,有题签"兰墅(即高鹗)太史手定红楼梦稿百廿卷",和"兰墅阅过"字样,是有很多增删修改的稿本。由于它是首次发现的早期一百二十回抄本,由于它似乎与高鹗有关,可能是程印本出版之前的稿本,因此受到重视,被学部文学研究所购藏。同年6月28日,俞平伯在《北京晚报》发表《略谈新发现的〈红楼梦〉抄本》,肯定"这抄本发见的重要性,不容置疑"。1963年1月,中华书局上海编辑所将此本线装影印出版,题为《乾隆抄本百廿回红楼梦稿》,印一千五百部。这个时机,是与曹雪芹纪念活动着意配合。请记住这部《红楼梦稿》,以后它会引出一桩奇案。

1961年春,北京图书馆收得一部乾隆抄本《红楼梦》。限于当时的时代背景,其来源并未公布,只传出北图善本部主任赵万里的一句话:"是书收于一蒙古王府后人之手。"故称之为"蒙古王府本",而一些研究者并不愿轻信,谨慎地只称王府本。这秘密直到五十年后才得书主的后人揭晓,原来此书主人是真正的"世袭罔替"内蒙古阿拉善和硕亲王第八代"塔王",于清末购自北京琉璃厂书肆。其王府就在下文要讲的恭王府东邻,仅一巷之隔。"塔王"之子第九代"达王"达理扎雅,解放后曾任内蒙古自治区副主席,死于1968年。他的嫡福晋金允诚原名爱新觉罗·蕴慧,是末代皇帝溥仪的堂妹。1961年,在政府相关部门反复动员下,金允诚将此本"捐献给国家"。为表示感谢,北京图书馆回馈了一部《红楼梦》刊本,另外象征性赠予人民币三百元。[34] 对其作出鉴定意见并主管此事的就是赵万里,周汝昌最早在上海《文汇报》发表了《简介一部红楼梦新钞本》一文（署名"玉言"）。此本在当时没有影印。据后来的研究，蒙府本与戚序本的关系密切，为同源之本。

1961年2月12日，当胡适写《影印乾隆甲戌脂砚斋重评石头记的缘起》时，已经预想到"再过二年的今天，就是他死后二百年的纪念了。我把这部最近于他的最初稿本的甲戌本影印行世，作为他逝世二百年纪念的一件献礼。"没有想到，胡适竟不及见到这两年之后，先一步去世了。在台湾影印本出版一年之后的1962年6月，中华书局上海编辑所在大陆翻印发行了《脂砚斋重评石头记》甲戌本，那时不需要谈转让版权。

此翻印本有甲种本与乙种本之分。甲种本只印了五百部，内容和形式与台湾本全同，为线装一函两册，每册八回，书的上下有两块精致的木夹板。书中没有版权页，仅末页粘有一纸条，印着三行字："一九六二年六月翻印。定价十二元，内部发行"。乙种本也是线装，一函四册，每册四回，删除了一切胡适的痕迹，使读者难见是书原貌。书前的出版说明中说，"其原钞本于解放前为胡适所窃据"，故翻印时"去尽胡适涂抹痕迹"，这样就印了一千五百部。

对这样操作的内幕，李希凡在1973年揭露道：

一九六二年六月，旧中宣部指令原中华书局上海编辑所翻印买办文人胡适收藏的《乾隆甲戌脂砚斋重评石头记》，旧文化部某负

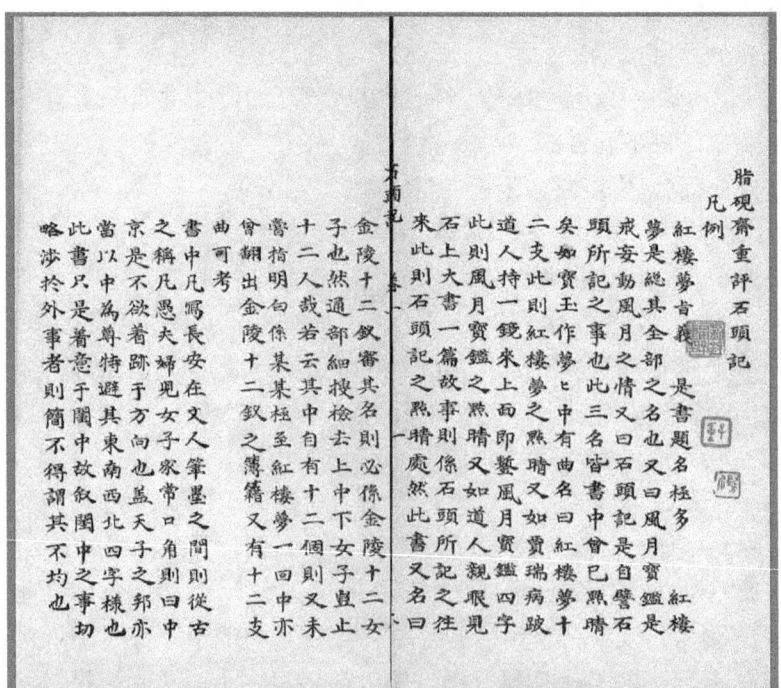

甲戌本1962年上海翻印本，去除了胡适题字和印迹。

责人（疑指齐燕铭——笔者）竟然下令保留底本上胡适的《序》、《跋》和印章。在柯庆施同志的坚决反对下，才不得不去掉这些反动货色，却又递补上俞平伯先生写的《后记》，对此书的来源既无说明，也无批判。[35]

那时候，我还是小学生，我父亲在北京的一所大学里工作。有一天，父亲带回来一部很新的蓝皮线装书，就是这部影印的《石头记》甲戌本，跟大学图书馆借的。在家里存了几天，我也小心翼翼地，半懂不懂地蹭翻了几次，没看懂内容，只记得朱墨灿然。好像没看见胡适的批语，应该是上海翻印的乙种本吧。这是我第一次见到《红楼梦》，第一次就见了珍本的美颜。

卒年

纪念活动如果能在诞生之周年举行当然更好，但是曹雪芹的生年，没有任何材料能够证明，只能根据卒年推算。卒年的两说只差一年，而他享寿多少岁存在更大的误差，一说是"四十年华付杳冥"，一说是"年未五旬而卒"，更难以认定。那么要想设定纪念活动的时间，只能从卒年入手，争取讨论出一个标准答案。于是，在报刊上讨论曹雪芹的卒年，就成为整个纪念活动的序幕先声。

从1962年3月10日至7月8日近四个月时间里，《光明日报》和《文汇报》接连发表两派学者互相驳难的文章十三篇，它们是：

吴恩裕《曹雪芹的卒年问题》；
周绍良《关于曹雪芹的卒年》；
陈毓罴《有关曹雪芹卒年问题的商榷》；
邓允建《曹雪芹卒年问题商兑》；
吴世昌《曹雪芹的生卒年》；
朱南铣《曹雪芹卒年壬午说质疑》；
周汝昌《曹雪芹卒年辨》；
吴恩裕《曹雪芹卒于壬午说质疑——答陈毓罴和邓允建同志》；
邓允建《再谈曹雪芹的卒年问题》；
陈毓罴《曹雪芹卒年问题再商榷》；
吴世昌《敦诚挽曹雪芹诗笺释》；
周汝昌《再谈曹雪芹卒年》；
吴恩裕《考证曹雪芹卒年我见》。

这里面吴恩裕一人独占三篇，地位突出。在争辩的中期，5月4、5、6日，周汝昌的长文《曹雪芹卒年辩》在《文汇报》上连载三天。这是他在沉默多年后,对俞平伯、王佩璋与何其芳等人观点的总回应。这种超乎常规的做法,在报界引来了不同意见,《新民晚报》的林放(赵超构)在《未晚谈》专栏中提出异议,认为长篇考辨文字不宜占据日报过多篇幅。

如果在平常,中国的报纸上是不会如此大量而集中地辩论一个过于专门的学术考证问题的,特别是关于一个古人的卒年,这次是一个罕见的例外。1954年曾经被打压得抬不起头的考证派红学,此时得以扬眉吐气,旁若无人地当众展开会战,不过也只是昙花一现。其鲜为人知的背景是,北京市副市长王昆仑在事先造访吴恩裕时,转达了周恩来、康生的意见:为纪念曹雪芹逝世二百周年,要把他的生卒年考证清楚,吴恩裕被寄予厚望,希望能够先写篇考证文章,引发争论。王昆仑更进一步透露:周恩来担心,万一胡适等台湾学界率先考据出与大陆不一致的生卒年,大陆红学界会很被动。

在两派红学家中,俞平伯、王佩璋、周绍良、陈毓罴、邓允建(即邓绍基)主张壬午说,周汝昌、吴恩裕、吴世昌、曾次亮、朱南铣主张癸未说。

要讲清曹雪芹卒年问题的来龙去脉,还是要从胡适说起。1921年胡适写《红楼梦考证》时,因为史料缺乏,只能大致推断"曹雪芹死于乾隆三十年左右(约一七六五)","当他死时,年约五十岁左右"。次年得到敦诚的《四松堂集》后,在《跋〈红楼梦考证〉》中改为:"雪芹死在乾隆二十九年甲申(一七六四)",并"假定他死时四十五岁"。1927年夏买到甲戌本《脂砚斋重评石头记》,见第一回眉批有明文"能解者方有辛酸之泪,哭成此书。壬午除夕,书未成,芹为泪尽而逝。……甲午八月泪笔"。胡适据此再次改定雪芹卒于乾隆二十七年壬午除夕(公元1763年2月12日),认为是确定无疑了。

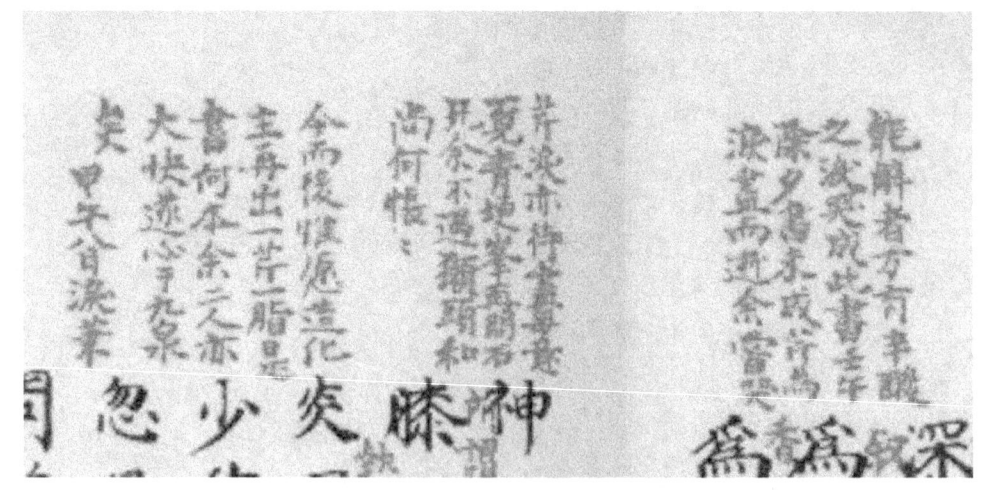

甲戌本批语局部:朱笔眉批右起第二行:"壬午除夕,书未成,芹为泪尽而逝。"

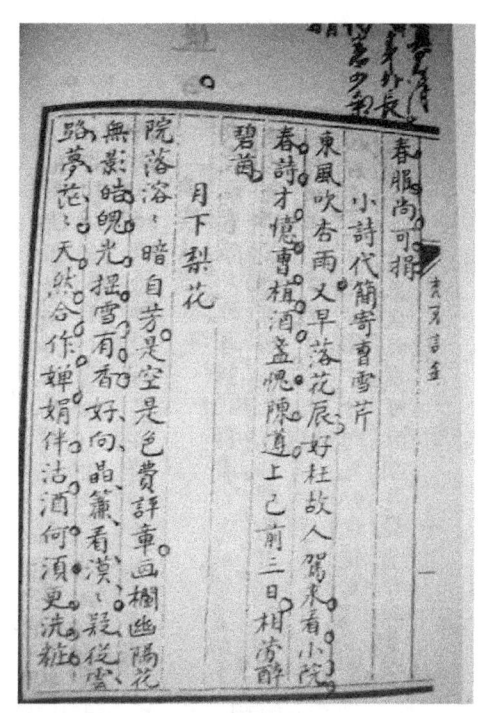

《懋斋诗钞》中的《小诗代简寄曹雪芹》

1947年秋，周汝昌发现了敦敏《懋斋诗钞》中的《小诗代简寄曹雪芹》一诗，据以考定曹雪芹卒于"癸未除夕"（公元1764年2月1日）。新说一出，胡适当即表示"我很同意"，俞平伯也承认周说"甚为的确"，只是他两人都不甚赞成周汝昌推定曹雪芹只活了整寿四十的说法，认为生年要更早，享年约四十八岁。1954年，俞平伯经过深入思考，回归壬午说。胡适也在1961年看到《懋斋诗钞》影印本后，发现诗集不像按年编次，便又决然返回"壬午除夕说"。胡适对曹雪芹卒年的认识，有前后五次变化，充分证明了他确实是"有一分证据说一分话"，"只跟着证据走"的。

胡适远在海外和台湾，且就在京沪报纸上的大讨论开始之前仅十多天时去世了。但是他仍然是一个隐隐的威胁，按那时的说法就叫阴魂不散。俞平伯不愿再参与公开争论，任由其他红学家们七嘴八舌。这里问题的关键是：《懋斋诗钞》是否严格编年，以及眉批作者是否年久误记？两派又是各有主张，争持不下。

在报纸上的大讨论结束一年之后，1963年8月初，由中国作家协会召开了一个小型座谈会。与会者有文学研究所的俞平伯、吴世昌、范宁、陈毓罴、邓绍基、刘世德，北京大学的吴组缃，北京政法学院的吴恩裕，人民文学出版社的周汝昌、周绍良，人民出版社的朱南铣等。主持者是作协书记邵荃麟，由刘世德代表纪念活动筹备组，向大家介绍曹雪芹卒年问题。

五　集合篇

刘世德做了充分准备，引用了解放前后各种报章杂志的文字，其中特别介绍到：胡适和俞平伯并非自始至终主张"壬午说"，他们曾一度接受周汝昌的"癸未说"，后来又改变看法，否定了"癸未说"，回归"壬午说"。这些曲折，正如本书前文所叙。此说一出，会场上许多人感到意外，但并没有人起来否认，包括当事人俞平伯、周汝昌在内。会后，邵荃麟对刘世德说：我都替你捏一把汗！嘱他务必向俞平伯核实此事。俞平伯承认这是不可改变的客观事实。

在会上，红学家们纷纷阐述了自己的见解，"壬午说"者和"癸未说"者依然各执己见，未能达成一致。最后邵荃麟作小结说，卒年问题是学术问题，今后还可以在红学界继续争论下去；但展览会是面向社会大众的，需要有一个明确的而不是模棱两可的说法。[36]

座谈会是在中国作家协会的会议室举行，会后聚餐。有人提议摄影留念，又有人建议拍照的地点改在故宫文华殿门前更佳。于是就有了下面这张照片。

文坛领袖郭沫若在私下表示了倾向性，他在1963年7月25日致信吴世昌："壬午说不免有孤证单行之嫌"，"颇觉癸未说的证据要充实些"，"注意到十六回脂评本中问题的那一条，关键的'壬午'二字，字迹较小而不贯行，颇致疑虑。"

此次曹雪芹卒年大讨论，是由官方发动，又有与胡适派竞争的政治意图，

1963年8月初，红学家座谈会后合影，在故宫文华殿。从左到右依次为周汝昌、吴恩裕、陈毓罴、周绍良、吴世昌、朱南铣、俞平伯、刘世德、邵荃麟、阿英。
刘世德同意用图

才能够在报纸上大张旗鼓地进行。无论动员的规模,造成的声势,还是达到的深度,产生的影响,都空前绝后。讨论的结果虽胜负未分,但由于是吴恩裕贯穿始终,仿佛如主持人的开篇、中场和结语,周汝昌也有两篇,连位高权重的郭沫若都表了态,似乎是"癸未说"占了优势。

俞平伯从1954年以后谨言慎行,这一次袖手旁观,没有写文章参加争论。他以当事人的敏感,把卒年之争与1954年的那场大批判运动联系起来:"我主张壬午,有《曹雪芹的卒年》一文,其时约在一九五四年。其年秋有《红楼梦研究》的批判,于是诸人群起而主张癸未说,其故我亦不明,可能和批判有些关系,亦一时之风气也。其实我对于曹氏卒年,壬午或癸未,毫无成见;对于癸未说者的曲解,亦不感任何兴味。……我不欲加入是非争吵之场"。[37]

但后来实际的结果,却是采用了"壬午说",后文再说。

为把卒年问题说全,在此稍微穿越一下。1980年,梅挺秀(即梅节)提出了第三种主张"甲申说"。他的理由,是对甲戌本上那段朱笔眉批重新断句,分为两截:

能解者方有心酸之泪,哭成此书,壬午除夕。

书未成,芹为泪尽而逝。……

他认为"'壬午除夕'非雪芹卒年'明文',乃畸笏加批所署之日期"。再根据敦诚写于甲申年的《挽曹雪芹诗》,如"晓风昨日拂铭旌"云云,判断"曹雪芹卒于甲申年(1764)春天"一、二两个月内,晚于癸未除夕之后约两个月。徐恭时随后跟进,又将曹雪芹卒年具体到"清乾隆二十九年,岁次甲申,仲春二月十八日春分节间。——阳历是一七六四年三月二十日"。[38] 蔡义江表示支持,吴小如先生也从"壬午说"动摇了。曹雪芹卒年问题因此而成鼎立之势。

我以为此说略有为了标新立异,而强行断句之嫌,虽不能说绝无可能,却稍显勉强。此说出后,已没有二十年前大讨论时那种背景和氛围,终归不如前二说影响之大。

恭王府

正当卒年问题争论未休,报纸上又冒出来一个"大观园"的热门话题。二者都不光是文人雅兴,或市井逸闻,还都受到官方高层的引导和鼓励,那年月的《红楼梦》真是太热了。

引发这话题的,又是周汝昌。早在1953年出版的《红楼梦新证》中,他就提出了"大观园在哪里"的问题。回答是"和大观园最相像的,我以为是果亲王的承泽园",也就是原属张伯驹的"展春园"。没有什么根据,就是看着像,因为他在就读燕京大学期间经常造访。那时恭王府还不为人所知。

在"地点问题"一章中,周汝昌推定曹家老宅应在北京西城偏北,护国寺一带,并根据小说本文绘出了"荣国府院宇布局示意图",指出是由九个大院组成,有夹道,有后楼。把曹家老宅与《红楼梦》小说的蓝本、荣国府和大观园等同视之,混在一起讲,就是对《红楼梦》地点问题的强行落实。这与时序年表的对应编制一样,时空结合,都是周汝昌"写实自传说"重要的组成部分。

《新证》书出后,周汝昌接到原辅仁大学(后并入北京师范大学)数学系魏庚人教授的一封信,他发现周书中的"荣国府图"与辅仁的女生部(校舍即恭王府)的布局完全一致,建议周汝昌去实地考察。因此在当年12月出版的第三版补遗中,周汝昌提出:"根据目前线索,我很疑心曹雪芹老宅就是现在的北京师范大学女生部,这所宅院的历史如下:曹家－和珅府－庆王府－恭王府－辅仁大学女部－师大女部。"恭王府与大观园的联系便因此而生,周汝昌还首倡国家文化部门应在该处辟一所"曹雪芹纪念馆"。

1955年以后,周汝昌的"写实自传说"只能被压抑、收敛起来。但是他退而求其次,仍坚持恭王府即荣国府,后花园萃锦园就是大观园,或是其蓝本。

1961年春,《文汇报》驻京记者吴闻告诉周汝昌一个好消息:遵照周总理的指示而开会讨论,北京市政府采纳他的观点,拟于恭王府建曹雪芹纪念馆。周汝昌兴奋之余,赋诗一首:

> 岁辛丑二月廿七日,吴闻女史见过,谓云:顷市府采邮说,恭邸萃锦园即红楼大观遗址,有辟为雪芹纪念馆之议。并拟邀往一看,刻地属别用,非相引不得辄入也。因缀长句,用寄女史,以纪一时之事。
>
> 芳园人说禁城西,老柳官桥迹欲迷。
> 萃锦久陈身后事,天香犹榜梦中题。
> 季伦旧语终谁解,文叔新编倘易齐。
> 多幸来朝叩关处,试从燕嘴觅芹泥。[39]

在这之后,周汝昌才有机会首次进入恭王府,实地踏勘。

1961年的秋天,有一件当时保密的事,王昆仑是亲历者,但是他不能对外透露。那就是,上海越剧院《红楼梦》剧组访问朝鲜归来,周恩来总理在人民大会堂接见,由王昆仑作陪。周总理向剧组介绍王昆仑是红学家,并提出带剧组去北京恭王府参观,作为即将开拍越剧电影《红楼梦》的环境体验。几天后,周总理在中南海家中请主演王文娟、徐玉兰等吃饭,在席间周说:"你

恭王府萃锦园内方形水塘，此图约摄于1940年，水塘已干涸，右为观鱼台局部。后此水塘曾被填平，现已恢复。原载喜龙仁《中国园林》(1949)。

们演了那么多遍《红楼梦》，走，我带你们去看看真正的大观园。"

这一天是1961年10月24日，王昆仑接到通知，立即赶到恭王府花园，陪同引导。周总理问："你看像不像大观园？"王昆仑说："我看不像，园子显得不够大。"周总理说："你就当它像，讲讲我听嘛。"这时，有人提到周汝昌的观点，说恭王府与大观园相像。周总理因而说道："要说人家是想象，人家也总有一些理由。不要轻率地肯定它就是《红楼梦》的大观园，但也不要轻率地否定它就不是。"在参观中，周总理指示，要将恭王府保护好，将来有条件时向社会开放。

后来就有了王昆仑副市长对红学家的登门拜访，他不能讲得太详细，但告诉周汝昌，恭王府前身即大观园遗址这一说法，已得到众多中央领导人的关切，特别是周总理和康老，不少人都到园里去看过，问研究有无新的发展。周汝昌展示并讲述了他的证据。

此时"自传说"虽不能明言，但挽救恭王府则名正言顺。当时的恭王府被北京艺术学院、公安部宿舍等多家单位分割占领，残破衰败，北京市也无力解决。周汝昌想只能向中央领导申述，而王昆仑又提到了康老，于是就通过《光明日报》，给康生写信求见。康生回了信，约他（1962年）3月3日在家中见面。

　　康生在五十年代长期养病，当时的职务是中央政治局候补委员、中央文教小组副组长、全国政协副主席。1960年以后，他参与对苏联和国际共运方面大政方针的决策，参加了与苏共之间的所有会谈。同时他也颇富文化修养，喜爱翰墨书香。康生的家在旧鼓楼大街的小石桥胡同，就是后来的竹园宾馆。那天是《光明日报》的总编辑穆欣乘车来接周汝昌，陪同在座的还有文化部文物局局长王冶秋。

　　康生表示同意周汝昌对恭王府的研究意见，"兹事早经肯定"，"第一条不能反对，第二条不准反对"，"我连司棋、潘又安幽会的地方都肯定了"。又说周总理已经批准对恭王府的维修保护列入1967年的第三个五年计划，只是因为目前的困难，故稍后推。他们当然也闲谈交流了《红楼梦》，周汝昌看到了康生精细批注的有正戚序本《石头记》。最后康生过问周汝昌个人有何困难，周汝昌顺便反映，自己因生病不能坐班，带病在家工作，单位每月要从八十多元的工资中扣三十元，生活和研究条件确有难处。

　　会见的当晚，周汝昌给在上海《文汇报》工作的老同学黄裳写信说："今晨赴康老之约，快谈至过午。康老人极有风趣，妙语纷挐，人极热情，谈锋健甚，所涉甚多（主要是大观园、红楼二题）……"

　　很快康生给人民文学出版社写了信，帮助周汝昌解决被扣工资问题。这封信被抄成大字，张贴在社内楼梯转弯墙上，人人可见。人文社退补给周汝昌所扣一千多元，这在当时不是小数目。据周汝昌说他没有接受，他不想让别人说自己"找中央争工资"，说去见康生就是为了文化，没有其他用意。[40]

　　颇有点类似与胡适的"平生一面旧城东"，周汝昌只见过康生这一面，但是通过几次信。这样单位里都知道了，他习惯于给高层领导写信求助。周汝昌早已不是1951年，那个对"中央文化部"来人无动于衷的懵懂书生了。顺便说一句，周汝昌把吴世昌的英文书和文章转给《光明日报》，当也在此前后，于4月发表。

　　也是在1962年3月，另一位《文汇报》驻京记者刘群又来找周汝昌，先通报新发现了与曹雪芹有关的半截残碑，再谈主题——周汝昌最关心的恭王府"大观园"。他准备自己先写一篇导游性文章，然后再发考证。周汝昌以为是良策，为他出主意，建议可访何人并收集口碑等。刘群很快借到旧辅仁大学所存府园细图，周汝昌结合水系走势、建筑形制，认定此府最早乃明太监李广之邸，这与康生认为府园内山子乃明人作法的意见相合。

　　刘群的文章写出后，能否发表却遇到阻力。从黄裳致周汝昌的几封信里，

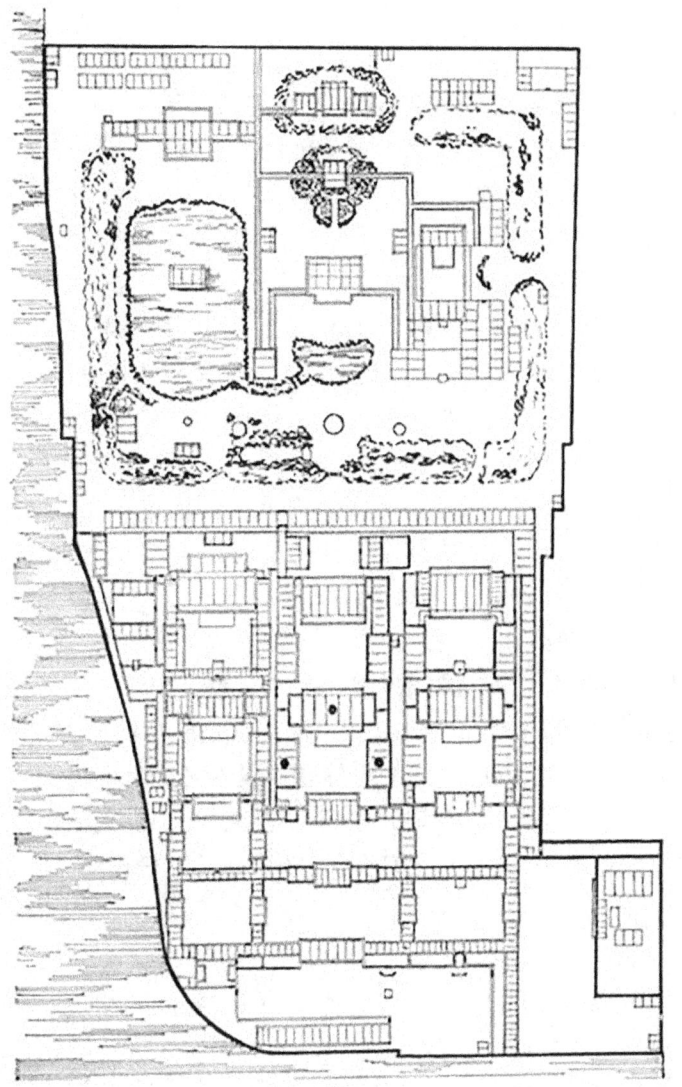

《北京恭王府及其花园》平面图,原载辅仁大学《华裔学志》杂志第五卷,1940年。

可以看出这个过程:"大观园果不能发表,系王昆仑意见,园中有保密机关又恐人之讥评,遂不同意发表消息,此扫兴之事也。然亦无妨,稍稍待之可耳。""《大观园游记》已送康老审阅。""《大观园》稿,写至此处,喜得康老已阅过该文,并批可发,为之大快。"[41]

1962年4月29日,上海《文汇报》隆重推出北京纪念活动的新闻。头版消息的大标题是:"曹雪芹卒年无妨一辩,大观园遗址有迹可寻"。第三版以整版篇幅刊载记者吴柳(即刘群)所写的长文《京华何处大观园》,和两幅有关大观园的参考图。以头版头条新闻配整版特写文章,这是报纸大张旗鼓宣传的最高形式了。

五 集合篇 303

看看当年《文汇报》编辑部内部处理此文的细节，更为有趣：

一九六二年，北京筹备纪念曹雪芹逝世两百周年。……《文汇报》对这种文化盛事自然要充分报道，何况红学一直都是热门话题。《文汇报》除了发表一些专家文章外，北京办事处记者刘群写了长篇通讯《京华何处大观园》，署名吴柳。（总编辑）陈虞孙读了稿子，大感兴趣，关照文艺部写一条新闻与通讯同时刊出，以增此文的分量。新闻送到陈虞孙处，他提笔做了一个标题："大观园遗址有迹可寻"，但下联（应为上联，下同——笔者）对不出来，他拿到夜班编辑部征对下联，大家七嘴八舌，对出的都不理想，最后由黄裳对出一联："曹雪芹卒年何（无）妨一辩"，对得工整到位，新闻在一版头条位置刊出，标题做得"弹眼落睛"。[42]

黄裳对出来的这副对联式标题，既是对老同学周汝昌说法的支持，也是对《新民晚报》同行质疑的回应。据黄裳回忆，此文引起读者极大兴趣，却祸及报社门外的贴报栏，被人打碎玻璃把报纸取去了。报社同仁兴高采烈，但估计阴暗角落里会有叽叽喳喳存在。

此文可算是新闻史上的名篇，所以在几十年后还有再读的价值。让我这个以前的报人在今天评价，从可读性和造势效果来说，它是成功的；但是在客观真实和严谨稳重方面，它是欠缺的。看它的小标题："误走尤二姐小巷"，"仿佛林黛玉走过的路"，"凤姐所经营的后楼"等等，过于轻佻煽情。文中设问："北京真有这么个'大观园'吗？它的遗址究竟何在？"然后自答："北京红学家传说：'有，在后海恭王府！'"其实，是太偏信于一家之言了，这有可能误导公众的认知。

在此前后，《文汇报》驻京记者还曾往访原辅仁大学校长、时任北京师范大学校长陈垣，约请撰文，并邀游园。自院校调整后，陈校长与恭王府一别十年，此次携友人回恭王府旧地重游，感怀联句，兴致颇高。陪同的记者几番诱导，想让老人说几句有关恭王府与大观园的凑趣话，但陈校长始终不配合，回避就是他的态度。他一定回想起二十五年之前的首次游园，那是1937年辅仁大学接管恭王府时，陈校长邀请梁思成、刘敦桢等几位建筑专家一起巡视府园，当场指示学生单士元考证恭王府的历史沿革，就像是"大观园试才题对额"一般。单士元写成《恭王府沿革考略》一文，经陈校长亲自批改后，于1938年12月在校刊《辅仁学志》发表。此文论证：恭王府的前身是庆王府，庆王府的前身是乾隆朝和珅宅，和珅宅再往前虽然有诸多说法，但因"文献无征，殊难置信，仅属闾巷传闻，聊资谈助而已"。无论是作为在此校舍掌舵十五年的一校之长，还是作为渊博而严谨的第一流历史学家，陈垣先生怎么能对市井传闻随声附和,怎么能跟着媒体吹风而应声起舞呢?只好令记者失望了。

康生在7月3日给周汝昌回信通报:

> 最近郭沫若、陈叔通、张奚若、李富春、李先念、杨尚昆诸公及陈毅元帅都去看了恭王府,大家都很有兴趣。据张奚老说,过去梁思成教授及林徽音女士(已故)对恭王府之建筑曾作过研究。游园时粤剧名演员红线女持一团扇(上画钱塘江大桥)请郭老题,郭老题诗一首曰:一日清闲结雅游,百年余梦觅红楼。楼前尚有湘妃竹,扇上钱塘天外流。[43]

康生本人曾经两次去看过。周汝昌为此而心情激动,因为他的考证成果,引起了中央领导人的注意并前来考察了。其实,领导人也有个人的雅兴,百忙之余需要放松调剂,那时进府参观也是一种特权,需要一定级别身份的。

当时的江青还隐身幕后,默默无闻,她却本能地跟康生唱了反调。请看她在1972年的说法:"我记得是一九六二年还是一九六三年,正是这两年吧,我在上海,华东局宣传部长(现在证明这个人不好,有叛变行为,当时还不知道),他有一天对我说,现在北京找到大观园了,好多人去看了,某某负责人也去看了,我说那《红楼梦》要改名了,要改成曹雪芹游记。这个人也是个蠢材,他没有听懂,我不理他了。"[44]我查了一下,这是指夏征农。

若问恭王府和花园(及其前身)与曹家府邸和"大观园",究竟关系如何?可以最简单地大略概括如下:

反方(戴志昂、顾平旦、杨乃济等):恭王府的前身是乾隆朝大学士和珅宅第,始建不早于乾隆四十一年(1776)。那时候,曹雪芹已经死了十几年。在和宅起建之前,这里是一些普通的胡同和院落,并无大府邸存在,这有乾隆十五年(1750)完成的《乾隆京城全图》为证。故此府邸不可能与曹雪芹和《红楼梦》发生关系。咸丰元年(1850)此府被赐给恭亲王奕䜣,他在同治五年(1866)重建了后花园,如果说其中有某些类似"大观园"之处,是同治年间对《红楼梦》内容的模仿。这些,都有确切的历史文献来证实。

正方(实即周汝昌):有传说曹家旧宅在北京城内的西北方向,或大观园旧址在什刹海。这一地点在明代可能是太监李广的府第。陈从周认为现存府东墙收分明显,下大上小,是明代作法;有些殿堂的建筑是清初作法。康生认为假山叠石有明代特点。花园假山洞里有康熙所题福字碑。府西路"天香庭院"匾额是慎郡王(胤禧)所书,他是康熙之子,与曹雪芹的先人交好。此派否认《乾隆京城全图》的准确性,欲证明恭王府的前身比和珅更早,和珅不是平地建新府。但是这些理由或是传说,或是推测,或是对实物的主观判断,缺乏文献记载依据,且与《乾隆京城全图》相冲突。

无论如何,关于恭王府和"大观园"的热议,给那年的纪念活动增添了吸睛动人的趣味,也给未来将开放为旅游景点的恭王府和后花园,预留了说不尽的闲话谈资。

插曲:秋凉

在1962年的春夏两季,当时的"反修勇士"康生确实非常关注红学研究。7月6日,俞平伯也成为康生府的座上宾,他在次日致函申谢:"一昨奉谒,得从容聆教,不胜欣慰。脂评本后记颇冗长,荷披览指正,幸甚!恐不免费时间耳。"7月31日上午,康生又亲自到老君堂回访了俞平伯。[45]

与此同时,周汝昌还积极做着另一件事,那就是应《光明日报》编辑黎丁约稿,在《东风》副刊上连载《曹雪芹家世生平丛话》,从1962年1月至

俞平伯致康生函,1962年7月7日。

康生赠俞平伯台湾版甲戌本影印本。在首页右下角原撕缺处，是康生钤印。

9月连载了前八节。周汝昌正当"四十年华"，感觉文思泉涌，"下笔如有神"。忽然接到通知，说到此为止，以后不再发表了。周汝昌茫然不知原由，就此停笔，再难重续，很多读者也觉得遗憾。七十年代，在周汝昌一再追问下，黎丁才说，还不是某某人说话了，不让登了。至于这某某人究竟是谁，黎丁再不肯"泄露天机"。周传作者梁归智曾于2005年5月电话采访黎丁，老人已经不复记忆，梁先生还是不明所以。[46] 但是读周传至此，我顿时心知肚明了。

转眼就是秋凉。距康生访俞平伯仅仅过了一个多月，1962年9月24日上午，中共八届十中全会在北京中南海怀仁堂开幕。毛泽东在讲话时，收到了康生递的一张条子，上面写道："利用小说进行反党活动是一大发明。"他指的是长篇小说《刘志丹》。毛泽东当场念了这张条子，接着说："现在不是写小说盛行吗？利用写小说搞反党活动，是一大发明。凡是要想推翻一个政权，先要制造舆论，要搞意识形态，搞上层建筑，革命如此，反革命也如此。"原副总理习仲勋因此挨整下台。毛泽东还发出了"千万不要忘记阶级斗争"的号召。[47]

在这次会上，康生被增选为中央书记处书记，政治地位上升，以后他就不可能再公开地关注《红楼梦》了。这并不仅仅因为公务繁忙没有时间，而是因为政治转向了，识时务者为俊杰，此一时彼一时也。在之前他肯定"大

五 集合篇 307

观园"，是个人雅兴；在之后他扫荡"封资修"，是政治敏感。康生与《光明日报》关系非同一般，事发又正当其时，某某人除了他还能有谁？我敢肯定，这就是周汝昌的《丛话》文章连载中断的原因。到一年后的文华殿展览时，我们还能看到康生的"变脸"。

调查掘墓

正当报纸上两派对卒年问题争论不休时，在北京东西郊外的村落田野上，一场由市政府官方主导的大规模调查也已悄然展开，并持续了一年多。

在副市长王昆仑的倡议推动下，1962 年 1 月 3 日，北京市成立了三人调查组，由市人民委员会（即市政府）、市文化局文物工作队和海淀区文教局各一人组成（为首者据说就是周啸邦），对曹雪芹的故居、坟茔、后裔开展田野调查。如果能在纪念活动举行之前，将曹雪芹的故居、墓地位置确定下来，那不是对他的最好祭奠吗？

在王昆仑事先访问吴恩裕和周汝昌时，如何进行调查曹雪芹的遗踪旧迹，是一个重要的议题。因吴恩裕对西山考察已有经验积累，故希望他能对即将开展的调查给予指导，必要时工作队可以来向他汇报进展。周汝昌则提出建议：可以通过户籍部门作一次广泛细致的调查，包括现居城内城郊的曹姓居民，而其祖上隶属于正白旗的旗人，如能知道祖辈是内务府的正白旗籍就更好；再进而查询其祖上的官职、老宅与祖茔，这应该是可行办法。

首先要调查的是曹雪芹在西山的住处，也就是巨著《红楼梦》的诞生地何在。调查开始的最初线索，就出于吴恩裕的著作《有关曹雪芹八种》之中。1954 年，在《新观察》杂志上发表了《关于曹雪芹》一文后，吴恩裕收到了读者来信，讲述他们所知的曹雪芹在西山的情况。

上海的曹未风说，在 1930 年曾经到过西郊的镶黄旗营，该村位于颐和园后过红山口去温泉的路上。当地居民告知，曹雪芹当年就住在该村，并死在这里。承德的镶红旗满人赵常恂则称，他于清末幼年时在北京西城丰盛胡同的满蒙文学校读书，有个家住香山健锐营的同学对他讲，他们家那里风景如何好，星期天骑驴玩耍是如何有趣，还说写作《红楼梦》的曹雪芹当初就住在那里，当地还有人能指出雪芹当年的故居。还有沈阳的刘宝藩提供，他于 1950 年 2 月到京郊之青龙桥参加土改，"偶与正蓝旗住户满洲人德某谈及《红楼梦》作者曹雪芹，德谓曹住在健锐营之镶黄旗营，死后即葬于附近。"

调查组循着这些线索，访过两处镶黄旗营的几位八九十岁老人，他们都说原属旗兵营房禁地，不许汉人居住，也没有姓曹的。接着他们又调查了"健锐营"附近的各色旗村,都无人知晓。那正蓝旗的德某也查无其人。一个多月里,走访了十五个单位八十余人次,踏遍了健锐营附近的二十多个村庄。他们得知,当时健锐营建营不久,营房整齐,管理严密,外人特别是汉人难以进入;另外那时健锐营一带有数千户在旗士兵,人口超过万人,与"寂寞西郊人到罕"不符。于是结论是:健锐营的可能性可以排除。至此,吴恩裕提供的三个线索,全部作废了。

故居调查陷入瓶颈,调查组转而开始寻找曹氏后裔。他们得到了全市在旗曹姓的名单和住址,从市区到远郊,挨门逐户走访了二百四十余户。大部分人说不清楚祖上的情况,至多上溯到祖父一辈。调查组进一步筛查,将与曹雪芹家同属于正白旗的住户找出来分析。总共有七家,似乎都找不出与曹雪芹家有瓜葛的蛛丝马迹。在通州富豪村,村民曹文华讲起祖先的身世,与曹雪芹家貌似接近,且其先祖曹世隆与曹雪芹先祖曹世选之名只差一字,同为"世"字辈。调查组燃起了希望,又赶赴传说中的曹家祖籍河北丰润等地探寻,还是未有所获。

访故居、查人头相继折戟,剩下的就是探查墓地了。香山一带是风水宝地,调查组沿村访问,实地踏查了一千二百多座坟茔,却没有发现曹姓墓地。有不止一个传闻说,万安公墓附近有曹雪芹的石碑,踏查后却并无实据。有人又建议,曹雪芹很有可能葬入祖茔,可以从寻找曹氏祖坟入手。于是,调查组又回到文献之中爬梳线索。

从康熙五十四年(1715)的曹頫奏折中,可以看出曹家在北京郊外确有祖茔,而且有"通州典地六百亩,张家湾当铺一所"(注意这条,为三十年后伏线)。按照清代习俗,祖茔往往建在自家产业附近,且按朝廷规定,正白旗的坟地多半划在东郊的朝阳门外、东直门外。这两条线索不是对上了吗?在二十多天里,调查组走访了位于东郊八个公社的二十余个生产大队,与近百人面谈,最后终于在朝阳区双桥公社的司幸庄生产队,找到了疑似的"曹家坟"。

区文化馆介绍这里是正白旗的坟地。司幸庄生产队七十六岁的陈义凤老人讲述:村西头确实有一座规模颇大的曹姓坟墓,距今已有三百年左右了,听说曹姓坟主在内务府当差,祖上有当过尚书的。庚子年(1900)以后,坟地荒芜,变成了耕地。按他的说法,确与曹雪芹家世相似:年代相符;家世相同;曹雪芹曾祖父曹玺曾做过尚书;其地过去曾隶属通州管辖,而曹家在通州有"典地"和"当铺"等产业;这座坟茔占地近百亩,地面上有虎皮墙、山字墙、殿堂等建筑,规模与曹家地位相称。

王昆仑等市领导听了调查组汇报后,有了发掘之意,小心翼翼地向文化部请示报告。文化部也是谨慎地批准了,并嘱咐勿作任何宣传报道。王昆仑随即指示："保密，非最必要关系不可通知。"周汝昌通过文化部齐燕铭看到了文物局的报告，并写信向康生和黄裳通报，满怀着期待。

待农民庄稼收割后，9月21日调查组悄悄进驻司幸庄，请来一百四十位民工参与挖掘。发掘的目标是希望能够获取一些有价值的文字，例如石砖雕刻的墓志铭、用朱砂写在砖上的买地文件，或是用墨笔写在纸绢上的墓主姓名、生死年代等。挖掘持续了五天，事与愿违，在墓中没有发现任何带文字的东西，只是出土康熙至乾隆年间的铜钱，而且墓地已经多次被盗，已无值钱的陪葬品。调查组不甘心就此结束，又继续挖掘临近的第二座坟茔，还是所获寥寥。9月29日，挖掘工作遗憾地宣告结束。

掘墓白忙了一场，都很失望和扫兴。主事人王昆仑指示工地恢复原状，参与者一律守口如瓶。这正与"大观园"一事的大肆张扬，唯恐不知，形成鲜明的对照。王昆仑曾对刘世德叹息："难啊，旗人的风俗是死后不立碑，难找啊！"

三十年后的1992年，当曹雪芹墓地再次成为新闻时，亲历者苏天钧回忆，当年被认为是曹家坟的地方有通县、房山等几处。他说进行发掘的时间是1965年，地点在通县八里桥附近的杨闸，方圆大约有十亩。挖出了三具棺椁，一男两女，男尸看起来地位显赫。坟墓虽然被盗多次，陪葬品依然丰厚。"但没有文字资料作旁证，我们不敢说这是曹寅还是曹頫的墓。"苏天钧记述的时间、地点和细节都有差异。不确定孰是，记此聊备一说。

香山传说

在官方全面撒网的同时，吴恩裕教授也在以他的一己之力，局部深挖，在香山调查曹雪芹。

1962年6月开始，他租住在香山买卖街二号，农民张老太太院里一间十平方米的东房，早出晚归，寻访当地老人，记录口碑传说，实地考察取证，再与文献资料互证，这一住就是四个月。他的研究，把曹雪芹的居住范围划定在香山、万安山、金山这个山湾里，其中主要是镶黄旗和正白旗两处。可惜所获并不多，正感叹这长住四个月的踏破铁鞋无觅处，谁料想在次年作半日游，便得来全不费工夫。

1963年3月初，中国新闻社记者黄波拉到卧佛寺附近的龙王堂，看望同乡好友冯伊湄，她与丈夫——画家司徒乔一起在此乡居创作。闲谈中，黄波拉提到了文化部正在举办纪念曹雪芹逝世二百周年活动。冯伊湄突然想起，以前有个跟司徒乔学画的学生张家鼎，他的父亲张永海知道许多关于曹雪芹的传说。黄波拉把这个消息带回北京城,"文学遗产"编辑部听说后,便转告吴恩裕,请他出马到香山访问张永海。

吴恩裕正中下怀,邀请吴世昌、周汝昌、陈迩冬等学者一同前往。那个年代的"两吴一周",还是亲密无间的。去的那天是3月17日,且看周汝昌的回忆:

> 那天随恩裕伉俪(夫人名骆静蓝)奔到健锐营的正黄旗,找到了张家小院落。正黄旗是此营右翼四旗的头旗,位居从北向南靠山坡一排的北端(左翼四旗是从西向东一排,靠北面坡)。小院全似山村民户,早无一点营房痕迹。院中有树木,放一张长方矮饭桌,几个人围坐,听主人开谈。
>
> 张永海其时年已六十多岁,人很朴实,看样子是个嗜酒者。恩裕兄访知此老者旧时曾在城内当过警察,盖辛亥之后旗人生计无着,多沦于杂役、小贩等业。自云蒙古族,本姓是章嘉呼图克图,"张"是后改汉姓(一如满族人多改为赵姓、金姓)。
>
> 听他讲时,骆女士作了记录,恩裕兄则不断发问,要他回答。[48]

张永海故事的来源是他父亲。其父张霙泉少时喜欢编唱莲花落,能唱整本的《红楼梦》。从小张永海就从父亲那里听过许多关于曹雪芹的故事。

张永海说,雍正年间,曹家遭抄家后,从南方回到北京,住在东城的老宅里。曹雪芹因是皇族内亲,所以当过内廷侍卫。大约在乾隆十一年到十三年,曹雪芹不知道为什么不干了。

后来,曹雪芹在城内的一个学校里当过"舍夫",类似"仆役"一类差事。他来这的原因是"拨旗归营",同犯一案的人,从城里发过来的。

他住的地点位于四王府之西,地藏沟口左边靠近河滩的地方。至今门外还有一棵二百多年的大槐树,后面是正白旗的档房。因为曹雪芹是内务府旗人,所以他拿每月四两银子、每季一石米的俸禄。有一个叫鄂比的旗人与曹雪芹关系很好。有一次,曹雪芹到亲戚家借钱,人家不借给他。鄂比就送给曹雪芹一副对联:"远富近贫以礼相交天下有,疏亲慢友因财绝义世间多。"乾隆二十年春天下雨,曹雪芹住的房子塌了。鄂比帮曹雪芹在镶黄旗营北上坡碉楼下找了两间东房住下。

后来,曹雪芹的生活越来越穷,有时只能全家喝粥。但他什么都不管,只是一心写《红楼梦》。头发长了也不剃,穿着一件蓝布二褡裤(即没有领的大褂),福字履,腰里常围着一个白布包袱,包着纸笔,不管走到什么地方,想写就写,听见别人谈话里有好材料,马上就记下来。有时候跟朋友喝着酒,突然就离席跑回家写《红楼梦》。因此,好些人都管他叫"疯子"。

曹雪芹续娶,有一个儿子,特别疼爱。乾隆二十八年中秋节他儿子"闹嗓子"死了。曹雪芹伤心过度,天天跑到儿子坟上去哭。除夕那天,他也伤心而死。曹雪芹死后,人们说:他和他儿子的死日子,占了两个"绝日",一个是八月节,一个是除夕。雪芹卒后,无力归葬祖坟,就埋在山后一处名叫"地藏沟"的地方。

听了张永海讲的传说,吴恩裕大为惊叹。这则传说,涉及的内容极广,几乎包括了曹雪芹回到北京直至逝世的全部生活,有些能与已知的文献对上号。关于曹雪芹和他的儿子都死于乾隆二十八年,一个死于八月节,一个死于除夕的细节,吴恩裕认为极有参考价值。4月18日,在《北京日报》上发表了张永海署名的《曹雪芹在香山的传说》,口头传说有了文字版本,并广为流传。对此周汝昌也有简略回忆,小有出入,他认为"我们要对历史负责,张老人的传说,未可全信,也未宜尽指为妄谈"。[49]

周汝昌接着记述道:

> 为了踏寻葬地,我们又访过张永海一次。
>
> 那次是向文联洽借了一辆旧汽车(当时漫说个人,一般机关单位也极少有车的)。张永海坐在司机旁指路,他老伴见他坐上了汽车(那有"高贵"之感了),面现惊喜之色。已记不清开往哪个方向,反正这"山后"又不是上述的北营子,距离颇远,这是否意味着雪芹已经迁居?张永海未有明言。
>
> 在行至山深处,方知此地属部队驻处,不许通行。恩裕作代表下车去解释,部队电话问了文联,属实,车内皆学者——这才放行。但仍不许进沟乱走。故此行遂无收获,至今不知张所言何所依据。(后又传说葬地在"象鼻沟"。皆无法证实。)
>
> 那时健锐营地方已破旧不堪,原先有全营围墙、营门,一无所存,惟山坡上还残存石堡垒遗迹(此营"云梯兵"习练爬高攻堡之假想建筑)。脚下则遍布碎石,青黄不等,像是旧河床上的卵石,俯拾可取。恩裕兄为了纪念此行,拣了一枚,回家后费了数日苦磨的功夫,制成一个略呈椭圆的小砚,十分得意。[50]

周汝昌也曾经多次在北京城里和香山一带寻访曹雪芹的遗迹,有时与四兄周祜昌一起,有时与老诗人饶孟侃同行。那时他还年富力强,可以从卧佛寺走过樱桃沟、玉皇顶、碧云寺、香山,又折向健锐营的正黄旗、佟峪、北辛村……一路上,他们看到山居人家,便上前问是否听说过曹雪芹的事迹。

这是1963年的春天,关于曹雪芹卒年的讨论已经展开了一年,仍然是公说公有理,婆说婆有理。为此开过多次会,此时必须要有个结论了。最大的这次会由茅盾亲自主持,到会者人最全,连不涉红学的钱锺书也来了。前文说过,钱锺书与吴世昌住邻居,两人曾经以书信讨论曹雪芹卒年问题,钱锺书提出了"古人诗句不足以证史实"的观点。[51] 会开了一整天,还是争论激烈,主张"癸未说"的曾次亮给陈毓罴"扣帽子":"这位同志陷入了唯心主义的泥坑"。在这次会上,吴恩裕离了题,向大家报告了他从张永海处得到的曹雪芹在香山一带的传说故事。

这实际上证明,靠官方积极组织、报纸不吝篇幅推行的大规模讨论,并不能解决学术问题。尽管学者们无法得出结论,领导方面已经有了内定方案。在这次会上宣布了决定,纪念活动包括展览,在1963年内举行。就在会场上,文学研究所所长何其芳对"癸未说"的创立者周汝昌说:"还是1963年先举行吧——不表示是结论的意思,是为了乘此有利机缘,以免拖延反而易生变化。至于不同论点,会后自可继续商量讨论。"周汝昌也明白,这不是一个学术性的结论,而是一个现实性的决定,他欣然同意了。

周汝昌后来才得知,何其芳早年曾在南开中学任教,是他"未曾'赶上'的中学老师"。

文华殿展览

文华殿展览,曾经作为本书的引子。现在我不能再从一个孩子的眼光来好奇地窥探了,要力求完整地作一个后人的客观记述。

在故宫文华殿举行的"曹雪芹逝世二百周年纪念展览会",是整个纪念活动的重点或高潮,于1963年8月17日开幕,11月17日闭幕。虽然展期是三个月,但事先筹备了一年多。布置就绪后,正式开展日期又迟迟定不下来。最终的结果,它成了迁延两年的纪念活动的压轴大戏。

这个展览由中华全国文学艺术界联合会、中国作家协会、中华人民共和国文化部、故宫博物院四家联合主办。所以这是一个国家级行为,其后半个多世纪,再没有同等级别的展览或纪念活动可与之相比。

为此,组织了一个展览会筹备工作组。组长是阿英(即钱杏邨,全国文联副秘书长),组员有黄苗子(人民美术出版社)、丁聪(人民画报社)、刘世德(文学研究所)、曹孟浪(中国戏剧家协会)、周啸邦(北京电影制片厂)、王露(文化部文物局)、杜继琨(全国文联)、杨乃济(建筑科学研究院)、王遐举(中央戏剧学院),以及故宫博物院的一位徐姓工作人员。

到我写此书的2020年,当年亲身参与筹办此展的知情人,只剩下了两位,硕果仅存。一是杨乃济,1934年生,清华大学建筑系出身,负责大观园模型

筹备小组成员在文华殿前合影，前排左起：王退举、丁聪、杜继琨、阿英、王露、黄苗子，后排左起：刘世德、周啸邦、曹孟浪。

的设计制作。他的外祖父是光绪年间的翰林，官衔上有"南书房行走，紫禁城骑马"，而他自己则因筹办曹展，享受了半年"文华殿行走，紫禁城骑车（自行车）"的宠遇。到八十年代，杨乃济曾认真研究恭王府，力主其为和珅始建，与曹雪芹和"大观园"无关。

还有一位刘世德，他已经是本书中的熟人，1932年生，1955年从北京大学中文系毕业后，一直在文学研究所工作，是何其芳的学生和下属，王佩璋的校友和同事，《红楼梦》研究小组成员。他后来成为很有成就的红学家，也与我有了校友学长的关系。在展览筹备组，他当然是管文学和史料内容的，曾经遍借各种珍稀版本以供展览，譬如去同事吴晓铃先生家，借展舒元炜序本原件。他起草了全部文字说明材料，还在首长参观时陪同解说。我现在的叙述，主要来自于刘世德的回忆。[52] 在写此书过程中，我通过电子邮件与年迈的刘先生直接联系上了。

筹备工作的领导者前后换了三位，这也侧面反映了那两年的政局，文化界的领导动荡不稳。

最早由文化部副部长齐燕铭领导。他是领导干部中真正的文化人，精通书法、篆刻和京剧，四十年代曾在延安编写并参演了《逼上梁山》和《三打祝家庄》，毛泽东《给延安平剧院的信》就是写给杨绍萱和他两人的。他在五十年代曾任国务院副秘书长、总理办公室主任，是周恩来的得力助手。1960年调任文化部副部长兼党组书记，是实际上的一把手。他是既内行又开明的领导，且敢于直言，书生气未消，这样就难免违背上意，或得罪同僚，此时已经受到非议。后来所谓"两个批示"，很大程度上是针对齐燕铭的，所以他在1964年的文化部整风中挨整，被贬到山东济南做副市长。

刘世德记得：燕铭同志不时莅临文华殿，兴致很高，对筹备工作常发表指导性的具体意见。他题写了"曹雪芹逝世二百周年纪念展览"匾额。"然而，没有过了多久，文华殿中再也见不到燕铭同志的身影了。听说他'靠边站'了。我们不知道真正的原因，也不好去问。"

接着来临时指导工作的，是中宣部副部长（1959年始任）兼文化部副部长林默涵。默涵同志比较严肃，看得多，听得多，而讲得少。又过了些日子，正式由中国作家协会副主席、党组书记邵荃麟来接替了林默涵。

展览会筹备组中，真是人才济济。组长阿英（钱杏邨）是老革命文化人，现代文学专家和藏书家，他自己提供的私人藏品就达八十三件，包括九种清代《红楼梦》印本。阿英曾对刘世德谈过，希望脱离文联工作，去文研所搞研究，流露出一种消极避世的心态。刘世德还真去跟何其芳谈过，当然没有实现。书法家黄苗子管史料文物，漫画家丁聪管装潢布置，书法家王遐举管展品的接收保管。当时外请来几位画家，有北京的张仃、林锴，和上海的刘旦宅、贺友直，据说本来还有黄永玉，后又退出了。

工作之暇，他们彼此戏称是"文华殿大学士"或"文华殿行走"。他们常常加班，但是谁也没叫过苦。吃盒饭是常事，偶尔也到附近的蓬莱春饭馆去吃碗羊杂碎汤什么的。

展品除了故宫馆藏外，还从国内许多单位和个人调来，那时只要一个调令，下面无不服从。最后展出了两千余件，其中有不少珍品，那真是琳琅满目，洋洋大观，极一时之盛。且举三件展品（或备选品）以见一斑。

河南省博物馆在1963年初刚刚收得一幅"曹雪芹"画像，真伪难定。要不要在展览会上陈列此画像？筹备组通过郭沫若院长把画像调到北京来鉴定。刘世德查阅有关资料，判断像主是尹继善的幕僚俞瀚（楚江），而非曹雪芹。在郭老家中的鉴定会上，大家一致同意，决定不将此画像列为展品，由此可见展览主持者的谨慎态度。此画留待后文还要细说。

另一件展品是北京市调查的结果，从曹姓后人家中找到一本《辽东曹氏宗谱》。里面赫然列有曹雪芹上世从曹锡远到父辈曹颙、曹頫等人的名字。经过一些红学家和文物专家鉴定，确认此谱真实可靠（周汝昌表示怀疑）。红学家朱南铣为此撰写了专文《关于〈辽东曹氏宗谱〉》。此家谱经由北京市文化局，调集到展览会上展出。当时身为普通观众的冯其庸，对这本家谱留下了深刻印象，启发了他未来的研究。与卒年采用"壬午说"类似，筹备工作组决定在曹雪芹祖籍问题上采用"辽阳说"，不用"丰润说"，而后者是周汝昌在《红楼梦新证》中力主的。

第三件是块不及两寸长的小砚台，称"脂砚"，据说是"脂砚斋"命名的由来，由张伯驹先生介绍给吉林省博物馆收藏。

1954年，张伯驹把"展春园"即承泽园卖给了北京大学，搬到城里的后海南沿小院居住，周汝昌仍是常客。1956年，张伯驹把西晋陆机《平复帖》、唐杜牧《张好好诗》、宋范仲淹《道服赞》、宋黄庭坚《诸上座帖》等八件古代法书精品捐献给国家；隋展子虔《游春图》等则原价售让。这些国宝级书画，后成为故宫博物院的镇馆之宝。此事过后还不到一年，张伯驹就因排演旧戏等事被打成"右派"。1961年，张伯驹夫妇赴长春，在吉林省博物馆工作，后任第一副馆长，受到党内有识之士陈毅、宋振庭等的照顾。

关于"脂砚"，据说原属清末重臣端方，他死后流落四川民间。1953年10月，重庆大学教授黄笑芸在重庆一旧货摊上花二十五元钱买得，近十年后，托人带到长春请张伯驹鉴定。张伯驹在1963年元旦见到，考证此砚确为明代名妓薛素素旧物，又与"重评《石头记》"的脂砚斋相关，遂以一千二百元的价格，收归吉林省博物馆。

薛素素被誉为"明代十能才女"，字素卿，江苏苏州人，寓居南京，工诗

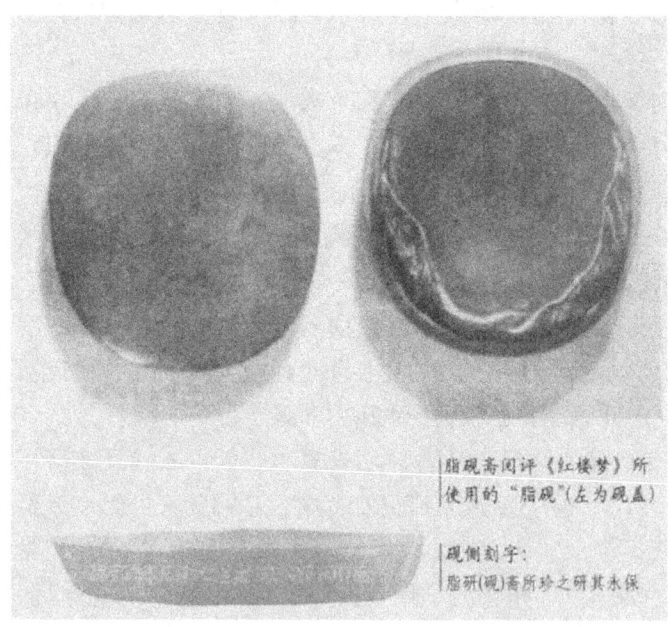

脂砚存影

能书并画。之所以称为"脂砚",原因有二:一是砚本身有胭脂般的红晕,二是它小巧精致,相比起蓄墨书写,似乎更适合盛放胭脂。张伯驹《春游琐谈》中载:"此砚小才盈握,砚质甚细,微有胭脂晕及鱼脑纹,宽一寸五分许,高一寸九分许。砚周边镌柳枝,旧脂犹存。""背刻王稺登行草书五绝云:'调研浮清影,咀毫玉露滋,芳心在一点,余润拂兰芝。'后题素卿脂砚王稺登题。……砚下边刻隶书小字'脂研斋所珍之研其永保'十字。依此始知脂砚斋命名之所由。"传说康熙年间,有人从薛素素后人手中以三间瓦房的代价,买下这方脂砚送给曹寅,因此传至曹雪芹或脂砚斋手中。张伯驹认为这就是"脂砚斋"的出处。

1963年春节,张伯驹携脂砚回北京过年。1月31日造访周汝昌,"谈次,探怀出一小匣,曰:'今日令君见一物!'启视,则脂砚原石赫然在眼。叹为二百年来罕见之异珍。"[53] 2月10日,吴恩裕到访后海南沿张宅,张伯驹出示脂砚共赏。2月20日,张伯驹致函周汝昌,谓:"我意此砚发现,似足证明脂砚斋非雪芹之叔。"

1963年3月,王世襄致函张伯驹,替好友黄苗子商借脂砚和《楝亭夜话图》参加展览。22日,张伯驹复函云:"脂砚已交吉林省博物馆(属馆有),展览时,由馆中派人与《楝亭夜话图》一并送去。"脂砚因此而现身于文华殿。[54]

文华殿展品之丰富不必在此细说,刘世德先生在他的《红学探索》书中有基本的罗列。展览会的内容,分为六个部分:(一)曹雪芹的生平及家世;(二)《红楼梦》的时代背景;(三)《红楼梦》的版本、绘画及有关著作,《红楼梦》的评论研究;(四)《红楼梦》时代的参考文物;(五)以《红楼梦》为题材的戏剧、电影、曲艺;(六)以《红楼梦》为题材的工艺美术品。

关于办展览的宗旨和主题,我找到这样一段记述:展览会"充分反映了当时封建社会的阶级矛盾,形象地、系统地、明确地介绍了封建社会的叛逆者曹雪芹及其巨著《红楼梦》的思想意义。"[55] 在那个年代,只有戴上这样的高帽才能勉强过关。

与前述其他的活动都不同,文华殿展览受到更多的时事政治大气候的影响。这一是因为它不是少数人的书斋研讨或者田野考察,而是大庭广众的官方主办、公众行为;二是因为它筹备费时,迁延日久,开幕已晚,是压轴的重头戏,政治背景已经由宽松转为严酷。

展览筹备基本就绪后,开始内部预展,有许多名流应邀来参观过。例如茅盾、吴晗、朱启钤、徐平羽、邓拓、黄镇、曹瑛、梁思成、沈从文等人。邓拓对"说明"如何醒目、吸引人提出了意见。王昆仑是主管领导,更要常来。

参观者中有红学家和大学中文系老师,他们不仅仔细地观看展品,有时还作笔记摘抄。

来过的中央领导则有陈伯达、康生、李雪峰、胡乔木等。他们三三两两而至,由筹备工作组接待,并由刘世德和黄苗子陪同参观讲解。胡乔木来了三次,每次他都以一贯的细心谨慎和字斟句酌,提出具体修改意见,或曰指示。比较特别的是陈伯达与康生联袂而来,看时保持沉默,看后沉吟半晌,不置可否,互相问道:"老夫子,你看呢?""康老,你说呢?"终于什么也没说就登车离去,让刘世德等人摸不着头脑。

康生的态度,已经与去年3月接见周汝昌时截然不同。那时是闲来谈笑皆红楼,而此刻是在中央全会强调阶级斗争之后,他与陈伯达正在领衔起草著名的"九评"大文章。一脑门子反修,还说什么《红楼》!况且,"利用小说反党"那句名言,就是康生的发明——那他还能说曹雪芹的好话吗?

预展拖了几个月,却不知何时开幕,甚至能不能公开展览,也悬在未定之天。筹备组需要等待上级表态,而上级却迟迟没有肯定的答复。有相当重要的人物表示忧虑:"在反修斗争正积极开展的此刻,给《红楼梦》这样的作品办这种规模的展览会,合适吗?"再加上国内文艺界内部也风声日紧,草木皆兵。他们赶上了一个政治上微妙的敏感时刻,不得不无奈地等待着。

筹备组设法通过邓颖超,邀请周恩来总理来参观预展,并拍板决定是否可以开幕。开始周总理答应前来,但事务繁忙,一直来不了。一再催促,也不起任何效果。活动本来是周总理批准的,他也一直关心,康生和王昆仑都说过。两年前亲往游览"大观园",更是明证,他不是能够忙里偷闲,抽出时间,并且兴趣盎然吗?但是现在,等了很多天以后,才得到确定的消息,周总理不能亲自来,但是他委托陈毅副总理来看。其中原由,也不必再问了。

8月11日,陈毅终于来了。他看得兴致盎然,天气太热,就把西装脱了,再敞开衬衫。在众多展品中,陈毅注意到了那枚小小的"脂砚"。陈毅与张伯驹相识,他们确实兴趣相投。刘世德回忆道:

> 这方砚台引起了陈毅同志浓厚的兴趣。他要过一个放大镜来,把砚台擎在掌上,反复地审察了好半天。然后,他看了一下展品陈列柜内的说明文字,回过头来,用一种怀疑的语气问我:"你说,这难道真的就是脂砚斋的砚台?"我回答说,我个人也认为不太可靠。我们还向他介绍了某位精通篆刻之学的同志的鉴定意见:这一行字,从刀法上看,像是乾隆年间的东西。陈毅同志笑了笑,说:"那很难说。"接着,他又补充了一句:"假古董从来就很多。"[56]

看到展品中胡适的著作,陈毅指出:"为什么不可以陈列?正面的、反面

陈毅在文华殿审视脂砚,后为刘世德。
曹孟浪 摄,原载《红楼梦研究集刊》第二辑

的,都可以摆嘛。胡适在五四运动时期是有功的,将来在历史上要记他一笔的。"他又指着俞平伯的著作说:"俞平伯,也不能完全推翻,他的研究也有可取之处。"

参观后陈毅坐下来与众人座谈,茅盾、王昆仑、邵荃麟也到场了。那天,陈毅对《红楼梦》谈出不少内行而独到的见解,真不愧是儒帅。

对于胡适的"自传说",陈毅说:胡适在五四运动时期是有功的,将来在历史上要记他一笔的。法国小说家法朗士说过一句名言:"一切作品都是作家的自传。"作品里面总有一点反映了他的家庭背景、社会背景,反映了他的家世。曹雪芹写《红楼梦》,当然也不例外。

关于对《红楼梦》的评价,陈毅说:古今中外,还没有一部作品能够这样全面地反映当时的社会。《红楼梦》创造了许多不朽的典型。林黛玉、袭人那样的人,现在的生活里还有。甚至赫鲁晓夫,你在《红楼梦》里也能够见到。(是外交部长口气。)

关于曹雪芹的思想,陈毅说:《红楼梦》最重要的是反映了封建社会的从盛到衰。曹雪芹他是看不到前途才写的。恩格斯对巴尔扎克的评论可以用到曹雪芹身上来。由于他的个人遭遇,所以他的作品暴露了当时的社会,抨击了当时的社会。曹雪芹不可能摆脱封建制度,这是他的局限性。他虽然暴露了贾府,但还是希望它能够再生。

关于《红楼梦》的评论和研究,陈毅说:对于这样一部伟大的、重要的作品,有这么多人来研究,完全是应该的。多几个人研究,不要紧嘛。俞平伯的研究,也不能完全推翻。研究《红楼梦》,要有考证,但不能完全都是考证,那就太学究气了。有人说,贾宝玉和林黛玉是当时的新兴阶级的代表,是新人。这个说法，完全是胡说八道，我不赞成。这就跟把武则天加以现代化一样，几乎把武则天描写成"民主妇联"的领导人了。

这一番陈毅论《红楼梦》，在当时很新颖大胆，没有官腔。它在十六年后才被刘世德记录发表出来。

周恩来没有来看展览，但是第二天晚上在人民大会堂小礼堂，观看了新编昆曲剧目《晴雯》，编剧是王昆仑和女儿王金陵，算是与纪念曹雪芹略微沾边。这是继1961年游览恭王府后，周参加的与《红楼梦》有关的又一项活动。

陈毅同意展览正式开幕。六天之后，筹备经年的展览终于在8月17日开幕，接待公众。展出到11月17日闭幕，为期三个月。据统计，观众达二十一万人，其中我也算一个。

刘世德认为，展览会选择在1963年举行，而不是在1964年，已经表示了它在卒年问题上倾向于壬午说。但是他似乎忽略了，这是在8月开幕，而曹雪芹忌日是在2月里，晚了约半年，也就是不偏不倚，落在了两说的中间点。这个客观上的中庸之道，是主办者的本意吗？

其实，无论提前一年还是推迟半年，都不应仅以纯学术来作书生气的解释。何其芳已经说过，主要原因还是怕夜长梦多。所有文化界的党内领导干部，都会有这个政治敏感，齐燕铭已有前车之鉴。而且，在展览筹备期间，已经历了种种疑虑甚至责难，命运未卜，拖延等待，才推迟到8月开幕的。故貌似的倾向壬午或两说平衡，都只是时势使然，或歪打正着而已。

流产的大会

按照原定计划，纪念活动是展览会和开大会两个重点。除了文华殿展览，还要召开"伟大作家曹雪芹逝世二百周年纪念大会"。以前纪念世界文化名人，都是这么一个惯例。借助于刘世德的回忆，我们有幸了解到大会筹划的内幕。

在胡乔木先后三次参观预展之后，他约筹备组的领导邵荃麟到他在中南海的家中谈话，刘世德随同前往，周扬也在座。那天是8月5日，在陈毅看展拍板之前六天。首先汇报讨论了对展览会筹备工作的具体意见。胡乔木说，批判部分有很大问题，强调展览会要多一点思想才好。周扬说，袁水拍的文章要摆放到展览会上。

谈话更多地集中于纪念大会怎样开。乔木说，找毛主席汇报一下，听听他的意思，他对《红楼梦》的兴趣始终不衰。周扬说，最近见到毛主席，毛主席说，已看到吴世昌等人写的文章了。还说，纪念会你们商量，我们不偏袒一方，纪念诞生更好一些，但生年也不一致。

周扬提出:文章有两点要求:第一,马克思主义,要有新意见,阐扬伟大作品的意义。第二,(1954年)对《红楼梦》批判的意义,现在还有意义,这几年古典文学研究和戏曲改革在走回头路。乔木补充道:还要讲用无产阶级观点评价《红楼梦》,除去看到积极面,也要看到它的消极面,不可以把它当作不可动摇的典范,亦步亦趋。三位领导一起研究了报告文章的内容和结构,对有关曹雪芹和《红楼梦》的一些提法作了具体指示。

胡乔木说不开会不行,只有展览会,没有纪念会也不好。时间先提出在11月,后议定为明年。周扬说明年要纪念莎士比亚(1564-1616),有一个比较的问题。报告人原计划是茅盾,而且已写出了发言稿,题目叫作《关于曹雪芹》。两位领导认为不妥,还是请何其芳作报告。乔木似认为茅盾的文章段落不清楚,如"锦衣玉食"一段,不够通俗。最后决定由郭老致开幕词,何其芳作报告,茅盾演讲,并且希望何其芳能迅速把报告稿写出来。[57]

在归途的车中,邵荃麟把报告应有的内容和重点再做强调,让刘世德立即返回文学研究所,向何其芳传达,并要他尽快为何其芳写出报告的提纲,甚至是起草报告全文的初稿。

这报告人非何其芳不可,是因为他来自延安,从1939年开始,就属于以周扬为首的"鲁艺派",是文学研究界的党内核心人物,而茅盾只是来自国统区的大作家。因而在五六十年代,何其芳是官方认定的古典文学研究界的权威发言人。此前纪念屈原和吴敬梓时,也都是何其芳作报告。难怪1957年鸣放时,北京大学吴组缃教授曾不满地说:"这几年我们看到何其芳同志对历次发生的有关作家作品问题的讨论,忙忙碌碌发表论文和意见。给人一种印象,好像他的论文和意见是总结性的……现在何其芳同志东摸一把,西摸一把,楚辞、李(煜)词、明清小说和戏曲以至鲁迅作品上下古今都要去谈……是不是在古典文学研究工作上何其芳同志代表党的缘故呢?"[58]

1956年,吴、何两人曾经在北大"红楼擂台课"上交过手,这说明要讲《红楼梦》,何其芳确实不是"摸一把",而是下过功夫研究的专家。与此相对应的另一个明确标志是,人民文学出版社在1959年和1964年两次重印《红楼梦》,都是采用何其芳的论文《论〈红楼梦〉》的缩写版作为序言,其中保留了被李希凡所反对的"共名说"等观点。现实就是如此,由谁来作这个报告,与由谁为名著作序一样,必须是这一领域最权威、最正确的盟主。

还有一个背景,应该在此处提及。1959年,毛泽东主席为对抗美国、印度和苏联都与中国作对的不利国际形势,把编写一本《不怕鬼的故事》的任务交给了何其芳。此书主要由文学研究所图书资料室副主任陈友琴具体编辑,

五 集合篇 321

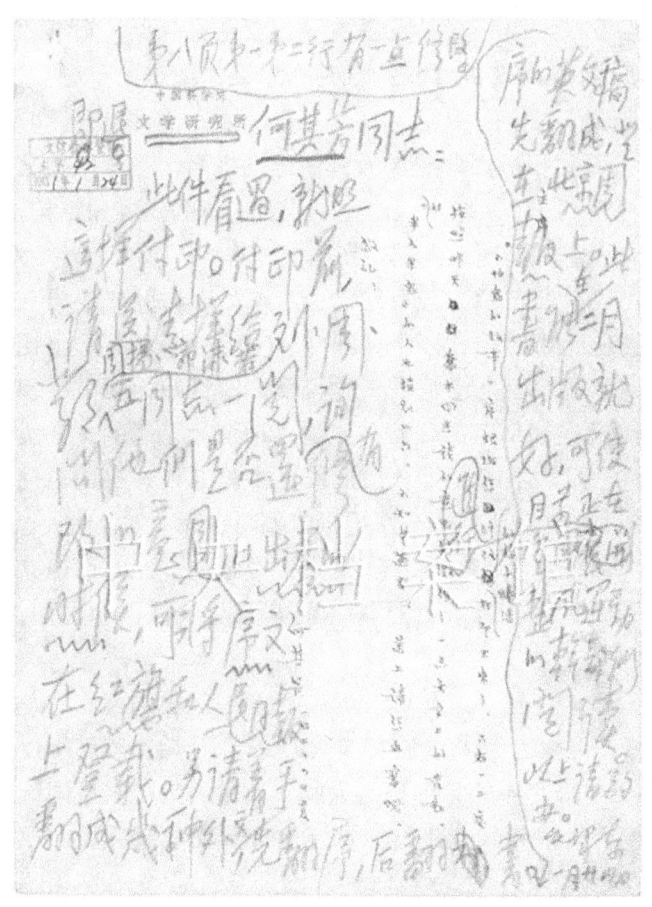

毛泽东在何其芳关于《不怕鬼的故事》报告上的批示。

何其芳主导并写了序言。

1961年1月4日，毛泽东约何其芳面谈序言的修改。何其芳根据毛泽东的意见改完序言，毛泽东又作了多处添加。其中有一句是："难道我们越怕'鬼'，'鬼'就越喜爱我们，发出慈悲心，不害我们，而我们的事业就会忽然变得顺利起来，一切光昌流丽，春暖花开了吗？"（又是熟悉的"难道"反问句。）何其芳很佩服毛泽东文章的气势，但对"光昌流丽"一词拿不准，没见过。他专门打电话请教俞平伯，俞平伯告诉他，"昌"字在这里作"大"字解，于是才放心定稿。[59]

这就是何其芳佩服信赖俞平伯学问的一个实例。剧透一句：在"文革"中，何其芳为此遭到清算：你竟敢怀疑"最高指示"，却听信"反动学术权威"，该当何罪？

而在1963年夏天的此刻，何其芳还很受领袖信用，他的地位还稳固不移。这个曹雪芹纪念会的报告人非他莫属，就是证明。这也解释了为什么李希凡与何其芳对立多年，虽然更左，却占不到上风。

再说刘世德回到文学所却扑了空，没想到此时何其芳不在北京，到北戴河休假去了。刘立即赶往北戴河，在作协休养所见到了何其芳，详细地向他汇报了有关情况。何其芳让刘世德先安顿下来，他要想一想。第二天何其芳说，这事需要预先写出一篇论文，然后拿到会上去念。时间紧迫，你先写一个提纲我看看，要体现出乔木同志和周扬同志谈话的精神和几个重要的提法。你写，我想，分头进行，三天以后会拢。至于报告稿，由我自己动笔，时间来得及，不必麻烦你。他叫刘世德一边玩，一边写，放松些。

刘世德写了两天，完成了提纲，共十五页稿纸。交稿后才松心去海边玩。何其芳认真思考了两天，对刘世德说：我已仔细地、反复地看过提纲了，提纲写得很好。我决定在这个提纲的基础上写出一篇论文。写出以后，你再帮我推敲推敲。然后再送到乔木同志、周扬同志和荃麟同志那里，请他们提意见。

刘世德就离开北戴河，返回故宫文华殿，正好赶上迎接陈毅来看展，为之解说。大约一个多月以后，刘世德读到了何其芳写出的论文初稿，题目叫《曹雪芹的贡献》。令他意外的是，何其芳并没有按照他的提纲去写，而是完全另辟蹊径，在发挥自己独到见解的同时，融入了两位领导同志的意见。

可以理解，何其芳之所以让刘世德代他草拟提纲，是为了更准确地掌握

何其芳（左）在1962年

两位领导的意见精神。而他之所以说"在这个提纲的基础上写论文",则是为了表示对下属劳动的尊重。

论文要自己动笔,不挂虚名,这是何其芳的为人准则,也是出于对自己才能的自信。真正有才华的文人领导或学校导师,是不会倚靠秘书或下级或学生做文章的。何其芳与某些人形成了对照。

1963年的夏天去也匆匆。文华殿里的曹雪芹纪念展举行了三个月,到11月寒冬将至,古建大殿里没有取暖,不可持续了。

展览闭幕后仅仅二十五天(1963年12月12日),毛泽东主席在一份中宣部《文艺情况汇报》上作出批示:

> 彭真、刘仁同志:
>
> 此件可一看,各种艺术形式——戏剧、曲艺、音乐、美术、舞蹈、电影、诗和文学等等,问题不少,人数很多,社会主义改造在许多部门中,至今收效甚微。许多部门至今还是"死人"统治着。不能低估电影、新诗、民歌、美术、小说的成绩,但其中的问题也不少。至于戏剧等部门,问题就更大了。社会经济基础已经改变了,为这个基础服务的上层建筑之一的艺术部门,至今还是大问题。这需要从调查研究着手,认真地抓起来。
>
> 许多共产党人热心提倡封建主义和资本主义的艺术,却不热心提倡社会主义的艺术,岂非咄咄怪事。[60]

此即关于文学艺术的第一个批示。曹雪芹不就是死人吗?《红楼梦》不就是封建主义的艺术吗?整个文艺界闻风丧胆,如履薄冰。而第二个批示是在1964年6月27日,本书下一篇将写到那时的氛围。如果拖后一年,谁再想纪念曹雪芹《红楼梦》,那真是不识时务,逆势而行,虽借胆亦不可为也。

因此,比展览会滞后的曹雪芹纪念大会根本没有开成,成为历史上的一处留白。

何其芳的报告稿《曹雪芹的贡献》,作为一篇论文,于12月发表于《文学评论》1963年第六期。与六年前的《论〈红楼梦〉》相比,此文更偏向于对《红楼梦》产生的社会文化背景作出深刻剖析,对《红楼梦》从政治上着眼在显著加强。这是时势使然,也是两位领导意图的体现。茅盾早已写就的讲话稿《关于曹雪芹》,则刊载在《文艺报》1963年第十二期上。

把已开的展览会与未遂的纪念会并列回顾,我们就更可以理解,筹办者的担心真不是过虑。展览会的开幕,确实是岌岌可危,勉为其难;而纪念会的流产,则是大势所趋,无可挽回。这就证明,看来曹雪芹展览在1963年的秋天公然举行，并非"壬午说"的胜利，而是整个红学界乃至文化界的侥幸——如同乘公交赶上了末班车，如同在暴雨降临之前赶回了家门，如同在龙卷风到来的前一刻，抢收了庄稼。

注释：

[1][2][3] 周汝昌《怀念恩裕兄》，《红楼无限情——周汝昌自传》，第256—261页，北京十月文艺出版社2005年。

[4]《胡适来往书信选》中册，第276—280页，中华书局1979年版。

[5] 见《吴世昌全集》第十一册《罗音室诗词存稿》，河北教育出版社2003年。

[6] 吴世昌《我怎样写〈红楼梦探源〉》，《新华月报》1962年6月号。

[7] 见穆欣《毛泽东与〈光明日报〉》，《缅怀毛泽东》，中央文献出版社1993年。参见吴世昌1972年8月28日致吴海发信，吴海发《"不解知难退"——我心中的吴世昌教授》，载《文汇报》2014年7月16日。

[8] 蒋连根《吴世昌：深受毛泽东关注的红学家》，载《名人传记》2015年第四期。

[9] 蔡振翔《著名红学家关于〈红楼梦〉研究的两封信》，载《学理论》2012年11月号。

[10]《结束在牛津大学的十五年讲学生活，吴世昌教授携眷返回祖国》，载1962年9月27日《文汇报》。

[11] 见张洁宇《胡适藏书今何在》，《中华读书报》1998年12月2日。

[12] 胡适《跋〈红楼梦书录〉》，宋广波编校《胡适论红楼梦》第445—446页，商务印书馆2021年。

[13] 王鼎钧《我从胡适面前走过》，《文学江湖》，第135—140页，生活·读书·新知三联书店2013年。

[14] 罗德湛《红楼梦的文学价值》李辰冬序，台湾东大图书公司1979年。

[15]《答苏雪林书》，《胡适红楼梦研究论述全编》，第278—280页。

[16]《答高阳书》，同上书第290页。

[17] 曹伯言整理《胡适日记全编》第八册，第717页，安徽教育出版社2001年。参见林建刚《胡适影印〈乾隆甲戌脂砚斋重评石头记〉的心理动因》，"胡适评论"公众号。

[18]《影印乾隆甲戌脂砚斋重评石头记的缘起》，《胡适红楼梦研究论述全编》，第298页。

[19] 见《胡适红楼梦研究论述全编》附录：与胡颂平的谈话，第374、377页。

[20] 宋广波编《胡适批红集》，第459—461页，北京大学出版社2009年。

[21] 此段参照杨金荣《胡适与〈脂砚斋重评石头记〉的影印发行》，原载《中国出版史研究》2021年第一期，引自澎湃新闻。谨谢。

[22] 见邓广铭口述、苏敏整理《胡适与北京大学》，见王大鹏选编《百年国士（二）风号大树中天立》，第334—344页，商务印书馆2010年。

[23] 参见《王伯祥日记》，中华书局2020年；《郑振铎日记全编》，山西古籍出版社2006年。郑振铎《最后一次讲话》，《郑振铎全集》第三册，花山文艺出版社1998年。

[24] 黄肃秋《清除古典文学选本中的资产阶级观点——评钱钟书先生〈宋诗选注〉》，《光明日报》"文学遗产"1958年12月14日。周汝昌《读〈宋诗选注〉序》，同刊12月28日。

[25] 陈徒手《旧时月色下的俞平伯》，《读书》1999年10月号。

[26]《文联旧档案：叶圣陶、俞平伯、孙伏园访问纪要》，《新文学史料》2014年第一期。

[27] 王湜华《俞平伯的后半生》，第65–66页，商务印书馆2016年。

[28] 刘世德《辛苦的种树人——怀念何其芳同志》，《红学探索》，第440页，文化艺术出版社2006年。

[29][32] 萧建民《一路坎坷谱悲歌——我所知道的王佩璋》，香港中文大学中国研究服务中心《民间历史》网站。另见萧建民《王佩璋遗事》，《北京青年报》2010年11月8日。

[30] 王佩璋《我代俞平伯先生写了哪几篇文章》，《人民日报》1954年11月3日，见《红楼梦研究参考资料选辑》第二辑，第240页，人民文学出版社1973年。

[31] 王佩璋《曹雪芹生卒年及其他》，《文学研究集刊》第五辑，人民文学出版社1957年。

[33] 按周啸邦实为王昆仑的妹妹王素之子，即外甥，当年二十三岁，刚从北京大学中文系毕业，分配到北京电影制片厂工作。他积极参加了纪念曹雪芹逝世二百周年纪念活动，参与调查曹雪芹遗踪，也是文华殿展览的筹备组成员。但在造访两位红学家时，都称是秘书身份。

[34] 沈治钧《蒙古王府本〈石头记〉递藏史述闻》，《河南教育学院学报》哲社版2012年第二期。

[35] 李希凡《后记》，《红楼梦评论集》（第三版），人民文学出版社1973年。

[36][52] 见刘世德《旧事杂忆——关于"曹雪芹逝世二百周年纪念展览会"》，《红学探索》，第456–470页。

[37]《俞平伯致毛国瑶信函辑录》，1964年11月20日，见《红楼》1998年第四期。

[38] 梅挺秀（梅节）《曹雪芹卒年新探》，《红楼梦学刊》1980年第三辑；徐恭时《文星陨落是何年？》，《红楼梦学刊》1981年第二辑。

[39][40][43] 周伦玲《周汝昌与康生会面的前后左右》，《中华读书报》2013年8月21日。

[41] 黄裳《来燕榭书札》，第24–27页，大象出版社2004年。

[42] 郑重《我看到的黄裳》，《书城》2006年8月号。

[44]《关于红楼梦问题——江青同志与美国作家维特克夫人谈话纪要》，上世纪七十年代曾经广泛传抄，现在网上可见全文。参见张颖《风雨往事——维特克采访江青实录》，河南人民出版社1997年。

[45] 见孙玉蓉《俞平伯年谱》，天津人民出版社2006年。

[46] 见周汝昌《献芹集》自序，山西人民出版社1985年；参见梁归智《红学泰斗周汝昌传》，第214—217页，漓江出版社2006年。

[47] 中国中共党史学会编《中国共产党历史系列辞典》，中共党史出版社、党建读物出版社2019年。

[48][50] 周汝昌《怀念恩裕兄》，《红楼无限情——周汝昌自传》，第258—260页。

[49] 见张永海口述、张家鼎整理《曹雪芹在香山的传说》，《北京日报》1963年4月18日。以上综合了这篇文章和周汝昌回忆的内容。

[51] 吴世昌《与钱锺书书（节录）》，《吴世昌全集》第九卷，第219页，河北教育出版社2003年。

[53] 周汝昌《脂砚小记》，香港《大公报》1963年3月6日，见《献芹集》中华书局2006年。

[54] 樊志斌《张伯驹与曹雪芹、〈红楼梦〉研究》，《河南理工大学学报》（社会科学版）2019年第一期。

[55] 《红楼梦辞典》，第330页，山东文艺出版社1986年。

[56] 刘世德《回忆陈毅同志谈〈红楼梦〉》，《红学探索》，第436页。

[57] 见刘世德《五十年前事》，《红楼梦学刊》2013年第六辑；及《辛苦的种树人——怀念何其芳同志》，《红学探索》，第441页。

[58] 吴组缃《我的一个看法》，《文艺报》1957年第八期。

[59] 何其芳《不怕鬼的故事·序》，人民文学出版社1961年。参见何其芳《毛泽东之歌》，1977年。

[60] 《关于文学艺术的两个批示》，《建国以来毛泽东文稿》第十一册，中央文献出版社1996年。

六 斗争篇（1964-1971）

"咱们倒是一家子亲骨肉呢，一个个不像乌眼鸡似的？恨不得你吃了我，我吃了你！"

——《红楼梦》第七十五回贾探春语

22 "云松巢"风满楼

在1963年的红学嘉年华中,群贤毕至,少长咸集。细想想似乎有两个缺席者,一个是李希凡,一个是冯其庸。他们两个另有更重要的任务。

两个人的不同点是:李希凡是报纸编辑,冯其庸是大学教师。两个人的相同点是:都喜欢也擅长在报刊上写文艺评论文章。李希凡主要评小说,冯其庸主要评戏剧,互相偶有越界。在那个年代,他俩的共同点还不是红学。

李希凡

从1958年开始,中国当代革命文学特别是长篇小说,迎来了丰收。《红旗谱》、《林海雪原》、《青春之歌》、《苦菜花》、《铁道游击队》、《红日》、《创业史》等等,直到六十年代中期的《红岩》、《欧阳海之歌》。李希凡几乎是出一部评一部,有些特别喜欢的为一部写多篇,有些遇到不同意见就直言展开争论。若是宣传任务需要,就发表在本报自己主持的文艺评论版上;若是自发的或有约稿,就发到其他报刊广泛传播。在自己版上是尽义务,到别家发可以得稿费。

1961年,李希凡出版了论文集《论中国古典小说的艺术形象》。其中评《水浒传》,说《西游记》,纵论《三国演义》,尤其是对中国古典小说综合性艺术特点的探讨,显示了他的学术底蕴,体现了与评论《红楼梦》的战士形象不同的另一面,原来有时李希凡也愿意是学者。此书后来多次增订再版,成为他可以留给后人的代表作。

从1959年到1962年,李希凡两次参与关于历史剧的争论,先写了四篇参与"为曹操翻案"的讨论,为小说原著辩护;后连发五篇与历史学家、北京市副市长吴晗争论，认为历史剧是艺术，不是为了"普及历史知识"，所以不能"无一字无来历，无一事无出处"。这样，他也就跨到了戏剧界。1963年初，当纪念曹雪芹活动方兴未艾时，李希凡却去研究杨家将戏剧的资料，写文章批评京剧名作《四郎探母》是宣扬投降主义和封建道德。加上前两年被肯定的鬼戏《李慧娘》遭到批判，他感到戏曲改革出了问题。这时已经离批判帝王将相、才子佳人占领舞台，革命现代戏批量登场为期不远了。

1963年秋，李希凡受命写了一篇《悲剧与挽歌——纪念曹雪芹逝世二百周年》，当文华殿展览开得正热之际的1963年10月7日，发表在《人民日报》文艺评论版。这是他对纪念活动的唯一参与，也是他与蓝翎分手后，第一次单独写的评红文章。发表前，李希凡往河南郑州寄出一张小样，杨建中（蓝翎）收。

蓝翎

此时距蓝翎被打成右派，六年过去了，他离开《人民日报》也已五年。1958年11月，他与报社的几个"右派分子"一起，被送往渤海湾旁的唐山柏各庄农场劳动改造，文艺界的许多熟人都是难友。

据同报社的季音回忆，秋后农闲时节，他俩曾一起被派去海边地沟里捉螃蟹。蓝翎心灵手巧，向他传授了诀窍：抓螃蟹不必用手摸，只要用脚踩，一踩到硬硬的一团，准是只大螃蟹，就把它抓起来扔到岸上去。这家伙在泥水里不会蜇人，不用害怕。季音照做，果然灵验，收获颇丰。

有一次蓝翎偷偷塞给季音一张纸条，上面写着：

抛却壮志，面对蒿莱。洗心革面，脱胎换骨。

夹紧尾巴，头颅莫抬。忍辱负重，早求轮回。

季音赶紧把纸条塞进口袋里，悄声说："别胡来，这东西给人拿走，你又得挨批。"蓝翎笑笑，他在苦难中还留着几分幽默。[1]他们实打实熬过了两年半出大力、流大汗、听训斥、挨批判的日子。所幸自己种稻米，避免了挨饿。

1961年6月，蓝翎仍"戴着（右派）帽子"返回报社，季音等能留在原单位工作，蓝翎却马上被发配到河南郑州，到商业厅做写写算算的科员。为解决食物不足，他又被派去黄河滩上的粮食生产基地劳动。1961年12月，蓝翎终于被摘掉右派帽子，他给胡乔木、周扬、林默涵写信，要求回文艺界工作。1962年4月，他又开始化名发表文章。春夏之际，蓝翎调河南省文联工作，任《奔流》杂志社编辑。

这时候，正好到了要纪念曹雪芹逝世二百周年，李、蓝合作的《红楼梦评论集》要再版。李希凡设法打听到了蓝翎的下落，写信问他的意见。因此机缘，两人恢复了断绝四年的音问。对蓝翎来说，这是没想到的机遇，正好借机复出，他当然同意。蓝翎出了点主意，但没参与修改，也没到北京来。11月，李希凡修改完写了《重印版前记》，蓝翎看后签了名。书出来是在1963年3月，蓝翎很高兴自己的名字又出现在书上，"半本书"还有他的份。李希凡的小女儿在1963年出生，他仍念旧谊，给女儿起名为"蓝"。

蓝翎看了李希凡的文章《悲剧与挽歌——纪念曹雪芹逝世二百周年》，感觉文字虽为新写，但阐述的仍然是两人1954年共同的基本观点。于是回信说，如果是我写，就不这样写了。李希凡理解，这意思是原来意见是两个人的，现在你写文章可以不必重复它。在我等后人观之，李希凡的观点，的确是坚持终生未变，但或许蓝翎在经历了人生的大起大落之后，已经有了今是昨非的新体认。

不久蓝翎看到了何其芳的纪念文章，以及再版重印的《论〈红楼梦〉》。其中当然必须提到1954年的红学重大事件，以及两位年轻的作者，提法是"李希凡等同志"，把蓝翎"等"掉了。他并没有因为"摘帽"而进入"等"内，又感到有点心凉。

这时，李希凡把出版社发的重印稿酬二百四十元左右，全部寄给了蓝翎，他正好用于搬家。这笔钱在当时，还是很顶用的，对处于困境中的蓝翎，是不小的支援。但是到三十年后两人反目，李希凡将旧事重提，重算经济账。

冯其庸

在六十年代初期的北京文艺论坛上，冯其庸与李希凡相遇了。

冯其庸1954年到北京，1955年从西郊搬家进了城里的"铁一号"，也就是铁狮子胡同一号的简称（后改为张自忠路三号）。这里曾经是清朝的和亲王府，清末的海军部和陆军部，民国初年的总统府和国务院，北洋时代的段祺瑞执政府。它最明显的建筑特点，就是外有中式衙门大门，内有欧洲古典式灰楼。中国人民大学分西郊本部和城里分部两处，冯其庸后来的居住和教学生活，主要都在"铁一号"。

冯其庸自幼喜欢戏曲，这一进城，在教学之余去看戏就大大方便了。西单的长安大戏院，前门外的广和剧场，护国寺的人民剧场，虎坊桥的工人俱乐部，他都是常客。他有幸赶上了传统戏曲的黄金时代，名角辈出，老艺术家炉火纯青，雄风犹在；中年演员风华正茂，春秋鼎盛。那真是看不尽的好戏连台。

1956年4月初，浙江苏昆剧团到北京来演《十五贯》。这个剧团与冯其庸有很深的渊源，因为在抗日战争期间，他们流落到无锡前洲镇，被当地的士绅耆老收留，初中学生小冯在放学后，免费蹭看过不少戏，与他们混熟了。这一次，原班主朱国梁请冯其庸去广和剧场看彩排，担心北京人听不懂他们的苏州话台词，妨碍演出效果。冯其庸看后让他放心，这个戏肯定会打响的。结果是，《十五贯》演进了中南海怀仁堂和国务院直属机关礼堂，毛泽东、周恩来各看了两遍，在北京连演四十七场，造成轰动效应。5月18日，《人民日报》罕见地为一个戏发表社论，题为《从"一出戏救活了一个剧种"谈起》。这篇社论是夏衍提议，田钟洛起草的，其中引用了周恩来的讲话。[2]就在此戏上演期间，毛泽东作出了"百花齐放、百家争鸣"的讲话，《十五贯》成为文艺推陈出新的成功范例。冯其庸与有荣焉。

从1959年开始，冯其庸发表了很多篇有影响的剧评文章，如《三看〈二度梅〉》、《青梅煮酒论英雄》等，渐渐地成了有影响的戏剧评论家，与戏剧界的许多领导、编导、名演员都成了朋友。1962年的一个月内，他受邀加入了中国剧协和作协。

1962年6月，还是在文化宽松的日月里，有一次关于绍剧《斩经堂》的争论。有人说这戏完全符合马克思主义，但冯其庸认为，戏中的"君要臣死，臣不死，即为不忠；父要子亡，子不亡，即为不孝"，这是宣扬愚忠愚孝的封建道德，一点都不符合马克思主义。冯其庸写了文章，但是当时的《戏剧报》主编偏袒对方，压制冯的意见。李希凡记住了这一争论，文艺界领导们也注意到了。

在1962年关于历史剧的讨论中，李希凡与吴晗争论时，冯其庸也与戴不凡捉对厮杀。他既不同意戴不凡主张的历史剧要写得跟历史人物一模一样，也反对说岳飞的爱国等同于忠君，需要具体分析。所以实际上，冯与李是站在同一阵营，主张历史剧不是历史，需要艺术虚构。后来，冯其庸持续了近五十年，完成了《〈精忠旗〉笺证》，这是从现实的戏剧评论，引出了古典的学术研究。

1963年初，文化部举办全国传统戏曲会演，冯其庸与李希凡一起，被聘为评论员。如果说以前是英雄所见略同，从此后他们俩就是同垒并肩作战了。当李希凡认领了写作批判传统戏《四郎探母》的文章时，冯其庸继续前一主题，任务是评论分析传统戏曲中的封建道德。他用一个月时间，写成了三万多字的《彻底批判封建道德》，分析"忠孝节义"这些道德观念的内涵，把"郭巨埋儿"、"王祥卧冰"等都批判了。林默涵看后嫌太长，戏曲演员哪有这个文化水平，读你的"从甲骨文的'孝'字讲起"？限他三天时间另写一篇。结果他另写了八千字，《不能把糟粕当作精华》，在《光明日报》整版发表了。

冯其庸在那两年里还有一大成就。起因是几年前刚到人民大学时，他主讲大一国文，主要内容是古代散文。由于缺少教材，冯其庸主编了《历代文选》，头几年都是油印发给学生。1962年9月，中国青年出版社正式出版了此书的上册。毛泽东主席见到了很赞赏，在中央会上号召大家都来读这本书。人民大学的校长吴玉章会后回家，兴冲冲召见冯其庸，向他要书，热情地表扬了他。次年，又出版了《历代文选》的下册。

聂绀弩

人民文学出版社前副总编聂绀弩，在黑龙江北大荒垦区经受了近三年的"劳动改造"之后，于1961年初回到北京。在周恩来的过问下，他被安排到全国政协文史资料委员会任专员，随后又被摘掉"右派分子"帽子。

这工作无须坐班，生活闲散，聂绀弩可以整日练字买书，饮酒下棋，研究古典小说和《随园诗话》。那时他六十左右年纪，比有职务时更加随心所欲，恢复了散漫无羁的文人生活。朋友黄苗子送给他两句话：放浪形骸第一，自由散漫无双。

冯亦代在1993年回忆聂绀弩：

> 他是很用功的人，于各家对《红楼梦》的观点，十分注意。有次他借到一本吴世昌先生在英国出版的《红楼梦考》（即《红楼梦探源》），便让我逐句翻译给他听，一共花了四天，他边听边记下了书中的要点，而且特别注意吴对高鹗续后四十回的意见。我对他说，你有自己对《红楼梦》的看法，为什么还要记下别人的观点，他说正因为他有自己的观点，他才研究别人的观点来对证自己的观点。[3]

聂绀弩曾经是周汝昌的领导，周汝昌一直把聂绀弩视为知音，引为知己，在文章中有过多次表达。他转述四哥周祜昌的话说："你的耳朵失灵了，天赋聪明已失其半，须有多耳之吉人为助。今遇聂公三耳，无怪乎是你的知音了。"

1963年春天，聂绀弩寄给周汝昌一首七律，题目是《春日撰红文未竟，偶携〈新证〉登香山，置酒对榆叶梅读之。用雪芹郊行韵，寄汝昌诗兄》：

> 客不催租亦败吟，出门始解早春深。
> 兼旬走笔足红意，半晌坐花心绿阴。
> 山鸟可呼杯底语，我书恨待卷中寻。
> 不知榆叶梅谁似，漫拟迎探薛史林。[4]

这诗的韵脚，是从张宜泉《春柳堂诗稿》中的《和曹雪芹西郊信步憩废寺原韵》一诗而来，雪芹原诗已不可见。

老年聂绀弩

这诗当时不可能发表，待发表已是十六年之后的1979年。到了四十多年以后，此诗究竟作何解？聂、周两人的关系究竟如何？在正反攻防两方面，引起了激烈争辩，甚至连作诗时间也不能确定。周汝昌和女儿将时间模糊处理；弟子梁归智在为师作传时，估计此诗写于1957年以前；讨周勇士沈治钧则认为写于1977至1979年。诗作时间实关系到内容的品评，我可以确认它实在写于1963年的春天。

我的理由如下：一，聂绀弩诗集中将其系于1963年第四首，它也像《懋斋诗钞》一样是编年排列的。二，聂绀弩当时正在写作《红楼梦》论文，一连三篇写了近二十天，这就是"兼旬走笔足红意"。此诗前后的十多首诗都是《红楼梦》题材，与写作论文有关。三，聂绀弩当时有郊游的行动自由，有对花饮酒读书吟诗的雅兴，六十岁的他有登山并消磨"半晌"的体力，社会上还有相对宽松和评红祭曹的背景。而1957年之前，聂绀弩基本上还没开始写旧体诗，不曾"兼旬走笔"写红学论文，忙于领导和编辑工作也不可能那样闲在。如果等到七十年代后期，在经历了十年牢狱之灾后，一位七十五岁左右的病弱老人，他已经既不可能有那样的兴致，也没有那样的体力了。事实上那时的聂绀弩，已经缠绵床榻，终日"卧游"了。四，聂绀弩当时手中有《红楼梦新证》一书,是他为写论文所必备的。[5]

时间既明,便有助于理解何谓"客不催租亦败吟"。此句固然是用典,[6]在现实中对应什么?

这年春天,在纪念曹雪芹逝世二百周年活动的高潮中,聂绀弩正在写作一组评《红楼梦》的系列论文,"长十万字,分六论:情节论,人物论,主题论,艺术论,脂批论,续书论",至四月下旬已写完前三论,得五万字。[7]写作的间隙,他登香山春游,带着酒和一本《红楼梦新证》,在山间找到一处坐下歇息,对着一丛榆叶梅,饮酒读书。聂绀弩此诗的意境,看起来真是浪漫潇洒。

而实际上他心怀忧思,内含苦涩。因为就在此时,传来了令人"败吟"的坏消息:《光明日报》的"文学遗产"即将停刊,其前因是主编陈翔鹤因写了历史小说《陶渊明写〈挽歌〉》和《广陵散》,被认为是"借古讽今"而受到追究。

> 1963年,报社(《光明日报》)向文学所提出撤换主编或让翔老改任副主编的建议被何其芳拒绝。因此刊物也只好交回报社自办了,报社自办的《文学遗产》兼容外国古典文学研究,文学所主办的《文遗》是在1963年6月9日463期以后停刊的,其实这时形势已是山雨欲来风满楼。[8]

我们记得,"文学遗产"创刊于1954年3月,寄居于《光明日报》版面,原属作协,后归文研所,一直由陈翔鹤主编。在聂绀弩写此诗后一个多月,终于停刊。此后空白了一年,《光明日报》才开始自办。聂绀弩的红学论文原计划交"文学遗产"发表,一下子变得没有着落。没有编辑再来催"文债"了,而作者写作的兴致和文气也就此中断。"客不催租亦败吟",此之谓也。他的评红论文到此为止,只得三篇,没有写完。聂绀弩的这一境遇,与半年前周汝昌的《曹雪芹家世生平丛话》半途而废非常相似。同在《光明日报》,同属谈红论曹,结果同样"败吟"。所以,这赠诗便有了同病相怜的意味。而聂、周两人的两次"败吟",其时代背景实同出一源。

周汝昌

周汝昌从1954年进京,转眼已经十年,搬了好几次家。

人文社开始给他安排在门楼胡同,是三间正房,曾令舒芜羡慕。但周汝昌家人口多,夫人没有工作,三女两子,一家全靠周汝昌每月八十多元的工资。除去房租28.59元,剩下的钱勉强维持家用。虽然能加上些稿费收入,聊补无米之炊,总还是入不敷出,几乎每个月都要向朋友、同事借钱,发了薪水先还旧债。这就可以理解,被扣三十元钱,是多大的难处,难怪他要向康生求助了。

为了省钱,周汝昌放弃了三间北房,1959年春,全家迁居到无量大人胡同五十三号(乙)的两间南房,屋内终年阴暗。又过了几年,周汝昌费了九牛二虎之力,在同院换了房,里外两间,中间向阳。不过七口之家住两间房,肯定是相当局促。省的这点房租也没能让周汝昌的日子宽裕,尤其到了月底,手头总是很紧。

无量大人胡同在灯市口金鱼胡同附近,离老东安市场不远。夏日晚饭后去逛旧书店,是书生周汝昌仅有的乐事。那里各式旧书很多,顾客稀落,得书不难,难的只是袋里缺少闲钱。他只能多看慎买,为了几角钱而反复掂量计较。

1964年6月4日,周汝昌给黄裳的信中说:"词话即寄,缘月底连邮费亦须等发薪(明日即可得工资)。兄处常如此,以语弟或以为奇,他人更不能置信耳。笑笑!"[9]后人难以想象,这位大学者曾经有过这样的日子,甚至连寄书的邮票都买不起。

每年暑假,四兄祜昌都进京来相会,只能挤住在五弟的小家里,使本来就湫隘的住房更形紧张。

解放后,周祜昌在家乡做商业局业余中学的教师,总算有了职业。当教师须性格开朗,口才要好,可是周祜昌最不善于讲话,毫无讲授艺术,加上他不善接人处世,在学校里很不得志。支撑周祜昌生活下去的,是兄弟俩共同的红学研究事业,两人谁也离不开谁。

> 联床夜雨,剪灯清话,总到深宵不知疲倦,不愿就寝。我们同访西山雪芹足迹,同寻敦敏槐园残痕,同入石虎胡同右翼宗学,同绕什刹海恭王旧府、左右四邻。凡京城内外与雪芹相关之地,必有我二人的踪影,而祜兄的痴心笃志,远过于我,往往见我工作忙,不得抽身,他便独自出游,重到那些地方,徘徊瞻眺,依依不舍。我们写稿,我们作诗,我们论字。晚上散步,我们在古城墙拆后基址大石土块上共坐,互相讨论,许多好的见解,都由他启发而愈谈愈获深切。我们走过的胡同里,有老太太看到我们形影,就说:"你们是弟兄吧?哪儿去找这么老哥儿俩!"言语间流露出赞美之情。[10]

限于条件,四兄无法像五弟那样全力去做研究,他便主动承担助手之职。早在1955年周汝昌大病初愈那个暑假,四兄祜昌到北京来探望,他提议说:《新证》"旧作中史料一章乃一书主干,断不可忽,宜加整顿,为日后增订之基因"。

于是兄弟二人议定,把 1953 年版的《红楼梦新证》书拆开两部,剪贴编排,底纸多留空余,以备落笔添加。周祜昌承担了这繁复的工程,即时动手。当时周家所住的门楼胡同东边是东直门南小街,巷口以南有一"天立轩"小茶馆。因为家里房子小、孩子多,四兄就每天带上剪刀、糨糊、纸张,去"天立轩"里做剪贴抄写的工作。老茶馆客少地偏,买一壶清茶,可坐一天。周汝昌有空就过去看看,有时带着小儿子建临同去。建临那时才三四岁,回家后告诉家人说:到四伯家里去了。

刚出版两年的《红楼梦新证》需要整理充实,从那时起就开始为修订再版做准备了。后来,兄弟俩又开始做"真本《红楼梦》"的大汇校,投入更为浩瀚的工程。虽心力交瘁,却乐而无悔。

在周汝昌的本职工作方面,从 1959 年到 1962 年,他选注出版了《范成大诗选》、《白居易诗选》(与顾学颉合作)和《杨万里选集》,后者得到了四哥周祜昌和同学许政扬的帮助。这些成果说明,周汝昌的能力不仅限于红学。

1962 年,人民文学出版社古典部的领导换成了王士菁,再加上康生的关照,周汝昌的境遇得到很大改善,恢复工资,被允许不坐班在家看稿。那时他正与顾学颉合注白居易诗,最后由周定稿。周汝昌两个月不到就完成了工作,使王士菁对他刮目相看。王士菁又提议要周汝昌写一部曹雪芹传,说这一任务非他莫属。周汝昌感念领导的信任,顺利写出了十二万字的《曹雪芹》,1964 年 2 月以作家出版社之名出版。此后王士菁还介绍他参加了作家协会。

云松巢

1963 年夏末,人民大学中文系通知冯其庸,去颐和园云松巢参加中宣部写作组。他去后才知道李希凡也在。听说组里共八人,其他人都容易调,冯是其中唯一的大学教师,林默涵副部长点名非他不可,但调他还真费了些事。中宣部打过三次电话,人大就是不通知本人,系主任说此人名利思想严重。林默涵回答:我这里专治名利思想严重!如此冯其庸才进了组。

这时候,中苏两党的冲突到了激战时刻,除了中央的顶级写作组(写作"九评"),文艺战线也在酝酿对赫鲁晓夫修正主义文艺路线进行批判。1963 年 9 月 6 日"九评"之首篇发表,几乎同时,中宣部文艺反修写作组成立,驻地在颐和园云松巢。组长林默涵,副组长张光年和袁水拍,组员五人:李希凡、冯其庸、陈默(《文艺报》副主编)、谢永旺(《文艺报》编辑)、李曙光(即黎之,中宣部文艺处干部)。有时周扬也来看看。

颐和园的云松巢,位于排云殿西侧的半山坡上,是中国作家协会的休养所。

先要由平地登石阶到达门口,入门后还要上几十层台阶才到其"巢"。这个"巢"有主院和跨院,共十来个房间,可供住宿写作和开会。有一位管理员兼厨师,后勤无忧。院中有苍松翠竹,雅致而安静。但是因为每事都要上阶下坡,又觉得很不方便。八位笔杆子聚集于此,星期一来上班,星期六下午回家。

让我说,他们是利用着封建主义的建筑,享受着社会主义的食宿,批判着修正主义的思想。仿一句老舍式的台词:三大主义皆备于我,这福气还小啊?

因为要批判赫鲁晓夫的修正主义文艺路线,所以要读苏联的剧本和小说,并经常进城到中宣部看苏联的电影。计划安排是先看作品,再商量写作提纲,每人分担一个专题,将来合成一起,由组长来统一成一篇巨文。

文人们在充分享受这个环境。林默涵年近五旬,却天天早起,登山晨练;冯其庸晚上做气功,早晨到后山打太极拳。夏日的傍晚,他们结伴沿西堤南行,散步到尽头,方戴月而归,有时甚至下湖裸泳。冬天的雪夜,他们又踏雪游园,四周皎白,月明如昼,宿鸟惊飞,雪落满身,众人大笑,回荡山间。要知道,

颐和园云松巢院门外　　王娟 摄

他们都是在静园之后才出门行动，享受的是全园无人，唯我独游的特权。

在此期间，冯其庸曾经带他的学生刘梦溪来拜望李希凡。那时刘梦溪是二十三岁的大三学生，刚刚在《光明日报》上分上下两篇刊出了《探春新论》，初露锋芒。他对李希凡的印象是："身着圆领大汗衫，下穿已经褪色的灰黑长短裤，坐在写字桌前不停地摇扇子。具体说了什么话，已不复记得，无非给予鼓励之类，给我留下的是平易近人的好印象。"[11]

在李希凡和冯其庸的自传里，不约而同都记录了冬日昆明湖上破冰捕鱼的情景。冯其庸总在早晨听到湖上传来"咚"、"咚"的闷响，循声去看，才见到有人持棒在冰上巡视，一见隔冰有鱼，立即手起棒落，破冰把鱼打晕，活蹦乱跳抓起一条。李希凡则旁观了大网捕鱼，据说每两年才在冬末进行一次。"大网从石舫附近撒下，然后破冰东进，网大而疏，大鱼落网，小鱼则有空子可钻"，收获要等六个钟头以后。据说那天的一网，就捕上来八千多斤。颐和园里的饭店和内部招待所，都有鲜鱼享用了。

当我转述到这里，直觉的反应并不是馋涎欲滴，而是对鱼的同情。写惯了本书中的一些故事，联想起一句诗词："夏日消融，江河横溢，人或为鱼鳖。"

在李希凡建议下，冯其庸把那篇批判封建道德的三万字长文，交《新建设》杂志发表。不到十天，杂志就送来了，一字未改。又过几天，是个星期一的早晨，从城里回到云松巢，林默涵给冯其庸看了一份《新建设》杂志，他的文章上面批满了字。原来毛泽东看了这篇文章，十分称赞，告诉正在带人写"第六评"的康生，可仿冯其庸的写法。冯文中说，一个"忠"字，具有两种不同的、完全对立的内涵。评苏共的文章中要写关于"和平共处"的政策问题，也可用冯其庸这个分析方法，说明修正主义的"和平共处"政策与马克思主义的"和平共处"政策，词句虽一样，内容却是相反的。这杂志上的字，就是康生的批语。林默涵让冯其庸把批语抄录下来，再将原件交还给康生。

不久后一个星期天，在国子监的中国书店专家服务部里，冯其庸巧遇康生。陪康生来的阿英介绍他们认识了，康生请冯一起喝茶，冯其庸听不懂康生的山东诸城话，由阿英作翻译。康生说，主席看了你的文章称赞得很，让我找你，我四处找你，打听了好多地方了，没有找到你，今天终于把你找到了。（莫非人民大学向康生保密？）康生想调冯其庸去中央写作组，帮他一起写文章。他还问冯其庸有没有看过电影《桃花扇》，说这是个妓女戏，你来写批判文章吧。冯其庸以课程重没时间推脱。康生让冯过了暑假就过去，写了电话号码交给他。冯其庸不太愿意跟高层领导接触过多，没有再通电话。

看来康生有意调冯与冯其庸无意高攀都是真的。冯其庸如果进了中央反修写作组，将来便有可能成为中央文革成员，那就会是另一种后半生了。

在云松巢住了一个多月以后，林默涵带着李希凡和冯其庸，去翠明庄（中组部招待所）参加剧协的会议，是为了写针对当时戏曲改革中出现问题的文章。李希凡自告奋勇，应承写批判《李慧娘》等鬼戏，反驳"有鬼无害论"（作者繁星即廖沫沙）的文章。这有一个前因，就是1961年在李希凡主持的《人民日报》文艺评论版上，发表过一篇赞扬《李慧娘》的文章《一朵鲜艳的红梅》。尽管李希凡当时出差不在，没有直接责任，也最好能公开将功补过。文章经过林默涵的修改，发表在《光明日报》上。此时已到了1963年11月，正是曹雪芹纪念展闭幕的时候，无论是戏剧界还是《人民日报》内部，都感到"山雨欲来"的紧张。李希凡仍回颐和园，归"巢"闭关写作。

云松巢里的反修文章写作，结果是事倍功半，虎头蛇尾。"巢中八仙"住在皇家别墅里写了一年，共写出三十六万字，李希凡拿回《人民日报》印刷厂排印出了小样，发给每个人自己保留一份。这些文字没有发表，也无须发表了，实属无用的废品。苏联的赫鲁晓夫在1964年10月下台，中苏关系进入一个新的阶段。连中央的"九评"都偃旗息鼓了，中宣部的苏修文艺批判当然更无须继续下去。八位笔杆子也各有自己的一摊事，各自散了吧。

吴世昌

吴世昌回国两年后，惹出了一次大麻烦。

文研所编辑的《文学研究集刊》在1957年出了刊载何其芳《论〈红楼梦〉》的第五辑之后，就停刊了，因为已有《光明日报》的"文学遗产"归于旗下。待到1963年6月"文学遗产"停刊（参见前文聂绀弩事），《文学研究集刊》遂于1964年复刊，但称第一辑，主编还是陈翔鹤。这两刊是互相替代、此起彼伏的关系，东方不亮西方亮，文研所总需要有一个发表成果的园地。

《文学研究集刊》第一辑在1964年6月由人民文学出版社出版（这是很敏感的一个月，下文可见）。其中刊载了吴世昌写的一篇《残本脂评〈石头记〉的底本及其年代》，所谓"残本"就是甲戌本。本来是纯学术文章，丝毫不涉及政治，但是吴世昌无意中提到了一个人的名字，是想聊表谢意吧：

> 在拙著出版半年以后，十六回残本《脂砚斋重评石头记》的影印本在香港发行。澳洲堪白拉大学的柳存仁博士当时适在香港，承他寄赠一部到英国牛津，我在十月初收到后检阅一过，曾作若干笔记。

有人政治嗅觉灵敏，看到样书就发现了问题，立即举报。编辑部和主编陈翔鹤在7月13日和15日两次写信给人民文学出版社，严肃地摆明了问题：

吴世昌文中"提及的'柳存仁',又名'柳雨生',是大汉奸周佛海的部下,是个汉奸文人"。编辑部认为提及柳存仁"会产生不良政治影响",要求出版社将《文学研究集刊》暂停发行。虽然"过咎应由我们负责",但"不能不麻烦你们",必须设法补救。

此书印了一万册,解决办法是将每一本的这一页都撕掉,贴上新印的一页代替。新改的文字还必须与删掉的字数基本相等,铅字排版才能不露痕迹(不能像如今电脑排版一样自动随之伸缩)。因此编辑部将这一段文字改为:

> 在拙著出版半年以后,十六回残本《脂砚斋重评石头记》的影印本在香港发行。我因为此书对于《红楼梦》研究十分重要,就设法托人在香港找得一部。我在十月初收到后检阅一过,曾作若干笔记。

后来在《红楼梦探源外编》和《吴世昌全集》中,这一段又简化了:

> 在拙著出版半年以后,十六回残本《脂砚斋重评石头记》的影印本在香港发行。承当地友人寄赠一部到英国牛津,我在十月初收到后检阅一过,曾作若干笔记。

同一期《集刊》中有钱锺书一篇文章,也被陪绑查扣。钱锺书在当年写给龙榆生的信中,提到了这一起版本公案:"《集刊》甫杀青,即有人纠吴君世昌文中标榜失当、恩仇不辨,因全部收回重排,迄今尚未发还,不图已污尊目也。"[12]

吴世昌这篇文章是研究《红楼梦》版本的,他哪里想到、岂能理解,为什么在自己的文章中也会发生这样的版本问题?为了去掉一个人名,不惜撕贴万册成书,不然就是"不良政治影响"问题。这就是1964年的政治氛围,精神高度紧张,动辄得咎,一件芥豆之微的小事,也能闹成一场风波,这样的事应该不是孤例。吴世昌通过此事,是否学到了什么?

至于肇事之因的柳存仁先生,几十年后又被恢复名誉,既往不咎,真恍如隔世了。

文怀沙

这一位久违了,我们差点把他忘记了。

文怀沙作为上海棠棣出版社的兼职编辑,在五十年代初期帮助俞平伯和周汝昌出版了两本重要的红学著作,因而与红学发生因缘。1951年进入新成立的人民文学出版社,编辑了《屈原集》,反响不佳,不久即调离了。后在北京师范大学中文系任教仅一年,1954年又调到中国青年艺术剧院,任文学组顾问。

在反右运动中，文怀沙表现得十分积极甚至激烈。他的同事中有剧作家吴祖光和杜高，两人都被打成"右派分子"。吴祖光生前曾多次对人说过，他在反右中最不能原谅的人之一就是文怀沙。杜高被划入"吴祖光小家族"中的主要成员，他回忆说："在1957年批判吴祖光和我的大会上，文怀沙表现得非常积极，慷慨激昂。他指着吴祖光的鼻子说：'你就是现代的西门庆，专门玩戏子。'他这是拿吴祖光与新凤霞的结婚说事。当时把我们气死了。"[13]

之所以要在此时再提文怀沙，是因为1963年年底，他被判处劳动教养，其罪名不是"政治问题"，而是另有原因。

据知情者回忆，逮捕文怀沙的宣判大会，1963年年底在王府井与东单之间的青艺剧场举行。这就是1954年底，李希凡和蓝翎参加批判俞平伯八次大会的地方，九十年代因修建东方广场而拆除了。青年艺术剧院的不少人都参加了那次大会，可以作证。查阅史料，文怀沙的罪名定为"诈骗、流氓罪"，其详情为：自五十年代起冒充文化部顾问，称与周恩来、陈毅很熟，与毛主席谈过话，以此猥亵、奸污妇女十余人。先是判处劳教一年，1964年5月正式拘留，后长期在天津茶淀农场劳教，劳教号码：23900，直至1980年4月解除劳教。

文怀沙的被捕入狱，与"文革"和政治问题没有关系；他去的地方，与秦城监狱差得太远；他的恢复自由，也不应与平反冤假错案混为一谈。这时人们很难想象，他将来会发展到那么光鲜耀眼。

李辉在2009年质疑的另一个问题，是文怀沙的年龄。他自报生于1910年，但李辉列出很多证据，表明他应生于1921年，被判劳教时年龄记录为四十三岁。到彼时八十八岁尚能鹤发童颜，已足可夸耀，又何必冒称"百岁老人"呢？

俞平伯

与周汝昌相比，与那时候多数的知识分子相比，俞平伯在老君堂的房子是太宽敞了，两个院子四十三间房，能在里边办昆曲研习社，尚绰绰有余。

1962年7月31日康生到访老君堂那天，俞平伯正在改写昆曲《红楼梦散套》中的《葬花》一折。《红楼梦散套》是清嘉庆年间传下来的旧谱，有词有曲，共十六折，系工尺谱。俞平伯对其中的《葬花》、《警曲》两折进行了修订，夫人许宝驯整理曲谱。为了纪念曹雪芹逝世二百周年，1963年7月7日，俞平伯主持北京昆曲研习社举行曲会，诸社友演唱了《葬花》等曲。同年春，俞平伯曾将油印本《红楼梦散套曲谱·葬花与警曲》题词送给康生，大概没有得到回复。

1964年初，昆曲社也要戏曲改革，排现代戏了。但苦于没有剧本，曾想改编当时的名剧《千万不要忘记》，又恐怕太长。俞平伯说："大众化是昆曲改革中的重要问题。昆曲太典雅，谁懂呀！有了字幕亦不能懂，只能作为古典文学，供古典文学爱好的人研究、欣赏。所以昆曲的词必须改，旧牌曲还是可以用的，但亦可创造一些新的。"

1964年5月，昆曲社排演根据话剧改编的《岗旗》，前半本是俞平伯作词，有句如"毛主席是太阳，咱就跟着走"，"共产党将咱挽救，险些儿掉进泥沟。立场须站稳，改过要从头"。这几句不合工尺，四声不谐，他做得意兴索然，便让张允和续写。试过才知道，昆曲演现代戏很困难，没法排下去。原计划6月彩排，7月演出，那正是京剧现代戏会演盛大举行的时候，终于没演成。

京剧现代戏会演之后，俞平伯请示过王昆仑，决定昆曲研习社停止活动。散伙那天又邀请了康生，他说临时有事去天津，派人送信来。俞平伯宣读了康生的信，大意是：昆曲既然不行，结束就结束吧。听者感觉很婉转、伤感。[14]

在1963年的纪念曹雪芹热潮中，俞平伯在7月间写成《〈红楼梦〉中关于"十二钗"的描写》一文，8月发表于《文学评论》第四期。他已经多年避免写红学论文，这次如此大规模高规格的活动，俞平伯怎能缺席？想必是何其芳动员鼓励的结果。但是此文一出，即引来两篇批驳文章，还是不约而同的一样标题。俞平伯再遭打击，噤若寒蝉。

1964年7月8日，人民文学出版社的杜维沫等二人来到老君堂俞平伯家，带来了《唐宋词选》的二校清样和修改意见。意见是"主要的为了青年不易了解，或会发生副作用等等"。俞平伯细看这些意见，慎重思考了一夜。这部书稿编成于1962年，经过文研所内和出版社的双重审查，方始发排，此时显然已不合时宜。俞平伯意识到不是修改的问题，而是该不该出。

第二天，他郑重其事地写信给"人民文学出版社古典编辑部负责同志鉴"："距成稿之初已整整三年。其间国内外情形，跃进变化甚巨。现在是否还适宜印行，颇成问题。""今若将此选供大众阅读，诚如您社的考虑，未必适宜。不仅选材有副作用，文词比较深，注解不够浅等等，即用旧体字排形式上亦未为妥当"。"因此我想到是否将此本缓印，或竟不印，请与文学研究所商量决定后赐示。我毫无成见，当遵命办理。"[15]

这书当然就不印了。这边厢偃旗息鼓，那边厢大张旗鼓，这就是1964年夏季的形势。

23 作客丰泽园

现代戏

1964年6月初（还是这个6月），京剧现代戏会演的紧锣密鼓已经敲响，无论是中宣部领导还是文艺编辑，都不能在云松巢再做神仙。《人民日报》通知李希凡回去看戏。

李希凡才半个月没到报社，再去发现文艺部已经变天。主任陈笑雨被免职，派来了两位新领导。评论组朱树兰被调出，因为三年前，就是她约来了赞扬鬼戏《李慧娘》的文章《一朵鲜艳的红梅》。组长李希凡躲过一劫，难怪人称他"福将"。

1964年的京剧现代戏观摩演出大会盛况空前。参加演出的有文化部直属单位和十八个省、市、自治区的二十九个剧团，演职员两千多人，演出大戏二十五台，小戏十出。后来发展成为"样板戏"的北京的《红灯记》、《红色娘子军》、《芦荡火种》、《杜鹃山》，上海的《智取威虎山》，山东的《奇袭白虎团》、《红嫂》等，其原作基础都是在这次会演中成批涌现的。会演在北京的五个剧场（人民剧场、民族文化宫、北京市工人俱乐部、天桥剧场、二七剧场）同时进行，分六轮轮番公演。

那一年我小学毕业，家就在民族文化宫对面。我对那次会演的社会影响留有深刻印象，在西单街头的橱窗看剧照，也通过广播跟着哼一些唱段。可惜还是太小，没有机会进剧场看戏。下面还是依据资料讲述。

别戏不表，单说上海京剧团的《智取威虎山》，原定第三轮上演，被提前到首轮（6月5日至10日）演出，抢占先机。在6月5日开幕当天的《人民日报》上，还登出了详细介绍《智》剧创作经验的文章，为整个会演打了头炮。

这个戏是根据长篇小说《林海雪原》改编，1958年初创，到此时作过了很大改进，但与后来成为"样板"的状态相比，还相距甚远，仍然比较粗糙。几位主演也不是后来为人熟知的人选。

第一轮演出结束后，召开了此戏的专家座谈会。李希凡参加了，被主持人点名发言，他对这戏不太满意，就直言说了三点：一，《林海雪原》的革命传奇性很强，非常适合京剧改编，这段情节也是小说中最精彩的篇章。我认为，改编还可以深加工，现在剧情太平淡了，也没有很好地运用京剧的特殊艺术手段，突出戏剧情节的传奇性和惊险性。二，杨子荣智斗座山雕群丑，是戏曲艺术能充分发挥唱、念、做、舞特长的一场戏，可现在这场戏太差劲，不能出彩。三，小说突出地塑造了杨子荣的英雄形象，但是演杨子荣的演员基本上用的是旧程式，而缺乏塑造新英雄人物的新程式的创造。

李希凡本来不是戏曲的行家，他也自认为拙于言词，对这出戏的挑剔多于肯定，引起了上海艺术家的不满。他的话被大会摘登了内刊。但是若对照后来我几乎可以倒背如流的"样板"形态，似乎是吸收了李希凡的意见，这三点都大有改进。

李希凡并不是唯一的批评者，当时还有其他人提出更尖锐的意见。例如认为这出戏的传奇性不足，犹如"老和尚的帽子一样平平沓沓"；杨子荣匪气不足，这样打进威虎山得不到群匪的信任；唱腔设计"如白开水一样平淡无味"，简直是"话剧加唱"。公开见诸报端的代表是中国戏曲研究院林涵表，他的以批评为主的文章《〈智取威虎山〉观后漫笔》，6月15日发表在《光明日报》上。

座谈会后过了一天，李希凡接到林默涵的电话："江青同志要找你谈谈，你明天下午两点在报社等，中南海会有车来接你，我就不陪你了。"李希凡完全不明所以。

其实，当时众所未知的是，《智取威虎山》是江青的"试验田"之一。从1963年初，江青开始关注现代京剧的改编创作，接连把上海的沪剧《红灯记》和《芦荡火种》推荐给中国京剧院、北京京剧团，这两出戏在此次会演中广受好评。而上海京剧院自产的这出《智取威虎山》，是江青看中要抓的第三个戏。上海市委宣传部前后两位部长石西民、张春桥直接抓紧，提前一年多开始修改加工。1963年底至次年1月，江青到上海亲自指导排演《智取威虎山》。既然有如此背景，那么它的预先宣传、排期提前、不容批评，就都容易理解了。

丰泽园

这一天对李希凡很重要，这是他一生中仅次于1954年评红上位的第二大关节点。但是他没有记录日期,按笔者推测,应是在6月20日前后两三天内,理由随后可见。

第二天下午两点果然有车来接,车进中南海南门,还享受了解放军岗哨的持枪致敬。汽车沿中南海西岸的柏油路直达丰泽园。

一位青年秘书已在园门口等我,把我引进了丰泽园的"接待室",按照中国建筑的称呼,大概叫做北上房。大小同恭王府的葆光室差不多,与其说是接待室,不如说是会议室。因为室内陈设很简单。周遭都是大座椅,中间的大条案只铺着白桌布,放着几个烟盘,我想这大概是毛主席召开小会的地方。

正猜想间,江青从后门走进来,我看到她穿着很朴素,像那时多数女同志一样,一身蓝色列宁装,戴着一副近视镜。她是主席夫人,又是第一次见面,我自然很拘谨。江青倒像是对我很熟悉,谈话很坦率,以长辈自居,而且直截了当,谈的都是文艺问题,这已是近四十年前的往事。现在回忆起来,大致有这样两方面的内容:

(一)她首先批评了我在《智取威虎山》座谈会上的发言。她说,你的发言影响很不好。京剧演现代戏,是个新事物,京剧是人民群众喜爱的老传统,是戏曲发展的高峰,革命文艺不应该抛弃它,它在艺术上有很多创造,应当继承发展,总不能老让帝王将相、才子佳人占领舞台吧!但它表现现实生活,总得有个适应过程吧!梅兰芳还演过文明戏哪,他坚持不下去,是时代的局限。演现代戏,艺术家总得有一番费力的探索,上海这出戏,他们是下大力气的,你一上来就挑错儿,这也不行,那也不对,这不是泼冷水吗?戏曲改革搞了十几年了,还是在旧戏里兜圈子,宣传的都是封建思想,这能有多少推陈出新。这出戏演杨子荣的,是位老演员,他很努力,这个戏已经有了基础,一定会改好,你是个评论家,连这点时代敏感都没有?你这一泼冷水,对演现代戏是一种伤害,现代戏现在需要支持、鼓励,你应当写篇文章消除影响,为现代戏出把力。明天,《智取威虎山》要给军队演出,我陪你去看看……

(二)她说:你近几年的文章,我读过一些,有的还好,有战斗性,有的简直就是书呆子气,像和吴晗辩论历史剧问题,他的《海瑞罢官》,就是宣传"三自一包"单干风影射现实,批评吴晗,要批在点子上,什么历史真实,什么艺术虚构,哪个历史剧不是迎合现实的某种需要,借古讽今,不要书呆子气。这个"意见"她反复讲了好几次……

本来我对她讲京剧演现代戏问题批评我的意见，从大方向看，我很心服。也觉得对上海的《智取威虎山》一剧那样挑刺，太不应该。京剧的程式艺术，是生活万象艺术升华与长期积累，哪能在短时期就能有很完美的创造，不应求全责备。但是，她说《海瑞罢官》是表现"三自一包"的单干风，却使我越听越糊涂，这样风马牛不相及的事，我不知道怎么接茬儿，本来我和吴晗同志讨论的是学术问题，已惹得历史学家很不满意了。在我看来，吴晗的《海瑞罢官》，拘泥于史实，不像出戏，但跟"三自一包"单干风有什么关系！我虽不好反驳她，但心想：我不说什么就是了。

　　在这次谈话中，她也讲了一些别的问题，如1954年《红楼梦》研究问题时，初期的情况她还知道，但很快她就得了重病，赴莫斯科就医动了手术，手术很不好，休养了很久。讲到戏曲改革时，也说过几出戏的好话，如《十五贯》《将相和》，只是认为越改越保守，索性把过去禁的剧目都又要放出来了。你还表扬《杨门女将》，那是我逼出来的，还特别让崔嵬加工拍个电影……

　　她似是对当前文艺工作很不满意，我弄不懂，就保持沉默。后来这大概就是江青向我的上级《人民日报》总编辑吴冷西同志批评我当时的"精神状态很不好"的原因。据说上海市委陈丕显同志在他的回忆录里，讲到《海瑞罢官》事件时，说江青先是找我写批判文章，我拒绝了。这是高抬了我，我只是自己弄不懂，没接这个茬儿，何况历史剧问题的讨论已经过去，我不想旧话重提。

　　这次谈话进行了三个小时，主要是听她讲，虽是教训的口吻，但因为她是前辈，是主席的夫人，我不便去辩解。我只表示，我一定写一篇评论《智取威虎山》的文章，消除不好的影响。谈话结束时，已夕阳西下，江青非留下我吃饭，并打电话通知秘书转告毛主席，吃饭不要等她，她在这里陪客人吃饭了。这餐饭很简单，一块红烧鱼，一碗"二米饭"，一碗酸辣汤，饭后一个苹果。小饭厅就在接待室的旁边。饭后，江青送我出会议室，仍由那位秘书陪我出丰泽园上车，我自然不好意思让司机送我回家，仍回人民日报。[16]

　　李希凡当天晚上就把谈话情况向林默涵和报社新的文艺部主任王揖作了汇报。所以告诉王揖，是因为需要请他次日派车。王揖似乎知道点什么精神，问得很仔细。最后还说了一句，在文艺宣传上，以后对中宣部的意见，要多注意。

　　第二天，李希凡乘报社的小车去解放军报社礼堂，再看《智取威虎山》。座位在八排江青的旁边，另一边坐着贺龙元帅。这是特别为部队加演的一场。

李希凡这次是戴着"有色眼镜"重看，自然也就多看出一些优点了。

很快，他写出了八千字长文《努力创造革命战士的英雄形象——评京剧〈智取威虎山〉取得的成就》，于1964年7月6日在他自己主持的《人民日报》文艺评论版发表，将近一整版。他已完全改变了态度，尽量肯定该剧的改编和演出，并公开点名批评了林涵表。[17]

可惜，李希凡已经远远落在了《光明日报》后面，那边已于6月25日发表了由总编辑本人署名（穆欣、张绰）的文章《在新的高度上塑造正面人物形象》。到了秋天，李希凡去《光明日报》出席座谈会，与穆欣见面交谈，才知道那篇文章的出笼也有复杂背景，一言难尽。这次李、穆相会，还引出了惊悚的后话，此处暂且按下不表，后文自有分解。

6月23日，现代戏座谈会在人民大会堂河北厅召开，周恩来出席并发表讲话。就在这次会上，江青公开露面，发表了《谈京剧革命》的讲话。其中说到："上海的《智取威虎山》，原来剧中的反面人物很嚣张，正面人物则干瘪瘪。领导上亲自抓，这个戏肯定是改好了。现在把定河道人的戏砍掉了一场，座山雕的戏则基本没有动（演座山雕的演员是很会做戏的），但是，由于把杨子荣和少剑波突出起来了，反面人物相形失色了。听说对这个戏有不同看法，这个问题可以争论一番。要考虑是坐在哪一边？是坐在正面人物一边，还是坐在反面人物一边？"[18]（按：江青召见李希凡，应在此讲话之前。）

这不仅仅是江青第一次公开表态支持这个剧目，也是她1937年进入延安以来，在漫长的二十七年之后，第一次在公众场合发表讲话。江青的讲话，立即受到了毛泽东的支持。6月26日，毛泽东在讲话稿上批示："已阅，讲得好。"紧接着第二天（6月27日），在江青抢先送上的中宣部关于全国文联和各协会整风情况的报告（草稿）上，毛泽东作出了关于文学艺术的第二个批示：

> 此件送刘、周、邓、彭、康生、定一、周扬、吴冷西、陈伯达同志阅。阅后退毛。
>
> 这些协会和他们所掌握的刊物的大多数（据说有少数几个好的），十五年来，基本上（不是一切人）不执行党的政策，做官当老爷，不去接近工农兵，不去反映社会主义的革命和建设，最近几年，竟然跌到了修正主义的边缘。如不认真改造，势必在将来的某一天，要变成像匈牙利裴多菲俱乐部那样的团体。[19]

此件于7月初传达，11日作为中央文件下发。这批示进一步改变了中国文艺界的整体态势。一场会演尚未过半，演职员们不会觉察，但组织会演的领导们都很快知道了，此前与今后，应是阴晴圆缺大不同。不久前还在主持

1964年7月17日,毛泽东、周恩来等观看《智取威虎山》后,上台与演员合影。

本次会演开幕式的文化部副部长齐燕铭,以及几个主要文艺协会的负责人夏衍、田汉、阳翰笙、邵荃麟等,遭到重点批判。

7月17日,毛泽东等中央领导人接见参加观摩演出的全体代表。合影留念时,站在中央领导人座位后边最显著位置的,赫然便是演出《智取威虎山》的上海代表团。当晚,《智取威虎山》在人民大会堂为毛泽东等中央首长专场演出,演出后,毛泽东等登台再次接见一众演员。这是会演开幕一个多月以来,毛泽东出席观看的第一出戏。

这说明,江青的崛起已经势不可挡了。

在这次会演的中间,7月1日彭真在人民大会堂作报告。7月30日是会演闭幕的前一天,在北京展览馆剧场开总结大会,由周扬作总结发言,还有康生即兴讲话。李希凡参加了会,不明白为什么与文艺界关系不大的"康老",要登台放炮,点了一连串"毒草"的名,有电影《早春二月》、《舞台姐妹》、《北国江南》、《逆风千里》,以及京剧《谢瑶环》、昆曲《李慧娘》等。一番话震动了全场,连各报刊记者都目瞪口呆。我们后人可以理解,在第二个批示之后,康生成为新成立的"文化革命五人小组"成员之一,到此讲话已属分内,也是为江青站台助威。借一句《智》剧台词,他此来就是"天王盖地虎,宝塔镇河妖"。

在李希凡的记忆里,"这时文艺界似乎有点乱,什么大连小说讨论会上的中间人物论呀!什么欧阳山同志的《三家巷》的分歧评价呀!而且报纸上已

六 斗争篇 349

1964年京剧现代戏演出大会会刊，载有彭真、康生、周扬讲话。

经开始了对《早春二月》以及阳翰笙同志的作品进行批判了。文艺界也在流传所谓'四条汉子'的旧账"。

这当口，人民日报在豫王坟盖好了宿舍，李希凡申请分房，按级别只够分两居室。总编辑吴冷西特批给他一套三居室，还说明是给他一间写作室。李希凡怀着感激的心情搬家，第一次从妻子单位的住房，搬进了报社宿舍。

1964年的下半年，各机关单位都在抽调干部下乡"四清"，李希凡进报社十年从未下放过，就自己报了名。领导告诉他：你不报名也得去，因为你和王若水都是主席点名的。这时李希凡给江青写了封信，告知要下去"四清"了，并感谢她的教导和帮助。他的私心是想说明是自己报名，而非被点名才去"四清"的。

不想几天后，报社总编室通知李希凡，明天下午两点，中南海有车来接你。这一次是8月初，与上一次相隔一个多月，通知已经不再通过林默涵了。

还是在丰泽园，还是那间会议室，我以为江青是要和我谈"四清"问题，就主动向她汇报了听少奇同志夫人王光美在人民大会堂报告的体会。她虽然并没有打断我，却明显地表现出不感兴趣。只说了两句，有时间下去，接受贫下中农再教育，是好事，可以去掉点书呆子气，于是，话题又转到了历史剧和《海瑞罢官》，批评我的书呆子气。我仍然想不通，《海瑞罢官》不像个戏，就演那么几场，没多少人看，它能有什么影响。何况同"三自一包"、单干风也联不起来，我反正写不出这种文章来，只好还是不搭茬儿。她又讲到京剧现代戏问题，说抓晚了，戏改，多少年都是在旧戏里兜圈子，浪费艺人的青春……突然她说了一句，周扬同志也是上海亭子间出身吗？默涵比较敏锐，有时也糊涂……这可使我大吃一惊了。我以为，他们领导之间有什么意见，完全可以互相交换，她怎么可以向我这个小编辑说呢！我看她接连接了两个电话，就赶紧起身告辞，回了《人民日报》。[20]

来客观地分析一下江青两次召见李希凡的目的。6月20日前后第一次召见，直接原因是为了解决对京剧《智取威虎山》的评价、宣传问题，事出有因，事分缓急。至于吴晗和《海瑞罢官》只是顺便谈到，还不是主要话题，不算布置任务。8月初的第二次召见，因李希凡来信引起，江青比较认真地再次试探批判《海瑞罢官》问题，并略微透露对周扬、林默涵的不满。

其实，江青对《海瑞罢官》怀恨在心，不自今日始。早在1962年9月八届十中全会期间，她就找来中宣部陆定一、周扬，文化部沈雁冰、齐燕铭谈话，说她在7月6日看过北京京剧团的《海瑞罢官》，是"大毒草"要批判。但是四位正副部长不以为然，未加理睬。[21] 这样，"利用小说反党"、"阶级斗争"和《海瑞罢官》等问题就贯通起来了。

再分析李希凡的心理。多年以后，他解释自己对江青的话"想不通"，"听不懂"，所以既不答话，也没有行动。但设身处地着想，恐怕他还有更深层的心理活动，在权衡利弊，掂量得失。用官话说，他是有政治纪律，组织观念；若说大实话，他恐怕不敢得罪权贵，担政治风险。江青当然不能违抗，但当时彭真和周扬也都是正掌权的高官，没有动摇的迹象，京剧会演期间就是听他们两人作报告（都是"文化革命五人小组"成员）。北京市委是父母官，中宣部是顶头上司，哪个他敢得罪呢？所以，他恭敬而未从命。

回到报社，王揖问起谈话情况，李希凡没再提《海瑞罢官》的事，只谈了江青对周扬的看法。这很引起王揖的警惕，而且看来他并不感觉意外。李希凡说，这是领导之间的事，我不能在中间传话。王揖认为，这是在提醒我们文艺宣传要注意中宣部、文化部的意见，不能盲从。李希凡说：那冷西同志也会知道，反正没我的事。王揖说了一句："你真书呆子气！"

就是在这令人不安的1964年8月，毛泽东又一次谈到了《红楼梦》。我们记得，在1954年《红楼梦研究》大批判之前半年，他就在杭州跟身边工作人员预示性地谈过《红》。8月18日，毛泽东在北戴河同几位哲学工作者谈话时说：

> 《红楼梦》写出二百多年了，研究红学的到现在还没有搞清楚，可见问题之难。有俞平伯、王昆仑，都是专家。何其芳也写了个序，又出了个吴世昌。这是新红学，老的不算。蔡元培对《红楼梦》的观点是不对的，胡适的看法比较对一点。[22]

何、李之争

还是在云松巢期间，李希凡看到了《收获》1964年第一期上发表的何其芳《关于〈论阿Q〉——〈文学艺术的春天〉序文的一部分》，这是针对李希凡几年前两篇文章的回应。何、李之争，因而再起。

1964年2月，人民文学出版社出版了《红楼梦》第三版。还是1957年版的内文，还是从1959年开始采用的何其芳代序（《论〈红楼梦〉》的精简版）。何其芳既是曹雪芹纪念大会报告的撰写者，又是《红楼梦》权威版本的解释者，再次证明了他是六十年代初期《红楼梦》评论界的首席权威。此时正是何其芳春风得意之际，当学术论文变成了原著代序，何其芳的红学观点并不因篇幅缩减而削弱，反而是"飞入寻常百姓家"，产生了更广泛的社会影响。

在产生《红楼梦》的社会背景方面，李希凡、蓝翎曾与邓拓共同提出了"市民说"，何其芳对其进行了不客气的批评。他考察了黄宗羲、顾炎武、王夫之、戴震等清初思想家，认为他们的思想具有浓厚的封建性，并不能代表当时新兴的市民阶层。他写道："用市民说来解释清初的思想家和《红楼梦》，其实也是一种教条主义的表现。这是搬运欧洲的历史的某些结论来解释中国的思想史和文学史"。以此来解释《红楼梦》，实际上是"老的牵强附会再加上新的教条主义"。

作为正面的理论建树，何其芳提出了"共名说"。

> 同中国的和世界的许多著名的典型一样，贾宝玉这个名字一直流行在生活中，成为了一个共名。人们叫那种为许多女孩子所喜欢，而且他也多情地喜欢许多女孩子的人为贾宝玉。这种理解虽然是简单的，不完全的，或者说比较表面的，但并不是没有根据。这正是贾宝玉这个典型的最突出的特点在发生作用。《红楼梦》是反复地描写了这个特点的。《红楼梦》用许多笔墨渲染出来的贾宝玉的这种特点是如此重要：去掉了它也就没有了贾宝玉。[23]

林黛玉则是"身体瘦弱、多愁善感、容易流泪","深沉地而又温柔地爱着的少女"的共名。

何其芳肯定《红楼梦》的主线是贾宝玉和林黛玉的爱情,"在描写爱情生活上开辟了一个新的世界",致力于从审美和人性（当时不能明言）的角度进行研究。可以说,以胡适、俞平伯的家世版本考证和文本细读为一路,毛泽东、李希凡的政治性、阶级论批评为另一路,何其芳试图走出美学欣赏和人性观照的第三条路线。也许,这就是何其芳对《红楼梦》研究的最大贡献。

1957年《论〈红楼梦〉》刚刚发表时,李希凡并没有马上作出答辩。这恐怕在很大程度上是因为不能再与蓝翎合作,他就暂不谈红了。但是李希凡的性格基因就是好斗和不畏挑战,他对何其芳另外两篇文章《论阿Q》和《关于诗歌形式问题的争论》提出了批评,发表了《典型新论质疑》和《关于〈阿Q正传〉》两篇文章。争论围绕着"共名说"和"典型论"的异同而展开,主要针对阿Q形象,也间接地涉及到贾宝玉和林黛玉。

那已经是五到八年前的事,何其芳迟至1964年才回应李希凡的质疑。但此一时彼一时也,在此刻批判修正主义的大背景下,形势转而对李有利。李希凡更加认为何其芳的"共名说"不符合马克思主义的典型观。他迅速写出答辩文章,写得气势雄强,词锋凌厉,抨击何其芳"把现实主义的典型论导向抽象的人性论的陷阱"。看过此文的朋友感到双方都火气太大,建议李希凡改得平和一点。此文8月里投寄《新建设》杂志,却一等几个月发不出来。

原来编辑部是把李希凡的文章送中宣部审查了。责任编辑告诉李希凡,周扬同志说李希凡的答辩态度不好。"不管何其芳态度怎么不好,也不许他李希凡态度不好,文章必须修改。"周扬的这种偏袒,显然与何其芳编辑《不怕鬼的故事》和为曹雪芹纪念大会起草讲话,那两件事一脉相承。周扬看重领袖对何其芳的信任,他要做何其芳的保护伞。

但这次却是周扬有所不知,就在等待文章审查的这几个月里,优势的天平发生了微妙的反转。这时候的李希凡,刚刚两次面见过江青,已经获得了硬得多的保护伞,而且江青恰恰流露了对周扬的不满。现时的江青,再不是十年前周扬手下的一个处长了。你以为谁怕谁？李希凡在1973年如此记述：

> 当时我在气愤之下,就把此文小样寄给了江青同志,并给周扬写了一封信说明,此文已送给江青同志。文章如果有不妥当的词句可以修改,但何其芳同志有宣传人性论的自由,我就应当有批评他的自由。此信发出几天后,我才接到旧中宣部科学处某副处长的电话,根据周扬的所谓"指示",要我对文章中的许多词句进行修改,并要求改掉文章的题目。此文原题为《典型"共名"说是阶级论还

是人性论?》副题为"关于阿Q、典型、共名及其他"。为了取得文章的发表权,我做了妥协。答应词句可以修改,题目可用副题。最后,这位副处长还提出,"人性论"的问题是否也可以不提。这实在是使人忍无可忍了,我只得爽直地答复,这是原则分歧,不能修改。如非要我改,文章可以不发,但中宣部不发我的文章,就是欠了债。"挣扎"也好,斗争也好,总之是有了这番经历之后,此文才在《新建设》一九六五年第二期发表出来。[24]

周扬应该感受到了李希凡的仗势逞强,但还没有意识到自身的危机将至。奉命来电话讨论的处长是林涧青,时在11月间,李希凡下乡"四清"回家休假时。文章虽然发了,但李希凡仍感忿忿不平,记恨在心。1964到1965年之交,是何李之争的僵持时刻,暗中此消彼长,逆转即将到来。

李希凡在第二次见过江青以后,就下到通县农村去参加"四清"了,在西集公社尹家河二队,与农民同吃同住同劳动,任务是清理农村干部的问题。这一去八个月,他怎能想到,在远方的上海,姚文元正在秘密起草文章,却本来是他没有应承下来的任务。

1965年夏天的麦收时节,李希凡结束"四清"回到报社。乡居不计岁,归去已隔年。本来熟悉的环境,似乎变得陌生了。陈笑雨调去华北局,田钟洛换班下乡"四清",一些大学毕业生加入成为生力军。文化界也不再活跃,作协主管邵荃麟因"中间人物论"挨批。李希凡负责的文艺评论版面无所适从,每周都但求填满即可。

11月10日,姚文元的文章《评新编历史剧〈海瑞罢官〉》在上海《文汇报》发表。李希凡读过,当然别有会心,他马上想起了江青的两次接见。

24 乱世蒙太奇

李希凡

读罢姚文,李希凡给林默涵打电话,林好像也心事重重,只说了一句:"你看她找你了,你又不写,赶快检讨吧!"李希凡只能给江青写信,检讨自己没有"政治敏感",没有"觉悟"和"认识",辜负了她的"期望"。

身处《人民日报》,能切近地体验到1966年上半年发生的一连串重大政治事件。"二月提纲"和"江青主持的《部队文艺工作座谈会纪要》"针锋相对;"针插不进,水泼不进"的北京市委与"彭、罗、陆、杨反党集团"互相牵连。李希凡历来尊重的几位领导,如邓拓、吴冷西、周扬和林默涵,相继沦为"黑帮"异类。转任北京市委文教书记的邓拓在5月18日凌晨含冤自尽。

李希凡做了十一年文艺编辑,写了上百篇评论文章,出了七本书,自认为是毛泽东文艺思想的忠诚战士,指哪打哪,从无二话,更无二心。如果十七年都是"文艺黑线专政",那他难道都在为"黑线"张目吗?他想不通,却又必须说服自己,按照伟大领袖的"最新指示"检讨自己。

那时毛泽东曾问到:"为什么王若水、李希凡没有发表文章?"两人听说后赶紧写批判文章,但由于思想跟不上,未能发表出来。李希凡自述这一段经历说:

> 江青曾向当时的《人民日报》总编辑吴冷西同志谈到,她找我谈话时,我的精神状态不好。于是,我的老领导胡绩伟同志,虽被"文化大革命"冲击得晕头转向,不知所措,却没有忘记向下推卸"罪责"。他在"文革"开始的一次党员大会上,就连讽带刺地说:"批判《海瑞罢官》,中央不是没有找我们,中央找了我们,我们不行嘛!"

据后来在批斗会上一位党委副书记"交代",他们准备抛出来的第一批修正主义分子名单,我名列前茅。只不过他们的计划未及实施,自己就先被"造反派"揪出示众了。[25]

5月31日,中央通知《人民日报》若干人去中南海怀仁堂开会,名单上除编委外,也包括王若水和李希凡。李希凡不知道为什么获此殊荣,糊里糊涂跟着去了。会议很短,由总书记邓小平宣布,中央工作组进驻《人民日报》,组长陈伯达,组员包括《光明日报》穆欣、《解放军报》唐平铸等。陈伯达工作组当天下午3点进入《人民日报》社,连夜完成急就章,第二天6月1日,社论《横扫一切牛鬼蛇神》在头版头条发布,立即震惊全国。(鲁瑛等二人于6月3日从上海赶来加入。)

6月3日,《人民日报》头版上再发标题为《夺取资产阶级霸占的史学阵地》的社论,里面用两个版篇幅,发表署名史绍宾(谐音"史学界的哨兵")的长文,《吴晗投靠胡适的铁证——一九三〇年至一九三二年吴晗和胡适的来往信件》。本书前文在第一"开局篇"中曾经引用过的吴晗两封信,就包括在其中。这些信件的来源,就是1948年底,胡适在东厂胡同一号留下来的那些材料。不要小看这些陈年旧纸,分明是白纸黑字,证明吴晗与胡适是一丘之貉。这显然是1955年以私人信件给胡风定罪的故技重演。此文同时攻击《历史研究》编辑部和近代史研究所的负责人,即掌管胡适材料的黎澍等人,是对吴晗"假斗争、真包庇",看起来颇类似1954年批俞平伯亦整《文艺报》冯雪峰的路数。而"史绍宾"实为历史所尹达为首的写作组,他代表着史学界的"左派",已成为当红的中央文革小组成员。

吴、胡通信的发表,竟要了另一人的性命。当时傅斯年的侄子傅乐焕正随顾颉刚一起,在翠微路参与史书整理工作。据《顾颉刚日记》1966年6月20日载:"昨到(王)伯祥处,又知傅乐焕以报纸发表吴晗与胡适往返信札,自虑亦有致胡适信,恐被揭发,遂自杀。此真死轻于鸿毛矣!"

此刻,《人民日报》内部也乱了起来,先是都贴吴冷西的大字报,各部群众起来造反,报社编委会威风扫地,新来的青年人兴奋起来,每天都乘报社大客车去西郊各大学看大字报。部主任被打倒或靠边站,田钟洛从"四清"工作队一回来,就被送进"牛棚"。而李希凡和王若水毕竟是受过毛主席表扬的人,在运动初期还得到工作组的信任。陈伯达找两人谈了话,给予"鼓励"。李希凡被指定负责文艺版的工作,每天制造那些大批判的版面。

6月下旬,李希凡被召到钓鱼台,与他谈话的是两年前的老相识,原《光明日报》总编辑穆欣。他现在的身份不同了,是中央文革小组成员,兼任办

"文革"期间的《人民日报》社门口

公室主任。谈话内容当时是绝对保密的,但几十年后被两人各自公布出来。

穆欣说,江青本来"叫戚本禹找某红学家谈话,转达她对他的严厉批评。戚本禹从中捣鬼,后来改叫我出面找某红学家谈。推也推不掉,我就约他到钓鱼台谈了一次,把江青的话照实告诉了他,有些话是很难听的。"李希凡向他作了检讨。[26]

而李希凡说,在一个多小时的训话中,"我脑海里闪现出两年前穆欣提到江青时的另一副面孔","明白这训话本身对我是别有一番暗示在心头的"。他回忆穆欣谈话的内容有:

> 穆欣在转达江青"严厉批评"我未承担写批判《海瑞罢官》的文章时,即"穆文"所谓的"很难听"的话是,说我"跟着周林(即周扬、林默涵同志——李希凡注)屁股后面转"。穆欣接着说,周扬是"国防文学派",老牌修正主义,林默涵是"坏人"。你难道不知道鲁迅说过他们是"四条汉子"?连何其芳都写了批判夏衍和田汉的文章,你还嗅觉不灵。

在谈到1964年现代戏汇演时,穆欣说那次汇演不成功,都是北京市委和中宣部那帮子人在搞鬼。康老(指康生)在北京展览馆

六 斗争篇 357

的讲话就是针对他们的。

  谈到《人民日报》时，穆欣说，吴冷西是邓（即小平同志——李希凡注）的人。你们报社前一段时间不正常，跟中央唱反调。《光明日报》在关键时刻总有康老的指示。[27]

关于江青"很难听的"一句话，还有另一个版本：

  "旗手"很生气，说什么我们在北京找不到人，只好到上海找到姚文元，还有一句很不好听的话。相熟后我曾向他（李希凡）求证，其是他生命中的一个痛点，不太愿意详说，但还是告以确有其事，那句话大意是"给脸不要脸"。[28]

可注意的是，在这个时候，江青不想再直接面见李希凡，只让别人传话。这次谈话是李希凡与穆欣时间最长，印象最深的一次接触。两人的关系已有前因，还将有后果。

8月18日以后，"红卫兵"开始上街"破四旧"。发生在《人民日报》社门前的，是王府井的老字号和洋字号商店的招牌都被砸掉了，还有强行给行人剃头和剪裤腿的情况发生。报社内部，也不能幸免。已经调离的文艺部原主任陈笑雨，被揪回来交代问题。以下是田钟洛（袁鹰）的回忆：

  1966年8月24日，报社大楼中突然刮起一阵揪斗殴打"黑帮"的恶风。……那天下午，他（陈笑雨）和其他一批"走资派"被揪到五楼大礼堂，跪在台上，一批人围住他们拳打脚踢、吐唾沫、抽皮鞭。满楼乱哄哄，有的狂喊乱叫、有的挟嫌泄愤、有的幸灾乐祸。但也有不少同志义形于色，满怀激愤，却被阻于人墙之外，无能为力。这样闹到晚上十时左右才告结束。台上台下的人也悄悄离去。笑雨满身污秽、一脸愤懑、双目炯炯、双唇紧闭，到办公室取了手提包，疾步下楼。他回到三里河华北局宿舍，但是并未回家，只是悄悄将手提包塞进宿舍铁门，就回身到复兴门外真武庙附近的水塘边，让清澈的河水陪伴他离开那个混乱污浊的人世。给他的夫人黄寅留下一张十二个字的纸条："死了算了，干干净净。寅，永别了。"[29]

李希凡对此的回忆，比较轻描淡写：

  没想到笑雨回来的第三天，几个年轻的造反派就嫌这报社的"文化革命"不够"刺激"，开始了"武化"斗争，……后来几个部主任级干部揪出来上五楼跪在小礼堂里，抽了几皮带。笑雨同志也在内，也挨了两皮带。我去找他，他并没回办公室，直接回家了。第二天，就听说，他并没有回家，而是在玉渊潭投河自尽了……

我是一个月之后,才把他的遗物送还给他的夫人,我们本来很熟悉,那时却相对无言。我只说了一句:其实笑雨不必走这条路,熬一熬,也就过去了。我知道我说的是废话,事情还没轮到我身上。不过,我已开始感受到周围阴云密布……[30]

冯其庸

在李希凡尚受信任,被指定为文艺版负责人时,冯其庸已经经历过了一轮上天入地的浮沉。

离开颐和园云松巢后,与李希凡几乎同时去来,冯其庸在陕西参加"四清"。回京后感受到"左"的气势越来越强,总想把人一棍子打死。他写了一首《感事诗》:

一枝一叶自千秋,风雨纵横入小楼。
会与高人期物外,五千年事上心头。

1966年初,冯其庸参加了一次北京市委组织的讨论会,与史学界、文艺界人士讨论姚文元的《评新编历史剧〈海瑞罢官〉》。彭真还在台上主持,戚本禹来听会一言不发。冯其庸发了言。

这时候的戚本禹,因为发表了两篇历史学论文,揭露太平天国忠王李秀成被捕后写的《自述》是变节投降而发迹,马上将加入中央文革小组。而被他批驳的对象,主张李秀成是实行"苦肉缓兵计"的,正是胡适当年的入室弟子、太平天国史专家罗尔纲。

1965年,冯其庸在陕西参加"四清"。

这次会后，人民大学党委接到调令，要调冯其庸去中央文革小组工作。可以推测，是康生又想起了他。党委会一致通过，副校长孙泱通知冯其庸这个决定：这是咱们学校的光荣，咱们至少不会掉队了，能紧跟中央的步子了，你赶快去吧。但是冯其庸不愿意，"我不知道什么叫'文化大革命'，怎么去工作啊？"另外有几门课也不能马上撂下来。孙泱说：不管怎么样，这是大事，这是为学校着想，你去了我们也放心。冯其庸要求一段准备时间，就拖了将近两个月没去。后来，孙泱受到严酷迫害，上吊自杀了。

5月初，彭真和北京市委被打倒，要重新组织新市委。新市委书记是华北局的李雪峰，人民大学党委书记兼常务副校长郭影秋临危受命，任新市委文教书记。郭校长来找冯其庸，问：你若不去中央文革小组，愿不愿意跟我一起到北京市委去？冯其庸表示愿意，因为郭影秋是个做学问的人，两人关系很好。于是决定去，冯其庸负责写《北京日报》的社论。

冯其庸的想法是：在这种形势下，总得去一个地方，如果去北京市委，就可以摆脱中央文革小组。北京市委相对小一点，问题总归少一点。

新的北京市委要发表一篇社论向中央表态，题目是《热烈欢呼中央的英明决定》。任务交给三个人分头去写，市委再决定用哪一篇。结果是选用了冯其庸写的一篇，送中央审查，中央批准了照发。北京市委深夜十二点来电话，派车接冯其庸去《北京日报》校对或修改。说完话车已到校门口，冯其庸赶去报社，只能校，不敢改，因为他知道，中央通过的文章，就不能再改了。为此折腾了一夜。郭影秋告诉他，这篇社论受到中央的表扬。

没想到才过几天，康生、江青说这篇社论的调子是"右"。形势天天变化，越来越紧张。冯其庸对郭影秋说：我长期在报社不合适，是不是先回学校？马上得到批准。其实李雪峰为首的新北京市委本身也地位不稳，几个月后就黯然消失了。

应了那句《红楼梦》曲词："正叹他人命不长，哪知自己归来丧？"冯其庸头天晚上回到人民大学，第二天就满院都是批判他的大字报。"文艺黑线人物"，"中宣部阎王殿的黑干将"，"邓拓、吴晗、廖沫沙三家村人物"，"反动学术权威"等等，不一而足。带头批判他的，正是他原来提拔、帮助的年轻人，一夜翻脸，反目成仇。一个本来托关系走后门进来的助教，曾备受冯其庸的照顾，此时他带人来抄家，连废纸篓都翻过来，要查反动言论。

这抄家发生在6月16日，留下了三张被抄物品清单。对于熟知"文革"过程的我来说，颇觉这次抄家与众不同，甚至可称奇异。第一，时间太早，那时还是刘邓掌权，工作组进校，正竭力控制局面，红卫兵还没有诞生，大范围的混乱抄家要等到8月下旬才发生。第二，目标或内容太有文化，抄走的都是日记、信件、笔记本和文稿材料,而不动浮财细软。第三,方式太文明,哪见过抄家还给物主留清单,列明拿走了什么东西,再宾主双方签名?

冯其庸之所以这么早挨整,一夜变黑,可以理解为是人大党委或工作组"抛出"的结果。因为他在"文革"前名声在外,受中宣部重用,与"三家村"有染,抛出冯其庸,把矛头引开,便于校党委和系总支的自保。李希凡也说过,报社领导曾经想先把他抛出来。冯其庸开始挨斗,后来郭影秋校长也被揪回来批斗,他随着陪斗。那是在台上被两人押着,弯着腰听训,他在心中默念"飘风不终朝,骤雨不终日",这是屈原的话。

一天在"铁一号"校门口,冯其庸碰到中国革命史教授胡华,两个人是互相可说真心话的朋友。见旁边无人,胡华说:这太冤枉了,我是从延安过来的红小鬼,你也是贫困出身,怎么都成了反革命了?哪有这个道理啊?冯其庸说:你不要急,你看这场"文化大革命"气势这么足,是为我们吗?我们有什么资格引起这么大的运动?我们是被一场大风卷上了。这场运动现在还看不清楚,等等再说吧。

到8月间,听说了毛泽东写的《我的一张大字报》,才恍然大悟,矛头很清楚,是针对刘少奇的。冯其庸与胡华两人再次碰头,冯问:你看到了吗?胡说:我看到了,我明白了。两人不敢多言,匆匆告别。

8月下旬,冯其庸的朋友圈中噩耗频传。《人民日报》文艺部原主任陈笑雨投水自杀。老舍沉太平湖自杀。北师大中文系教授刘盼遂夫妇双双自杀。这三人之死,发生在前后一两天之内。冯其庸妻子夏老师说,她所在的北京外国语学院附中,红卫兵一夜就打死了两个老师。

冯其庸头脑很清楚,对妻子交代说:我绝对不会自杀,我要看这一场风波,究竟怎么起来,怎么下去,一定要看到底。我要是现在死了,就弄不清楚究竟是好人还是坏人了。我没有做任何一点对不起人的事,所以我不会自杀,除非我被打死,那是没有办法。我要看到底。

当时宣布冯其庸写的所有文章都是"大毒草"。他在脑子里暗自写了一首诗:

千古文章定有知,乌台今日已无诗。

何妨海角天涯去,看尽惊涛起落时。[31]

俞平伯

党员文化人如此,那"资产阶级知识分子"又如何?

俞平伯是被"最高指示"点名的"资产阶级反动学术权威",自然在劫难逃。也是在8月下旬,俞平伯在老君堂七十九号的院子遭到抄家。

俞家的这个院子，是其父俞陛云当儿子在北大毕业时，于1919年买下来的，俞平伯本人1924年从杭州迁北京后，即在此与父亲同住。三十年代一度移居西郊清华园，1937年又搬回居住。父亲在1950年去世，母亲还在，女儿俞成又带着一儿一女回来了，所以是四代同堂，祖孙六口人住在这里。主院在西，前后两进，东边还有跨院。东院内有棵四人合抱的老榆树，北屋是陛云老人的书房，朱自清在此借住时，给起名"古槐书屋"——他以为是槐，实为榆树，遂相沿不改。两代主人携三代子孙，已在此住了四十多年。院子大房子多，名气大地位高，都是招祸的根苗。

来抄家的其实也难称为"红卫兵"，闯进来的是一群由街道百姓和中学生混杂的乌合之众，所以更加无法无天。他们先是把房间翻了个底朝天，所有的东西都被抛在地上、扔在院子里，俞氏家族几代的藏书，像地毯一样一层层铺在地上，任"千万只脚"践踏。他们要的不是书，而是金银财宝，当然找不到，这也成了一条"不老实交待"的罪状。

那晚，俞平伯和夫人许宝驯被围在院子中间，推押着接受批判，俞夫人的头发被剪。要他们交待罪行，他们只得不停地说着："我有罪。"俞的老母亲年过八旬，她留存的一口寿材被毁，还被逼把寿衣穿在身上，令俞平伯夫妇跪拜号哭。

他们哪敢抗争，只有任其侮辱、摆布。从此，终日提心吊胆，随时会被闯入的"红卫兵"揪出来批斗。俞平伯的大量书籍和研究资料被抄走，衣服被打包，廉价卖给街道民众。待出版的《古槐书屋诗》八卷手稿（收从民国初年到1959年所作的全部旧体诗）和《古槐书屋词》二卷的清本均下落不明。

在这样一种从未经历过的磨难中，俞平伯夫妇以一种同生死、共患难的信念相互安慰、支撑。他们之间的深厚感情，以及俞平伯"乐天、知命"的人生信条，在此刻起了决定性作用。不久，他们被"勒令"赶出原来住的西院，三位老人搬到东院三间北房内，亦即"古槐书屋"。不允许搬床，只有一个棕绷床屉，用四把旧式木椅支起来。工资停发，每月只发给四十元生活费。一切家务均要由俞夫人操持，她既要伺候婆母，又要照顾对生活琐事一窍不通的丈夫。女儿俞成和她的儿女，则被赶到隔壁一个大杂院内，一间不足十一平方米的小房子住。其他房子一律被"征用"。

俞平伯不会做家务，但是会作诗。在这种状态下他还有诗记之：

先人书室我移家，憔悴新来改鬓华。

屋角斜晖应似旧，隔墙犹见马缨花。

这风格就如同他评论《红楼梦》一样，所谓"怨而不怒"。

王佩璋

俞平伯的前助手王佩璋，此时养病赋闲在家，早已被多数人遗忘。红学才女早已不知何处去，只剩下右倾分子、破坏生产、开除公职加精神障碍。像她这样的政治贱民兼病患弱者，身处街道基层，遭遇革命运动，怎能不首先成为被冲击的对象？

应该也是在8月下旬，王佩璋被无情揪斗，野蛮殴打，被逼下跪，被剃阴阳头（剪去半边头发），被强迫拿着扫帚去扫大街，受辱于大庭广众之前。性格刚烈、清高孤傲的王佩璋岂容得如此凌辱？"宁为玉碎，不为瓦全"。

关于王佩璋的归宿有两种说法。据刘世德回忆，文学所接到派出所电话，说是王佩璋在北海跳水自杀，要文学所派人前去处理。文学所当时就派张大姐（张慧珠）去处理此事。后来的结果刘不详知，但当时在文学所一般人中，都说她是跳水自杀。

然而据王佩璋丈夫的亲属说，她是服用过量安眠药自杀。家人发现后紧急送往附近医院，因为是"牛鬼蛇神"，医护人员冷漠怠慢，并未及时施以积极有效的抢救，王佩璋不幸撒手人寰，年仅三十六岁，无子女。也许，她尝试了不止一次。

王佩璋的性格有其缺陷，王佩璋遇到的时代更为疯狂，是这两者的不幸遇合，造成了她的人生悲剧。才女在风暴中逝去，"红消香断有谁怜"？

何其芳

据《王伯祥日记》记载，早在大风暴开始之前，1965年7月29日起，文学研究所古典室连续三天开会批评蒋和森（荷生），"发言者甚众，指斥甚严"，王伯祥"亦发言谴之"。那时何其芳也无可奈何了。

1966年5月25日，北京大学聂元梓等七人的大字报点燃了第一把火。何其芳的几个子女都是在校学生，或大学或中学，也都积极投身运动。周末回家时，正想跟父亲讲"大好形势"，何其芳却情绪低落。他告诉孩子们，他所供职的文学研究所群众也给他贴了很多大字报，让他交代反党反毛泽东思想的问题。

儿女们大吃一惊，根本没想到这场"革命"会触及到父亲。何其芳严肃地第一次向子女讲起自己投身革命的经历，又拿出1961年经毛主席亲笔修改了三次的《不怕鬼的故事》序文手稿，痛心地说："主席对我这么好，我怎么会反他，我发疯啊？要是主席知道我犯了错误，会多么痛心呀！"

过去，何其芳曾经是俞平伯等知识分子的保护伞，现在，他自身难保了。因为这次运动的重点，是整"混进党内的走资本主义道路的当权派"，所以对何其芳的斗争愈演愈烈，从大字报批判，发展到拳打脚踢式的批斗，戴高帽，罚跪碎石堆，关"牛棚"，扫厕所，历经磨难。

何其芳原名何永芳，读中学时，国文老师改"永"为"其"，一字之改，点铁成金。文学所的造反派有对文字的敏感，认为他不配用这个好名，命令他改名"何其臭"。以后每逢开批斗会，都让他自报家门。开始他不适应，仍报何其芳，立即受到斥责："你能叫何其芳吗？你是反党反社会主义反毛泽东思想的三反分子，你'芳'在哪里？"他只得改口："何其臭，何其臭！"批斗会上，他垂头站在台上，身穿七零八落的纸衣，手持一面木牌，上书三个黑字："何其臭"！

某天，他从三楼办公室出来，在二楼楼梯口迎面碰上外地红卫兵来所里要批斗他，问："何其芳在哪里？"他一看来势不善，立马回答："在三楼。"用手向上一指，同时加快步伐，逃了出去。

批斗之外，还有经济制裁。何其芳的工资被停发，勒令搬家。原来住的是一座两层小楼，限他家三天之内，把楼上搬空，住到楼下去。书和家具用了六天才搬完。面积减小了，家具放不下，何其芳便几块、几十块钱地卖到委托行。卖掉的是值钱的古董红木家具，留下的是全部书籍和普通书架。何其芳说有些藏书是钱买不来的，必须保留，知识才是人生最大的财富，而红木家具都是身外之物。

搬家之后，又遭抄家。东西都被翻了一遍，书都被封存，并命令交出全部存款两千元。经历了这些，何其芳一度迷茫。他变得苍老了，黑发变成了灰白色，步履蹒跚，嗓子也哑得没有了声音。吃饭时往往一言不发，吃过后就回房休息。

何其芳对子女说：在延安时，曾受到不公正的评论和攻击，他感到冤枉，觉得委屈。毛主席知道后批评道："一个人没有受过十年八年委屈，就是教育没有受够。"这句话，他要记一辈子。何其芳经过反复思考，选择了用积极主动的态度去面对这场革命。过去经历了像延安整风、反右斗争这样的大运动，都没有触及到他，这次运动对他来说是一件好事，也是一次考验，他一定要经受住这次考验。他准备继续挨斗。

何其芳又说，他不该做领导，他没有独立做主的领导能力，当初到周总理那里工作就好了。解放初期，周总理安排他做身边的文教参事。他知道在总理那儿工作就意味着得放弃自己的写作，就对总理说，到你那里工作，就没时间写小说、写诗歌了。总理很理解他，尊重他的意见，就没有强留他。现在想起来有说不出的懊悔。

在经济封锁后，何其芳表现出超常的居家度日能力。那时候，何其芳每月只有十五元生活费，每个孩子是二十五元。是何其芳教会了儿女们过一般老百姓的生活。他自己管家，钱、粮票、副食本、布票、工业券等等一手掌管。他掌勺做饭，用普通的食材做出很像样的饭菜。冬天他装煤炉学烧火，节约用煤，自己解决了家中取暖问题，他说在单位劳动改造就有这一项内容。他还买来便宜的布，自己找裁缝做了两身衣服，适应挨斗和劳改所需。

1967年，当何其芳戴着"走资派"、"黑帮分子"的荆冠，门可罗雀时，却有一个十九岁的青年郭路生，登门向何其芳请教写诗问题。何其芳遇到知音，便倾囊相授，给予认真的指点，两人成为忘年交。这青年在第二年写出了《相信未来》、《这是四点零八分的北京》等成名作，在知识青年中流传。《相信未来》曾被江青点名批判，说相信未来就是否定现在。下乡插队和五七干校使他们分开了，但这位青年成长为中国开一代诗风的先驱者，他的笔名是食指。郭路生如此回忆何其芳："我一生确实不幸，但一开始诗歌写作便由何伯伯引上了正路，实属本人此生中的一大幸事。"

俞平伯

在"学部"（中国科学院哲学与社会科学部）文学研究所里，俞平伯作为"反动学术权威"，与"走资派"何其芳一起，同时首批被揪了出来，同属"牛鬼蛇神"，同被关进"牛棚"，分头打扫厕所，同台接受批斗。他的书被挂在墙上批判。因为被"最高指示"点名，俞平伯的名气比何其芳更大。"大串联"的红卫兵到学部来，他是一大目标，许多人都要求面见俞平伯，见面就不免批斗一番。而俞先生心胸开阔，见惯不惊，不卑不亢，应付自如，批斗往往以申斥开始，而以哄笑结束。

那时他被关在文研所三楼库房里，不许回家，并合三把椅子为床，以棉袄为被，又作诗自嘲："拼三椅卧南窗下，黄棉袄子暖烘烘。"

后来俞平伯对外孙韦奈讲述：

"文化大革命"中，我受了更大的打击。除以前批判的内容外，还着重批判了我的《关于"十二钗"的描写》，说我有意和毛主席唱对台戏。那时的大字报从文学所的大院一直贴到东单。很多人不了解，甚至以为《红楼梦》是一本坏书，而这本书是我作的。[32]

以后放回家住，但每天都必须到单位报到，轰轰烈烈的"大串连"，使北京的公交不堪重负，年近七旬的老人每天要挤公共汽车，也不堪其苦。一次，俞平伯无意中结识了年龄相仿的三轮车夫老钱头。那老钱头带着红卫兵的袖章，在三轮车同行中没人敢惹。他偏偏与俞先生这"臭老九"投缘，于是每天早晨，就在俞家附近的马路边等；晚上，又准时在单位门口远远地守候。这两个钟点，有客时也被他推了，每次收俞先生的车费，他总要打折。春夏秋冬，寒来暑往，俞平伯都是坐着他的三轮车上下班。

1968年秋天，俞平伯的老母亲许太夫人病逝，丧事草草办完。年底，工军宣队进驻学部，开始"清理阶级队伍"，普查历史问题。这就查出俞平伯在抗战时期滞留在北平，与周作人有交往，说他也有"汉奸问题"。又有了新罪名，当然又是一番批判。俞先生久经历练，不很在意，批过后照样情绪良好，像没事人一样。他凭着性格豁达，又过了一关。

这时"牛鬼蛇神"被再度集中住宿，同关一室的有蒋和森、陈毓罴、荒芜等。那时正在准备开"九大"，大家都要唱"迎九大歌"。俞先生也与大家一道认真学唱："长江滚滚向东流……"在老先生中难得一见。有人起哄叫他独唱，他便认真地自唱起来。有人笑他走调，有人听出了昆曲味道。他用手指敲着桌面打节拍，对年轻人说："你们看，这是工尺谱……"

顾颉刚

历史所所长尹达以"红色堡垒"、革命左派自命，在1966年5月里进了中央文革。6月3日在《人民日报》上发表批判吴晗与胡适通信的长文，向近代史所的黎澍等兴师问罪。但因为他压制历史所内的群众造反，到8月就被判为"路线错误"，被揪回历史所，是最早被抛弃的中央文革成员。

8月浪潮更加冲击到顾颉刚。8月13日，顾颉刚被历史所里的革命青年揪出批判，贴的大字报是"把反动史学权威顾颉刚揪出来"。8月27日日记："学部所属各研究所之戴高帽人集中草棚前，听批判，又游行两匝。……今日之斗，殆为学部中作一总结，戴高帽者约七八十人，予以俯首，不能知其为谁，但知翁独健、钱锺书、陆志韦等皆在内耳。"比俞平伯还年长七岁的顾颉刚感觉滋味难受，度日如年，如将死之狗。8月下旬面临抄家，顾先生仰天长叹，顿足搥胸。家人恐惧，乱了方寸，抬出几箱信札和照片偷偷焚毁，竟连烧了三天；11月、12月又烧毁了一批珍贵信札。

在历史所，顾先生被定为"第一号反动学术权威"，戴着高帽游街批斗。在批斗会台上须自报家门，当何其芳被迫改口，自称"何其臭"时，顾先生却出人意外地从容报道："历史研究所一级研究员，顾颉刚！"不管台上主持台下群众如何叫嚷，他仍不改口。陪斗的难友觉得他太迂腐，又怕他吃眼前亏，会后提醒他，不料下一次会，他依然如故，保持自己的尊严。

与鲁迅的关系此时变成了更大的问题。历史所文革小组指出：顾颉刚当年与鲁迅打官司是反鲁迅，反鲁迅即是反共。但顾颉刚并不认可，认为当时的鲁迅只是一个小说家，并非党员，谈不上进步性。随后顾颉刚多次交代这一问题，故世已久的鲁迅依然给他带来沉重的精神负担。

(1966年11月1日) 今晚广播纪念鲁迅文，予已于报端见之，而静秋（顾妻）必欲予听，横加批判，堪儿（顾子）和之，使予精神紧张，不易成眠。家庭中之教条主义真可畏也。

(1967年2月6日) 我自省，一生只有和胡适、鲁迅、朱家骅三人的关系是我的大错，其他时间或其他地方，我实是一个谨小慎微之人。

(1969年8月26日) 看《鲁迅先生怒斥顾颉刚》大字报，心情激动，觉心旌摇摇，如船在漩涡中转，将掌不住舵，此真触动灵魂矣。[33]

顾颉刚从1919年开始自觉地写日记，历经抗战亦未中断，故对自己的日记非常珍爱，视为"生命史中最宝贵之材料"。1946年重获1937年以前的十多本日记，他"如同重拾弃儿一般"。对保护自己文稿的殷履安夫人，他一直怀恋在心。当此再逢动乱，顾颉刚仍坚持每日不停笔，并设法把旧日记保存了下来。1968年，顾夫人张静秋撕毁了他八个月的日记，顾颉刚十分痛心，要夫人写检讨贴于被毁的日记上——这又成了一种历史实况的记录。

1968年10月中旬，为了纪念毛泽东《关于红楼梦研究问题的信》十四周年，公开发表一周年，由文学研究所和历史研究所联合组织批判会，同台批斗俞平伯和顾颉刚。"学部"的造反派们就是有文化，四十七年前的"新红学派"三人组竟然以这种形式复合，只差一个胡适。

顾颉刚不断作关于鲁迅问题的交代，虽经多次批判，总是检讨不到位。他觉得竭力骂自己应能博得好感，在别人看来，却是处处在吹捧自己，被认定为不合格。顾颉刚自审是立场没有站稳。他曾自述刚接触思想改造时的心理状态，以为"思想而能改造，在我的旧脑筋里简直是一件不能想象的奇事"。现在他面对现实，加上家人的催逼，明白必须好好"琢磨"，思想改造的大势由不得自己拂逆。

七十三岁高龄的顾先生被要求每日到所，他挤不上公共汽车，只能每天徒步来往。当群众听传达报告或开学习会时，作为批斗对象便须回避。一天群众开会，顾颉刚与谢国桢两先生奉命扫院子。谢先生生性乐观幽默，一边扫地,一边对顾先生说:"你看我们俩人像不像《空城计》里的老军,'国家事不用尔等操心'?"这是京剧《空城计》里一句戏词。谢先生的自嘲没有引起顾先生的共鸣,他仍然不苟言笑。

1966年至1970年,顾颉刚在接受批判之余,仍偷暇读书、作笔记,写成了《古史札记》(九册)、《耄学丛谈》等。他说平生最喜的一副对联是:"能受天磨真铁汉,不遭人嫉是庸才。"

吴世昌

吴世昌在学部文学所里,本来就以心直口快,大胆敢言著称。因为尊重他海外归来的身份,也因为何其芳领导的开明,哪怕他批评得尖锐一点也不计较。每当听到他讲出一些大家想说却不敢说的话,都感到痛快。可是,"文化大革命"的风浪到来后,他就厄运难逃了。老革命高官都揪出来了,还在乎你一个洋学者吗?

完全空缺了此前国内政治运动经历的吴世昌,毫无防备,更感到茫然不知所措。他被戴上高而尖的纸糊帽子,胸前挂上"资产阶级反动学术权威"的牌子,和俞平伯、孙楷第等先生一起,站在台上示众。因为他脾气倔强,不肯低头,被狠狠地按下去多次。他也被关进牛棚,失去自由,天天挨批斗,"触灵魂"。他的罪名比别人还多一条"假洋鬼子"。

对此等严酷现实更难以接受的,是吴世昌在英国长大的两个女儿。大女儿已是牛津大学三年级学生,二女儿高中毕业,获得英国教育部设立的最高奖学金,可以免费任意选择入牛津或剑桥深造,两人都因随父回国而学业中断。当她们遇到这场难以理喻的风暴,大女儿因受不了巨大的刺激,患了精神病,长期住院。二女儿在北大读物理系,被发配到农村接受"再教育",当了三年农民。

文研所的刘世德与中央统战部副部长许涤新有亲戚关系。在"文革"中"靠边站"的时候,许涤新曾经让刘世德给何其芳带话:"你回去告诉其芳,要重视吴世昌。全国解放后,回国的科学家很多,但都是自然科学家。吴世昌是第一个回国的社会科学家。这一点很重要。"[34] 可惜,这时何其芳已经自身难保了。

吴恩裕

"文革"一起,身处学校内的老师受冲击更大。吴恩裕在北京政法学院,立刻有人贴他的大字报，将《曹雪芹的故事》斥为"一株影射现实、反党反社会主义的毒草"。

1966年8月22日，北京政法学院的造反派学生第一次查抄吴家，抄走他的所有文稿，包括写曹雪芹的那篇《寄居萧寺》，已完成十之七八。吴恩裕更感到恐慌的是被抄走的诗歌手稿，其中有不少涉及个人隐私的内容，一旦被披露，将斯文丧尽。那是他人生中最黑暗的一天，惶惶不可终日之际，吴恩裕动过自杀的念头。

随着运动的推进，吴恩裕被视为"资产阶级反动学术权威"，揪出来作为敌我矛盾处理。北京政法学院红卫兵专门组成吴恩裕专案组，将他羁押在学院路校区一号楼内进行审查。吴恩裕老家的土地问题、剥削问题，以及他本人四十年代与国民党的关系，一再被勒令交代。另外还得接待外调，也是交代历史上的陈年旧事，令他大伤脑筋。

这段时间，吴恩裕写下了大量的交代材料。且看他对自己是否为国民党党员的交代：

> 党的政策对我们这样犯有滔天大罪的人，只要老实交代，就宽大处理。我院在工人阶级领导下的革命群众，又坚决执行党的政策。我心里万分着急，我即使有"血债"我都会交代出来，何况一个国民党员的问题呢？！只是由于这些王八蛋不通知我，搞了些什么我也不知道，我可怎样具体"交代"法呢？
>
> 我只有这样一个想法：即凡是他们给我办的事，我都承认，并甘心情愿接受严重处分。但他们到底给我办的是些什么事？我既不知道，就干着急交代不出来。明知交代出来就一定得到相应的宽大处理，可就是不知交代什么（不知他们给我搞了些什么"名堂"！）！我内心决不是"抗拒"，但行动上就是交代不出来，你说这不是必定会受"从严"的处分了么！我现在既自恨自己过去的反动，同这些人打交道，我更恨国民党那些王八蛋真把我害死了。我痛苦万分，可是毫无办法！[35]

在被羁押的日子里，一个个无眠的夜晚，吴恩裕不得不绞尽脑汁回忆自己二三十年前生活中的每一个细节。对于自己在1949年之前研究马克思主义，吴恩裕做了如下交代：

> 我不是说过资产阶级知识分子有共性，也有特殊性吗？我不也说过我的特殊性在于着重生活上的问题，甚至为生活上的问题可以不热衷于政治上的向上爬吗？都对，但是，我的特殊性，我现在想到：最主要的是我在反动政权下"研究"马克思，而其他资产阶级知识

分子没有这一点。因而，我的罪行最大的也便是站在资产阶级的立场，用资产阶级的观点和方法来"研究"和"宣传"我所误解和曲解的马克思对中国革命的危害。

从这些多少有点语无伦次的交代中，后人能体会到吴恩裕所受的重压与他的无奈吗？

吴恩裕的"罪行"中，还有一桩是"在立场未变、资产阶级世界观未变的情况下，一意追求个人名利，通过业余写作走资本主义道路"。吴恩裕笔耕不辍，为他带来很多稿约以及稿酬。一些出版社为了拿到他的书稿，多次向他预付稿费。吴恩裕受审查时，已经预支各个出版社稿费多达四千多元。

吴恩裕有一点表现令人敬佩，那就是不管怎么批判自己、认错悔改，他始终拒绝批判自己的导师拉斯基教授。他在清华哲学系的老师金岳霖要求他批判拉斯基，吴恩裕巧妙地回答："我受拉斯基的影响，还没有受您的逻辑学的影响深。"

周汝昌

人民文学出版社的"文化大革命"，带上了双重的"文"气，其"大字报文学"很有可读性。周汝昌参加的战斗队叫"换新天"，属于造反派。在有人的点拨下，他写了一张大字报，揭发王士菁介绍他入作协，是纠合"黑帮"。多年以后，周汝昌回想往事，深觉对不起故人："这纯属忘恩负义。今日向他告罪！"

聂绀弩是先被揪出来的，生活没了来源。1966年的一天，周汝昌与妻子到街上去，在东安市场碰上了聂绀弩。时值中午，周汝昌与妻子向家走，聂绀弩尾随在后——好像想到周家去蹭顿饭吃。可是周汝昌家中人口多，一贫如洗，生活窘迫，不敢随便请人吃饭。他便开口问妻子家里可有菜肴，妻子答什么也没有。聂绀弩听到后，转身向北，口中说："我去找张友鸾。"周汝昌望着聂绀弩那踽踽独行的背影，心怀愧怍。

当时社里所有领导人皆被打倒，由"三大员"（炊事员、司机员、杂工员）掌权，这就是"工人阶级领导一切"。

1968年9月5日，周汝昌发现几个同事见他都神情异样，过了一会儿出到院里，见地上铺有黄色大方块纸："打倒周扬文艺黑线的活标本周汝昌！"名字上打着红叉。周汝昌不明白为什么不称自己是"反动资产阶级学术权威，胡适派徒子徒孙"，与周扬虽属同宗，却素昧平生，不知何处搭界？

当天就在院子里开了批斗大会，斗争除了发言批判以外，有人揪了一下他头发，有人给了一巴掌，临下台还被踢了一脚。[36]

周汝昌被打倒的起因，无法写明在大标语上，带一点荒诞色彩。一个国民党起义军政人员的子弟，听说周汝昌懂阴阳八卦，便拿来一个生辰八字让他测，周汝昌就按常规说了一番，其结果都是"大富大贵"的吉利话。没想到这个人在"清理阶级队伍"的新运动中被揪出，供出了测字之事，说生辰八字是毛泽东的。尽管周汝昌所测的结果都是好话，但也难逃与"牛鬼蛇神"相勾结而妄批伟大领袖八字的罪名。于是被隔离审查，按"现行反革命"论处。[37]

散会后，被押到人文社灰楼后面一个小院的西厢里，就不许回家了。让家里把被子送来，从此被关押在小院里，除了吃饭，不许出院门一步。同住者有要犯孟超——鬼戏《李慧娘》的作者。后又押进了金人、陈迩冬、麦朝枢和女犯潘漪等人。此中生活无非是这样几类：枯坐学习，劳动改造，写材料交待问题，应接外调，以及受审即逼供。

受审是难堪的，这些审人者既未经法律训练，也没有真凭实据，只能靠威逼利诱。大抵是这个套路：你的问题很严重，我们早已掌握了材料；你不老实交待，只能抗拒从严；唯一出路是坦白从宽，交待一切罪行。若老实人信以为实，便搜索枯肠，冥思苦想，追忆平生的"错误"和"罪状"（上述吴恩裕即是如此）。写不出交待便要天天严审，只好将芝麻绿豆，都升格为罪行，上纲上线，自贬自责。事后听别单位"革命组织"的熟识人说：千万可别害怕，受逼而乱编不真实的事去应付审查。他们那都是假话吓唬人，其实什么也没掌握！

接待外调更是可怕的事：梦想不到的、半生不熟的人、一千年前的琐事，都来调查了，说不清可不行。有的"外调专员"心怀不良，极尽刁难之能事，纠缠不休。

所谓劳动改造，是与许觉民社长一起打扫厕所，打扫大员们开会的屋子。每次可扫出一大斗香烟头，可以想见，大员们每夜策划次日的"革命行动"，是怎样的烟雾弥漫。

小院里的隔离审查就是私设监狱，日夜有人轮班监守。生活起居被管制，电灯线路要切断，入夜睡前要把腰带交出，以防触电、上吊。若"畏罪自杀"就是"自绝于人民"。如需吃药，得放在外间，服用时向看管者领取，遇上好心的不须说，却也有吃"枪药"的："这不是养老院，我们是专你的政！"药就别吃了。

每日早晚，隔离者在院中站队，齐念《认罪词》："我是犯了错误的人，对不起党，对不起人民！……"天天念念有词，也就背得烂熟了。但是大作家孟超背不下来，一次让监视者发现了，狠遭怒斥，孟超则躬身低头，顺受无言。

受管制的人每天饭前饭后都要在主席像前敬礼，或唱当时的文革歌。他们与"革命群众"一样交粮票饭费，但待遇有别，"坏人"就只配吃坏菜烂饭。

一位女士为此气得不吃饭,听说后来在湖北干校,还是因生气而拒不进食,生生饿死了。有的炊事员立场坚定,"嫉恶如仇",每当周汝昌领馒头时,他必无视似讨饭般恭敬高举着的空碗,而把馒头扔在不洁的木案上。周汝昌咽下一口气,照吃不误。

1968年的国庆之夜,周汝昌在关押中度过。在小院里,只能看到天空的一角红光闪烁,心知那是天安门放礼花。想起每年此夕的欢乐游观,此刻却不再能躬与其盛,十分难过伤感。

那一阵他情绪不佳,不想无期限地度此岁月,打算承认了派给他的"罪行"。那晚只有一位女看守,人很和蔼,与他如常地谈话。周汝昌便壮胆向她倾吐心事,说:"我打算承认,反正有罪就是了……"她立即开导说:"千万不能那么办!历次运动不过要打大老虎,你无事实胡乱承认,那是对革命对自己对亲友都不负责,那才真是自己犯了大错误!"一夕话,挽回了周汝昌的信心和毅力。周汝昌蹲了一年的"牛棚",记得对他好的人不过三四个,这位女士是最善良的第一好人。

周汝昌听家里人说,在他被隔离审查期间,家中也遭抄家,书籍、信件、文物等拉走了好几辆平板三轮车。但几十年以后的事实证明,周家的文字资料基本上没受损失,几乎全部保留下来。例如胡适、顾随的来信和甲戌录副本等等,都完好无损。

而四兄周祜昌家的境遇,比周汝昌还要不幸得多。

周祜昌痴迷研红,在津沽故里的乡间,无人能够理解,并终于引来大祸。他每天都在抄抄写写,被一邻居看在眼里。乡下人见识少,哪知道什么"脂砚斋""石头记",又听说与胡适有关,就起了疑心。如此浩大的运动一起,"破四旧"也传到了乡镇,周家原本是乡绅,难逃挨整的厄运。那邻居便去告密,说周祜昌与胡适有"海外关系",闭门在写"反书"。在咸水沽镇,这就成为一件特大的政治案件了,几个部门联合行动,先后三次对周祜昌抄家。覆巢之下,安得完卵?所有书籍手稿,一切资料片纸无存,都被席卷而去。最后周祜昌被"扫地出门",八口之家贫无立锥之地,衣食濒绝。

被抄走的书稿资料中,包括多年积累的大量资料,已经开始的汇校文稿。包括十几年来周汝昌写给兄长的全部书信,因为他研红每有心得,或有进境,必写信给兄长。周氏兄弟家书实际上是一项珍贵的红学史料,可惜都在这时被毁。珍贵书籍中包括胡适原藏,借给周汝昌的那套大字戚序本(两函二十册)。1949年,周汝昌曾费数月时间,将庚辰本的异文、朱批全部过校在其上。后此书留给周祜昌使用,因此被劫。此后几十年,周汝昌曾多方要求查找此书,竟无下落。

聂绀弩

聂绀弩个性独特，他的遭际也堪称传奇性的。

几年来，聂绀弩一直与落难的胡风和夫人梅志保持联系，远则通信，近则探望并赠诗。1966年"文革"开始后，他眼看一片抄家的乱象，担心失去自己未曾发表过的文字手稿（如俞平伯或周祜昌那样），就把手稿打成一个包裹，委托一位前往四川的朋友带给胡风的夫人梅志。

真不明白身经无数风浪，人生阅历丰富的聂绀弩，怎么会想出这样一个昏招，简直愚不可及。如果想转移隐藏文稿，为什么不找一个平民百姓，泯然于人海？谁不知道胡风和梅志是钦定要犯，肯定被严密监视，邮件包裹或寄或送，都会被检查，他家怎么藏得住东西？将文稿带给她岂不是自投罗网，自取灭亡？

果然，聂绀弩的文稿很快被四川的公安机关截获。他那些旧体诗词和文稿含义隐晦，办案人读不懂却有办法，找他的文人朋友作出解读。而"诗无达诂"，最怕注解，便成为他"恶毒攻击"伟大领袖、反对"文革"的罪证。聂绀弩被定性为"现行反革命"，1967年1月25日，在北京东直门外新源里寓所被捕入狱，这监狱一蹲就是十年。

李希凡

在运动初起时，李希凡曾被选为《人民日报》文化革命小组副组长，大概因为他既不是当权派，又一贯左派，且知名度高。但李希凡没把它当回事，这小组不久也就消亡了。

李希凡喜欢自称十六级的小编辑，但确实他比总编辑的名气还大，文艺部里的年轻人造反派，总想抓他这条"大鱼"。他最大的问题，当然就是没有听从江青布置写批判《海瑞罢官》的文章，他向王揖汇报江青谈话内容被指为"泄密"。

> 自然，我是躲过初一，逃不过十五。后来毛主席的讲话也传出来了，意思是批判《海瑞罢官》的文章，"在北京找不到人写"，这更加重了我的"罪名"。本部门的大字报，已不针对"当权派"，而是对着我了……给我贴出的第一张大字报，标题就是《破坏无产阶级文化大革命的罪魁祸首》，"罪行"主要就是不听江青的话，没写批判《海瑞罢官》的文章。随后，是批判我在文艺界的所谓"罪行"。

什么"周（扬）林（默涵）文艺黑线的黑干将"、"反革命修正主义的黑苗子"、"反动学术权威"、"漏网右派"等等不一而足，而且不管挂不挂得上，一律加冕。[38]

对于《海瑞罢官》问题，李希凡后来这样认识：

> 我之所以当时未按江青的旨意写批判《海瑞罢官》的文章，是因为我弄不懂江青为什么把"三自一包"和《海瑞罢官》扯在一起，觉得是文不对题。那时也不是"威力无穷"的"文革"年代，虽然知道江青是"第一夫人"，也没认为她是"圣旨口"，不按她的意思写文章，有什么了不起的错误。"文革"风暴起来之后，这就变成了一个惊心动魄的政治问题。因为批判吴晗的新编历史剧《海瑞罢官》并不仅仅是江青个人的意思，而被赋予的政治意义是"拉开了无产阶级文化大革命的序幕"。特别是当我听到毛主席讲话的传达中关于批判《海瑞罢官》的那些话以后，在群情激愤的声讨中就更加无地自容。我只有真诚的愧悔之心，即使在挨批斗时，对此也未生过抱怨之意。只认为因此给我扣上"破坏无产阶级文化大革命的罪魁祸首"的帽子，未免大而不当。[39]

文艺部里批判李希凡的主力，就是"文革"前两年新来的大学毕业生。在李希凡的回忆录《往事回眸》中，他记录了男女两员干将。本人有幸，在八十年代成为他们的同事，当时他们人到中年，都是我的前辈老师。虽然李希凡姑隐其名，但我一看就知道是谁，仿佛掀起帷幕，看到了老同志们的历史隐私。因为都是故人，容我多引几句：

> "挺进"战斗队为首的是一个虽来自名校南开大学（据我所知，是北京大学——笔者），业务上却是个草包的特别能咋呼的刚来的女大学生，也不过在赶"革命时髦"，她母亲就是沪剧的女艺人。至于那位特别会上纲上线的"老革命"，本就是当年"热心"于把蓝翎错划右派的"主角"（指刘甲——笔者），自然更有很多话会说。造反派也有一位好编辑，就是我说过的那位喜欢对仗的青年，经过他手的稿子，说理清晰，文字优美。那时他年纪并不大，却有一副邋遢、颓废的外表，大概是自告奋勇，来做我的思想工作，引导我"理出"如何走上"反党"道路的线索。……我刚刚挨过斗，一肚子气，一肚子委屈，心中不禁暗骂，你本就是狗头军师，装什么笑面虎！……话不投机半句多，他大概认为我是顽固不化，悻悻而去。他是我所看到的文艺部"造反派"中唯一的人才，那时也同我工作过一段时间，只是可惜都是浪费劳动。历史新时期，他调离文艺部，去了海外版，

一直晋升为海外版副总编,仿佛还被评为劳动模范,他的才能得到了充分发挥,只是身体瘦弱,长期失眠,其寿不永,这是很可惜的!

那个爱吵嚷的女大学生,她刚刚结婚,就住在光华里28楼四单元五楼,我住四楼,恰恰在我的楼上,与外事处一朝鲜族吴姓的同志共居一套房。我们并没什么接触,不知她为什么一直对我横眉立目,最令人不解的是她的丈夫,那位高教部造反派的小头头,到处洋洋得意地宣扬:他的住房是"上有青天,下踩李希凡"。[40]

1967年1月,从上海开始蔓延到各地,到处都发生了"夺权"斗争,号称"一月风暴"。文艺部的那位女青年返沪"串联",向上海的新闻界同行宣讲李希凡的问题,当作可供炫耀的北京秘闻。

这时候,李希凡在《人民日报》社正挨批斗,忽有《光明日报》社两个人来找他"外调",他在被监视下接待访客。来人说,穆欣已被揪出,有的罪行牵涉到你,你应老实交代,不要隐瞒。李希凡答和穆欣不熟,只在一起开过会。来人说怎么不熟?穆欣还找你去钓鱼台谈过话。你们一起开过会,他都讲过什么?特别是对江青同志,对京剧革命,情况我们都知道,就看你的态度了。于是,李希凡按要求写了一份证明材料,尽自己所知,揭发了穆欣的问题。

李希凡不知道的是,这份材料被抄成大字报,在《光明日报》社内贴出。那时铺天盖地的大字报贴满了报社七层楼,以李希凡的揭发为主要证据,再合并其他问题,穆欣立即下台挨斗,从最红的中央文革小组成员,跌落到现行反革命,于几个月后被捕入狱。从台上公卿,变成了阶下囚徒,遭千夫所指,万人唾骂。按《好了歌》注的分类,这就是"因嫌纱帽小,致使锁枷扛。"

穆欣其人,已经在本书中出现过几次。而李希凡在材料里揭发了什么,才能使穆欣在一夜间自云间跌落尘埃?此事的内情,在当时还不宜扩散,待本书写到二十世纪九十年代,再交代来龙去脉不迟。

书归正传。李希凡在报社挨批,大字报后是批判会,开了两三次批判会后,送他进"牛棚"劳动改造,这是在1967年2月。在《人民日报》,并没有实体性的"牛棚",就是停止编辑工作,到报社的印刷厂去接受监督劳动,不过是让知识分子干工人的体力活,算不上虐待。李希凡被发配到运纸车间,另一位比他先到的挨整者,是总编室主任李庄,一位"三八式"老干部。车间老主任向他交代说:来这里就是好好劳动,我们也不了解你犯了什么错误,不搞斗争会,出报要紧,没那份闲工夫。劳动时注意点,别压着。

运纸是全方位的体力劳动,靠一膀子力气,把两吨重的纸筒从卡车上推下再推上，须一气呵成，然后用小车运到高速印报机旁上机器。活儿很简单，却有危险性，特别是从平地把纸往车上推，只有一块大木板作过渡，靠三个人的齐心协力一鼓作气地推上车，中途绝不能松劲儿，否则，这两吨纸筒就会滚下来，躲闪不及，就会被压伤。到今天这应该是叉车或自动运输线的活儿，当时还只能靠人力。车间老主任最厌烦"造反派"把挨斗的编辑部人员，下放来此劳动，生怕知识分子受不了这折腾，伤着了，他于心不忍。他还嘟囔过，这样造反是瞎胡闹，凭他们能办好报吗？李希凡受到他的呵护。那年他整四十岁，身大力不亏，也还手脚利落。却难为了李庄同志，他已五十几岁，腿脚不大灵便了，终于在一次事故中压折了腿。

这活儿干了一个多月，1967年4月1日，《人民日报》发表了戚本禹的《爱国主义还是卖国主义》，此文是不点名地第一次公开批判刘少奇，也第一次公开引用了毛泽东1954年10月16日的《关于红楼梦研究问题的信》。这成了李希凡的"救命符"！当天下班时，车间老主任告诉他："希凡，你明天就不用来了。他们通知我，叫你回部里工作。"

上班第三天，突然接到一位陌生人的电话："希凡同志，我是戚本禹，你现在怎么样，处境是否好一点？"李希凡猜想他可能是受江青委托，表示关心。既然已经受益于他的文章，出了"牛棚"，何必再多说？便只报告已回部里工作，谢谢他。

近两个月以后的5月27日，为纪念《在延安文艺座谈会上的讲话》二十五周年，毛泽东主席这封《关于红楼梦研究问题的信》，在《人民日报》上正式公开发表。李希凡随即发表了一篇表态文章，题目叫《永做革命"小人物"不做康梁"保皇党"》。有人看到，李希凡把主席的信放大贴满家中一面墙。有好事者把这事转告给俞平伯，他听后不置一语。

四五月间，李希凡被借调到位于沙滩的"中央文革文艺组"，筹备一个文艺理论刊物。所谓"文艺组"取代了原来的文化部，负责人是小说《欧阳海之歌》的作者金敬迈，来自广州军区。那时的李希凡知恩图报，一旦有了工作，愿意将功补过。干了三个月左右，还没有出刊，金敬迈就通知他解散，当时金两眼红肿，神情疲惫，对原因讳莫如深。

李希凡刚刚离开，"文艺组"的几个人都被捕了。金敬迈只做了四个月的"中央文革文艺组"负责人，却为此坐牢七年多，罪名据说是整江青的黑材料。后来知道，是电影资料馆收藏有江青三十年代的剧照，他怕被红卫兵看到，就让人收上来了，还冒失地向江青当面汇报，不想犯了大忌。二十多年后，当李希凡与金敬迈在广州重相会，老金沉默寡言，提到过去，淡然苦笑，不堪回首。

"中央文革小组"成员,左起:戚本禹、王力、关锋、穆欣。

李希凡回到报社,报社内部已形成了两派对峙。"遵义"战斗团人多势力大,斗争的积极性高,是造反派;另一派"井冈山"人数虽少却多属精英,以理论部、评论部为核心,比较掌握政策,主张解放干部,被视为保守派。李希凡加入了"井冈山",与王若水、英韬等同派,也写过几张大字报,成了不红也不黑的革命群众。

8月底,"中央文革"中的王力、关锋被隔离审查,紧跟着9月1日穆欣被捕,戚本禹稍晚亦随之而倒。文艺部造反派贴出大字报,指李希凡为王、关、戚的"小爬虫",可是他与这三人都不认识。更何况,他对穆欣早已反戈一击,势不两立,便自证清白了,于是便置之不理。

这样,李希凡度过了一年基本上平安的日子。那时他曾经以"黎帆"为笔名,在《人民日报》上发表过歌颂"文革"的大块文章。

冯其庸

当所有的红学家都丧失了读书研红的权利和雅兴时,还不是红学家的冯其庸,却开始暗地里手抄《石头记》。

"文革"前,他曾经在中国文学史课堂上讲过《红楼梦》。那是在"铁一号"的礼堂里,全校所有愿意的学生,都可以来听,一部《红楼梦》连讲了好几天。

冯其庸本有一套1955年影印的庚辰本《石头记》,但在遭抄家时被抄走,当黄色书展览。难道《红楼梦》要遭灭顶之灾吗?他以抄写之抄,来回应抄没之抄。他想偷偷抄一部保留下来。

本书前文已叙,1948年,周氏兄弟曾经手抄甲戌本副本。那是在尚无影印的孤本时代，那本仅有十六回。而二十年后，在已有影印本却被抄被毁的时代，冯其庸决心要全抄八十回，且必须秘密进行。这是一个无声而悲壮的义举。

冯其庸自己不能出面，请朋友帮忙，去学校图书馆借出一部庚辰本《石头记》的影印本来。天天等夜深人静之后，大约10点以后才开始抄，每天限定进度，一般抄到12点以后，有时候到凌晨1点。他用的纸、墨、笔都很讲究，用从荣宝斋买来的专门抄书用的老纸。开始是类似晋唐风格的小楷，长期不写这样工整的字了，一上手有点生疏，到中间越写越灵活，又类似文徵明的小楷。大概二十回以后到五六十回，这一段写得最下功夫。到后来渐有要结束运动人员下乡的消息传来，他恐怕抄不完，就改用行书抄写，加快了进度，又是另一种风格。从1967年12月3日开笔，直到1968年6月12日抄毕，六个多月时间，他把整部《红楼梦》八十回连批语全部抄了一遍。

抄写是按照庚辰本原书的行款，错字也不改，尽量保持原貌。遇到那天学校有重大事件，如武斗，他就在装订线的外边，用蝇头小楷记上："昨夜大风撼户"，如是者好几处。联系当时社会上的混乱状况，或闻听有熟人挨整后自杀，他每每抄书到动情之处，不禁掩卷痛哭。抄完那天，他有诗记之：

《红楼》抄罢雨丝丝，正是春归花落时。
千古文章多血泪，伤心最此断肠辞。[41]

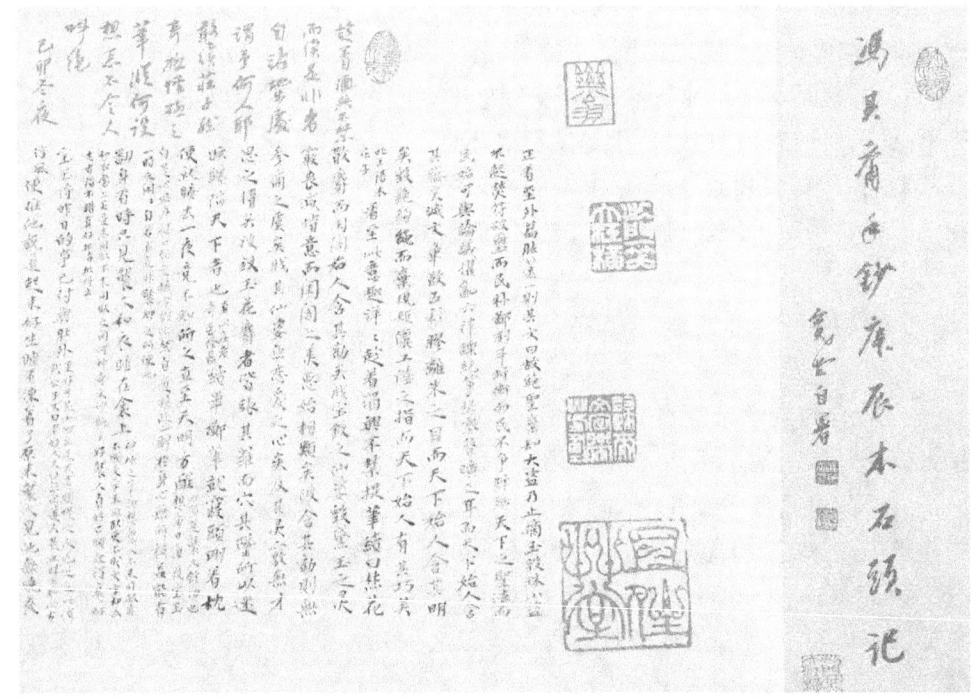

2019年底在国家博物馆展览的冯其庸手抄庚辰本《石头记》。

抄完这部书,冯其庸自觉从思想上与曹雪芹的"满纸荒唐言,一把辛酸泪。都云作者痴,谁解其中味"相通了许多。从此之后,自认为进入了读《红楼梦》的真境界。这是他即将献身红学的投名状,这是他日后研究红学的奠基石。

字字看来皆是血,七月辛苦不寻常。这部手抄本,他珍若拱璧,秘不示人。

李希凡

到了1968年夏秋,又有"清理阶级队伍"运动在全国展开,重点在深挖历史问题,人人过关,"文革"运动进入第二轮批斗整人的高潮。《人民日报》社内部也不例外,李希凡是文艺部的重点目标。反正报社财大气粗,派人去全国各地,对李希凡的身世经历做挖地三尺的调查。这位调查者是文艺部一位年长的女编辑,后来我也熟悉。她故意把所得材料放在办公桌上,让李希凡看到了,其中有一份厚厚的,来自蓝翎。

批判会一次次召开,李希凡过去出的七本书,被分头研究,逐篇批判。这些书不用去图书馆找,都是他本人赠送给老同事的。批判的目的是要证明他追随文艺黑线,反对毛泽东思想的罪行。李希凡只承认前者,坚决不承认后者。批判会连开了七天,晚上还要准备写不完的检查交代。就这样开到第七次批判会时,突然总编室来叫李希凡去听电话,批判会因此中断。电话是陌生人通知他,当晚去人民大会堂三楼小礼堂,看《红灯记》的演出。

很凑巧地,我在网上查到了那天的首长讲话记录。那一天是1968年9月19日,由中国京剧团和中央乐团合作,演出交响乐伴奏的京剧《红灯记》。这种形式的演出,以前没有过,以后不再演,很可能只演了这一场。起因是《钢琴伴唱〈红灯记〉》在7月1日首演成功,江青布置了让交响乐伴奏全剧的任务。这一天首次试演,又遭江青批评为"喧宾夺主","我听了真受不了",于是夭折。这些,李希凡并不知情。

那天,到场的中央首长是周总理、江青、陈伯达和康生,被接见的文艺工作者有谢铁骊、钱江、李文化、李希凡、李德伦和殷承宗,他们被安排在首长座位的后一排,是受优待的嘉宾。李希凡回忆:"说实话,那样好的戏,好几幕在我脑子里都是空白,只有在李玉和被捕时,我才惊醒过来,这是因为我是从批斗会上去的。"戏演完后,领导登台合影,有工作人员招呼几位文艺家也上台。这时发生了一个难得一见的场面。

记录稿上特地写着:"江青同志与被接见者一一握手,李希凡哭。"同时江青也哭了。"有人看到,江青同他见面时'情绪激动',两人都不止是'热泪盈眶',而是'泪流满面'的。"[42]对此李希凡自己的描述是:"我和总理、江青握手时，心中委屈，一时动情，流下了眼泪。总理似是还认识我，对我说了一句：'自己要有信心！'而江青不知为什么也流了泪。"

记录稿中，江青专门对李希凡讲了这些话："你写来的信有一封给戚本禹扣了，另一封我收到了。我知道你的问题是世界观问题。你应该向人民彻底检查交代你的问题，希望你很好改正错误，得到人民的谅解。"[43]

会见完下台时，一位青年秘书通知李希凡，第二天钓鱼台还有演出，叫他还去。第二天报社文艺部的批判会就没有再开。李希凡傍晚骑自行车前往钓鱼台小礼堂。那天晚上是《红灯记》重新彩排，江青亲自当"导演"，全戏排下来，已过半夜，李希凡再次被留下来过夜。能有幸留宿钓鱼台，当然不仅仅是为了看戏。

按李希凡自己在《往事回眸》中记述，第二天上午10点，张春桥和姚文元来了，说是受江青同志的委托来看望。张春桥讲了些多注意和群众联系，多做自我批评之类的话。接下来李希凡讲"我离开报社三天"，细想好像时间对不上，留宿应不止一夜。李希凡很可能在钓鱼台还有更多活动，但他在自传中没有记录，或者删除了。

事实上，他是卷入了江青与陈伯达之间的矛盾。李希凡自己说给周恩来和江青都写过信，江青已当众说收到了他的信。这些信名为检讨，实为喊冤求救。李希凡在《人民日报》挨整，江青认为李是她的可用之才，而名义上是陈伯达在管《人民日报》，李信可理解为是在向江青状告陈伯达，江青就要向陈伯达大兴问罪之师。这样，李希凡就成了江陈博弈的一枚棋子。

幸亏陈伯达在晚年把这一段记录了下来：

> 大概是在1968年，有一回江青来电话说要在她那里开会。我去了，江青、康生、姚文元都已先在。江青突然斥责我："你要逼死《人民日报》的李希凡。"我一时不清楚是怎么回事。康生说："你没有看他写的东西？那是绝命书呀。"我说我没有看过李希凡的绝命书，报馆编辑部内部互相审查历史，我没有发动，没有参加，怎么是我要逼死他？这不是欲加之罪，何患无辞么？他们接着就把李希凡接来了。江青和李希凡抱头痛哭。然后江青把桌子上的一个茶杯拿起来，往地上使劲一摔，摔得粉碎，来表示对我的愤恨。我觉得外面的战士看见这个场面会很奇怪，就把碎了的杯子捡起来，让我那里的工作人员放到人踩不到的"河沟"里。[44]
>
> 那时如果那位文艺编辑竟然屈死，我就要对此负重大的罪。但康、江并不关心任何人的命运。这件事当作问题向我提出，仅仅是"欲加之罪，何患无辞"。听别人说，江青那时正要用那个文艺编辑

当秘书,为此找了这样借口。也是听别人说,因为毛主席反对此事,故未用成。[45]

过了不久,《人民日报》有个管照片的青年,找了毛主席一张像片,又找到江青一张,就拼到一起。据说,这也是李希凡授意的。有一次开会时,江青突然对这张像片发言说:"人家说我要当武则天,慈禧太后,我又没有她们的本事。李希凡有什么历史问题,也不跟我说。"我插了一句:"你说我要逼死他,谁敢跟你说?"江青大声说:"你造谣!"周总理对江青说:"你是说过呀。"江青就跟总理对顶起来。我离开会场,转了一圈,又要进会场。周总理说:"你回来干什么呀?"我听了周总理的话,就回到住处。[46]

李希凡明白,"这次被'保'请来看戏的几个人,后来证明,都是准备要利用做点事的"。但其他几位是单纯为了搞"样板戏"的电影和音乐,李希凡则不尽相同,有其独到之处。

后来他听说,当时中央文革和《人民日报》都收到河北邢台某县发来的急电,说李希凡的大哥李锡锻,一个县医院保健医生,系国民党特务,且在1954年李希凡写批评俞平伯的文章时,吸收了小弟入伙。原来大哥遭逼供七天七夜不给水喝,被屈打成招,这就是"清理阶级队伍"中的残酷斗争之一例。江青所谓李希凡的历史问题,应即指此。但这不是决定性因素,之所以终于没有用他做秘书,应该还是陈伯达说得对,是"毛主席反对此事"。

江李两人相对洒泪,一次是在大会堂小礼堂舞台上当众发生,一次是在钓鱼台十一楼(江青住处)密室中闭门进行,我相信都是事实。从大会堂接见到钓鱼台留宿,这是李希凡在"文革"中的第二次解放。

文华殿遗珍

世道乱到这种程度,谁还记得1963年的故宫文华殿展览?已恍如隔世。请允许我再回溯几句,也算是个中场喘息。

进入1964年,形势变化,展览的内容已不适合内需,不可能到国内其他城市巡回展览,但还可以出口作文化交流。对外文委将展品稍作调整,改名为"红楼梦展",先送到朝鲜,再赴日本东京展出,由日中文化交流协会和"朝日新闻"社主办。展期是1964年11月6日到18日,前后十三天。后来又去柬埔寨展览。之后展品运回北京,来不及归还原属单位,就堆在对外文委办公楼的走廊上,竟无人过问。

再回顾一下北京那时的政治气候,李希凡、冯其庸都下乡去参加"四清"了,对外文委想来亦不例外。就是不下乡，也避不开文化部系统的"整风"，继而更大的风暴平地而起，谁还顾得了那些陈年旧物、腐朽遗存？

很多参加过展览的文物，就这样迷失无踪。其中包括大收藏家张伯驹先生经手，吉林省博物馆借展的"脂砚"。其砚边刻铭文"脂研斋所珍之研，其永保"，但它偏偏不保，仅留下了黑白照片。

还有一本家谱《五庆堂曹氏宗谱》的正本原件，是研究曹雪芹家世的重要资料，冯其庸曾在展览会上看到，等他在十多年后想起来要研究时，早已无处寻觅，好在他从曹家后人中找到了另一稿本。

这一批文物的遗失，在这一场大动乱造成的损失中，只是九牛一毛，不足为奇。这样也就难怪，盛宴难再，盛大展览成为绝响。脂砚不知何处去，此地空余文华殿。

25 干校并非"稻香村"

到1970年前后,几位红学家都离开了北京,在各地农村的"五七干校"里,受差不多的贫苦,干差不多的农活。其实全北京、全中国的干部和知识分子中的大多数,都命运相同。

为什么让他们下农村?为什么要办"五七干校"?赞美者说是理想实验、反修防修;务实者说是备战疏散、精简安置;若直言不讳,秉笔直书,那就是惩罚干部、迫害文人。

孙楷第

1969年11月3日,"学部"文学所军工宣队召开全员大会,传达林彪"一号命令",要求全体人员下干校。4日,文学所军代表通知孙楷第:"谁都要去,一个也不能缺。"

同单位的杨绛后来在《干校六记》里写道:"这次下放是所谓'连锅端'——就是拔宅下放,好像是奉命一去不复返的意思。"一共只给十天时间,十天里要办完迁移户口、上交房屋、处理家中财物、准备干校生活用品等一系列事情。

孙楷第是藏书家、版本学家,比俞平伯还年长两岁,当时已过七十一周岁。运动开始后,他的知名度虽不如俞平伯高,也反复被批判,罪名主要是"繁琐考证"。1967年,孙楷第被逐出居住了近二十年的北大镜春园岛上居所,搬到北大东门附近成府路后罗锅巷的两间房。屋小书多,只能把里屋当仓库,用书把房间塞满,横向不留空隙,纵向叠到顶棚。孙先生说:以后不能看书了,只求把书都塞进去,暂时也不会拿动,进不去人也没关系。

现在迫在眉睫的问题是:家要"连锅端",这些书怎么处理?以下照抄

孙楷第一家在镜春园寓所

1972年孙楷第致周恩来总理的求援信：

一九六九年冬，文学所领导号召全体职工要带家属下去上河南干校。说："有书籍的，可以把书籍送文学所存放。亦可以自己处理，但不可卖给私人。"我年老，行动困难。但我认为应当服从上级号召，遂决心随跟家属上河南。但行前最困难的问题，是我的书籍问题。一、缺乏劳动力。我老婆有严重哮喘病。我的书比一般人多，且凌乱不堪，行期迫促，不易收拾。二、运输工具没有。我住西郊，离文学所三四十里，如何把这批书运至文学所是大问题。我的老婆曾去海淀向平板车组交涉，请他们转运。平板车组成员听说是书，数量不少，拒绝不拉。文学所有汽车，但车少而忙，亦不能解决我的运输问题。

我们没法，遂烦人上前门和中国书店门市部接洽，愿将全部书交给中国书店。次日，中国书店的人来了，向我说：他们的任务是保存文物，片纸只字都要。我说："我的书是人民给我的钱买的，现在，你们的书店是国营，我情愿把我的全部书籍给送你们，不要钱。"书店的人说：要按国家规定办理，不能白要书。书店的人费了半天工夫，把我的全部书籍（包括我的稿子、笔记，和已出版的著作。书籍是五百余部，册数我记不清，粗估计是四五六千册）都用汽车载走了。除了《毛泽东选集》四册，《毛泽东著作选读》甲种本二册、乙种本一册外，一本书也没有了。[47]

后来做了文学所所长的刘再复，补充了一些情况：

> 那时，他虽已是七十高龄，但对于下乡改造还是诚心接受的，不过，也提了一个很低的要求，就是房子上交后请"领导同志"拨一间小房让他"堆"书。但是，当时主持社会科学院工作的工、军宣传队，立即给予拒绝，并要他把书卖掉，然后收回他的房子。下乡的号令非常紧急，来不及多考虑，他只好把这些贵重的书，以每斤几分钱或几角钱的价格卖给中国书店和废纸收购站，因为他的书数量大，竟卖了四百多元人民币。[48]

据孙楷第的儿子孙泰来回忆，父亲也曾试图想一些办法，如可否寄存于北大燕东园的朋友家，但当时人人自危，无谓令朋友为难。再如考虑联系文津街的北京图书馆，将书籍悉数赠予。但那时北图的工作已完全停顿，停止开放，无人可以拍板决定接受这批藏书。万般无奈，才与中国书店接洽。运书那天是1969年11月12日，来了四五个人，用一辆三轮汽车，连运三趟，搬走了除"红宝书"之外的所有手稿和藏书。

那一夜，孙楷第面对着空空如也的四壁，不知情何以堪？

此前一天的11日，文学所先遣队成员已出发，其中包括钱锺书。11月15日，文学所全体成员登火车前往河南，孙楷第偕夫人离京。

11月19日，中国书店通知孙楷第的在京亲属前往位于前门的中国书店收购处，提出按收购的形式处理这批藏书，作价人民币426.67元。亲属表示："这么大的事情，应当面与本人商量。"被书店拒绝。在亲属的一再要求下，开了一张白条证明，不肯盖公章。收购"白条"上写着：

1，古旧书，20种，297元（笔者按：估计是善本书。）

2，鲁迅全集1部、马恩全集13种，33.47元

3，古旧书，660公斤，196.20元（包括书箱4个、书架3个）[49]

（按：此三项合计526.67元，与上述总作价不符。原资料如此。）

书是按重量称的，其数量孙楷第曾"粗估计是四五六千册"，又估计是"二十几架书约上万册"。

那时候孙楷第还没有意识到，这主动召书店上门搬书之举，是他此生最大的一次失误。这些半生搜集来的、工作不可或缺的书籍，将与他永世不能再见。但是回到当时的处境，倘不如此，又能如何？

文研所的人马在 11 月 16 日抵达河南信阳，在地区第一招待所住了几天，算是个过渡。11 月 27 日下午乘卡车抵罗山县丁洼"五七干校"。

"五七干校"的第一个下马威就是：住房不够分配，令孙楷第夫妇与另一对老年夫妇合居一室，那就是俞平伯。

俞平伯

本来"最高指示"说了"除老弱病残者外"，但是学部的掌权者，还是把七十岁以上的俞平伯和孙楷第都驱赶下去了，两老都有夫人同行。带配偶倒不是上级要求，而是老人离不开照顾，且已有回不来的思想准备。特别是俞平伯，基本生活能力极差，无法独立生活，俞夫人坚决也必须奉陪。

1969 年 11 月 15 日，俞平伯偕夫人一起下放河南信阳。他的习惯是每离家出行或有特殊事件才记日记。那天的日记载："十五日十二时半偕妻离老君堂寓"。[50] 为什么这个记录很重要？因为这是他与拥有、居住了五十年的家园告别。父亲俞陛云 1919 年买入，1966 年被无偿剥夺，这一天他偕妻离开，再也没有返回。

离京这天，是三轮车夫老钱头又把他送到所，集合乘大轿车到车站，据说俞平伯打着红旗排在队伍中。火车先到信阳，汽车再到罗山县。11 月 27 日日记载："抵罗山丁洼五七干校，与孙楷第夫妇合居一室，北向有门漏风。"十几天后移息县之包信集，"借住小学校西屋一小间，甚陋，与孙剑冰合住，中有腰隔。"这种两家"合居一室"的尴尬境况，持续了近两个月。

1 月 23 日由包信又迁东岳，才算定下来了，两个月内竟连续搬家四次。俞平伯夫妇两人住在东岳的一间茅草房，长仅两米，宽不足一米半，四壁透风。小屋有门无窗，后来在后墙上凿出一个一尺见方的小洞，聊备通风走烟。门是柴草芦席所制，还关不上。仿佛是要来体验当年曹雪芹著书的生存环境，恐怕比"茅椽蓬牖，瓦灶绳床"更等而下之。老两口在这间斗室里度过了一年多。

俞平伯写过两首绝句，专记他的陋室：

炉灰飘堕又飞扬，清早黄昏要扫床。
猪矢气熏柴火味，者般陋室叫"延芳"。

螺蛳壳里且盘桓，墙罅西风透骨寒。
出水双鱼相煦活，者般陋室叫"犹欢"。[51]

乐天知命是他的性格。但这里并没有悠闲的田园生活，请看他的日记：

（1969 年）十二月廿四日，因买柴事，会上有批判。

一九七零年一月十日，因看《水经注》会上有批判，十二日交检查，次日退回。十六日六时半至东岳开会（九时半至十一时），返寓一点三刻，廿日又交检查。

冬日买柴农民给送到门要受批判，读古书《水经注》也要批判。（尚记胡适研究此书否？）前往开会单程要走近三小时，还要饿着肚子走回。如遇雨雪，更为艰难。

（1969年12月）廿五日步往东岳听报告，九时行，六时返。归途遇雨，幸有人招呼，狼狈抵达，已昏黑矣。廿八日交检查一。卅日分得煤三百斤（价六元六角），室内始笼火炉。

（1970年1月）三日东岳开肃清"516"分子大会，薛作报告。晨六时三刻行，九时五分到，时间恰好。后又有班会。十二时一刻行。二时三十抵寓，天阴寒未雨。四日风雪甚寒，是晚室内温度F28°（摄氏零下2度），盆水结碎冰。廿八日小雨，路泞而滑，晚间赴读报会，连跌二次，上了大路稍好，遇李荒芜，知会停开，仍由李伴归。

12月25日那次狼狈的往返六小时步行，他有诗记之：

1969年岁在己酉，寄居包信小学西向一茅屋中。12月25日晨九时，独往东岳集听报告，旷野茫茫，并不识路，闻人云一直往西可耳。天气阴冷，历数村落，近午方达，会罢即归，遇雨泥淖难行，幸假得一伞，中途又得人扶披，勉及寓所已六时矣。曾纪以诗，顷为改写，瞬逾四载。1973年同月日。

至日易曛黑，灯青望眼赊。

泥途云半舍，苞信一何遐。

已湿棉衣重，空将油伞遮。

风斜兼雨细，得伴始还家。

俞平伯先在菜园班劳动，后来又安排他捻麻线，这都是受照顾的轻活。他从1970年6月3日到1971年1月2日的搓绳成绩，在日记中有一段总结：

共绩麻绳一百五十三卷（内九、十两个月停工待料），每卷三丈二尺。宝驯绩十七卷，叉粗麻辫二根。

五个月搓出麻绳近五百丈，即平均每月一千尺，成绩相当可观。这出于年逾古稀的老人之手，出于世代握管作书的文人之手，他的劳动态度像做学问一样认真。他有一诗写《绩麻》：

脱离劳动逾三世，回到农村学绩麻。

鹅鸭池塘看新绿，依稀风景似归家。

干校附近的老乡们，听说这儿来了个"大人物"，并不知姓名，但知是毛主席亲自批过的那个"红楼梦"。便一传十,十传百,争相来观看这位"红楼梦"。一时间这斗室竟成了看戏的草台,围观者连日不绝。看久了便觉得没什么好看的,不过一个老头子一个老太婆而已。不久,围观看热闹变成了友好的串门,不时帮助老夫妇一把。村童跟他也熟了,时常来找他问字,他也有诗记之。

1971年1月,承周总理的特别关照,俞平伯夫妇与学部其他十位知名学者,第一批离五七干校返京。这记载在俞平伯的日记上:

> 十一日上午十时乘吉普车到中心点开座谈会,由黄同志、王平凡主持宣布回京十一人。我们四人(何其芳、吴世昌、孙楷第、俞平伯)。其它历史、民族、哲学、语言所。一时归,发津电。

俞平伯在干校住了一年零两个月,要离校回京时,老乡和这一对老夫妇都依依不舍。有诗为证,题曰《将离东岳与农民话别》:

> 落户安家事可怀,自憎暮景况非材。
> 农民送别殷勤甚,惜我他年不管来。

16日乘卡车至信阳,17日夜登火车,18日下午4时半到北京。朝内老君堂的旧居已经回不去,他被安排住在招待所里。立刻"命(外孙韦)奈至新侨购烤鱼、炸猪排、蛋糕等食之。居然平安返京矣!"实际上在他们离开北京时,就没作回来的打算,有老死他乡的准备。

临别时,同事蔡仪、乔象钟夫妇曾叮嘱俞平伯,回去不要住老房子,将来不受街道欺负。廿二日"傍晚定居永安南里十号楼303号,在二层楼,颇佳!"这是个很普通的两居室单元房,一南一北,一大一小。比起老君堂当然小太多,但比之四面透风的东岳小茅屋,已是天壤之别了。

俞平伯又想起了三轮车夫老钱头,特地让外孙韦奈去找,但没有找到。后来听别的车夫说,老钱头已经死了。为此,俞平伯难过了好一阵子。

在好几年里,俞平伯与东岳房东顾家仍保持来往。当得知乡间要装电灯而苦于买不到电线时,立即命韦奈去买了打邮包寄去。顾家对俞平伯夫妇也依依不舍,逢年过节还千里迢迢寄上自家腌制的咸肉。俞平伯吃到顾家的土特产,便会勾起乡思,为乡亲们的真心实意所感动。

到1972年5月,发还了从1968年至1971年扣发的工资,存款解冻,还发给"查抄物资偿金"两千四百元,又发还了"查抄"残存的一小部分杂物。此前,曾经要求俞平伯夫妇开出遗失物品清单,这可为难了二老。偌大一个百年诗书世家,在接连不断的批斗、侮辱、体罚、下放劳动之后,又怎能回忆得全?更何况抄走的东西明明已经论堆贱卖了,哪还能查找得回来?这所谓"偿金",不过是略微一点心理安慰而已。

俞家的藏书幸而归还的,不足三分之一。一些基本的工具书,如《辞海》、

《辞源》、《康熙字典》、《钦定词谱》、《佩文韵府》之类，干脆说公家有用，折价而没收了。归还的书中，有的竟已钤上了"江青藏书"的印章。所谓折价赔偿，只是指家具衣物等，而书和著作文稿是无价的，根本没提也无法赔偿。

有一位联邦德国作家点名要来拜会俞平伯，领导亲临现场布置安排，临时拆去大双人床，搭了一番临时布景，总算一时蒙混过了外国人的耳目。俞平伯对这种弄虚作假不以为然，向家人宣告：仅此一回，下不为例。

何其芳

何其芳与俞平伯在同一干校，他的妻子肯定不能像俞平伯一样随夫而行。妻子牟决鸣也是文化人，在天津的文化部干校，大儿子、大女儿大学毕业被分配到新疆和辽宁工作，小女儿和小儿子分别去了河北和内蒙古插队——一家六口人，被分散到六个地方。

何其芳在干校的任务是养猪。他的态度是组织上安排他做什么，都得服从，并且极其认真地干到最好，就像他在写文章时追求完美一样。他把全部精力用在了十几头猪身上，无论炎夏还是寒冬，无论风雨交加还是冰封雪飘，都坚持不懈。河南的雨天，道路泥泞似胶，脚踩进泥里拔不出来。（如此更可理解俞平伯的雨中跋涉三小时之苦。）他身穿塑料雨衣，肩挑一担猪食，左手拄棍子，右手扶扁担，在泥路上艰难前行。一次下大雨，忽闻有人惊呼猪跑了，何其芳立刻穿上雨衣胶鞋，拄棍子冲进雨幕中寻猪，深一脚浅一脚奔跑着，荒野中传来他一声声对猪的呼唤。

何其芳为提高养猪技术，多方请教，总结经验，并发挥写作特长编成了歌谣：

主席指示：养猪重要。品种要好，圈干食饱。粗料发酵，采集野草。
小猪肥猪，多加精料。强弱分圈，隔离病号。夏天太热，河里洗澡。
新生小猪，防止压倒。注意卫生，防疫宜早。猪瘟难治，预防为妙。
其他疾病，努力治疗。

妻子牟决鸣那时在远方干校也喂猪，夫妻通信，也不忘交流养猪的经验。

长期照顾那些猪，使他对猪有了感情，写下了打油诗"猪喜我亦喜，猪忧我亦忧"。每到要宰杀时，他都会觉得很舍不得。他把猪养得又肥又壮，但自己的身体却每况愈下。

那时，何其芳年近六旬，疾病缠身。干了一年无法承受的重体力劳动，病情越来越严重。何其芳患有高血压、高血脂、冠状动脉硬化、心绞痛等老年疾病，同时脑子还发生了意识障碍，一天要发作多次。有时正在干着活儿或说着话，就突然失去意识，他会站在原地不停地说："头昏了，头昏了，头昏眼花……"

1971年1月，何其芳与俞平伯、吴世昌、孙楷第一起，作为年老有病者，被第一批照顾回京治病休养。

附 陆志韦

原燕京大学校长陆志韦在学校被撤销后，转任"学部"语言所一级研究员。在"文革"中再遭凌辱批斗，以七十五岁高龄下放同一干校劳动改造，也被安排养猪，有一次竟然昏倒在养猪场。他病势沉重，因生活不能自理获准回京，方知夫人已不幸病逝。几个月后，本人也含冤病逝于北京。时在1970年11月21日，距下放河南之日正好一年。

吴世昌

下干校之初，吴世昌与钱锺书、吴晓铃等四人同住一间土屋。地面比路面低，进门要下两级台阶，非常潮湿。他们三人性格不一样，吴世昌很固执，好争辩，不辩出对错是非不肯罢休，比如烧开水是否开了，也要争上一番。而吴晓铃认真精细，把工具擦得铮亮，管理得如同藏书编目一般。一次为一件小事，吴世昌与吴晓铃吵起来。吴晓铃习惯于用手指点对方，吴世昌说：你以为你那手比梅兰芳还好看吗？吴晓铃气得无言对答。正躲在蚊帐里看书的钱锺书这时说话了：世昌，你的嗓子比梅兰芳的还好听！吴世昌嗓音尖细，故有此一比。这一下，轮到吴世昌说不出话了。

后来吴世昌的任务是养猪和种菜。当时同在干校的刘再复看到他在绵绵细雨中踩着泥泞蹒跚走路，一颠一簸地朝着锅炉那边去打开水。想想这位在西方装满洋墨水的老学者自愿海归，却落得在这个淮河边上的穷乡僻壤里迷惘地徘徊，心里真难受。

1971年初，几位老病者即将离开干校前，军代表召开了一个座谈会，让他们谈谈在干校的感受。众人对这种开会形式已经习以为常，更急着打点行装回北京，所以都积极发言，既谈接受教育之收获，又为军代表歌功颂德一番。只有吴世昌一言不发，军代表让他说一说，他却问："要我讲真话，还是讲假话？"军代表未假思索，答："当然要讲真话。"吴世昌就说："我认为，五七干校并没有什么好处。"此言一出，可急坏了各位，这种时候，为什么还要天真直率，弄不好还得继续留下来接受改造。军代表接着问："为什么没有好处？"

吴世昌说："要我们回去，不是正说明问题了吗？"说得军代表无言以对。

附 钱锺书

这第一批遣送回京的"老弱病残"方案公布前，钱锺书听说也有他，悄悄告诉了妻子杨绛。杨绛听后喜出望外，帮助丈夫整理好行李。但是名单公布后，却没有钱锺书，他与那四人之间，仅一步之差。二人的失望沮丧可知。

钱锺书是作为先遣队成员，先于文学所的大队人马到达这河南干校的，先后做过烧开水锅炉、保管锹镐工具、领报送信等工作。与吴世昌一起看管农具期间正逢夏日，二位先生入境随俗，齐光着膀子，很快被晒成了黑面书生。他每天在体力劳动之余，都旁若无人地捧书大读，读的是外文辞典和王伯祥断句的影印本《四库全书总目》，都比砖头还厚。有一次钱锺书路过杨绛干活的菜园，杨绛指着窝棚问："给咱们一个这样的棚，咱们就住下，行吗？"钱锺书认真想了一下说："没有书。"

后来杨绛问丈夫："你悔不悔当年留下不走？"这说的是1948年12月，夫妇俩曾收到台湾大学的聘书。据说他俩原打定主意不走，又收到郑振铎先生劝留的信，更加坚定地留下来。此时钱锺书毫不迟疑地回答："时光倒流，我还是照老样。"他还引北宋柳永的词句自喻："衣带渐宽终不悔，为伊消得人憔悴。"

1972年3月，钱锺书、杨绛夫妇作为第二批"老弱病残"人员回到北京。他继续与吴世昌做邻居，只是原来四居室的住房被人挤占去两间，继而发生了户内打架风波，不得不逃离避居。

周汝昌

周汝昌在"牛棚"里被关了超过一年，释放回家记得是在一个周六（我查出是1969年9月20日），叫作"落实政策，按人民内部矛盾处理"。其实是全社都要下五七干校了。没过几天，就在中秋节当天（9月26日）随集体离京，下放至湖北咸宁五七干校。

这个文化部办的五七干校雅称"向阳湖"，后来很有名。因为聚集了一大批中国文化名人，人民文学出版社就有冯雪峰、严文井、韦君宜、许觉民、萧乾、杨霁云、孙用、牛汉等，其他文化单位的还有周巍峙、臧克家、郭小川、王世襄、罗哲文……他们离开书斋，体验生产劳动，和工农大众打成一片。周汝昌此去的心情更加复杂沉重，他是待罪之身，不但要自觉改造，还要接受革命群众的监督。

　　干校里分很多小队，工种不同，各占一块地盘，彼此难得往来相见。周汝昌的身体是"文弱书生型"，干不了重活，便被分配给菜园子挑粪（这算轻活）。一人挑不动，可以二人抬，他的搭档是杨霁云先生。从厕坑里掏出大半木桶的屎浆，二人用扁担抬起来，一前一后，迈着方步走，自己觉得潇洒可观。从厕所到菜园路还不近，走到一个大拐弯处，便在树阴下坐下来歇一会儿。倒也无人监督，得享自由，两人便吸烟漫谈，谈的多半是《红楼梦》。

　　在干校里，周汝昌与冯雪峰有一次偶遇。因为要清理一处地面，派几位老弱残兵去打扫瓦砾碎石，用簸箕端往后边的土坡上倾倒。周汝昌忽然发现，冯雪峰也在其中。只见他精神不颓，一丝不苟，勤勤恳恳地干活，可是面无表情，冷若冰霜，目不视人。他们彼此竟没交一语，这是周汝昌最后一次见到冯雪峰。

　　那时候周汝昌着一条破旧蓝色长裤，不像强壮的人那样赤裸着上身，而总是一件背心，手里常携件极薄的的确良衬衫，狠毒的太阳把他干瘪的身体晒得红中透黑。

　　周汝昌的五个孩子中，大儿子喜临是残疾聋哑人；在大学读外语的大女儿月苓在部队农场劳动锻炼等待分配；三女儿伦苓去延安插队，临走未能见父亲一面；小儿子建临也去了内蒙古生产建设兵团。出版社的当权者强力动员周夫人毛淑仁随夫下乡，软硬兼施，说去干校并不是暂时的，而是要"安家落户"。周夫人只有高小文化，却非常有主见，一口拒绝，坚决不走，以智慧与之周旋，终躲过一劫，照顾保全了一个家。她与俞平伯夫人的主动随行，恰成鲜明对照。到底哪位夫人的行为更英勇可嘉，还真难评价。

　　到1970年夏季，菜园的收获季节，周汝昌被安排去守护菜地。每夜凌晨四点钟起来，披着满天星斗，扛着一支竹竿，破裤子卷到大腿根，趟着过膝的水，走到围湖造田的菜地，只他一个人，像个游魂。因这时无人管制，他就吟唱自娱，唱的总是《女起解》那段反二簧："崇老伯、他说是、冤枉能辩……"在湿闷的夜色里，顶着巨蚊的包围，迎来东方的曙霞朝曦，倒也悠然自得，忘了一切。幸好从没有遇到过一个人偷盗西红柿等菜蔬，若真有之，像周汝昌这等"缚鸡"之力，焉能斗得了护得住？不过是象征性锻炼考验而已。

　　8月的最末一天，周汝昌交了班后往回走，正要去厨房补早饭，迎面来了一人拦住他，在手掌上画字："队部里找你，有话说，现在就去！"因为周汝昌双耳重听，"画掌为字"，"画纸作谈"，是当时人们与他交流的方式。

　　周汝昌大吃一惊，不知又出了什么麻烦，无奈何只得硬着头皮前往。结果得到的消息是：因工作需要，调你回北京。从今天起，停止劳动，收拾东西。决定哪天走告诉我们，来办手续。

周汝昌感到非常意外,忽然一下子从半囚犯变成了自由民,谁也不再管制他了。他并没有归心似箭,而是放松闲逛了几天,与已经熟悉的那些路径、竹丛、田畦、旷地告别,心知是不会重回此地了。

几天后,他去总部办公室办手续,开回京介绍信,接待人对他很客气,既管午饭,还有房间休息。待拿到介绍信打开看时,又暗吃一惊:"今奉中央周总理办公室专电,致湖北军区司令部:调人民出版社周汝昌回京工作……"至此,周汝昌如梦方醒。[52]

那几天里,周汝昌被"专电特调"这事,轰动了干校,大家都在猜测,不知他有多大来头。用后来的流行词"羡慕嫉妒恨",在此再确切不过了。第一个来祝贺的是杨霁云,他还猜度说:"大约是要出一部《红楼》样板本。"告别干校那天,周汝昌向熟人辞行,有的人明显态度冷淡,大概对他的上有门路、独辟蹊径,心中自有看法。

周汝昌的出版社同事王利器,比周年长近七岁,是古典文献专家,也研究《红楼梦》,此时同在干校,任务是烧开水。他的态度很有代表性,与周汝昌针锋相对。

> 此时,连里传说有个别先生因向江青写进忠信而脱离苦海,调回北京,……当时即有人对爸爸(王利器)说起此事,爸爸很不以为然,他说,我做不出这种事,也没这个本领。已经潦倒到这种地步,宁可管树,也不"进忠",宁可苦挨死,也不谄媚生。我想,这才是中国知识分子的风骨。[53]

周汝昌走后,王利器随一批老弱病残转往丹江口一连,负责看管橘子树九十余棵,一直坚守到1974年12月才回京,比周汝昌晚了四年多。

后来,有人怀疑周汝昌自述的真实性,不相信"周总理办公室专电"之说,因为他与康生有旧交,认为是康生或者江青调他回京。也可能原信上只称国务院,周汝昌在老年回忆时附会出了"周总理办公室"。究竟是谁的本意要调他,调他做什么,均不可知。

周汝昌乘火车回到北京的时间,是1970年9月5日下午2时15分。

看一下当时的大气候背景,正在大力加紧催办继续下干校,不许逃避,连原"最高指示"的"除老弱病残者外"也一概不论了。俞平伯比他更老,何其芳比他更病,都还没有受到优待。何其芳曾在1970年12月回京看病,当时还没有"特赦"消息,要按时返校劳动。"学部"的所谓"第一批"十一人优待回京,要比周汝昌晚四个多月。周汝昌何德何能,或者说有何重任,可以得天独厚,网开一面,只身逆行?

这确实是一个谜。

吴恩裕

另一位红学家吴恩裕教授，下放至安徽宿县西五铺政法系统"五七干校"。他下乡时，带了本周汝昌1964年出的书《曹雪芹》。他的苦中之乐，就是与周汝昌不断通信，讨论与曹雪芹有关的一切。他写道："《曹雪芹》是好书！我到此什么也不带，只带了这本书，不离身边。也不知反复看了多少遍。"

吴恩裕在"五七干校"，一直是"不予做政治结论、不获解放、不合格"的"五七战士"，反动学术权威。在皖北农村，已过六十岁的吴恩裕视网膜脱落，主事者不准其回京医治，久拖之下，一只眼睛几乎失明，从此看书写字都很困难，影响了他晚年的治学。

周汝昌回京后，吴恩裕尚在干校，更感寂寞悲凉，更把精神寄托于谈红研曹。从1971年5月到12月，吴恩裕与周汝昌通信往还，互换资料，竟由此引出了红学史上一桩著名的公案，且待后文细表。

吴恩裕是在1972年3月离开干校回到北京，与钱锺书同月。

李希凡

俞、吴、周都可称是旧式文人，按那个年代的词，是资产阶级知识分子，接受改造是必然的。但李希凡是革命文人，中央直属机关干部，却也逃不脱下干校的命运。作为一贯的领袖思想卫士和正统理论维护者，李希凡在几十年之后仍然不解："干部去'五七干校'劳动锻炼，究竟是为了解决两派矛盾，还是所谓斗批改的一部分，我虽然看了文献出版社出版的《毛泽东传》和《中国共产党历史》，终究还是没有弄明白。"我觉得这答案不应该、也不必要到书里去找。

中央直属机关当然要带头建立干校，开始不想远离京城，1969年9月设于京郊房山县。隐约听说王若水和李希凡又是被毛主席点名，姚文元还说，越是名人，越要下去。李希凡妻子徐潮所在的中国剧协和《戏剧报》，属于被砸烂的单位，全体下干校，位于官厅水库旁的沙城新址。一般规定夫妻双方可留其一，他家却特殊，夫被钦点必须去，妻也无处可容身，家里只留下了三个女儿。好在都还不太远，隔周可以回家一次看望孩子，处理家务。

但是仅仅两三个月以后，李希凡所在的房山干校，就要大迁徙到河南叶县去。徐潮所在的文联干校，不久也被迁往天津团泊洼。眼看要长期分离了，李希凡也不免涌起铁汉柔情。在去跟徐潮话别归程的火车上，小女儿蓝在他身边睡熟，看着她苹果似的小脸，不由从心底升起一种父亲的"悲凉"。后来，在从河南返京探望的晚上，假装睡着的女儿会突然抱着父亲哭泣。李希凡虽感慨于这"文革"的恩赐，第二天清晨，还是要狠心地不辞而别。

叶县在平顶山下，离许昌不远，让李希凡想到三国故事。初去时借住在老乡家里，地下铺着麦秸，大家挤睡在一起。远离报社，虽受军宣队"管制"，两派色彩已经淡化，所谓的"当权派"和"走资派"也融合于群众中了。大家一起劳动，一起开会，有说有笑，像是把"革命"忘在一边了。那位与李希凡斗争最烈的"造反派"女士，也大有改变，因为她的母亲、沪剧著名艺人已被逼自杀。她与李希凡的较劲，已转化为摔土坯盖房子的劳动竞赛。

1970年夏末，农活正干着大田管理。劳动之余，来了新的政治任务，党员开会恢复组织生活。别人都容易通过，只有王若水和李希凡，党小组通过还不行，报社军宣队说要由"伯达同志批"。提意见和讲道理都没用，就是要卡住他们两个"通天人物"。到了9月里，军宣队突然"变脸"，通知理论部和文艺部党小组马上开会，通过王若水和李希凡恢复组织生活，变成反过来求党小组了。党报的人就是有这个政治敏感，大家由此猜到是陈伯达垮台了。

查查历史，中共九届二中全会是1970年9月6日在庐山闭幕的，正好是周汝昌回到北京的第二天。这背景看似与周汝昌无关，但肯定与李希凡的命运相联。这时报社里的两派人马都老实了，因为陈伯达来《人民日报》夺权后，大家都曾争相自称坚持的是"伯达同志的革命路线"，现在都只能闭嘴，没有胜利者。

1970年10月，因干校学员轮换，李希凡回到北京。

1971年9月23日，李希凡在报社听了紧急传达，是通报林彪乘机叛逃的消息，乍一听真吓了一大跳。

国庆节那天，忽有久不来往的山东大学老师杨向奎来访，他那时是学部历史研究所的研究员。李希凡曾经听说，杨先生受聘为中央某首长讲历史课，听课者好像就是林彪，后来知道其实是叶群。杨先生一向不修边幅，那天却穿着笔挺的藏青色中山装，看起来过分地郑重其事。两人本是师生情深，无话不谈。他进屋还没坐下，就急切发问：希凡，你在《人民日报》，总是消息灵通。你也知道，我在给人讲课，每周两次，可是最近几周，总是见不着人，接待我的秘书也言语含糊，我很犯疑，所以来向你打听一下。李希凡一听，才知道对"九一三事件"，先生还蒙在鼓里。他想这样的大事，也不可能向全国人民长期保密，我得如实告诉恩师，免得他再碰壁，惹祸上身。便赶紧把林彪叛逃事件简要地说了。杨先生大吃一惊，连茶也没喝，就告辞匆匆离去了。

冯其庸

1969年秋冬的北京，人人心中惶恐，户户准备搬迁。别人在把书处理掉，冯其庸却尽量买回来。他钉了九个像床一样大的木箱，把所有的书都装进去，用很长的钉子钉死，硕大死沉，轻易打不开，几人搬不动。因为要离开北京，家中无人了。这就是冯其庸的乱世藏书法，大隐隐于市。

此事与孙楷第先生之失书几乎同时发生，是两代、两种知识分子的两个极端。其中既有两个单位政策上的区别，人大教师的住房还保留着，没有像学部那样"连锅端"；也可见孙、冯两个体之间的性格差异，拙者自拙，巧者自巧。

1970年3月，人民大学干部教师奔赴江西余江干校，就是闹血吸虫病的地方。冯其庸在这里还是被批斗的对象，受批判次数数不清，甚至死了三个人。

在干校里不准读书，除了《毛泽东选集》以外。因为潮湿多雨，有一位同事把带去的书拿出来晾晒，其中有一部《红楼梦》。别人看到了马上举报，就遭批判。当时之左，可见一斑。

在干校的劳动中，冯其庸学会了采茶、挑茶、打石头、种水稻和做木工。他本是江南农民出身，要比其他教授更快进入角色。

在干校两年零八个月，别人都觉得是做苦力浪费生命，但是冯其庸的感受与众不同。除了挨批斗和照样劳动以外，他利用假日，外出游历调查，大开眼界，学习了许多历史地理知识，感觉进入了一个新的天地。如果不是干校这个环境和条件，怎么可能走那么多地方，增加那么多新知？江西干校对冯其庸来说，是行万里路的广阔课堂。

那时候没有双休日，每周只休星期日一天。或者是星期六的晚饭后，或者是星期天早晨天不亮，冯其庸就步行到附近的火车站，乘火车外出调查，去附近能够当天往返的地方。如果星期一上班没有到，那就又要挨批斗了。遇到节日有几天假期，或者是探亲假，他就走得更远些。他总是悄悄地一个人走，既为了行动自由，不受牵制；也因为那时游山玩水是一项罪名，别人知道了又要批判。

在鹰潭附近的江边，他观察了悬崖之上的悬棺葬。去铅山访辛弃疾墓，他看见了倾斜的山势，体会到"青山欲共高人语，联翩万马来无数"是实景形象。他几次去南昌，踏勘过滕王阁旧址。他两次步行登上庐山，或找无名小道走上去，或从庐山的南坡石阶步步登高。他曾经借宿当地党校，夜读《庐山志》，第二天走到香炉峰看瀑布。香炉峰再过去是南栗里，据说是陶渊明的故里。他也走到了五老峰和最高顶上的含鄱口。他拜访了发生过"虎溪三笑"的东林寺，还在另外一个寺庙前，看见干涸的池塘里，堆满了佛经在焚烧。冯其庸还到了彭泽、壶口，到了星子县，访查周瑜练水军的地方，追寻黄山谷诗中写到的落星墩。

更远的地方，要等探亲假或往返北京路过时去。干校期间他还去过桂林和阳朔，登泰山。在扬州旧书店买到明代原拓的怀素《圣母帖》；去镇江看嵌在焦山寺庙墙壁上的《瘗鹤铭》。

这形成了冯其庸治学的习惯，光读书还不够，还要与实地相对照，不管走到哪里，都能跟做学问联系起来。待以后能正常做学术工作的时候，他一直坚持调查，继续行万里路，这成为他治学的独特风格。

1972年11月，冯其庸从干校回到北京。但是他所在的中国人民大学，已经解散无存。

顾颉刚

比俞平伯年长七岁的顾颉刚，虽侥幸免去"五七干校"，但疾病缠身，境况悲凉。他在日记中悲叹自己"成为废人"，"五年来日在惊风骇浪之中"，"不知命在何时"。

1971年4月7日，忽有国务院办公室主任吴庆彤率有关单位领导多人，恭敬地到干面胡同登门拜访顾先生，传达周总理指示，重提久已停顿的二十四史整理工作。

由顾颉刚领衔的正史整理，在"文革"前完成了前四史，即《史记》、《汉书》、《后汉书》、《三国志》，其余工作于1966年中辍。1967年5月，正当红的戚本禹曾下令继续点校，要一年内完成。但那时天下大乱，根本不可能正常工作。1969年9月，更因备战和下干校而一风吹了。

1971年4月，北京要召开出版会议，姚文元再提二十四史标点工作。其实无论戚、姚，都是为迎合毛泽东主席对于历史的偏爱。4月2日，姚文元致信周恩来总理："可否将此项任务分工继续完成，作为研究批判历史的一种材料。现在一些老知识分子也闲着无事，可以组织一些人来做。"当日周总理即在信上批示："二十四史中除已有标点者外，再加'清史稿'都请中华书局负责加以组织，请人标点，由顾颉刚先生总其成。"

闻讯的4月7日当夜，顾先生"未成眠，计划工作人员名单"，但他不知其中几位已在"文革"中去世，如陈寅恪、蒙文通。很多旧友闻讯，纷纷要求参与"国史"整理。顾先生后作《整理国史计画书》。4月29日，出席"廿四史"及《清史稿》标点印行工作会议,会上议定抽调人员,组成北京、上海两个标点组。各史校点完毕,由顾先生总其成,定稿后由中华书局出版。

顾颉刚的命运,因此在一夜间出现转机,马上"落实政策"。他在日记中写道:"自此由'反动学术权威'大帽下解脱,得到恢复工作之权利。"书库的封条被揭掉了,薪水复原了,医疗关系转至北京医院高干病房,插队的子女也被调回身边。

启功也因此而被借调。任务下达到北京师范大学,"军宣队"成员将"二十四史"误传成了"二十四师",令启功莫名其妙,提心吊胆。启功到中华书局校点《清史稿》,于是他"迎来了'文革'期间最稳定、最顺利、最舒心的一段时期"。

此后,顾颉刚或审校清样,或推荐人选,或著文综合引导,或指点具体方法。连续五年都在日记中记载:"是年,任廿四史工作。"但是终因年高体弱多病,"总其成"的工作实际由白寿彝负责。

从1971年5月开始,北京、上海两地八十多位史学工作者共同努力,于1973年底校点完毕。到1977年底,《清史稿》出版;1978年春,最后一种《宋史》出版。至此,历时二十多年的二十四史点校整理本全部完成,此后几十年,一直是最为通行的版本。

既然生活恢复平静,可以安坐书斋,顾颉刚便常把他过去记了一辈子的日记翻出来,重加检视。往事一幕幕浮上心头。

1973年,标点二十四史和《清史稿》的专家们合影。启功注写人名。前左六顾颉刚,后右五启功。

1973年7月11日，顾颉刚重读1926、1927年的日记，回顾他与鲁迅之间的那些恩恩怨怨。

几十年里，由于鲁迅被塑造成了不可冒犯的光辉形象，且还有胡适要"为鲁迅洗刷明白"的旁证，研究者们一般都一边倒地采信鲁迅的自辩词，保卫鲁迅的名誉，谴责顾颉刚造谣。顾颉刚在几十年里有口难辩，吃尽苦头。他在《自传》中写过："我一生中第一次碰到的大钉子是鲁迅对我的过不去。"

现在回看当年写的日记，有顾颉刚最原始的记录，最真实的表白：

> 鲁迅对于我的怨恨，由于我告陈通伯，《中国小说史略》抄袭盐谷温《支那文学讲话》。他自己抄了人家，反以别人指出其剽袭为不应该，其卑怯骄妄可想。此种人竟会成群众偶像，诚青年之不幸。他虽恨我，但没法骂我，只能造我种种谣言而已。予自问胸怀坦白，又勤于业务，受兹横逆，亦不必较也。（1927年2月11日补记）

> 鲁迅对于我排挤如此，推其原因，约有数端：（1）揭出《小说史略》之抄袭盐谷氏书。（2）我为适之先生之学生。（3）与他同为厦大研究教授，以后辈与前辈抗行。（4）我不说空话，他无可攻击。且相形之下，他以空话提倡科学者自然见绌。（1927年3月1日）[54]

这是前所未知的谜局的另一面。当年事情发生时，顾颉刚三十三、四岁，鲁迅长他十二岁。现在鲁迅作古已久，八十岁的顾颉刚在经历了二十多年的思想改造、检讨批斗之后，有什么新认识吗？顾老见1926年的日记本后有空页，便在此重加批语，全面解说他与鲁迅的关系，洋洋洒洒写了三千余言。前后相隔四十六年的观点萃于一页，更增其史料价值。最后他写道：

> 今日鲁迅已为文化界之圣人，其著作普及全世界，研究之者日益多，对于彼我之纠纷必将成为研究者之一问题。倘我不在此册空页上揭露，后人必将无从探索，故勉强于垂尽之年略作系统之叙述，知我罪我，听之于人，予惟自誓不说一谎话而已。[55]

这不是伪装自污的检讨，这不是蒙混过关的交代，这是史家顾颉刚想留给后人的由衷之言，且庄严"自誓不说一谎话"。但是他仍然只申述，不认错。

难道他真的有证据？他是否仔细对勘过鲁迅和盐谷温的两本书呢？

此时的《顾颉刚日记》，还只是他自己的秘藏。1973年，还不是解密揭谜的时候。

注释：

[1] 季音《柏各庄农场的沉重岁月》，《夕阳走笔》，群言出版社2015年。

[2] 在《风雨平生——冯其庸口述自传》中，误以为此社论是田汉起草的。据袁鹰的《夏衍教我编报纸》(《风云侧记》，中国档案出版社 2006 年)，实际上是在夏衍的提议和指导下，由《人民日报》编辑田钟洛(袁鹰)本人起草，而"一出戏救活了一个剧种"为田汉的话。

[3] 转引自刘保昌《聂绀弩传》，第 308 页，湖北长江出版集团崇文书局 2008 年。

[4] 聂绀弩《散宜生诗》，人民文学出版社 1985 年。

[5] 据聂绀弩致高旅函，聂绀弩在 1963 年 1 月，曾向陈迩冬借来《红楼梦新证》邮寄给高旅。见《聂绀弩全集》第九卷书信，武汉出版社 2004 年，参见沈治钧《红楼七宗案》第 251 页，江苏文艺出版社 2011 年。但这并不能证明聂本人无此书。从聂绀弩调周汝昌来京的起因，到他任周汝昌的领导，可以肯定他自己拥有《新证》一书，但因为写作论文需要，不能外借，方向陈迩冬另借一本再转借他人。

[6] 北宋江西诗派诗人潘大临曾作题壁诗："满城风雨近重阳"，"忽催租人至，遂败意，止此一句奉寄。"此句久被后人称道，聂绀弩诗首句用此典。参见沈治钧《红楼七宗案》第 254 页。

[7] 见聂绀弩 1963 年 4 月 25 日致高旅函。又据 6 月 24 日致高旅函，聂绀弩的论《红》文章在写好六万字以后，因"《文学遗产》暂停，发表问题落空"而中辍。亦见《聂绀弩全集》第九卷。

[8] 卢兴基《60 年了，〈文学遗产〉那些事》，《中华读书报》2014 年 9 月 17 日。

[9] 转引自梁归智《红学泰斗周汝昌传》，漓江出版社 2006 年。

[10] 周汝昌《世间曾有这么一个人——悼亡兄祜昌》，《周汝昌与胡适》，第 24–25 页，百花文艺出版社 2013 年。

[11] 刘梦溪《忆希凡》，《中华读书报》2018 年 11 月 29 日。

[12] 宋希於《被撕去的柳存仁——"标榜失当、恩仇不辨"的隐情》，引自澎湃新闻。按：柳存仁 (1917–2009) 是作家兼学者，1940 年代在沦陷的上海活跃于文坛，曾三次参加日本人召开的"大东亚文学者大会"，战后作为"附逆文人"入狱服刑。获释后赴香港教书，在英国获学位，任教于澳洲国立大学，在西方汉学界颇有建树。从 1970 年代起，被允许赴中国大陆访问、开会，并出版著作，被称为一生两世。

[13] 见《李辉质疑文怀沙》，《北京晚报》2009 年 2 月 18 日。参见人民网同年 2 月 24 日《李辉：我为什么要质疑文怀沙》。

[14] 陈徒手《旧时月色下的俞平伯》，《读书》1999 年 10 月号。

[15] 俞平伯《致人民文学出版社古典文学编辑部》，《俞平伯全集》第八卷，第 1–2 页，花山文艺出版社 1997 年。

[16][20]《李希凡自述：往事回眸》，东方出版中心 2014 年。本篇中李希凡事迹除另注者外，均据此书。按：关于江青召见李希凡的时间，自传《往事回眸》中未明言。在《岂好辩哉，予不得已也》(《黄河》1995 年第一期)文章中，李希凡回忆为 1964 年 8 月，林默涵通知，很多文章据此引用。此说不确，实际应为第一次在 6 月

20日前后，林默涵通知；第二次在8月初，《人民日报》社通知。这些是根据京剧现代戏会演日程、会议时间、有关报刊文章发表时间，以及李希凡自传中的叙述综合推定。朱永嘉说是10月和11月，更误。

[17] 按：李希凡在《往事回眸》中说："看戏后的第二天，我就赶写了一篇四千字的文章，按江青的意见送给了《光明日报》，第三天也见报了，我松了一口气。"与事实不符，应为误记。李希凡的这篇文章《努力创造革命战士的英雄形象》，1964年7月6日发表于《人民日报》，笔者已查阅了原文。

[18] 江青《谈京剧革命》，《红旗》杂志1967年第六期。此据正式发表文本，原讲话记录有差异。

[19] 《关于文学艺术的两个批示》，《建国以来毛泽东文稿》第十一册，中央文献出版社1996年。

[21] 陈东林《对江青组织批判〈海瑞罢官〉等史实的再辩证》，《党史研究资料》2002年第一期。

[22] 龚育之、石仲泉《毛泽东的读书生活》，第220–221页，生活·读书·新知三联书店1986年。

[23] 何其芳《〈红楼梦〉代序》，《红楼梦》，人民文学出版社1964年第三版。

[24] 李希凡《后记》，《红楼梦评论集》（第三版），人民文学出版社1973年。

[25][38] 李希凡《岂好辩哉？予不得已也——关于〈四十年间半部书〉一文的辨正》，《黄河》1995年第一期；亦见《李希凡自述：往事回眸》附录。

[26] 穆欣《三十年不言之言》，《传记文学》1995年第十二期。

[27] 李希凡《"三十年不言"，一言匕首见——驳穆欣》，《李希凡自述:往事回眸》附录。

[28] 卜键《清寂中的持守——我所了解的晚年的李希凡先生》，《中国文化报》2018年12月11日。

[29] 袁鹰《书生办报》，《风云侧记》，中国档案出版社2006年。

[30][39][40] 《李希凡自述：往事回眸》。

[31][41] 见冯其庸《风雨平生——冯其庸口述自传》，商务印书馆2017年。

[32] 韦柰《我的外祖父俞平伯》，第17页，团结出版社2006年。

[33] 《顾颉刚日记》，转引自朱洪涛《顾颉刚的"鲁迅包袱"》，《南方都市报》2015年12月16日。

[34] 刘世德口述《初到文学所》，《古代文学前沿与评论》第一辑，社会科学文献出版社2018年。

[35] 此节取材于陈夏红《风骨——新旧时代的政法学人》，法律出版社2016年。

[36] 此节多据周汝昌《红楼无限情——周汝昌自传》，北京十月文艺出版社2005年。

[37] 见梁归智《红学泰斗周汝昌传》，漓江出版社2006年。

[42] 穆欣《三十年不言之言》，《传记文学》1995年第十二期。

[43] 《毛泽东的旗手:江青与"文革"》（下），60–61页，西西弗斯文化出版2015年。

[44][46] 陈晓农编纂《陈伯达最后口述回忆》，阳光环球出版香港有限公司 2005 年。此外，陈伯达的两位原秘书王文耀、王保春的文章《江青与陈伯达的恩怨》（载《百年潮》2008 年第十二期)，也证实了这次与李希凡有关的摔杯事件。该文记时间是"8、9月的一天夜里"，与前引 1968 年 9 月 19 日接见讲话记录稿时间相符；地点在钓鱼台十一楼江青住处。

[45] 陈伯达《文革小组二三事》，转引自穆欣《陈伯达和江青的明争暗斗》，《世纪》，2010 年第二期。

[47][49] 转引自刘倩《孙楷第先生藏书散失及追讨经过》，《古代文学前沿与评论》2018 年第二期。

[48] 刘再复《孙楷第：还不清的满身债》，《师友纪事》，第 78—79 页，生活·读书·新知三联书店 2015 年。

[50] 本节所引《干校日记》，均见《俞平伯全集》第十卷，第 377—381 页。

[51] 本节所引诸诗，均见《俞平伯全集》第一卷，第 557—565 页。参见木示（韦奈）《俞平伯的晚年生活》，《新文学史料》1990 年第四期；及王湜华《俞平伯的后半生》，商务印书馆 2016 年。

[52] 周汝昌在自传《红楼无限情》中记，原信"出版社"前漏掉"文学"二字。另一种说法是"接省军区政治部转达国务院通知"，似更为合理，见周伦玲《好好题诗上北楼》，《天津日报》2014 年 11 月 21 日。

[53] 王贞一《怀念父亲王利器》，《红楼梦学刊》1999 年第 3 辑。

[54] 两条均见《顾颉刚日记》第二卷，第 15、22 页，中华书局 2011 年。

[55] 顾颉刚在 1926 年日记后的补记，《顾颉刚日记》第一卷，第 836 页。

下卷预览

七 热度篇 (1970–1976)

"靖本"、小像、"佚诗"、"佚著"、"故居"等，在"文革"后期纷纷出现。这些构成"假作真时真亦假"系列，分四辑穿插于下卷各篇中。非常评红热出现，李、蓝、周的著作再版，冯其庸领衔洪广思写作组，与吴恩裕的版本发现，由此进入红学。作者始读《红楼》。官方校注组的成立、解体和坚持。

八 团结篇 (1976–1980)

粉碎"四人帮"后，袁水拍、何其芳、周汝昌、李希凡等在大变化时节。冯其庸的版本和家世研究。作者七七级考大学。"真假"系列之二。红学家难得的大团聚。红楼梦研究所、《红楼梦学刊》和红学会成立，但是派系仍存。

九 交流篇 (1980–1987)

美国威斯康辛红学会，与港台和海外交流，周、冯矛盾开始。作者在北大与同学梁左合作研红，参与的三次全国红学会。红学家三人小组赴前苏联考察"列藏本"，冯、周恩怨加深。李希凡、蓝翎与作者在《人民日报》。在电视剧、电影《红楼梦》的背后，仍有红学界派别的影响。

十 分化篇 (1979–1995)

吴恩裕、吴世昌、孙楷第、聂绀弩等去世。俞平伯晚年，临终忏悔。胡适遗事。"真假"系列之三，书箱、香山纪念馆、张家湾墓石等。蓝翎与李希凡争论旧事，公开决裂。李希凡驳穆欣。冯其庸成为权威。周汝昌独持己见。

十一 围城篇 (1995–2019)

民间"龙门"红学种种，刘心武与主流对立，周汝昌与他们的关系。"真假"系列之四，涉曹文物又出现新变化，确是甄真贾假。曹学会胡德平崛起。上海博物馆买甲戌本回国。钱钟书、舒芜、王蒙超越红学。京城的三处涉曹遗址。红学会领导的换代传承。红学虽显，如何前行？

十二 谢幕篇 (2005–2018)

四位主角各自的晚年生涯。蓝翎 2005 年去世。周汝昌考证派与索隐派合流。冯其庸广泛扩展，西域考察。李希凡坚持阶级论和正统意识形态。周汝昌（2012 年，九十四岁）、冯其庸（2017 年，九十三岁）、李希凡（2018 年，九十一岁）先后去世，一个时代的结束。

尾声 (2019–2020)

貌似盛大的《红楼梦》展览在国家博物馆举行。岂不闻"盛宴必散"？

www.ingramcontent.com/pod-product-compliance
Lightning Source LLC
Chambersburg PA
CBHW081613100526
44590CB00021B/3424